KB083350

주역외전 역주

周易外傳譯註

An Annotated Translation of "JUYEOKOEJEON"

【2권】

주역외전 역주 周易外傳譯註 【2권】
An Annotated Translation of "JUYEOKOEJEON"

—

1판 1쇄 인쇄 2024년 3월 5일
1판 1쇄 발행 2024년 3월 20일

—

저　자 ｜ 王夫之
역주자 ｜ 김진근
발행인 ｜ 이방원
발행처 ｜ 세창출판사
　　　　신고번호 제1990-000013호
　　　　주소 03736 서울시 서대문구 경기대로 58 경기빌딩 602호
　　　　전화 02-723-8660 팩스 02-720-4579
　　　　이메일 edit@sechangpub.co.kr 홈페이지 www.sechangpub.co.kr
　　　　블로그 blog.naver.com/scpc1992 페이스북 fb.me/Sechangofficial 인스타그램 @sechang_official

—

ISBN 979-11-6684-310-5 94140
　　　979-11-6684-308-2 (세트)

—

이 번역서는 2020년 대한민국 교육부와 한국연구재단의 지원을 받아 수행된 연구임.
(NRF-2020S1A5A7085263)

—

이 책은 한국연구재단의 지원으로 세창출판사가 출판, 유통합니다.
잘못 만들어진 책은 구입하신 서점에서 바꾸어 드립니다.

주역외전 역주

周易外傳譯註

An Annotated Translation of "JUYEOKOEJEON"

【2권】

王夫之 저

김진근 역주

세창출판사

일러두기

1. 이 번역은 중국 장사(長沙)의 악록서사(嶽麓書社)에서 1992년에 발행한 선산전서(船山全書) 가운데 『周易外傳』을 그 저본으로 하였다.

2. 이 『주역외전』에서는 괘 이름을 저자의 관점을 살려서 표기하기로 하였다. 예컨대 우리나라에서는 遯卦䷠를 '돈괘'라고 읽지만, 왕부지가 철저하게 '은둔'의 의미로 풀고 있음을 존중하여 이 번역에서는 '둔괘'로 읽었다.

3. 가능하면 순수한 우리말로 풀자는 관점에서 우리말로 표기한 것들이 있다. 그리고 가능하면 [ ] 안에 한자를 병기하였다. 예컨대 '剛 · 柔'를 '굳셈[剛] · 부드러움[柔]'으로, '動 · 靜'을 '움직임[動] · 고요함[靜]'으로, '시(時)'를 '때[時]'로, '德'을 '특성[德]'으로, '常'을 '한결같음[常]'으로, '消 · 長'을 '사그라짐[消] · 자라남[長]'으로 표기한 것 등이 그것이다. 이 외에도 가능하면 순수한 우리말로 풀자는 시도를 의식적으로 하였다. 따라서 이것들이 일반 서술어들과 혼동을 줄 수 있는 여지가 있지만 독자 제현의 이해를 바란다.

무망괘

☲无妄

天上地下, 淸寧卽位, '震'之一陽生於地中, 來无所期, 造始群有, 以
應乎天, 尋常之見所疑爲妄至而不誠者也. 夫以爲妄, 則莫妄於陰
陽矣. 陰陽體道, 道无從來, 則莫妄於道矣. 道有陰陽, 陰陽生群有,
相生之妙, 求其實而不可亞見, 則又莫妄於生矣. 不生而无, 生而始
有, 則又莫妄於有矣.

역문 하늘은 위에 땅은 아래에 맑고 편안하게 각기 제 자리를 차지하고 있는
속에서[452] 진괘☳의 한 양(陽)이 땅속에서 생겨 나오는데, 이것이 오는 것에
대해서는 예기(豫期)하지 못하며, 무릇 있는 것들[群有]을 열어젖혀 비롯하
게 함으로써 하늘에 응한다. 그러나 보통 사람들은 이를 보고서 망령된 것
이 이르렀으며 성실하지 않은 것이라 의심을 낸다.[453]

---

452 이는 괘상으로 보면 비괘(否卦)☴의 상이다.
453 이 무망괘☲는 정괘(貞卦)는 진괘☳, 회괘(悔卦)는 건괘☰로 되어 있다. 그래서 진괘☳의
한 양(陽)이 땅을 상징하는 곤괘☷를 벼락같이 뚫고 나와서 뭇 있는 것들[群有]을 열어젖혀
비롯하게 함으로써, 위에 있는 하늘[悔卦인 건괘☰]에 응하는 상을 이루고 있다는 것이다.
다만 이 하나의 양(陽)이 땅을 뚫고 나옴에 대해서는 예기치 않았던 것이니, 이를 본 보통
사람들은 망령된 것이 이르지나 않았나 하고 의심을 내지만, 사실은 그렇지 아니하고 진실

망령되었다고 여겨지는 것으로는 음·양보다 더 망령된 것은 없다. 그리고 음·양은 도(道)를 체현하고 있는데, 이 도는 어디에서 왔는지를 알 수가 없는 것이기 때문에, 이 도보다 더 망령된 것은 없다. 도에 음·양이 있고, 음·양은 뭇 있는 것들을 낳는데, 이들이 서로 함께 낳는 오묘함에 대해 그 실질을 구하려 해도 곧바로 볼 수가 없으니, 또한 이 낳음보다 더 망령된 것이 없다. 낳지 않으면 없고, 낳아야 비로소 있는 것이니, 또한 이 있음[有]보다 망령된 것도 없다.[454]

索眞不得, 據妄爲宗, 妄无可依, 別求眞主. 故彼爲之說曰, "非因非緣, 非和非合, 非自非然, 如夢如幻, 如石女兒, 如龜毛兔角; 捏目成花, 聞梅生液; 而眞人无位, 浮寄肉團; 三寸離鉤, 金鱗別覓." 率其所見, 以眞爲妄, 以妄爲眞. 故其至也; 厭棄此身, 以揀淨垢; 有之旣妄, 趣死爲樂; 生之旣妄, 滅倫爲淨. 何怪其裂天彝而毀人紀哉!

역문 진실함을 찾으려 해도 안 되기에 망령된 것을 급거히 마루[宗]로 삼지만, 망령된 것에 의거할 수 없으니 따로 참된 주인을 찾는다. 그러므로 저들[佛

하며 성실한 것이기 때문에 이를 어감으로 살려서 '무망(无妄; 망령됨이 없음)'이라 했다는 뜻이다.

454 이 무망괘(无妄卦)☳에서는 이 세계의 진실함에 대해 논하고 있다. 왕부지가 여기에서 동원하고 있는 것은 유가의 세계관이며, 그것도 그의 기철학(氣哲學)에 입각한 것이다. 그래서 세계는 있는 것이고 진실한 것이라 하며, 이를 부정하고 있는 불가·도가 양가(兩家)의 주장을 비판하는 것이 이 무망괘에서 왕부지가 펼치는 주지(主旨)다. 다만 하늘은 위, 땅은 아래에 있음을 상징하는 비괘(否卦)☳와 비교했을 적에, 하나의 양(陽)이 막 생겨남을 상징하는 이 무망괘☳에서 이를 논하는 까닭은, 이 세계의 있음[有]이 순환을 통해 지속된다는 것이고, 이것이 인간의 수준에서는 예기(豫期)할 수 없는 것이기에 망령된 것으로 보일 수 있지만 사실은 이러한 순환에 '전혀 망령됨이 없다[无妄]'고 함을 이 괘가 보여 주기 때문이라는 것이다.

家]은 말을 해대기를 "인(因)에 의하는 것도 아니고 연(緣)에 의한 것도 아니며, 화(和)를 이루고 있는 것도 아니고 합(合)을 이루고 있는 것도 아니며, 저절로[自]도 아니고 그러함[然]도 아니며, 마치 꿈과도 같고 환상(幻像)과도 같으며, 돌계집이 낳은 아이라 함과도 같고 거북이의 털이나 토끼의 뿔과도 같다;⁴⁵⁵ 눈을 비비면 꽃들이 어지러이 흩날리는 것, 매실이라는 소리를 들으면 자기도 몰래 입에 침이 고이는 것과도 같다;⁴⁵⁶ 정해진 위치가 없는 참사람[無位眞人]이 우리 몸뚱이에 의탁하지 않는다;⁴⁵⁷ 낚시 갈고리에서

---

455 이것들은 모두 있을 수 없는 것들을 은유하는 것이다. '돌계집'은 성행위를 할 수 없어서 아이를 낳을 수 없는 여자를 가리키고, '거북이의 털'이나 '토끼의 뿔'도 있지 않은 것들이기 때문이다. '돌계집'에 대해서는 '허공 속에 새가 날아간 자취[空中鳥迹]'와 함께 『유마경(維摩經)』, 「관중생품(觀衆生品)」에 나온다.(菩薩觀衆生爲若此, 如無色界色, 如燋穀芽, 如須陀洹身見, 如阿那含入胎, 如阿羅漢三毒, 如得忍菩薩貪恚毀禁, 如佛煩惱, 如盲者見色, 如入滅盡定出入息, 如空中鳥跡, 如石女兒.) '거북이의 털'과 '토끼의 뿔'은 용수(龍樹)가 지은 『대지도론(大智度論)』에서 '이름은 있으나 실질이 없는 것'의 예로서 거론하고 하고 있다.(『大智度論』권12: 如兔角龜毛, 亦但有名而無實.)

456 모두 『능엄경(楞嚴經)』에 나오는 비유들이다. 이 『능엄경』은 아난(阿難)과 석가모니 사이의 문답 형식으로 되어 있다. 먼저, 눈을 비비면 어지러이 꽃들이 보이지만 이것이 실상이 아니라는 것은, 이 비유를 통해 중생들이 각각 12개의 전도(顚倒)를 지니고 있음을 깨닫게 하고자 함이다. 이렇게 눈을 비벼서 보이는 어지러운 꽃들은 실재하는 것이 아니라, 단지 오묘하고 원만하고 참되고 깨끗하며 밝은 마음[妙圓眞淨明心]을 전도한 것이라 한다. 그래서 이는 허망(虛妄)한 난상(亂想)일 뿐이라는 것이다.(『楞嚴經』권8: 阿難, 如是眾生, 一一類中, 亦各各具十二顚倒. 猶如捏目, 亂華發生, 顚倒妙圓眞淨明心. 具定如斯, 虛妄亂想.) 또 누군가 신 매실에 대해서 말하면 듣는 이의 입속에 침이 고이는 것은, 매실에서 생긴 것도 아니고, 입에 들어와서 생긴 것도 아니라 한다. 이는 단지 그의 생각으로 말미암아 일어나는 것, 즉 상음(上淫)일 뿐이며, 이는 본래 허망한 것이라 한다. 석가모니는 아난에게 이를 통해서 이러한 상음이 본래 인연에 의해 생긴 것도 아니고 저절로 그러함에 의해 생겨난 것도 아닌, 여래장 묘진여성(妙眞如性)임을 마땅히 알아야 한다고 하고 있다.(『楞嚴經』권2: 阿難, 譬如有人談說酢梅, 口中水出 … 相陰當知亦復如是. 阿難, 如是酢說, 不從梅生, 非從口入. 如是, 阿難, 若梅生者, 梅合自談, 何待人說, 若從口入, 自合口聞, 何須待耳? 若獨耳聞, 此水何不耳中而出? … 是故當知想陰虛妄, 本非因緣非自然性.)

457 『임제어록(臨濟語錄)』, '무위진인(無位眞人)' 조(條)에 나오는 말이다. '정해진 위(位)가 없는 참사람'을 뜻하는 '무위진인'은 임제선사의 핵심사상이다. 임제의현(臨濟義玄; ?~867)은 황벽희운(黃蘗希運; ?~850, 중국 선종 10대 조사)을 잇는 중국 선종의 제11대 조사(祖師)

겨우 세 치 떨어진 곳에 금비늘 고기가 있는데 따로 찾으리!⁴⁵⁸"라고 한다.

로서 중국 선종의 한 파인 임제종을 연 선승(禪僧)이다. 우리나라의 조계종도 이 임제종을 잇는 것이라 한다. 그리고 『임제어록』은 임제의현이 입적한 후 그의 제자인 삼성혜연(三聖慧然: ?~?)이 편집하였다. 이것이 임제종의 근본이며 실천적인 선(禪)의 진수를 설파한 책으로서 널리 알려져 있다.

임제선사가 당(堂)에 오르서서 말하기를, "그대들 붉은 몸뚱이 위로 정해진 위(位)가 없는 한 분의 참사람[無位眞人]께서 늘 얼굴을 통해 들고 나신다. 내 말이 믿기지 않는 놈들은 잘 살펴보아라!"라고 하였다. 이에 어떤 승려가 "어떤 것이 정해진 위(位)가 없는 참사람입니까?" 하고 물었다. 그러자 임제선사는 선상(禪床)에서 내려와 그 승려의 멱살을 잡고는 "말해 봐라, 말해!"라고 다그쳤다. 그 승려가 무엇인가 말을 하려고 하자 임제선사는 그를 밀치며, "위(位)가 없는 참사람이라고? 그것이 무슨 마른 똥 막대기냐!"라 쏘아붙이고는 방장으로 들어가 버렸다고 한다.(臨濟上堂, "赤肉團上有一無位眞人, 常在諸人面門出入, 未證據者看看!" 時有僧出問, "如何是無位眞人?" 濟下禪床搊住曰, "道!道!" 僧擬議. 濟托開曰, "無位眞人是什麼乾屎橛." 便歸方丈.)

458 『오등회원(五燈會元)』 권5, '선자덕성선사(船子德誠禪師)' 조에 나오는 말이다. 선자선사는 오늘날의 사천성(四川省) 영시(寧市)에 해당하는 수주(遂州) 출신이다. 속성(俗姓)과 생몰 연대는 모두 미상이지만 대략 9세기, 즉 당나라 말기에 활동한 선승(禪僧)으로 알려져 있다. 6조 혜능(惠能)의 법맥을 이은 이로서 중국 선종의 제4대 전인(傳人)으로 꼽히는데, 약산(藥山) 유엄(惟儼)선사의 아래에서 깨달음을 얻었다고 한다. 깨달음을 얻은 뒤 선자화상은 화정(華亭; 오늘날은 上海市 松江縣에 속함)의 오강(吳江)가에 은거하며 뱃사공으로 소일했다. 사람들은 그의 내력을 알 수 없어서 그저 '선자화상(船子和尙)'이라 불렀다고 한다. '뱃사공 스님'이라는 뜻이다. 이렇게 30년을 지내는 동안 선자화상은 그의 법을 전해 줄 사람을 기다렸으나 그 인연이 이루어지지 않았다. 이에 선자선사는 그 허탈한 마음을 '발도가(撥棹歌)'를 지어 달랬다. 지금 전해지는 그의 '발도가'는 39수에 이른다.

그러다가 그의 사형제인 도오(道吾)가 보내 준 선회(善會; 804~881)를 만나 선문답(禪問答)을 통해 그의 됨됨이가 출중함을 알았고, 그에게 자신의 깨달음을 모두 전한 뒤, 배를 뒤집어엎고서 선사선사는 물속에 뛰어들어 종적을 감추었다. 고별하면서 이 선자선사가 선회에게, 이제 깨달았으니 너는 여기를 떠나 종적을 감추고 살라고 하였음에도 불구하고 선회가 떠나가며 계속 뒤돌아보자, 선자선사는 아직 선회에게서 의단(疑團)이 완전히 가시지 않은 것으로 여겼다. 그래서 선자선사는 자신의 죽음으로써 생사불이(生死不二)·열반적정(涅槃寂靜)의 가르침을 준 것이다.

이렇게 스승으로부터 깨달음을 얻고 떠난 선회선사는 오강을 거슬러 올라가 협산(夾山)에서 죽 은거하였기 때문에 '협산선사'라고도 불린다. 870년에 선회협산선사는 그의 스승 선자덕성선사를 기리기 위해 선자화상이 배를 뒤집고 강물에 뛰어든 그 강가에 법인사(法忍寺)를 세웠다. 이 절은 평소에는 '선자도량'으로 불린다.

여기에서 왕부지가 인용하고 있는 말은 선자선사와 선회 사이의 선문답(禪問答)을 각색한 것이다. 선자선사가 선회에게 "천 척(千尺)이나 되는 긴 낚싯줄을 드리우고 있는 것은 이러한 견해들은 대체로 참된 섯을 망령된 깃으로 여기거나 망령된 것을 참된 것으로 여긴다. 그러므로 심지어는 우리 몸을 싫어하고 버리면서 허물을 정화한다는 길을 택하기도 하고, 있음[有]을 이미 망령된 것으로 여기기 때문에 죽음으로 내달음을 즐거움으로 여기기도 한다. 또 삶을 이미 망령된 것이라 여기므로 사람 세상을 잘 꾸리고 운용하기 위한 체제인 윤리를 깡그리 무시하고 없애는 것을 정화(淨化)라 여기기도 한다. 그러니 어찌 이들이, 하늘이 준 이륜(彝倫)을 찢어발기고 사람 세상의 기강을 허물어뜨리는 것쯤을 괴이하다 하겠는가!

若夫以有爲迹, 以无爲常, 背陰抱陽, 中虛成實, 斥眞不仁, 遊妄自得, 故抑爲之說曰, "吾有大患, 爲吾有身; 反以爲用, 弱以爲動; 糠秕仁義, 芻狗萬物". 究其所歸, 以得爲妄, 以喪爲眞, 器外求道, 性外求命, 陽不任化, 陰不任凝. 故其至也: 絕棄聖智, 顚倒生死; 以有爲妄, 斗衡可折; 以生爲妄, 哀樂俱舍, 又何怪其規避畫夜之常, 以冀長生之陋說哉!

'깊은 연못[깨달음의 경지를 은유하는 말]'에 뜻을 둔 것인데, 낚시 갈고리에서 거우 세 치(寸) 떨어져 있는 너는 도대체 왜 말을 못하느냐?(垂絲千尺, 意在深潭. 離鉤三寸, 子何不道?)"라고 다그치자, 선회가 입을 열어서 막 답을 하려는데, 도리어 선자선사는 들고 있던 노(櫓)로 선회를 때려서 물속에 빠트려 버렸다. 선회가 황망히 배 난간을 잡고 배로 기어오르려 하자 선자선사는 다시 추궁하였다. "말해라! 말해라!"라고. 선회가 생각을 바로잡고 입을 열려고 하자, 선자선사는 다시 노(櫓)를 들어 선회를 때려 물속으로 빠트렸다. 물속에 빠져서 허우적대며 생사의 기로를 헤매던 선회선사는 마침내 그 속에서 선자선사가 자신에게 주고자 하는 깨달음을 얻었다. 다름 아니라 삶과 죽음이 다르지 않고, 있음[有]과 없음[無]이 다르지 않다는 것을. 이 활연대오(豁然大悟)에 선회는 선자선사에게 세 번이나 머리를 조아렸다. 그 후 또 몇 마디 문답을 주고받은 뒤 선회에게 이미 깨우침이 있음을 안 선자선사는 그동안의 큰 부담을 내려놓은 듯 "저 강에서 하던 낚시는 이제 끝났다. 금비늘 고기를 비로소 만났으니!(釣盡江波, 金鱗始遇.)"라고 하였다. 왕부지의 "낚시 갈고리에서 거우 세 치 떨어진 곳에 금비늘 고기가 있는데 따로 찾으리!"라는 말은 이를 축약한 것이다.

역문 그런가 하면 도가에서는 있음[有]을 혼적으로 여기고 없음[無]을 한결같음[常]이라 여긴다.[459] 음(陰)을 등에 짊어지고 안으로 양(陽)을 껴안으며 가운데가 텅 빈 채 알참을 이룬다고 한다.[460] 참다운 것을 배척하고 인(仁)을 부정하며,[461] 망령됨에서 노닒을 자득(自得)의 경지라 여긴다.[462] 그러므로 이들은 또 말하기를 나에게 커다란 환난이 있는 까닭은 나에게 몸이 있기 때문이다.[463] 돌이킴[反]이 도(道)의 쓰임을 이루고 약함이 도의 움직임을 이룬다고 하며,[464] 인의(仁義)를 쭉정이와 지게미로 여기고 만물을 풀 강아지처럼 여긴다.[465]

그러나 이들의 귀결을 고찰해 보면, 얻음[得]을 망령됨으로 여기고 잃음[喪]을 참됨으로 여기며, 이 세상 밖에서 도(道)를 찾고 성(性) 밖에서 명(命)을 찾는다. 양(陽)은 만물이 되게 함을 맡지 않는다고 하고 음(陰)은 만물의 엉김[凝]을 맡지 않는다고 한다. 그러므로 심지어는 성인됨과 지혜도 끊고

---

459 이는 『노자』 제1장의 "아무런 명도 없는 것[無名]이 이 세계의 시작이고, 어떤 명이든 있는 것[有名]이 만물의 어미다. 그러므로 늘 아무런 욕심도 없는 상태에서 그 오묘함을 보고, 욕심이 있는 상태에서는 늘 겉으로 드러난 것들만을 본다.[無名天地之始, 有名萬物之母. 故常無欲以觀其妙, 常有欲以觀其徼.]"는 말을 전제로 하여서 하는 말처럼 보인다.

460 이는 『노자』 제42장의 "만물은 음을 등에 짊어지고 안으로 양을 껴안으며, 텅 빈 기(氣)로써 조화를 이룬다.[萬物負陰而抱陽, 沖氣以爲和.]"라는 말을 전제로 하여서 하는 말처럼 보인다.

461 이는 『노자』 제5장의 "하늘과 땅은 어질지 않아서 만물을 풀 강아지처럼 여긴다. 성인도 어질지 않아서 백성들을 풀 강아지처럼 여긴다.[天地不仁, 以萬物爲芻狗; 聖人不仁, 以百姓爲芻狗.]"라는 말을 전제로 하여서 하는 말처럼 보인다.

462 『장자』, 「소요유(逍遙遊)」 편에서 "저 하늘·땅의 올바른 기운을 타고서 육기(六氣)의 변함[變]을 부리며 무궁함에 노니는 이라면, 그가 어찌 기대겠는가![若夫乘天地之正, 而御六氣之辯, 以遊无窮者, 彼且惡乎待哉!]", '사해의 밖에서 노닌다.[遊乎四海之外]', '티끌에 불과한 세상의 밖에서 노닌다.[遊乎塵垢之外]'고 하는 것 등에서 이러한 종지(宗旨)를 확인할 수 있다. 이 밖에도 『장자』 전편에 걸쳐서 이 '노닒[遊]'을 자득으로 여기는 언급은 많다.

463 『老子』 제13장: 吾所以有大患者, 爲吾有身.

464 『老子』 제40장: 反者, 道之動; 弱者, 道之用.

465 『老子』 제5장: 天地不仁, 以萬物爲芻狗; 聖人不仁, 以百姓爲芻狗.

버리며,[466] 삶과 죽음을 뒤바꾸어 버린다.[467] 있음[有]을 망령된 것으로 여기고 양(量)을 재는 말[斗]이나 저울[衡]을 폐기해 버릴 수 있다고 여긴다. 삶을 망령된 것으로 여기고 슬픔·즐거움 등의 정서는 모두 버려야 한다고 한다. 그러니 밤낮의 한결같은 순환을 그대로 받아들이기보다는 약삭빠르게 피하고 장생(長生)을 도모하라는 꾀죄죄한 설을 늘어놓음이 어찌 괴이하다 할 수 있겠는가!

請得而析之. 爲釋言者, 亦知妄之不可依也; 爲老言者, 亦知妄之不可常也. 然則可依而有常者之无妄, 雖有尺喙, 其能破此以自怙哉! 王鮪水入腹而死, 水可依而鮪迷所依; 粤犬見雪而吠, 雪本常而犬見不常. 彼固驕語'大千'·'八極'者, 乃巧測一端, 因自(纏)[繾]棘, 而同鮪·犬之知, 豈不哀哉! 鮪迷所依, 則水即其毒, 故釋曰'三毒'; 犬目无常, 則雪即其患, 故老曰'大患'. 夫以爲毒患, 而有不急舍之者乎? 則其懼之甚, 憊之甚, 速捐其生理而不恤, 亦畏溺者之迫, 自投於淵也.

역문 내가 한 번 이들의 주장을 분석해 보겠다. 불교도들도 망령됨은 의지할 수 없는 것임을 알고, 노장(老莊)을 따르는 이들도 망령된 것은 한결같을 수 없음을 알기는 한다. 그렇다면 의지할 수 있고 한결같음이 있는 '무망(无妄)', 즉 '망령됨 없음'에 대해, 비록 한 자[尺]나 되는 주둥이를 가졌다고 한들 이를 깨뜨렸다고 하면서 스스로 믿을 수 있으리오! 큰 다랑어는 물이 뱃속에 들어가면 죽는데, 이러한 결과를 초래한 까닭은, 물은 의지할 수

---

466 『老子』제19장: 絶聖棄智.
467 이 또한 『장자』에서 자주 언급되는 것이지만, 그 「대종사(大宗師)」편에서 삶을 혹이나 물사마귀처럼 쓸데없는 것이 붙어 있는 것으로 여기고, 죽음을 종기가 터져서 고질이 낫는 것으로 여김이 그것이다.[彼以生爲附贅縣疣, 以死爲決疣潰癰.]

있는 것이라 하여 다랑어가 단순히 그 의지할 수 있다고 함에 미혹되어 들이마셨기 때문이다.[468] 월(粵) 땅의 개들이 눈[雪]을 보면 짖는 까닭은,[469] 눈[雪]은 본래 정상적인 것이지만 개들의 눈[眼]에는 이것이 정상적인 것으로 보이지 않기 때문이다. 저들은 진실로 교만스레 '대천(大千)'[470]이니, '팔극(八極)'[471]이니 하는 말들을 해대는데, 이 말들은 세상의 한 끄트머리만을

---

468 물속에서 살아가는 물고기들은 물에 의지하여 살아간다. 그래서 이들이 물을 의지할 수 있는 것이라 여김은 당연하다. 그런데 의지할 수 있는 것이므로 괜찮겠거니 하여 물을 들이마셨다가는 죽게 된다는 것이다. 왕부지는 이것이 의지할 수 있음에 미혹된 결과라는 하고 있다. 소견의 좁음을 비웃는 은유다. 그런데 왕부지가 여기에서 예로 들고 있는 것은, 『회남자(淮南子)』, 「제속훈(齊俗訓)」에 나오는 말을 조금 비튼 것 같다. 거기에서는 "사다새[펠리칸]는 물을 몇 말이나 마셔도 오히려 부족하지만, 정작 물속에서 살아가는 다랑어는 이슬만큼만 입에 들어가도 죽는다.(鵜胡飮水數斗而不足 鱓鮪入口若露而死.)"라 하고 있다.

469 "촉(蜀) 땅의 개들은 해를 보면 짖는다.[蜀犬吠日.]"는 말과 같은 말이다. 견문이 좁은 것들에게는 괴이한 것이 많다는 것을 이르는 말이다. 당나라 유종원(柳宗元)의 「위중립이 사도를 논함에 답하는 글(答韋中立論師道書)」에 나오는 말이다. 촉 땅에는 항상 비가 내리고 해가 뜨는 날이 드물어서 해가 나오면 개들이 괴이하다고 여겨서 짖고, 월 땅의 개들은 못 보던 눈이 오자 눈이 내리는 동안 내내 짖다가 눈이 그치자 짖음을 멈추더라는 것이다. 유종원은 해와 눈이 무슨 과오가 있겠는가만, 소견이 좁은 개들은 그래도 보고는 짖어 댄다면서, 한유(韓愈)는 스스로 「사설(師說)」을 지어서 촉 땅의 해가 되기를 자처했기에 할 수 없지만, 자신은 월 땅의 눈[雪]과 같은 존재가 되어 소견 좁은 이들로부터 짖어 댐의 대상이 되고 싶지 않다고 하고 있다.(屈子賦曰, "邑犬群吠, 吠所怪也." 僕往聞 "庸·蜀之南, 恒雨少日, 日出則犬吠." 予以爲過言. 前六七年, 僕來南二年冬, 幸大雪, 踰嶺, 被南越中數州, 數州之犬, 皆蒼黃吠噬狂走者累日, 至無雪乃已, 然後始信前所聞者. 今韓愈旣自以爲蜀之日, 而吾子又欲使吾爲越之雪, 不以病乎. 非獨見病, 亦以病吾子. 然雪與日, 豈有過哉. 顧吠者犬耳, 度今天下, 不吠者幾人? 而誰敢衒怪於群目, 以召闘取怒乎.)

470 불교에서 이 세계를 지칭하는 말이다. 불교의 여러 경전에서 말하는 것을 종합해 보면, 수미산(須彌山)을 중심으로 하여 위로는 색계(色界)의 초선천(初禪天)으로부터 아래로 지하의 풍륜(風輪)에 이르기까지 사대주(四大洲), 해, 달, 욕계(慾界) 육천(六天) 및 색계(色界) 범세천(梵世天) 등이 하나의 세계를 이루고 있는데, 이를 '소천세계(小千世界)'라 한다. 이 소천세계 천 개를 합한 것을 '중천세계(中千世界)'라 하고, 이 중천세계를 또 천 개 합하여서는 위로 사선구천(四禪九天)으로 덮이는데, 이를 '대천세계(大千世界)'라 한다. 그래서 하나의 대천세계에는 10억 개의 작은 세계가 포함되어 있다고 한다. 이 대천세계가 하나의 불토(佛土)·불국(佛國)이며, 이 하나의 불토·불국에 대해서는 한 분의 부처가 중생의 교화(敎化)와 제도(濟度)를 맡는다고 한다.

교묘히 보아내고 한 말이다. 그런데 이들은 이렇게 말함으로써, 이들 스스로 여기에 묶이고 그 가시덤불 속에 빠지게 되었다. 이는 다랑어나 개의 앎과도 같은 것이리니, 어찌 슬프지 않으리오!

그러므로 석가모니는 '삼독(三毒)'[472]이라 하는데, 개의 눈에는 전혀 정상적인 것으로 보이지 않기 때문에 눈[雪]이 곧 근심거리가 된다. 노자도 이를 '큰 근심거리[大患]'라 하였다.[473] 대저 '독'이요 '근심거리'라 여기면서도 급히 버리지 않을 것이 뭐가 있단 말인가? 그렇다면 이들은 걱정이 심하고 고달픔이 심하리니, 사는 이치를 신속하게 버리면서도 전혀 괘념치 않는 격이다. 또한 물에 빠진 상황이 얼마나 급박한지 두려워하면서도 스스로 호수에 제 몸을 던지는 격이다.

夫可依者有也, 至常者生也, 皆无妄而不可謂之妄也. 奚以明其然也?

역문 의지할 수 있는 것은 있음[有]이고, 지극히 한결같은 것은 생(生)이다. 이들에는 모두 망령된 것이란 없으니 '망령되다'라고 말할 수가 없다. 이러함

---

471 『장자』, 「전자방(田子方)」 편과 『회남자(淮南子)』, 「원도훈(原道訓)」 편에 나오는 말이다. (『莊子』, 「田子方」: 夫至人者, 上闚青天, 下潜黃泉, 揮斥八極, 神氣不變. /『淮南子』, 「原道訓」: 夫道者, 覆天載地, 廓四方, 柝八極, 高不可際, 深不可測.) 이에 대해서 고유(高誘)는 "'팔극'이란 팔방(동·서·남·북과 이들 사이의 네 방위)을 합해서 지칭하는 것)의 극으로서 너무나 먼 것을 의미한다고 풀이하고 있다.(八極, 八方之極也, 言其遠.)

472 탐냄[貪]·성냄[瞋]·어리석음[痴]을 말한다. 이것들이 사람으로 하여금 불완전함으로부터 벗어나지 못하고 계속 그 차원에 머물게 하는 근본 원인들이라 하는 것이다. 그래서 '독(毒)'이라 한다.

473 『노자』 제13장에 나오는 말이다. 거기에서 노자는 "나에게 큰 근심거리가 있는 까닭은 나에게 몸이 있기 때문이리니, 나에게 몸이 없을진대 무슨 근심거리가 있겠는가!(吾所以有大患者, 爲吾有身, 及吾無身, 吾有何患!)"라 하고 있다.

을 어떻게 밝힐 수 있을까.

既已爲人矣, 非蟻之仰行, 則依地住; 非蝡之穴壤, 則依空住; 非蜀
山之雪蛆不求煖, 則依火住; 非火山之鼠不求潤, 則依水住; 以至依
粟已飢, 依漿已渴. 其不然而已於飢渴者, 則非人矣. 粟依土長, 漿
依水成. 依種而生, 依器而挹. 以萬種粟粟不生, 以甌取水水不挹 相
待而有, 无待而无. 若夫以粟種粟, 以器挹水, 楓无柳枝, 粟无棗實,
成功之退, 以生將來, 取用不爽, 物物相依, 所依者之足依, 无毫發
疑似之或欺. 而曰此妄也, 然則彼之所謂'眞空'者, 將有一成不易之
型, 何不取兩間靈 · 蠢 · 姣 · 醜之生, 如一印之文, 均无差別也哉?
是故陰陽奠位, 一陽內動, 情不容吝, 機不容止, 破甌啟蒙, 燦然皆
有. 靜者治地, 動者起功. 治地者有而富有, 起功者有而日新. 殊形
別質, 利用安身, 其不得以有爲不可依者而謂之妄, 其亦明矣.

역문 우리가 이미 사람일진대 개미처럼 머리를 쳐들고 다니지 않고 땅에 의
지하여 살아가며, 지렁이처럼 땅속에서 혈거하지 않는다. 사람은 땅 위 공
간에 의지하여 살아간다. 또 사람은 촉(蜀) 땅의 만년 설산(雪山)의 추위 속
에 살아가는 지네처럼 따뜻함을 구하지 않는 것이 아니라 불에 의지하여
살아가고, 뜨거운 화산(火山)에 사는 쥐들처럼 물에 적심을 구하지 않는 것
이 아니라 물에 의지하여 살아간다. 나아가 배가 고프면 곡식에 의지하고,
목이 타면 마실 것에 의지한다. 이렇지 아니하고 배가 고프고 목이 타는데
도 곡식과 마실 것을 끊는다면, 이는 벌써 사람이 아니다.

　곡식은 흙에 의지하여 자라고, 마실 것은 물에 의지하여 이루어진다. 곡
식은 씨를 뿌림에 의하여 생겨나고, 마실 것은 그릇에 의하여 푼다. 잡풀

씨앗을 곡식 씨앗으로 알고 뿌리면 곡식은 생겨나지 않고, 돌덩이로써 물을 담으려 하면 물은 퍼지지 않는다. 서로 의지하여 있는 것이고, 의지함이 없으면 없는 것이다.

예컨대 곡식으로써 곡식을 얻기 위해 씨 뿌리고 그릇으로써 물을 푸는 것처럼, 단풍나무에는 버드나무 가지가 없고, 곡식에는 대추 열매가 맺히지 않는다. 그리고 공(功)이 이루어져서 물러났다가 생겨남으로써 장차 오고, 취함과 쓰임이 어긋나지도 않는다. 물(物)들은 서로 의지하는데, 의지의 대상이 되는 것이 충분히 의지할 만하여, 의심스럽기도 하고 믿을 만한 것 같기도 하여 혹시라도 기만함이 털끝만큼도 없다.

그런데도 저들은 "이것들은 망령된 것들이다."라고 한다. 그렇다면 저들이 '진공(眞空)'이라 하는 것은 한 번 이루어져서는 다시는 바뀌지 않는 형태일지니, 어찌 하늘·땅 사이에서 총명한 것들·우둔한 것들·예쁜 것들·추한 것들을 가져다가 마치 모두 똑같이 찍힌 문양처럼 균등하여 아무런 차별도 없이 하지 않는단 말인가.

그러므로 음·양은 각기 제자리를 잡고서, 하나의 양이 속에서 움직이면[動] 그 발현함[情]에서는 인색함이란 없고, 그 작동 체제도 그침을 허용치 않으니, 돌무더기라도 파괴하여 싹을 틔운다. 그 결과로서 찬연하게 모든 것들이 있게 한다. 고요함[靜]은 땅을 다스리는데, 움직임[動]이 공능을 일으킨다. 땅을 다스림은 있음[有]인데, 그것도 풍부하게 있음[豐有]이다. 공능을 일으키는 것도 있음[有]인데, 날마다 새롭게 한다. 형태가 각기 다르고 그 질(質)이 서로 구별되는 것들을 이롭게 써서 우리 몸을 편안하게 한다. 자, 이렇게 보면, 있음[有]을 의지할 수 없는 것으로 여겨 '망령됨'이라 할 수 없다는 것은 역시 명확할 것이다.

又既已爲之人矣, 生死者晝夜也, 晝夜者古今也. 祖禰之日月, 昔有來也; 子孫之日月, 後有往也. 由其同生, 知其同死; 由其同死, 知其同生. 同死者退, 同生者進, 進退相禪, 无不生之日月. 春暄夏炎, 秋清冬凜, 寅明申晦. 非芽不蘂, 非蘂不花, 非花不實, 非實不芽. 進而求之, 非陰陽定裁, 不有荄莖; 非陽動陰感, 不相枎蕚. 今歲之生, 昔歲之生, 雖有巧曆, 不能分其形埒. 物情非妄, 皆以生徵, 徵於人者, 情爲尤顯. 蹙折必喜, 箕踞必怒, 墟墓必哀, 琴尊必樂. 性靜非无, 形動必合. 可不謂天下之至常者乎! 若夫其未嘗生者, 一畝之土, 可粟可莠; 一罋之水, 可沐可灌. 型範未受於天, 化裁未待於人也, 乃人亦不得而利用之矣. 不動之常, 唯以動驗; 既動之常, 不待反推. 是靜 因動而得常, 動不因靜而載一. 故動而生者, 一歲之生, 一日之生, 一念之生, 放於无窮, 範圍不過, 非得有參差傀異, 或作或輟之情形也. 其不得以生爲不可常者而謂之妄, 抑又明矣.

역문 또 있다. 우리가 이미 사람일진대, 삶과 죽음은 밤·낮과 같고, 밤·낮은 고(古)·금(今)과 같다. 조상들이 보던 해와 달이 옛날부터 죽 있으면서 왔고, 자손들이 볼 해와 달도 뒤로 죽 있으면서 갈 것이다. 똑같이 생겨나기 때문에 똑같이 죽으리라는 것을 알고, 똑같이 죽기 때문에 똑같이 생겨나리라는 것을 안다. 함께 죽는 것은 물러남이고 함께 생겨나는 것은 나아감인데, 나아가고 물러나면서 서로에게 물려주니 생겨나지 않을 해와 달이 없다.

봄은 따뜻하고 여름은 더우며, 가을은 맑고 겨울은 춥다. 인(寅)시에는 해가 떠올라 밝아지고, 신(申)시에는 해가 저물어 어두워진다. 싹이 트지 않으면 꽃술도 생길 리 없고, 꽃술이 아니면 꽃도 피지 않는다. 꽃이 피지 않으면 열매를 맺지 못하고, 열매가 아니면 싹도 트지 못한다.

나아가서 구하는데, 음·양의 정해진 마름질이 아니면 뿌리와 줄기가 있지 못하고, 양이 움직임에 음이 느끼지 않는다면 서로 씨방에서 교배하지 못한다. 오늘날 생겨난 것들과 이전 세대에 생겨난 것들을 놓고 아무리 계산에 뛰어난 사람이라 할지라도 이것들이 서로 다르다는 것을 구분할 수가 없다.[474]

이처럼 물(物)들의 실정은 망령된 것이 아니어서 모두가 생겨남을 통해 징험이 되며, 특히 사람에게서 징험됨은 그 정황이 더욱 뚜렷하다. 자기 앞에 꿇어앉아서 절을 하면 반드시 기뻐하고, 이와 반대로 두 다리를 쩍 펴고 거만하게 앉으면 반드시 노여워한다. 묘지 앞에서는 반드시 슬퍼하고, 높은 사람에게 가야금을 타 주면 반드시 즐거워한다. 생명체들의 성(性)은 고요하지만 없는 것이 아니고, 형(形)은 움직이면서도 반드시 합치한다. 그러니 어찌 이러함을 두고서 '이 세상의 지극한 한결같음[至常]'이라 하지 않을쏘냐!

아직 생겨나지 않은 것이라 하더라도, 한 마지기 땅만 가지면 조[粟]가 되게도 할 수 있고 가라지 풀이 되게도 할 수 있으며, 한 병의 물로는 머리를 감을 수도 있고 손을 씻을 수도 있다. 다만 아직 생겨나지 아니한 것들은 생김새와 그 틀을 아직 하늘로부터 받지 않았으니, 만들어지고 마름질함을 사람에게서 의지하지 못한다. 그래서 사람도 이것을 이롭게 쓰지 못하는 것이다.

움직이지 않음의 한결같음은 오직 움직임으로써만 징험되며, 이미 움직

---

474 이것들 사이에는 다를 것이 없기 때문이다. 아득한 이전에 생겨난 것들이나 그 아득한 시절을 격하여 지금 생겨난 것들이나 다르지 않고, 이들은 모두 있는 것들이라는 의미다. 그래서 의지할 수 있다는 것이다.

인 것의 한결같음은 돌이켜 뒤로 밀어 감에 내맡기지 않는다.[475] 이처럼 고요함[靜]은 움직임[動]에 의해서 한결같음을 얻지만, 움직임[動]은 고요함[靜]에 의지하지 않고서도 그 동일성을 유지한다. 그러므로 움직여서 생하는 것들은 1년의 생명, 1일의 생명, 1념(念)의 생명 등으로 무궁함 속에서 펼쳐지니, 이들에 대해서는 결코 길고 짧고 들쭉날쭉하여서 같지 않다거나 괴이하다고 함이 있을 수 없다. 만들어 내거나 거두어들이거나 하는 실정과 형편이 이러한 것이다. 이렇게 보면, 생겨난 것들을 항상 있을 수 있는 존재들이 아니라고 여기며 '망령되다'라고 할 수 없다. 이는 역시 명확한 것이다.

夫然, 其常而可依者, 皆其生而有; 其生而有者, 非妄而必眞. 故雷承天以動, 起物之生, 造物之有, 而物與无妄, 于以對時, 于以育物, 豈有他哉!

역문 대저 이러하므로 한결같으면서도 의지할 수 있는 것은 모두 생겨나서 있는 것들이다. 생겨나서 있는 것들은 결코 망령된 것이 아니라 필연코 참된 것이다. 그러므로 우레가 하늘을 받들며 움직여서[476] 물(物)들의 생겨남을 일으키고 물(物)들을 있게 만들어 낸다. 물(物)들이 망령됨 없음과 함께 하니, 물(物)들은 때에 맞추어 존재하게 되고 망령됨 없음은 물(物)들을 길러 낸다. 여기에 어찌 다른 것이 있으랴!

---

475 이미 움직이고 생겨난 것은 뒤로 돌릴 수 없다는 의미다.
476 이는 '망령됨 없음'을 의미하는 무망괘☲를 정괘(貞卦)인 진괘(震卦)☳와 회괘(悔卦)인 건괘☰로 나누고 취상설에 의해 풀이하는 것이다. 진괘는 우레를, 건괘는 하늘을 상징한다.

因是論之: 凡生而有者, 有爲胚胎, 有爲流盪, 有爲灌注, 有爲衰減, 有爲散滅, 固因緣和合自然之妙合, 萬物之所出入, 仁義之所張弛也. 胚胎者, 陰陽充, 積聚定, 其基也; 流盪者, 静躁往來, 陰在而陽感也; 灌注者, 有形有情, 本所自生, 同類牖納, 陰陽之施予而不倦者也. 其既則衰減矣, 基量有窮, 予之而不能多受也. 又其既則散滅矣, 衰減之窮, 與而不茹, 則推故而別致其新也.

역문 이상을 근거로 해서 논해 보겠다. 무릇 생겨나서 있는 것들에는 배태(胚胎), 유탕(流蕩),[477] 관주(灌注),[478] 쇠감(衰減), 산멸(散滅) 등의 시기가 있다. 이는 본디 인연에 의해 화합하는 것이고 저절로 그러함[自然]의 오묘한 합함이며, 만물이 이 세상에 들락거림과 인의(仁義)를 당겼다 놓았다 함이다. 배태란 음 · 양의 기운이 채워지고 누적 · 응취한 것들이 정해짐이니, 기본에 해당한다. 유탕은 고요했다 바스댔다 하고 왔다[來] 갔다[往] 함인데, 음이 존재함에 양이 느끼는 것이다. 관주기에는 형체도 있고 마음 씀도 있어서 근본적으로 스스로에게서 생겨나 자기와 부류가 같으면 받아들인다. 그리하여 음 · 양을 베풀고 줌에 게으르지 않은 시기다. 이러한 시기가 지나면 쇠감기가 오는데, 이 시기에는 기본적인 양에 한정됨이 있기 때문에 주더라도 많은 것을 받아들일 수가 없다. 이러한 시기가 지나면 또 산멸의 시기가 온다. 이 시기에는 쇠감함조차 다하여서 주더라도 받아들이지 못한다. 이렇게 되면 이제 옛것을 밀어내며 따로 새로운 것을 이루게 된다.

---

477 정해짐이 없이 이곳저곳 옮겨 다니는 기간을 의미하는 것 같다.
478 외부에서 받아들여 자신의 정체성을 형성하는 기간을 의미하는 것 같다.

由致新而言之, 則死亦生之大造矣. 然而合事近喜, 離事近憂, 乍往必驚, 徐來非故. 則哀戚哭踊, 所以留陰陽之生, 靳其離而惜其合, 則人所以紹天地之生理而依依不舍於其常者也. 然而以之爲哀而不以之爲患, 何也? 哀者必眞, 而患者必妄也.

새로움을 이룬다는 관점에서 말하자면 죽음도 생함의 위대한 조화(造化)다. 그러나 합하는 일은 기쁨에 가깝고 이별하는 일은 근심에 가깝다. 갑작스레 간 것에 필연적으로 놀라고, 서서히 오는 것은 옛것이 아니다. 그리하여 사람의 죽음을 슬퍼하고 안타까워하는 나머지, 통곡하며 슬픔의 도약(跳躍) 의식을 치른다. 이러하므로 음·양의 생함을 보류하고 그 이별을 내켜 하지 않으며 합함을 애석해한다. 이것이 바로 사람이 하늘·땅의 생하는 이치를 이어받아서 그 한결같음[常]을 차마 놓아 버리기 아쉬워하는 까닭이다. 그러나 이를 슬퍼할 뿐 걱정하지 않는 까닭은 무엇이겠는가. 슬퍼함은 필연코 참되고 걱정함은 필연코 망령되기 때문이다.

且天地之生也, 則以人爲貴. 草木任生而不恤其死, 禽獸患死而不知哀死, 人知哀死而而不必患死. 哀以延天地之生, 患以廢天地之化. 故哀與患, 人禽之大別也. 而庸夫恒致其患, 則禽心長而人理短. 愚者不知死之必生, 故患死; 巧者知生之必死, 則且患生. 所患者必思離之. 離而閃爍規避其中者, 老之以反爲用也; 離而超忽游俠其外者, 『釋』之以離鉤爲金鱗也. 其爲患也均, 而致死其情以求生也亦均. "乃若其情, 則可以爲善矣". 情者, 陰陽之幾, 凝於性而效其能者也, 其可死哉? 故无妄之象, 剛上柔下, 情所不交, 是謂否塞; 陽因情動, 无期而來, 爲陰之主, 因昔之哀, 生今之樂, 則天下之生, 日就於繁富矣.

역문 그리고 하늘·땅이 생함에서는 사람을 귀하게 여긴다. 하늘·땅은 초목들도 생기기는 하지만 이들의 죽음에 대해서는 마음 쓰지 않는다. 짐승들은 죽음에 대해서 걱정은 하면서도 그 죽음을 슬퍼할 줄은 모른다. 그런데 사람은 죽음에 대해 슬퍼할 줄을 알면서도 죽음을 꼭 걱정하지는 않는다. 슬퍼함은 하늘·땅이 생함을 널리 퍼져 나아가게 해 주지만, 걱정함은 하늘·땅이 만물을 만들어 내고 길러 줌을 폐(廢)하게 한다. 그러므로 슬퍼함과 걱정함은 사람과 짐승을 크게 구별하는 것이다.

보통 사람들은 그 걱정되는 것을 늘 어떻게든 이루어 보려고 한다. 그러다 보면 이들에게서는 짐승의 마음이 커지고 사람의 마음은 작아진다. 어리석은 이는 사람이 죽었다가 반드시 생한다는 것을 모른다. 그러므로 죽음을 걱정한다. 이에 비해 교묘한 이들은, 생겨난 것들이 반드시 죽으리라는 것을 알기에 생겨남조차 걱정한다. 그리하여 걱정되는 것들에 대해서는 반드시 벗어나고자 고민한다.

이 세계에서 벗어나 번갯불의 번쩍임처럼 짧은 순간 그 가운데서 피할 방도를 꾀하는데, 노자가 '돌이킴[反]'을 쓰임으로 삼는 것[479]이 바로 이에 해당한다. 그런가 하면 이 세계에서 벗어나 그 밖에서 초연·소홀한 채 노니려 하는 이들이 있다. 불교도들이 이에 해당하는데, 앞에서 예로 든, 낚싯바늘에서 세 치 벗어난 곳에 있는 이를 금비늘 고기로 여기는 것이 바로 그러하다. 이들은 죽음을 걱정하며 이로부터 벗어나고자 하는 면에서 똑

---

[479] 『노자』 제40장에 나오는 말이다. 거기에서는 "돌이킴이 도의 움직임이요, 약함은 도의 쓰임이다.(反者, 道之動; 弱者, 道之用.)"라 하고 있다.

같고, 사람의 마음 씀[情] 따위는 죽이고서 생을 구하려 함도 똑같다.

그러나 "그 마음 씀을 보면 사람을 선하다고 할 수 있다."[480]고 한다. 마음 씀이란 음·양이 막 작동하는 낌새[幾]요, 사람의 성(性)에서 응취하여 그 효능을 드러내는 것이다. 그러니 어찌 이것을 죽일 수 있겠느뇨?

그러므로 무망괘☳☰의 상을 보자. 그 이전의 상황에서는 굳셈[剛]들이 위에 있고 부드러움[柔]들이 아래에 있어서 서로 간에 마음 씀들이 교접하지 않고 있었다. 이를 일컬어 '꽉 틀어막힘[否塞]'이라 한다.[481] 그러나 이 무망괘☳☰의 상을 보면, 꽉 틀어막힌 상황에서 양[─, 초구효]이 마음 씀으로 말미암아 움직여서 그 누구도 예기치 못한 속에 와 음들[☷; 육이·육삼효]의 주인이 되어 있다. 그리하여 이전의 슬퍼함으로 말미암아 지금의 즐거움을 낳았으니, 이제 하늘 아래 생하는 것들은 날로 번성·풍부함으로 나아가게 되어 있다.[482]

---

480 이는 『맹자』, 「고자 상」에 나오는 구절이다. 맹자의 제자인 공도자(公都子)가 '사람의 성에는 선함도 없고 선하지 않음도 없다[性無善無不善]'는 고자(告子)의 주장과 또 다른 사람의 '성에는 선함도 있고 선하지 않음도 있다[有性善, 有性不善]'고 하는 주장을 뒷받침할 수 있는 예들을 거론하며, 맹자에게 이에 대한 답을 구한 적이 있다. 이에 맹자는 설사 이 예에서 거론되는 사람들처럼 선하지 않은 사람들이라 할지라도 "그 마음 씀을 보면 성을 선하다고 할 수 있다."라고 하며, 인·의·예·지 사덕(四德)의 단서인 사단(四端)은 우리 마음에 고유한 것이지 밖에서 우리를 녹이고 들어온 것이 아니라 한다. 다만 이들은 사람 성(性)의 선함을 생각하지 않기에 불선을 행했을 따름이라는 것이다.(『孟子』, 「告子 上」: 公都子曰, "告子曰: '性無善無不善也.' 或曰, '性可以爲善, 可以爲不善; 是故文·武興, 則民好善; 幽·厲興, 則民好暴.' 或曰, '有性善, 有性不善; 是故以堯爲君而有象, 以瞽瞍爲父而有舜; 以紂爲兄之子且以爲君, 而有微子啓, 王子比干.' 今曰'性善', 然則彼皆非與?" 孟子曰, "乃若其情, 則可以爲善矣, 乃所謂善也. 若夫爲不善, 非才之罪也. 惻隱之心, 人皆有之; 羞惡之心, 人皆有之; 恭敬之心, 人皆有之; 是非之心, 人皆有之. 惻隱之心, 仁也; 羞惡之心, 義也; 恭敬之心, 禮也; 是非之心, 智也. 仁義禮智, 非由外鑠我也, 我固有之也, 弗思耳矣.)

481 이를 드러내는 괘가 바로 비괘(否卦)☳☰다. 이 비괘는 굳셈들[☰]이 위에 있고 부드러움들[☷]이 아래에 있어서 서로 간에 교접하지 않음으로써 꽉 틀어막힌 상황을 상징한다.

482 '꽉 틀어막힌 상황'은 비괘(否卦)☳☰가 상징하는 상황을 가리킨다. 이 꽉 틀어막힌 상황에서 하나의 양(─)이 아무도 예기치 못한 속에 와 초효의 위(位)에 자리 잡으면, 이제 정괘(貞

夫生理之運行, 極情爲量; 迨其灌注, 因量爲增. 情不盡於所生, 故
生有所限; 量本受於至正, 故生不容乖. 則既生以後, 百年之中, 閱
物之萬, 應事之賾, 因物事而得理, 推理而必合於生, 因生而得仁,
因仁而得義, 因仁義而得禮樂刑政, 極至於死而哀之以存生理於延
袤者, 亦盛矣哉! 終日勞勞而恐不逮矣, 何暇患焉! 授之堯名而喜,
授之桀號而戚. 喜事近生, 戚事近死. 近生者可依而有常. 然則仁義
之藏, 禮樂刑政之府, 亦孰有所妄也哉! 故賤形必賤情, 賤情必賤生,
賤生必賤仁義, 賤仁義必離生, 離生必謂无爲眞而謂生爲妄, 而二氏
之邪說昌矣.

역문 생하는 이치에 따라 운행함을 보면, 그 발현의 극한까지가 그 양(量)이
다. 관주(灌注)의 시기에 이르면 생하는 이치의 이러한 양(量)으로 말미암
아서 증대한다. 그런데 발현함은 생기는 것들로 해서 다 소진되지 않는다.
즉 생겨난 것들에는 정해진 한계가 있기 때문에 이들이 생겼다고 하여서
그 발현이 다하지는 않는다는 것이다. 사람의 양(量)은 본래 지극한 올바
름[至正]으로부터 받는다. 그러므로 생겨남에서는 어긋남을 한 치도 허용
하지 않는다.

사람이 생겨난 뒤로 100년을 살아가는 동안, 물(物)들이 주는 온갖 상황
들을 겪고 사(事)들의 잡다함에 응하다 보면, 그 사(事)와 물(物)들을 통해

卦)는 곤괘☷에서 진괘☳가 되니, 이것이 바로 무망괘☲다. 그리고 진괘는 또한 취의설에
의할 때 '움직임[動]'을 상징한다. 이 움직임에 의해, 위의 굳셈들[☰]과 아래의 부드러움들
[☷]들이 서로 대치하며 마음 씀으로조차 교접하지 않음으로써 연출하던 이전의 꽉 틀어막
힌 상황이 비로소 풀리게 한다는 것이다. 왕부지는 이 무망괘의 괘명[无妄]과 괘상[☲]에서
이러한 철학적 의미를 읽어 내고 있다. 여기에서 우리는 그의 기철학(氣哲學)의 정수를 여
실히 확인하게 된다.

서 이치를 터득한다. 이 이치를 미루어서 반드시 하늘·땅의 생함에 합치하게 하고, 이 생함을 통해서 인(仁)을 얻으며, 이 인(仁)을 바탕으로 하여 의(義)를 얻는다. 나아가 인·의를 바탕으로 하여 예악(禮樂)과 형정(刑政)을 얻게 된다. 그리하여 극에 가서는 죽음에 이르더라도, 죽음을 슬퍼함으로써 죽음 이후에도 끊이지 않고 이어짐에서 생하는 이치를 보존하게 된다.

그러니 이 또한 성대하다고 아니하겠는가! 종일토록 수고에 수고를 다하더라도 아마 미치지 못할 텐데, 여느 겨를에 죽음을 걱정한단 말인가! 요(堯)임금과 같다고 하면 기뻐하고 걸(桀)왕과 같다고 하면 마음에 상처를 받는다. 기쁜 일은 생함에 가깝고 마음에 상처를 받는 일은 죽음에 가깝다. 생함에 가까운 것은 의지할 수 있고 한결같음이 있다. 이렇게 보면 인·의를 저장하고 있고 예악·형정을 보관하고 있는 것을 또한 그 누구라서 망령됨이 있다고 하리오!

그러므로 형체를 천하게 여기면 반드시 마음 씀을 천하게 여기고, 마음 씀을 천하게 여기면 반드시 생함을 천하게 여기며, 생함을 천하게 여기면 인·의를 천하게 여긴다. 그리고 인·의를 천하게 여기면 반드시 생함으로부터 벗어나게 된다. 생함으로부터 벗어나면, 반드시 "없음[無]이 참이다."라고 말하고, "생함은 망령된 것이다."라고 말하게 된다. 이렇게 하여 이씨(二氏; 佛·道)의 사악한 설들이 넘쳐나게 된 것이다.

若夫有爲胚胎, 有爲流盪, 有爲灌注, 有爲衰減, 有爲散滅者, 情之量也. 則生不可苟榮, 而死不可致賤. 不可致賤, 則疾不可強而爲藥. 強爲藥者, 忘其所當盡之量而求之於无益, 豈不悖與! 單豹藥之於外, 張毅藥之於內, 老氏藥之於膝理之推移, 釋氏藥之於无形之罔

兩. 故始於愛生, 中於患生, 卒於无生. 嗚呼! 以是藥而試之, 吾未見
其愈於禽鹿之驚走也.

역문 예컨대 배태(胚胎)의 시기가 있고, 유탕(流盪)의 시기가 있고, 관주(灌注)
의 시기가 있고, 쇠감(衰減)의 시기가 있고, 산멸(散滅)의 시기가 있는데, 이
일련의 과정이 바로 우리 발현[情]의 정해진 양(量)이다. 그러니 살아서 구
차히 영달해서는 안 되고, 죽어서 천(賤)함을 이루어서도 안 된다. 천함을
이루어서는 안 되기 때문에 아프더라도 억지로 약을 써서는 안 된다. 억지
로 약을 쓴다는 것은 마땅히 다하게 되어 있는 양(量)을 잊어버리고서 아
무런 이익도 없는 것을 추구함이다. 그러니 어찌 잘못이 아니라 하리오!

선표(單豹)는 밖으로 약을 썼고, 장의(張毅)는 안으로 약을 썼으며,[483] 노

---

[483] 선표(單豹)와 장의(張毅)의 일은 『장자』, 「달생(達生)」편에 나온다. 전개지(田開之)와 주
나라 위공(威公) 사이의 대화 형식을 통해서 이들에 관한 내용을 전하고 있다. 그 내용은
다음과 같다.
  노(魯)나라에 선표(單豹)라는 은자(隱者)가 있었는데, 그는 산속 바위 동굴에 거주하면
서 물만 마시고 살았고, 백성들과 자신에게 이로움을 주는 것들에는 전혀 마음을 쓰지 않
았다. 그 결과 나이 70이 되어서도 그는 마치 젖먹이와 같은 피부색을 갖고 있었다. 그러나
불행히도 배고픈 호랑이를 만나는 바람에 그만 잡아먹히고 말았다. 장의(張毅)는 선표와
는 대조적으로 고관대작의 집이든 가난한 사람의 집이든 가리지 않고 분주히 다니면서 그
들에게 문제가 있으면 무엇이든 해결해 주고자 골몰하였다. 이러하다 보니 장의는 겨우 40
살이 되었을 때 그만 속으로 열병이 생겨서 죽고 말았다. 이처럼 선표는 내면으로 수양을
하였지만 호랑이가 그 외면을 취해 잡아먹어 버렸고, 장의는 외면으로 수양을 하였지만 병
이 그 내면을 공격하여 죽었다.
  이에 대해 전개지는, 이 둘은 모두 목동이 잘 가는 양들은 그대로 두고 뒤처진 양들만 채
찍질하듯이 부족한 점을 더욱 보완하여야 했는데, 그러하지를 못해서 이런 비극적 죽음에
이르렀다고 평하고 있다. 그러자 공자는 속에는 아무것도 저장하지 말고, 겉으로는 아무것
도 드러내지 말며, 그 가운데에 고목처럼 홀로 서 있어야 한다고 하면서, 이것들을 이루어
야 그 이름이 극에 이를 것이라 하고 있다. 물론 이는 공자의 이름을 빌려서 개진하는 도가
의 종지(宗旨)다.(田開之見周威公. 威公曰, "吾聞祝腎學生, 吾子與祝腎游, 亦何聞焉?" 田開
之曰, "開之操拔篲以侍門庭, 亦何聞於夫子!" 威公曰, "田子无讓, 寡人願聞之." 開之曰, "聞
之夫子曰, '善養生者, 若牧羊然, 視其後者而鞭之.'" 威公曰, "何謂也?" 田開之曰, "魯有單豹

씨[老子]는 살가죽 겉에 잘게 생긴 결의 추이(推移)에 약을 썼고, 석씨[석가모니]는 형체 없는 것의 그림자의 그림자에다 약을 썼다. 그러므로 이들은 생을 사랑함에서 시작하여 중간에는 생을 걱정하였고, 생을 없앰에서 죽었다. 오호라! 이들이 쓴 약을 가지고서 시험하건대, 나는 이들이 짐승이나 사슴들이 분주히 쏘다니는 것보다 더 낫다는 것을 발견치 못하겠다.

夫治妄以眞, 則治无妄者必以妄矣. 治眞以妄, 據妄爲眞; 竊據爲眞,
愈詭於妄. 逮其末流, 於是而有彼家鑪火之事, 而有唄呪觀想之術,
則硇礜雜投, 不可復詰. 彼始爲其說者, 亦惡知患死相緣, 患生作俑,
其邪妄之一至於此哉!

역문 참됨으로써 망령됨을 다스리면, 망령됨 없음[无妄]을 어떻게 해보려 하는 것은 필연코 망령될 것이다. 이에 비해 망령됨으로써 참됨을 다스리면, 망령됨에 따르면서도 이를 참됨으로 여길 것이다. 나아가 잘못된 방식을 동원하면서까지 참됨이라 여기며 따른다면, 더욱 망령됨에 기만당하게 될 것이다.[484] 그 말류에 이르러서는 불사약을 제조하려 들기도 하고, '옴마니 밧메훔'과 같은 진언을 염송하거나, 마음속으로 상을 떠올리며 관찰하는 관상(觀想) 같은 술수가 횡행하게 된다. 이렇게 되어서는 설사 요사(硇砂)·여석(礜石)을 뒤섞어 약으로 쓴다고 하더라도 이들의 병통을 회복시

者, 巖居而水飲, 不與民共利, 行年七十而猶有嬰兒之色; 不幸遇餓虎, 餓虎殺而食之. 有張毅者, 高門縣薄, 无不走也, 行年四十而有內熱之病以死. 豹養其內而虎食其外, 毅養其外而病攻其內, 此二子者, 皆不鞭其後者也." 田開之曰, "魯有單豹者, 巖居而水飲, 不與民共利, 行年七十而猶有嬰兒之色; 不幸遇餓虎, 餓虎殺而食之. 有張毅者, 高門縣薄, 无不走也, 行年四十而有內熱之病以死. 豹養其內而虎食其外, 毅養其外而病攻其內, 此二子者, 皆不鞭其後者也." 仲尼曰, "无入而藏, 无出而陽, 柴立其中央. 三者若得, 其名必極.")
[484] 요즘 우리 사회에서 잘못된 종교 활동을 하는 이들이 모두 이에 해당한다고 할 수 있다.

킬 수가 없다. 처음으로 그 설을 만든 이들이라 해도, 죽음을 걱정하여 인연을 살피고 생겨남을 걱정하여 허수아비를 만들기까지 하는 등, 그 사악하고 망령됨이 하나같이 이 지경까지 이르리라는 것을 어찌 알았으리오!

是故聖人盡人道而合天德. 合天德者, 健以存生之理; 盡人道者, 動以順生之幾. 百年一心, 戰戰慄慄, 踐其眞而未逮, 又何敢以此爲妄而輕試之藥也哉! 故曰, "先王以茂對時, 育萬物", 蓋言生而有也.

역문 그러므로 성인들께서는 사람의 도리를 다하여서 하늘의 덕에 합치하였다. 하늘의 덕에 합치한다는 것은 생명을 보존하는 이치로써 건전하게 살아가는 것이고, 사람의 도리를 다한다는 것은 생명에 순응하는 체제[機]에 맞추어서 행동하는 것이다. 한평생을 한결같은 마음으로 두려움에 떨며 긴장의 끈을 놓지 않은 채 살아가면서 성실히 그 참됨을 실천해도 이에 미치지 못하는 것이거늘, 어찌 감히 이를 망령됨으로 여기면서 경솔하게 이에 대한 투약처방을 시도한단 말인가! 그러므로 "선왕께서는 이를 본받아 무성함으로써 때에 응하며 만물을 기른다."[485]고 하는 것이니, 이는 생겨나서 있다는 것을 말한 것이다.

---

485 이 무망괘☰의 『대상전』에 나오는 말이다.

대축괘⁴⁸⁶

≣大畜

畜, 止也, 養也. 以養止之, '小畜'也; 以止養之, '大畜'也. '小畜', 陰之
弱者, 其畜也微; '大畜', 陰盛而中, 其畜也厚. 而不僅然也. '小畜',
'巽'畜之也; '大畜', '艮'畜之也. '艮'體剛而以止爲德, 異乎'巽'之柔而
以養爲止之術也.

역문 '畜(휵)'은 '멈추게 하다', '기른다'라는 의미다. 기름으로써 멈추게 하는
것이 소축괘≣에 담긴 의미다. 이에 비해 멈추게 하여 기르는 것이 이 대
축괘≣에 담긴 의미다. 소축괘≣는 음(--; 육사효)이 약하기 때문에 그 길러
줌도 미미하다. 그러나 이 대축괘≣는 음들(☷; 육사·육오효)이 왕성하며
가운데 자리를 차지하고 있으므로 그 길러 줌도 두텁다. 겨우겨우 길러 주
는 정도가 아니다. 소축괘≣에서는 그 회괘(悔卦)인 손괘☴가 길러 낸다.
이에 비해 대축괘≣에서는 간괘☶가 길러 낸다. 이 간괘☶는 괘체가 굳세

---

486 그 의미로 보면 '畜'을 '휵'으로 읽어야 맞다. 이 괘에서는 이 글자가 '멈추게 하여 기른다'는
의미를 지니기 때문이다. '축'으로 읽으면 '가축'을 의미하고, '쌓는다'는 것을 의미한다. 따
라서 이 괘를 '대휵'으로 읽어야 마땅하다고 보지만, 세속의 훈에 따라서 그냥 '대축'으로 읽
기로 한다.

고 멈추게 함을 그 특성[德]으로 하고 있다. 그래서 손괘☴의 괘체가 부드
러움이고 길러 줌으로써 멈추게 하는 방법을 쓰는 것과는 다르다.

夫‘乾’奠位於方來, 而无如其性之健行也. 行則舍其方來之位而且之
於往, 往則失基, 失基則命不凝. 不止其來, 必成乎往, 故止之者, 所
以爲功於‘乾’也.

역문 이 대축괘䷙에서는 그 정괘(貞卦)인 건괘☰가 막 온 자리에 잡고 있으니,
그 됨됨이의 ‘씩씩하게 감’을 그 누구도 견줄 자가 없다. 그러나 가게 되면
막 온 자리를 떠나서 갈 곳으로 가는 것인데, 이렇게 가게 되면 터전을 잃
는다. 터전을 잃으면 그에게 부여된 명(命)이 영글지를 못한다. 그 온 자리
에 머물지 않으면 반드시 가고야 말기 때문에, 이들을 멈추게 한 이가 건
괘☰에 공을 세우게 된다.

凡欲爲功於剛健之才者, 其道有二; 彼方剛也, 而我以柔治之, 姑與
之養, 以調其蹞躇之氣, 微用其陰, 厚予以陽, 一若規之, 一若承之.
得此道者, 以爲諷諫. 是其爲術, 倡於莊周「人間世」之篇, 而東方
朔·司馬相如之流以勸百而諷一. 識者固將賤之曰, 此優俳之技也.
昔者優旃以畜秦之暴主, 朔·相如以畜漢之驁君, 謂將承我而規寓
焉, 无能大改其德而祇以自辱. 流俗不審, 猶樂稱說之曰, “諫有五,
諷爲上”嗚呼! 蘇軾·李贄之以惑人心者, 庸夫喜之, 而道喪久矣. 彼
方剛也, 而患在行而不知反, 我亟止之, 而實以養之, 閑邪者敦篤其
誠而不舍其中. 得此道者, 格君心之非. 人有不適, 政有不間, 伊尹
以之放桐而不疑, 傅說以之昌言而不諱, 孔孟以之老於行而不悔.

而流俗或譏之曰, "此迂而寡效也"昔者程子以諫折柳枝而致怪於母后, 朱子以'惟此四字'而見忌於黨人. 嗚呼! 合則行, 不合則去耳. 又其誼不可去者, 從龍·比於九京已耳. 藉其勸百而諷一, 不從所諷而樂其勸, 將如之何? 馬融「廣成」之頌, 亦效朔·相如, 而終之以諂矣.

역문 무릇 강건(剛健)한 재질을 가진 이에게 공효(功效)를 일으키고자 하면, 그 방법에는 두 가지가 있다. 첫째, 상대방은 한창 강건한데 나는 부드러움[柔]으로써 그를 다스려야 하니, 잠시 그와 함께 함양하면서, 남들 시선 따위 전혀 아랑곳하지 않고 유별나게 행동하는 그의 기운을 누그러뜨려야 한다. 이러할 때는 자신의 음(陰)을 은미하게 사용하며 양(陽)에게 이를 두텁게 베풀어야 하는데, 한편으로는 규제하는 듯하고 또 한편으로는 그를 떠받들 듯이 해야 한다. 이러한 방법을 효과적으로 사용하는 것을 풍간(諷諫), 즉 완곡한 표현이나 비유로써 상대방의 잘못을 바로잡는 것이라 한다.

이를 하나의 방법으로 주창한 것은 『장자』, 「인간세」 편에 나와 있다.[487] 그리고 동방삭(東方朔; B.C.154~B.C.93)[488]·사마상여(司馬相如; B.C.179~

---

[487] 대표적인 예가, 안합(顏闔)이 위령공(衛靈公)의 태부(太傅)로 부임하기에 앞서 천품(天稟)이 살인을 즐기는 위령공을 어떻게 대해야 할지를 두고 고민하다가 거백옥(蘧伯玉)에게 그 대처 방법을 묻자, 이에 거백옥이 답하는 가운데 나온다. 특히 거백옥은 "위령공이 철딱서니 없는 어린아이처럼 굴며 당신도 철딱서니 없는 어린아이처럼 굴고, 그가 아무런 거리낌이 없이 행하면 당신도 그렇게 거리낌 없이 행하며, 그가 사람으로서 상상할 수 없는 행동을 하면 당신도 그렇게 행해야 한다. 그렇게 해야 흠을 잡히지 않을 것이다.(彼且爲嬰兒; 亦與之爲嬰兒; 彼且爲無町畦, 亦與之爲無町畦, 彼且爲無崖, 亦與之爲無崖. 達人入於無疵.)"라 하고 있다. 거백옥은 아울러 당랑거철(螳螂拒轍)의 예를 들며 자신의 재간만 믿고 나대서는 절대로 안 된다는 것과 함께, 호랑이를 기르는 사람이 하는 방법, 말을 사랑하는 사람이 해서는 안 되는 행위 등을 예로 들며 위령공과 같은 포악한 인물을 상대하는 법들에 대해 말하고 있다.

[488] 동방삭(東方朔)은 서한(西漢) 시기에 활약한 인물이다. 자는 만천(曼倩)이다. 무제 때 태중대부(太中大夫)까지 지냈던 인물이다. 외모가 걸출하고 언변이 익살스러우며 행동에 거침

B.C.117)[489]와 같은 이들이 '권하는 것은 100이면서 풍자는 겨우 1이던 것'[490]이 바로 그것이다. 식자들은 이를 깎아내리며 "이 따위는 배우들이나 하는 기예다."라고 한다.

사실 옛날에 '전(㫋)'이라는 이름의 코미디언은 이러한 방식으로 포악한

이 없어서, 동방삭은 생존 당시 숱한 일화를 남기고 있다. 특히 동방삭의 해학과 말재주를 사람들에게서 많은 호감을 받았다. 『사기』, 「골계열전(滑稽列傳)」에 이러한 면들이 많이 서술되어 있다. 왕부지가 여기에서 거론하고 있는 것은 동방삭의 바로 이러한 점이다.

489 사마상여는 중국 서한(西漢) 초기, 경제(景帝)에서 무제(武帝) 시기에 활약한 문장가다. 사천성(四川省) 성도(成都) 출신으로서 아명은 '개새끼[犬子]'였고, 장성한 뒤의 자(字)는 장경(長卿)이었다. 그런데 그 스스로 전국시대의 인물인 인상여(藺相如; ?~?)의 인물됨을 사모하여 이름을 '상여(相如)'로 바꾸었다. 사실 이 인상여도 '완벽(完璧)'·'문경지교(刎頸之交)'라는 말을 낳게 한 인물로서 재사(才士)요 호걸이었다.
　　사마상여는 서한 경제(景帝) 때 양(梁)효왕의 세객으로 지내는 동안 『자허부(子虛賦)』를 지었는데, 뒷날 이것이 무제(武帝)의 상찬(賞讚)을 받았고, 이를 계기로 시종관으로서 무제를 섬기게 되었다. 그 뒤 무제에게 『상림부(上林賦)』를 지어 바쳐, 동방삭(東方朔), 매고(枚皐), 엄조(嚴助) 등과 함께 무제의 아낌을 받았다.
　　이 『상림부』는 『자허부』와 함께 한대(漢代) 최고의 부(賦)로 꼽힌다. 그래서 사마상여는 '부성(賦聖; 辭賦의 聖人)'·'사종(辭宗; 辭賦의 宗師)'이라 불린다. 『한서(漢書)』, 「예문지(藝文志)」에서는 그가 모두 29편의 부(賦)를 지었다고 기재하고 있지만, 지금 전해지는 것은 『자허부』를 비롯한 3편의 부(賦)와 『유파촉격(喩巴蜀檄)』이 있을 뿐이다.
　　사마상여는 『상림부』의 마지막 장(章)에서 무제에게 절검(節儉)해야 한다는 뜻을 은근히 드러내었는데, 이것이 바로 '풍간(諷諫)'이라 불린다. 여기에서는 육자법(六字法) 가운데 '표미(豹尾)'의 매력이 흠뻑 드러나 있다. 이 『상림부』에 감탄한 무제는 사마상여를 일약 시종랑(侍從郎)으로 발탁한 것이다. 이 '풍간'은 그의 작품 모두의 곳곳에 드러나 있다.

490 이 말은 양웅(揚雄)이 사마상여의 부(賦)들에 드러난 풍간(諷諫)을 평가하면서 한 말이다. 나중에는 '권백풍일(勸百風一)'이라는 사자성어(四字成語)로 굳었다. 반고(班固)가 지은 『전한서(前漢書)』 권57하, 「사마상여전(司馬相如傳)」에 이 말이 나온다. 거기에서는, "사마상여는 비록 사실처럼 꾸며 대는 말과 겉으로 화려한 말들을 수없이 지어냈지만, 그가 의도한 것은, 듣는 이들을 절검(節儉)으로 이끌고자 함이었다. 이 또한 『시(詩)』의 풍간(諷諫)과 무엇이 다르겠는가. 양웅은 '사마상여의 미려한 부(賦)들은, 권하는 것은 100이지만 풍간하는 것은 겨우 1이다. 마치 정(鄭)·위(衛)나라의 음란한 속악(俗樂)들처럼 치닫다가 곡이 끝나는 데서야 우아한 음악을 연주하는 것 같으니, 웃기지 않는가!'라 한다."라 하고 있다.(相如雖多虛辭濫說, 然要其歸引之於節儉, 此亦詩之風諫何異? 揚雄以爲靡麗之賦, 勸百而風一, 猶騁鄭·衛之聲, 曲終而奏雅, 不已戲乎!)

군주 진시황을 길들였고[畜],[491] 동방삭·사마상여 같은 이들도 한(漢)의 흉

---

491 우전(優旃)은 요즘으로 말하면 코미디언에 가까운 인물이다. 이름이 전(旃)이다. 사마천은
그의 인물됨을 높이 평가했던 것으로 보인다. 『사기』, 「골계열전(滑稽列傳)」에서 그에 관
한 일들을 기록하고 있기 때문이다. 사마천은 그의 이름 앞에 그의 직업을 적시하여 '우전
(優旃)'이라 부르고 있다. 그래서 이곳에서 왕부지도 이렇게 부르고 있는 것 같다. 역자도
이를 따르기로 한다.

「골계열전」에 보면, 우전은 진(秦)나라의 난쟁이 연예인이었다. 그는 말로써 사람들을
잘 웃겼지만 그 웃기는 말들 속에는 대도(大道)에 합치하는 점이 있었다고 한다. 그는 그가
살던 시대의 고통과 이를 겪는 민초들의 아픔을 통감(痛感)하고 그들에게 연민의 정을 느
끼는 사람이었다. 즉 상황의 문제점을 정확히 파악하고, 풍자(諷刺)를 통해 웃기는 속에서
넌지시 그 문제 해결을 권유함으로써 실현시키는 능력이 탁월하였다. 그래서 왕부지는 여
기에서 '풍간(諷諫)'을 잘 사용한 예로서 그를 언급하고 있다.

『사기』에서는 그가 진시황이 주연(酒宴)을 베풀 때 출연하여 좌중을 즐겁게 하고 있었
는데, 호위하던 병사들이 비를 맞으며 추위에 떨고 있는 것을 보고는 "너희들 키가 크다고
해서 무슨 도움이 되느냐. 기껏 이 빗속에 떨며 경비나 서고 있거늘. 나는 키가 이렇게 작
아도 이렇게 편안하게 쉬고 있지 않냐!"는 풍자(諷刺)를 통해 진시황에게 그들의 고통을 알
려 교대로 임무를 수행하게 함으로써, 그 고통을 반으로 줄인 일을 기록하고 있다. 또 진시
황이 그의 수렵장을 너무나 크게 조성함으로써 국력을 낭비하고 민초들을 힘들게 하려는
것을 보고는, "좋습니다. 그 안에 짐승들을 많이 길러서 적들이 동쪽에서 쳐들어오면 고라
니와 사슴에게 뿔로 막게 하면 충분할 것입니다."라는 풍간(諷諫)을 해서 막았다. 진시황
이 죽고 그 자리에 오른 2세 호해(胡亥; B.C.229~B.C.207)가 적들이 넘어오는 것을 방지
한답시고 그의 성(城)에 칠(漆)을 하려 하자 우전은 "잘하시는 일입니다. 주상께서 비록 말
씀을 안 하셨어도 신이 본래 청하려던 일입니다. 성벽에 칠을 하자면 비록 백성들은 비용
을 근심하겠지만 매우 좋은 일입니다! 칠한 성벽이 우람하게 서 있으면 적들이 쳐들어와도
오를 수가 없을 것입니다. 원하시면 즉시 시행하십시오. 다만 성벽에 칠을 하기는 쉬우나,
저 우람하고 긴 성벽들에 햇빛이 들지 않게 해서 그 칠을 말릴 수 있게끔 건조실을 만들기
란 어려울 것입니다."라는 풍간을 해서 막기도 했다고 한다. 우전은 이후 얼마 안 되어 호
해가 살해된 뒤 한(漢)에 귀순하였다가 몇 년 지난 뒤에 죽었다고 한다.(『史記』,「滑稽列
傳」: 優旃者, 秦倡侏儒也. 善爲笑言, 然合於大道. 秦始皇時, 置酒而天雨, 陛楯者皆沾寒. 優
旃見而哀之, 謂之曰, "汝欲休乎?" 陛楯者皆曰, "幸甚." 優旃曰, "我即呼汝, 汝疾應曰諾." 居
有頃, 殿上上壽呼萬歲. 優旃臨檻大呼曰, "陛楯郞!" 郞曰, "諾." 優旃曰, " 汝雖長, 何益? 幸雨
立. 我雖短也, 幸休居. 於是始皇使陛楯者得半相代. 始皇嘗議欲大苑囿, 東至函谷關, 西至
雍·陳倉. 優旃曰, "善. 多縱禽獸於其中, 寇從東方來, 令麋鹿觸之足矣." 始皇以故輟止. 二
世立, 又欲漆其城. 優旃曰, "善. 主上雖無言, 臣固將請之. 漆城雖於百姓愁費, 然佳哉! 漆城
蕩蕩, 寇來不能上. 即欲就之, 易爲漆耳, 顧難爲蔭室." 於是二世笑之, 以其故止. 居無何, 二
世殺死, 優旃歸漢, 數年而卒.)

포한 군주[武帝]를 이렇게 해서 길들였다. 그러면서 이들은 "장차 나를 받들어 그들 일상생활을 규제할 것이다."라고 말했지만, 실상은 이들이 그들의 덕을 크게 고칠 수가 없었고, 그저 자신을 욕되게 함에 그쳤다.

이들은, 세속은 깊이 살피지도 않으면서 오히려 "간(諫)에는 다섯 가지가 있는데, 풍간(諷諫)이 제일이다."[492]라고 하면 풍간을 즐겁게 칭한다. 오호라! 소식(蘇軾; 1037~1101)[493] · 이지(李贄; 1527~1601)[494] 등이 사람들 마음

---

[492] 『후한서(後漢書)』 권87, 「이운(李雲)전」에 나오는 말이다. 다만 거기에서는 "예(禮)에 5간(諫)이 있는데 풍간이 제일이다.(禮有五諫, 諷爲上.)"라 하고 있어서 어감이 약간 다르다. 이에 대해 이현(李賢)은 풍간(諷諫), 순간(順諫), 규간(闚諫), 지간(指諫), 함간(陷諫) 등 5간(諫)을 차례로 열거하며 각각에 대해 풀이를 하고 있다. 이 중에 '풍간'에 대한 풀이를 보면, 환난(患難)이나 앙화(殃禍)가 싹틈을 알고서 풍자로써 알리는 것이라 하고 있다.(諷諫者, 知患禍之萌而諷告也. 順諫者, 出辭遜順, 不逆君心也. 闚諫者, 視君顔色而諫也. 指諫者, 質指其事而諫也. 陷諫者, 言國之害, 忘生爲君也.)

[493] 소식은 자(字)가 자첨(子瞻)이고, 호는 동파거사(東坡居士)다. 고향은 미주(眉州) 미산(眉山; 지금의 사천성 眉山市)이다. 그는 중국 북송 시기의 대문호로서 시(詩), 사(詞), 부(賦), 산문(散文) 등에 모두 뛰어났다. 또 서예와 회화에도 일가를 이루었다. 그래서 중국의 역대 문학과 예술 분야에서 가장 빼어난 조예를 이룬 대가 중의 하나로 꼽는다. '당송팔대가(唐宋八大家)' 중의 하나다. 그의 아버지 소순(蘇洵), 그의 동생 소철(蘇轍)과 함께 '삼소(三蘇)'로 병칭되기도 한다. 그의 성격은 호방하고 활달하여 교우관계가 좋았다. 또 미식가로서 많은 음식과 차(茶) 등을 만들어 내기도 하였다. 산수 유람을 좋아하였기에 황정견(黃庭堅)은 그를 '진신선중인(眞神仙中人)'이라 불렀다.
과거에 급제한 뒤, 여러 지방의 수령 직을 거친 그는, 원풍(元豊) 2년 (1079) 그의 나이 43세 되던 해에 '오대시안(烏臺詩案)'으로써 그는 투옥되었고, 거의 죽을 지경에 이른다. '오대시안'이란 다름 아니라, 이해에 호주(湖州) 지사로 부임한 소식이 조정에 감사하는 글(「湖州謝上表」)을 올렸는데, 그 용어 속에서 '황제와 조정 대신들을 희롱하며 자신을 과대평가하는(愚弄朝廷, 妄自尊大)' 풍자가 숨어 있다고 문제 삼는 것이었다. 또 신종이 왕안석을 기용하여 필생의 힘을 기울이고 있는 신법에 대한 비판과 조정 대신들을 정확하게 평가하여 처리할 것을 암시하고 있다고도 주장하였다. 마침내 그와 구원(舊怨)의 관계에 있던 어사(御史) 이정(李定; 1020~1087)이 이 시(詩) 속에 들어 있는 소식의 죄를 4가지로 정리하여 황제에게 올렸다. 이에 신종은 그를 투옥하기에 이른 것이다. 그러나 태황태후(太皇太后) 조씨(曹氏)와 왕안석 등의 도움으로 소식은 겨우 죽음을 면하였다. 그리고는 황주(黃州)로 귀양을 가게 되었다. 평상시 그와 교유가 있었던 증공(曾鞏), 이청신(李淸臣), 장방평(張方平), 황정견(黃庭堅), 범진(范縝), 사마광(司馬光) 등 29명도 이때 연루되어 처벌을 받았다. 이 사건이 그의 작품 세계에서 큰 전환점이 되었다고 한다.

철종이 즉위하고서 원우(元祐) 연간(1086~1100)에 태후(太后)가 섭정을 하자 그는 한림학사지제고(翰林學士知制誥; 1086), 용도각학사(龍圖閣學士), 항주태수(杭州太守; 1089) 등을 거쳐 양주태수, 병부상서, 예부상서 등을 역임하며 복권하였다. 그렇지만 태후가 죽자 정주태수(定州太守)로 좌천되었으며 혜주(惠州), 해남(海南) 등지에서 유배 생활을 하였다. 이후 휘종이 즉위하여 또 휘종의 태후가 섭정을 하자 정치 무대로 돌아온 그는 이듬해 상주(常州)로 가서 거기에서 파란만장한 그의 일생을 마쳤다. 향년 64세였다.

정치적 입장에서 그는 비교적 구당(舊黨)에 가까웠다. 그래서 왕안석이 이끄는 신당의 급진적인 개혁에 반대하면서도 사마광이 신법을 완전히 폐기하는 것에 대해서도 반대하였다. 그리하여 신·구 양당으로부터 고루 배척을 받아 굴곡이 많은 일생을 보낼 수밖에 없었다. 그러나 각지에서 지방 관리를 할 적에 맑고 깨끗한 정치를 하며 백성들의 이익을 도모하고 폐단을 제거함으로써 뛰어난 정치적 업적을 쌓아 백성들로부터 칭송을 받기도 하였다. 항주(杭州)의 서호(西湖)에 있는 '소제(蘇堤)'가 그의 이름을 따라 명명한 것만 봐도 알 수 있다.

그는 2,700여 수의 시를 남겼고, 300여 수의 사(詞)를 남겼다. 그리고 수많은 산문 작품을 남겼다. 시문으로는 『동파7집(東坡七集)』, 『동파집(東坡集)』, 『동파사(東坡詞)』 등이 전한다. 이 외에도 『답사민사논문첩(答謝民師論文帖)』, 『제황기도문(祭黃幾道文)』, 『전적벽부(前赤壁賦)』, 『황주한식시첩(黃州寒食詩帖)』 등의 작품이 전하며 『고목괴석도(枯木怪石圖)』, 『소상죽석도(瀟湘竹石圖)』 등의 회화가 전해지고 있다. 또 『소침양방(蘇沈良方)』이라는 의학 서적도 전해지고 있다.

494 이지는 호가 탁오(卓吾)·독오였다. 복건(福建)의 천주(泉州) 출신이다. 그는 개성이 강하여 남과 좀처럼 어울리기 어려운 유형의 사람이었고, 어떠한 것에도 구속되려 하지 않는 성격이었다. 가정(嘉靖) 31년(1552) 향시에 급제하였는데, 이후로는 자기 뜻이 거기에 있지 않다고 보고 다시는 과거에 응시하지 않았다.

그러나 이지는 하남(河南) 공성(共城)의 교유(教諭)·남경(南京) 국자감 박사(國子監博士)·북경 예부사무(禮部司務)·남경 형부원외랑(南京刑部員外郎)·운남(雲南) 요안지부(姚安知府) 등의 관직을 지냈다. 만력 8년(1580) 요안지부를 사직한 뒤로 다시는 벼슬길에 나서지 않고, 호북(湖北)의 황안(黃安)에 거주하는 동안 벗 경정리(耿定理)에 의지하며 살아갔다. 그러다 경정리가 죽자, 이지는 마성(麻城)의 용호(龍湖)로 옮겨 지불원(芝佛院)을 짓고 거주하며 승려와 같은 삶을 살았다.

용호에 거주하는 20년 동안 이지는 그를 찾아온 사람들과 승속(僧俗)을 가리지 않고 대화를 나누었고, 나머지 시간에는 독서와 저술로 소일했다. 그의 저작 대부분은 이 시기에 쓰였다. 『분서(焚書)』, 『장서(藏書)』, 『속장서(續藏書)』, 『역인(易因)』 등이 여기에 속한다.

이지는 일찍부터 왕수인(王守仁; 1472~1529)의 고제(高弟)인 왕기(王畿; 1498~1583)·나여방(羅汝芳; 1515~1588) 등을 알고 마음속으로 이들을 깊이 추숭했다. 이지의 스승 왕벽(王襞; 1511~1587)은 양명좌파인 태주학파의 창시자 왕간(王艮; 1483~1541)의 아들이었다. 그래서 이지의 학풍은 자연스레 태주학파를 계승하게 되었다. 인연으로도, 그의 성격으로도, 이지에게는 양명학이 맞았다고 할 수 있다. 이지는 또 초횡(焦竑; 1540~1620)과

을 미혹시킨 것[495][496]에 대해 보통 사람들은 기뻐했지만, 이로 말미암아 도

도 교류하며 우정을 돈독히 하였다. 이지는 만력 29년(1601), 도를 어지럽히고 혹세무민한다는 죄명으로 이지는 체포되어 투옥되었다. 이에 이지는 옥중에서 칼로 목을 찔러서 자결하였다. 향년 75세였다.

이지는 그의 저작 속에서 풍자의 수법으로 유가의 성인(聖人)들을 조롱하였다. 그리고 유가의 경전들과 선유들의 가르침을 매우 못마땅하게 여기며 비판하였다. 유가의 경전들은 성인들의 친저(親著)가 아니라 후학들이 기록한 것이어서 가치가 떨어지고, 설사 성인의 말이라 하더라도 당시에나 약발이 먹히는 것일 뿐 영원토록 가르침을 주는 지론(至論)일 수 없다고 혹평하였다. 그는 보통 사람들이 성인을 위대하다고 믿는 것은 그저 미신일 뿐이고, 유학자들이 신봉하는 도통설(道統說)도 허구라 하였다. 그래서 유가의 서적들은 모두 불살라 버려야 한다[焚書]고까지 극단적인 표현을 하게 된 것이다.

이지는 당시의 도학자들에 대해서도, 겉으로는 도학을 한다지만 속으로는 부귀를 탐하는 족속이라고 비판하였다. 그들이 비록 유학자의 의복을 입고 있어도 행동은 개·돼지와 다를 바가 없다고 하며 신랄하게 성토하였다. 아울러 도학자들은 허위로 가득 찬 인물들로서 추악하기 이를 데 없고, 사람 세상을 운용하는 데서 전혀 쓸모가 없는 존재들이라고 하였다. 이리하여 당시의 통치 계급이 볼 때, 이지는 양립할 수 없는 인물로 여겨질 수밖에 없었다. 그래서 그들은 이지를 '이단(異端)'으로 지목하였고, 반드시 죽어 없애야 할 인물로 간주하였다. 그리고 결말은 그의 비극적 죽음으로 끝났다.

495 「오대시안(烏臺詩案)」에 연루된 글을 지적하는 것으로 보인다. '오대(烏臺)'는 어사대(御史臺)를 지칭하고 '시안(詩案)'이란 시로써 문제를 일으킨 것을 다루는 안(案)이라는 뜻이다. 앞서 소식(蘇軾)을 설명하는 각주에서 설명하였듯이, 원풍(元豐) 2년(1079) 그의 나이 43세 되던 해에 호주(湖州) 지사로 부임한 소식은 신종(神宗)에게 감사하는 글(「湖州謝上表」)을 올렸다. 그런데 이정(李定)·하정신(何正臣)·서단(舒亶)·이의지(李宜之) 등 어사대(御史臺)의 관원(官員)들이 이 글을 문제 삼았다. 이 글 속의 '생사(生事)'는 희령변법(熙寧變法)을, '신진(新進)'은 이 변법을 통해 발탁된 관원을 가리킨다며, 이들 문구 속에는 '황제와 조정 대신들을 희롱하며 자신을 과대평가하는[愚弄朝廷, 妄自尊大]' 문자가 숨어 있다고 들고 일어난 것이다. 이 시는 신종이 왕안석을 기용하여 필생의 힘을 기울이고 있는 신법을 비판함과 동시에 조정 대신들을 정확하게 평가하여 처리할 것을 암시하고 있다는 것이다. 이들은 자신들의 주장에 정당성을 확보하기 위해 소식(蘇軾)이 이전에 썼던 풍자시들을 죄다 들추어내며 사안의 중대함을 부풀렸다. 마침내 그와 구원(舊怨)의 관계에 있던 어사(御史) 이정(李定; 1020~1087)이 이 시(詩) 속에 들어 있는 소식의 죄를 4가지로 정리하여 황제에게 올렸다. 이에 신종은 그를 투옥하기에 이른 것이다.

소식은 나중에 「걸군차자(乞郡劄子)」라는 글을 통해 이에 대한 해원(解冤)을 시도하고 있다. 즉, "신(臣)은 여러 번 국사(國事)를 논하였으나 시행되는 은혜를 입지 못했습니다. 그래서 이제는 동물에 가탁하고 풍자의 형식으로 된 시를 지어서, 이 시가 사람들에게 널리 읽히고 주상께 전달되기를 바랐습니다. 그리하여 주상의 뜻을 감동시키고 깨달으시도록 하고 싶었습니다. 그러나 이정·서단·하정신 등 세 사람이 이것들은 내가 비방하는 것

는 상실된 지 오래되었다.

둘째, 상대방은 한창 강건한데, 이러한 상황에서 걱정거리는 가기만 할 뿐 돌아올 줄을 모름에 있다. 이를 바로잡음이 옳다고 느끼는 사람들은 속으로 '내가 재빨리 그들을 멈추게 하여 실질적으로 그들을 길러 주어야겠다.'라고 하며, 사악함을 막는 이들은 그 정성을 돈독히 하고 그 중(中)을 놓아 버리지 않는다. 이러한 도를 터득한 이들이라야 임금 마음의 잘못됨을 바로잡는다.

사람에게는 일일이 잘못을 지적할 수 없음이 있고, 정치에도 일일이 다 간여할 수 없음이 있다.[497] 이윤(伊尹)은 이러한 원리에 따라 태갑(太甲)을 동(桐) 땅으로 추방하였는데 태갑은 이에 대해 의심을 내지 않았고,[498] 부

───

이라고 말하는 바람에 저는 마침내 죄인이 되고 말았습니다. 그러나 그들에게도 근사한 것이 있었으니, 풍간(諷諫)을 비방(誹謗)으로 여긴다는 것입니다."라고 하였다.(『東坡全集』 권55,「乞郡劄子」: 臣屢論事, 未蒙施行. 乃復作爲詩文, 寓物托諷, 庶幾流傳上達, 感悟聖意. 而李定·舒亶·何正臣三人, 因此言臣誹謗, 遂得罪. 然猶有近似者, 以諷諫爲誹謗也.)

496 이지(李贄)는 그의 주저인 『장서(藏書)』에서 아예 '풍간명신(諷諫名臣)'들만을 다루는 전(傳)을 두고 있다. 또 『초담집(初潭集)』에서는 양웅이 사마상여를 평가하는 것에 대해서 논하고 있다. 즉 '내가 보기에, 양웅의 이러한 평가는 사마상여라는 사람을 정확히 모른 것일 뿐만 아니라 그의 글도 정확히 이해하지 못한 것이다. 또 글을 정확히 이해하지 못했을 뿐만 아니라, 말도 제대로 이해하지 못한 것이다. 말을 제대로 이해하지 못했을 뿐만 아니라, 풍간이 무엇인지도 모른 것이다. 풍간이 무엇인지를 몰랐기 때문에 그가 이렇게 진(秦)에 대해서는 혹독하게 평가하면서 새로운 나라를 미화한 것은 당연한 귀결이라고 할 수 있다.(余謂揚雄此言非但不知人, 亦且不知文; 非但不知文, 亦且不知言; 非但不知言, 亦且不知諷矣. 旣不知諷, 宜其劇秦而美新也.)"라 하고 있다. 이는 이지가 사마상여의 풍간을 높임과 동시에 사마상여에 대한 양웅의 폄하를 비판하는 것이라 할 수 있다. 그리고 왕부지가 여기에서 지적하며 비판하는 것은 이지의 이러한 관점이다.

497 『맹자』에 나오는 말이다. 맹자는 "사람에게는 일일이 잘못을 다 지적할 수 없고, 정치에도 일일이 다 간여할 수 없다. 오직 대인만이 임금 마음이 잘못된 것을 바로잡을 수 있다."라고 하고 있다.(『孟子』,「離婁 上」: 孟子曰, "人不足與適也, 政不足閒也, 唯大人爲能格君心之非.")

498 이는 『상서(上書)』에 나오는 기록에 의거한 말이다. 『상서』에서는 "태갑이 즉위하고서도 못된 짓을 일삼기에 당시 명재상이었던 이윤이 그를 동(桐) 땅에 있는 궁(宮)으로 추방하

열(傅說)도 이러한 원리에 따라 이치에 맞는 훌륭한 말을 임금인 고종(高宗)에게 거리낌 없이 했다.[499] 공자와 맹자도 당시 제후들의 마음을 바로잡겠다고 유세를 다니는 동안 길에서 늙어 갔지만, 전혀 후회하지 않았다. 그런데 세속적인 사람 중의 일부는 이를 비판하며 "이러한 방법은 너무 에둘러 가는 것이며 효과는 적다."라고 한다.

옛날에 정자(程子; 程頤; 1033~1107)는 철종이 버드나무 가지를 꺾은 것에 대해 간언(諫言)하다가[500] 그 모후(母后)에게 유별나게 군다고 노여움을 샀다.[501] 주자는 '오직 이 네 글자'라는 것으로써 효종에게 간언하다가 당인

였다가 3년이 지난 뒤에 다시 수도로 복귀시켜 왕 노릇을 하게 했다."라고 하고 있다.(『書經』,「太甲 上」: 太甲旣立, 不明, 伊尹放諸桐, 三年, 復歸于亳.) 동궁(桐宮)에 유폐된 동안 태갑은 자기 아랫사람인 이윤이 자신을 이렇게 대한 것에 대해 추호도 의심하지 않고, 오직 자신의 잘못을 뉘우쳐서 새사람이 되었다. 그래서 이윤은 그를 다시 불러들여 복위(復位)시킨 것이다. 왕부지는 여기에서 대인이라야 임금 마음의 잘못됨을 바로잡을 수 있다는 예로서 이를 거론하는 것 같다.

499 이에 대해서는 『상서』,「열명(說命)」의 상・중・하 3편을 통해 확인할 수 있다.

500 이 일은 북송의 철종(哲宗; 1077~1100, 재위 기간; 1085~1100)이 즉위한 지 얼마 안 되는 시점에 일어난 것으로 보인다. 어느 봄날 경연이 끝난 뒤 참여한 이들이 모두 작은 누각으로 옮겨 황제가 내리는 차를 마시게 되었다. 아직 어렸던 철종이 봄의 흥취에 취한 나머지 버드나무 가지 하나를 꺾어 탁자 위에 올려놓았다. 그런데 이에 대해 정이(程頤; 1033~1107)가 "이제 막 봄을 맞이하여 만물이 생기고 피어나는데 아무런 까닭 없이 나뭇가지를 꺾으면 안 되옵니다!"라고 간언을 하였다. 이에 철종은 얼굴색이 변하며 그 가지를 휙 던져버렸다고 한다. 이를 전해 들은 사마광(司馬光, 1019~1086)은 역시 기뻐하지 않으며, "임금들이 유생(儒生)들에게 친근감을 느끼지 못하도록 하는 사람은 바로 이런 사람들이다."라고 하였다고 한다.(黃震, 『黃氏日抄』卷44,「讀本朝諸儒書」11下: 哲宗初銳意於學. 一日講畢, 會茶上起折柳一枝. 有諫以方春萬物生榮, 不可無故摧折. 上擲之, 色不平. 溫公聞之, 不悅, 曰, "使人主不欲親近儒生者, 正此等人也.")

501 모후는 북송의 선인성열황후(宣仁聖烈皇后; 1032~1093)를 가리킨다. 성이 고씨(高氏)였기 때문에 '고태황태후(高太皇太后)'라 불린다. 북송 영종(英宗)의 황후였다. 영종의 대를 이은 아들 신종(神宗; 1048~1085, 재위 기간 1067~1085)이 죽고 그 손주인 철종(哲宗; 1077~1100, 재위 기간; 1085~1100)이 즉위하였는데, 철종의 나이가 당시 9세에 불과해 이 고태황태후가 섭정을 하였다. 정이(程頤)가 철종이 버드나무를 꺾은 것에 간언하던 일은 즉위 초반에 해당한다. 그래서 당시 나라의 실권을 장악하고 있던 고태황태후에게, 어린아이가

(黨人)들에게서 기피의 대상이 되었다.[502]

오호라, 모시는 임금과 뜻이 맞으면 행하고, 뜻이 맞지 않으면 떠나면

---

502 남송 순희(淳熙) 15년(1188) 6월의 일이다. 이때 주희(朱熹)는 당시 효종(1127~1194, 재위 1162~1189)에게서 병부낭관(兵部郎官)이라는 벼슬을 제수받았는데, 이보다 앞서 그는 주 필대(周必大; 1126~1204)를 강서제형(江西提刑)으로 천거하였었다. 그런데 효종이 자기의 뜻을 받아들이지 않고 이렇게 자신을 그 자리에 임명하자 궁궐에 들어가서 효종에게 주청 (奏請)하려 하였다. 이를 알아차린 누군가가 길에서 주희를 기다리고 있다가 "정심(正 心)·성의(誠意)에 관한 논의는 황제께서 듣기 싫어하시니 이를 입에 담지 않도록 경계하 십시오!"라고 하였다. 그러나 주희는 오히려 "내가 평생 공부한 것은 '오직 이 네 글자'인데 어찌 숨기고 침묵하며 우리 임금님을 속일 수 있겠는가?"라고 하며 효종에게 주청하기에 이르렀다. 그런데 효종은 "경(卿)을 본 지 오래되었는데 경도 늙었구려. 절동(浙東)의 일은 짐도 알고 있고, 지금 경을 청요(淸要)한 자리에 앉히고자 하니 다시는 그 주현(州縣)의 일 로써 나를 번잡게 하지 말구려!"라고 하였다. … 다음날 효종은 주희에게 병부낭관을 그대 로 제수하였는데, 주희는 발이 아프다는 이유로 부임하지 않았다.(『宋史』 권429, 「列傳 第 188, 道學3, 朱熹傳」: 十五年六月, 除朱熹爲兵部郎官. 先是, 熹以周必大薦爲江西提刑, 入 奏事, 或要於路. 曰, "正心誠意之論, 上所厭聞, 戒勿以爲言." 熹曰, "吾平生所學惟此四字, 豈可隱黙以欺吾君乎?" 及奏. 上曰, "久不見卿, 卿亦老矣. 浙東之事, 朕自知之, 今當處卿淸 要, 不復以州縣事煩也." … 翌日除兵部郎官, 以足疾丐祠.)

여기에서 말하는 '오직 이 네 글자'는 '성의(誠意)·정심(正心)'을 가리키는 것으로서, 고 리타분하게 유가 경전을 인용하며 효종의 마음을 움직이려 한다는 속뜻이 그 속에 들어 있 다. 그러나 여기에서 보다시피 주희는 효종을 설득하는 데 실패했다. 그리고 이 기록은 임 율(林栗)이 주희를 탄핵한 것으로 이어지고 있다. 임율이 제시한 이유는, 주희는 본래 무슨 학문적 성취가 없으며 단지 장재(張載)와 정이(程頤)의 학술 한 끄트머리를 도둑질하여 '도 학'이라 이름 붙이고, 망령되이 공자와 맹자가 제후들에게 유세하며 주유(周遊)하던 것을 본떠 제 몸값을 고가(高價)로 쳐 줄 것을 강요한다는 것이다. 그리고 정작 임금이 주는 직 책에는 성실히 임하려고 하지 않는다는 것이다. 임율은, 주희의 이러한 위선은 감출 수가 없다고 하고 있다.(祠本部侍郎林栗, 嘗與熹論『易』·『西銘』不合, 劾熹本無學術, 徒竊張 載·程頤緖餘謂之道學, 所至輒携門生數十人, 妄希孔孟歷聘之風, 邀索高價, 不肯供職, 其 僞不可掩.)

왕부지가 여기에서 정이(程頤)와 주희(朱熹)의 두 사례를 거론한 것은, 임금의 마음을 바 로잡는 것이 그만큼 간단하지 않음을 강조하기 위한 것이다. 정이(程頤)와 주희(朱熹)의 철학은 이후의 동아시아 역사에서 교조(敎條)로 받들어졌을 정도며, 후인들의 이들에 대한 존경은 차고도 넘칠 정도였다. 그런데도 이들은 임금의 마음을 움직이지 못했을 뿐만 아니 라, 그로 말미암아 오히려 자신들에게 비판이 돌아오게 하는 역효과를 초래했다. 그러니 이들은 대인이라 할 수 없다는 것이다.

될 뿐이다. 그런데도 '떠날 수는 없다'라는 것을 강변하는 자들은 구천(九泉)에서 관룡봉(關龍逢)[503]·비간(比干)[504]을 따라가야 할 따름이다. '권하는 것은 100인데 풍자하는 것은 겨우 1이다'라 함에 빙자하며, 풍간(諷諫)의 방식을 따르지 않고 권하는 것만을 즐겨 한다면, 장차 어찌하겠다는 것인가? 마융(馬融; 79~166)이 「광성(廣成)」이라는 송(頌)을 지어서 바쳤으나,[505] 이 역시 동방삭·사마상여를 본뜬 것이기는 하지만 마지막에 가서는 등태후(鄧太後; 81~121)에게 아첨하는 것으로 끝내고 있다.

---

[503] 관룡봉은 정확한 생졸 연대는 알 수 없으나 하(夏)나라 걸왕(桀王)의 충신이다. 날로 포악해져 가는 걸왕에게 직언으로 온 힘을 다해 간언하다가 죽임을 당했다.

[504] 비간(比干)은 은(殷)나라의 마지막 왕으로서 폭군의 대명사인 주왕(紂王)의 삼촌이다. 당시 주왕이 갈수록 음란해져 가며 정사를 돌보지 않자 미자(微子)는 몇 차례 간언하다가 듣지 않자 태사(太師)·소사(少師)와 의논한 뒤 주왕의 곁을 떠났다. 그러나 비간은 신하된 사람으로서 죽음을 무릅쓰고 다투어야 한다며 주왕에게 강력히 간하였다. 이에 주왕은 화가 나서 "내 듣자 하니 성인의 심장에는 구멍이 7개라던데"라고 하며 비간을 죽이고 심장을 도려내서 살폈다고 한다.(『史記』,「殷本紀」: 紂愈淫亂不止. 微子數諫不聽, 乃與大師·少師謀, 遂去. 比干曰, "爲人臣者, 不得不以死爭." 迺強諫紂. 紂怒曰, "吾聞聖人心有七竅." 剖比干, 觀其心.) 후대에는 관룡봉과 비간을 충신의 대명사로 여기며 이곳 왕부지처럼 이들을 습관적으로 병칭한다.

[505] 마융은 자가 계장(季長)으로서 우부풍(右扶風) 무릉(茂陵; 지금의 陝西省 興平縣 東北 지역) 출신이다. 동한(東漢)의 경학자다. 그는 환교서랑(宦校書郞)·낭중(郞中)·의랑(議郞)·무도(武都) 태수 및 남군(南郡) 태수 등을 지냈다. 복파장군(伏波將軍) 마원(馬援)의 종손이다. 영초(永初) 4년(110)에 마융은 교서낭중(校書郞中)에 임명되어 동관(東觀)으로 가서 교리궁금비서(校理宮禁秘書)를 하고 있었다. 이때는 등태후(鄧太後; 81~121)가 조정의 실권을 장악하고 있었는데, 그녀는 수렵(狩獵)의 예(禮)를 폐지하고 전쟁에서의 진법(陣法) 익히는 것을 폐지하였다. 무(武) 방면을 일방적으로 폐지한 것이다. 그래서 도적의 무리가 거리낌 없이 날뛰었다.

　이러한 현상을 보고 느낀 바 있던 마융은 문(文)·무(武) 가운데 어느 한쪽을 폐기해서는 안 된다는 것을 등태후에게 깨우치기 위해 『광성송(廣成頌)』을 지어 바쳤다. 다만 풍간(諷諫)의 방식을 사용하였다. 그러나 그 후과는 매우 컸다. 이 일로 마융은 등태후에게 미움을 받아서 10년 동안 동관에 처박힌 채 승진하지 못했다. 이를 견디지 못한 마융은 장조카의 죽음을 빙자하여 자신을 탄핵하고는 집으로 돌아와 버렸다. 그러자 등태후는 마융이 조정에서 주는 벼슬에 굴욕감을 느낀다는 것을 알고서 다시는 그에게 벼슬을 주지 말라고 명령을 내렸다.(『後漢書』,「馬融傳」참고.)

故'大畜'者, 畜道之正者也. 牛牿故任載, 豕豶故任飼, 初不謀彼之我喜, 而慶固自來. 至於剛正道孚, 在彼受輿衛之閑, 在我得大行之志, 然後吾養之之心, 昭示上下, 質告鬼神而无歉. 大川之涉, 其理楫占風, 鄭重於津泊者, 非一日矣. 故君子弗言事君也, 自靖而已矣; 弗言交友也, 自正而已矣. 學博而德厚, 德厚而志伸, 志伸而威望不詘. 可否一準於道, 進退一秉於誠. 故曰, "唯大人爲能格君心之非"正己无求, 端凝不妄, 然後可以'不家食'而吉矣.

역문 이렇게 보면 대축괘䷙는 '기름의 원리[畜道]'를 제대로 보여 주는 것이라 할 수 있다. 소의 뿔에 나무를 가로 댔으니 그에게 싣는 것을 맡기고,[506] 거세한 돼지이니 사육(飼育)을 맡기는[507] 것이다. 애당초 저들이 나를 기쁘게 함은 꾀하지 않았으니, 이에 따른 경사는 본디 저절로 옴이다.[508]

---

506 이는 이 대축괘䷙의 육사 효사 "어린 소의 뿔에 가로 댄 나무니, 으뜸이 되고 길하다.(童牛之牿, 元吉.)"를 두고 하는 말이다. 왕부지는 『주역내전』에서 이에 대해 풀이하며 "쇠뿔 사이에 나무를 가로 대서 찌르지 못하게 하는 것을 '牿(곡)'이라 한다. 초구효는 막 출현한 군셈[剛]이고 아래에 자리를 잡고 있기 때문에 '어린 소'가 된다.(施木於牛角以禁觸, 曰 '牿'. 初九始出之剛, 而位乎下. 故爲 '童牛')"라고 하며, "육사효는 초구효에 응하여 그를 멈추게 하니, 그래서 이러한 상(象)이 있는 것이다.(四應初而止之, 故有是象.)"라 하고 있다.

507 이는 이 대축괘䷙의 육오 효사 "거세한 돼지의 이빨이니, 길하다.(豶豕之牙, 吉.)"를 두고 하는 말이다. 왕부지는 역시 『주역내전』에서 "돼지 중에서 거세한 것을 '豶(분)'이라 한다. 돼지를 거세하면 순치되어 망령되이 이빨로 물지 않는다. 이 대축괘䷙에서는 육오효가 구이효에 응하며 길러 준다. 그런데 구이효는 군셈[剛]으로서 제자리가 아닌 자리를 차지하고 있으므로 망령되고 조급하며 다른 것을 물어 버릴 수 있다. 그래서 이에 대해 방비할 필요가 있다. 이에 육오효가 그를 거세하여 그 폭력성을 제압함으로써, 구이효의 군셈과 육오효의 부드러움이 서로 이득을 얻어 평안하다. 그러므로 '길하다'고 한 것이다.(豕去勢曰 '豶'. 豶則馴而牙不妄噬. 六五應九二而畜之, 九二剛不當位, 有妄躁噬物之防, 五豶之以制其暴, 則剛柔相得而安, 故 '吉'.)"라고 풀이하고 있다.

508 여기에서 '기쁨'을 언급한 것은 육사효의 「상전」에서 "육사효는 으뜸이 되고 길하니, 기쁨이 있다.(六四元吉, 有喜也.)"라고 하기 때문이다. 이에 대해 왕부지는 『주역내전』에서 "육사효가 초구효에게 덕으로 교화함을 베푸는 것은 복 받기를 미리 기대하는 것이 아니라 지

굳셈[剛]이 올바르고 도(道)에 믿음성이 있음은, 저들이 수레를 모는 것과 호위함의 통제를 받아들임에 있고,[509] 내가 크게 행하고자 하는 뜻을 실현할 수 있음에 있다. 이러한 뒤에라야 내가 이들을 길러 주려는 마음을 위아래에 훤히 드러내고 귀신들에게 물으며 고하더라도, 성에 차지 않을 것이란 결코 없을 것이다.

큰 하천을 건너기 위해서는 노를 다루고 바람을 살피며 나루터에서 정중(鄭重)하게 정박해야 하는데, 이러하기를 결코 하루만 한다고 해서 되는 것이 아니다.[510] 그러므로 군자는 임금을 섬김에 대해서는 남에게 말을 하

조 있는 지식인을 길러 백 년을 두고 쓸 인재를 거두고자 함이다. 어려서부터 배워서 궁극의 경지에 이르는 이치를 터득하고 새로운 왕조를 열어 왕도정치를 일으키는 공(功)을 이루는 것들 모두가 '기쁨'이다. '기쁨'과 '경사'는 모두 자신의 밖에서 오는 것을 일컫는 말인데, '기쁨'은 바로 마음속 깊이 열락을 느끼는 것이고 '경사'는 한때의 즐거운 모임과 같을 뿐이다.(施德敎於初九, 非豫期於獲福, 乃養士而收百年之用. 小學而得上達之理, 創業而致興王之功, 皆 '喜'也. '喜''慶'皆自外至之辭, 而 '喜'乃中心之所悅, '慶'猶一時之嘉會爾.)"라 풀이하고 있다.

그리고 '경사[慶]'를 언급하고 있는 것은 이 대축괘☰ 육오 효사의 「상전」에서다. 「상전」에서 "육오효의 길함은 경사가 있음이다.(六五之吉, 有慶也.)"라 하고 있기 때문이다. 이에 대해서 왕부지는, "돼지는 쉽게 통제되지 않는 짐승이다. … 그 조급해함을 통제하여 순응하게 한다면 기대하지 않더라도 '경사'가 이를 것이다.(豕, 不易制者也. … 制其躁而使順應, 不期而至之'慶'也.)"라고 『주역내전』에서 풀이하고 있다.

509 이는 이 대축괘☰의 구삼 효사 가운데 "경계하는 명령을 내려 수레를 모는 이들과 호위하는 이들을 잘 통제해야 어딘가를 가는 데 이롭다.(日閑輿衛, 利有攸往.)"라고 함을 바탕으로 하는 말이다. 이에 대해서 왕부지는 『주역내전』에서 "'日(왈)'자는 경계하고 명령하는 말이다. '輿(여)'는 수레를 모는 사람을 의미하고, '衛(위)'는 자신을 좇아오며 호위하는 이들을 의미한다. 그래서 구삼효는 나아가고 초구·구이효의 두 양(陽)들은 이를 좇아오니, 이것이 곧 수레를 모는 것과 그를 호위함이 된다. '閑(한)'은 막고 통제하여 직책을 잘 수행하도록 함을 의미한다. 구삼효는 이미 간난신고함 속에서 올곧음을 지키고 있을 뿐만 아니라 더 나아가 반드시 그 경계하는 명령을 내려 수레를 모는 이나 호위하는 이들로 하여금 각기 경계하고 삼가도록 하여 그 직분의 한계를 벗어나지 않게 한다. 그리하여 '어디를 가는 데 이로운' 것이다.('日', 戒令之辭. '輿'謂輿人. '衛', 從行者. 九三進, 初·二兩陽且從之, 其輿衛也. '閑', 防制之, 使守其職也. 其旣艱貞, 尤必申其戒令, 使輿衛各有敬忌, 而不失其度, 乃 '利有攸往'.)"라고 풀이하고 있다.

지 않으며 묵묵히 자기 하는 일에 편안해하는 것이다. 벗을 사귐에 대해서도 남에게 말하지 않으며 자신을 올바르게 할 따름이다. 학문이 넓어지고 덕이 두터워지며, 덕이 두터워져서 자신의 뜻함을 펼치게 되는데, 뜻함이 펼쳐지면 남의 위세와 명망에 자신을 굽히지 않는다. 가부(可否)를 결정함에서 똑같이 도(道)에 기준을 두고, 나아가 조정에 참여하거나[進] 물러나 은거하더라도[退] 똑같이 정성스러움을 지키며 살아간다. 그러므로 "오직 대인만이 임금 마음이 잘못된 것을 바로잡을 수 있다."[511]고 하는 것이다. 자기를 올바르게 할 뿐 아무것도 구하지 아니하고, 몸가짐을 단정히 하며 무게 있게 처신하되 망령되지 않아야 한다. 이러한 뒤에라야 '집에서 밥을 먹지 않음'을 할 수 있으며 길한 것이다.[512]

淫行逞, 邪說興, 以懷祿固寵之邪心, 矜飼虎探鱗之巧技, 進以取容悅之實 · 退以謝寒蟬之咎, 施施然曰, "諫有五, 諷爲上", '月望'而太陽虧, '輿說'而'征凶'終, 將誰尤哉! 將誰尤哉!

역문 음행(淫行)이 거리낌 없이 행해지고 사설(邪說)이 일어나는 상황인데, 녹봉을 바라고 절대권력자의 총애를 굳게 하겠다는 사악한 마음을 가지고서 호랑이를 사육하고 훌륭한 제자를 탐색하는 기교를 자랑한다. 벼슬길에 나아가서는 윗사람의 비위를 맞추며 기쁜 모양을 하거나 아첨하는 실질을 취하고, 벼슬길에서 물러나서는 울지조차 못하는 가을 매미의 죄과에 사죄하면서, 느긋하게 말하기를 "절대 권력자에게 간(諫)하는 것에 다섯 가

---

510 이는 이 대축괘☰☰의 괘사 "올곧음에 이롭고, 집에서 밥을 먹지 않음이니, 길하다. 큰 하천을 건넘에 이롭다.(利貞, 不家食, 吉, 利涉大川.)"를 바탕으로 하는 말이다.

511 『孟子』, 「離婁 上」에 나오는 말이다.

512 대축괘☰☰의 괘사에 나오는 말이다. 이 말은 나아가서 벼슬을 함을 의미한다.

지가 있는데, 그중에서 풍간(諷諫)이 제일이다."라고 말한다. '보름달이 환히 비추면' 태양의 밝음조차 이지러진다. '수레에서 복토를 벗김'이니 '원정을 하여서는 흉함'으로 마무리된다. 그렇다면 장차 누구의 탓이겠는가! 장차 누구의 탓이겠는가![513]

---

513 '수레에서 복토를 벗김'이란 이 대축괘䷙의 구이 효사에 나오는 말이다. 이에 대해 왕부지는 『주역내전』에서 "'복토를 벗김'이란 이 바퀴 축을 동이고 있는 것이 벗겨졌다는 의미다. 이는 본래 '가려고 하지 않음'을 드러내는 것으로서, 소축괘䷈의 '복토가 벗겨짐'이 가려고 하는데 수레가 고장이 나 버렸음을 의미하는 것과는 다르다. 이 구이효는 중앙에 자리를 잡고서 급하게 나아가고자 하는 마음이 없고 육오효의 멈추게 함을 만나 마침내 멈춘 것이다. 이는 물러나 고요히 덕을 닦고 있는 상(象)이다. 그런데 여기서 길(吉)이나 흉(凶)을 말하지 않은 까닭은, 이 육오효가 한창 덕을 기르는 데 힘쓰고 이로움·해로움 따위는 염두에 두고 있지 않기 때문이다. 점을 쳐서 이 대축괘의 구이효를 얻은 사람은, 비록 하는 일에 대해 해로움은 없고 이로움만 있음을 깨달았다 하더라도, 가고자 하는 뜻이 없다면 멈추어야 한다.('說輹', 解其軸之縛. 本不欲行; 與小畜之 '說輻', 欲行而車敗異. 九二居中, 無躁進之心, 遇六五之止而遂止, 乃静退修德之象. 不言吉凶者, 方務畜德, 志不存於利害. 若占得者, 雖於事覺無害有利, 而意不欲行, 則止之.)"라고 그 의미를 논하고 있다.

여기에서 핵심은 '이 구이효가 중앙에 자리를 잡고서 급하게 나아가고자 하는 마음이 없고 육오효의 멈추게 함을 만나 마침내 멈춘 것이다. 이는 물러나 고요히 덕을 닦고 있는 상(象)이다'라는 것이다. 그래서 가지 않아야 하는데 원정을 한다면 흉함으로 끝나리라는 것은 필연의 귀결이다. 그렇다면 자신의 운명으로 주어진 상황을 무시하고 나아간 자신에게 그 허물이 있다는 것이다.

이괘

☲☶ 頤

一

'頤', 象也, 象其爲頤, 而未象其爲養. 然則設頤於此, 養不期而自至
乎? 聖人何以勞天下於耕稼漁獵? 抑設象於此, 而復邀養於他, 則養
固外待, "觀朵頤"者又何以凶耶?

역문 이 이괘(頤卦)☲☶는 상(象)을 드러내고 있다. 그러나 사람의 턱을 상으로
드러내고 있는 것이지 길러 줌[養]을 상으로 드러내고 있는 것이 아니다.
그렇다면 여기에 턱을 베풀어 놓으면 길러 줌은 기하지 않더라도 저절로
이른다는 것인가? 성인들께서는 어째서 농사일과 고기잡이, 사냥 등으로
이 하늘 아래서 수고로움을 다할까? 그렇지 않고 여기에 턱의 상을 베풀어
놓고 다시 다른 것에서 길러 줌을 맞이하려 한다면, 길러 줌은 진실로 밖
에 의존하는 것이다. 그렇다면 "바라보며 턱을 늘어뜨리고 있는"[514] 사람은

---

[514] 이 이괘(頤卦)☲☶의 초구 효사에 나오는 말이다. 이 초구 효사에서는 "너의 영험한 거북점은
놓아둔 채 나를 바라보며 턱을 늘어뜨리고 있음이니, 흉하다.(舍爾靈龜, 觀我朵頤, 凶.)"라
하고 있다. 그리고 그 「상전」에서는 '나를 바라보며 턱을 늘어뜨리고 있음'이니 역시 존귀
하지 못하다.("'觀我朵頤', 亦不足貴也.)"라 한다.

또 어째서 흉하다는 것인가?

夫‘頤’之成象, 固陰陽之即位而爲形體; 而‘頤’之成用, 資養之具亦陰陽互致而爲精腴. 故二氣構形, 形以成; 二氣輔形, 形以養. 能任其養, 所給其養, 終百年而无非取足于陰陽. 是大造者即以生萬物之理氣爲人成形質之撰, 交用其實而資以不匱. 則『老子』所謂 “沖, 而用之或不盈”, 其亦誣矣.

역문 이괘(頤卦)☲의 상(象)을 보면, 본디 음·양이 자리를 차지하고 있는 그대로 형체를 이루고 있다. 그리고 이괘(頤卦)☲의 작용을 보면, 영양을 공급하는 데서 갖추어야 할 것들을 역시 음·양이 상호 간에 이루면서 생명의 근본과 풍부한 영양이 되어 주고 있다. 그러므로 음기·양기 두 기(氣)가 형체를 구성하니 형체가 이루어지고, 음기·양기 두 기(氣)가 형체를 도우니 형체는 영양을 공급한다. 음기·양기 두 기(氣)가 영양 공급을 맡을 수 있고 그래서 사람은 영양을 공급받으니, 한평생 다할 때까지 음·양에서 충분하게 취하지 않음이 없다.

이렇듯 저 위대한 조화(造化)가 바로 만물을 생하는 리(理)·기(氣)로써 사람이 형질을 이루는 작용을 하는데, 이들은 사귀면서 서로 간에 그 실질을 이용하며 결코 다하여 없어짐이 없이 공급하고 있다. 그러므로 노자가 “도는 텅 빈 것인데, 작용하면서도 늘 가득 채우지 않는다.”라고 한 것은 역시 사람을 속이는 것이다.

夫頤中虛者也. 中虛似沖, 所受不盈, 而有生之養資焉. 則『老子』之言疑乎肖. 而抑又不然. 其將以頤之用, 以虛邀實者爲沖乎? 則頤之

或動或止, 在輔車唇頷之各效者, 用實也, 非用虛也. 假令以物投於
非頤之虛, 其虛均也, 而與人漠不相與. 則頤中之虛, 資輔車唇頷動
止之實以爲用, 明矣. 將以頤之體, 外實中虛者爲沖乎? 則死者之頤,
未嘗有所窒塞, 而何以殊耶? 外實而靈, 中虛而動, 屈伸翕闢之氣行
焉, 則頤中之虛自有其不虛者, 而特不可以睹聞測也, 明矣. 彼其說,
精專於養生, 而不知養抑不知生也有如此, 故曰誣也.

역문 턱은 가운데가 빈 것이기는 하다. 가운데가 비어 있으니 텅 빈 것처럼
보이고, 받아들인 것들이 가득 차지 않아서, 생명이 있는 것들에게 영양분
을 공급한다. 이렇게 보면 노자가 하는 말이 그럴듯해 보이기는 한다.

그러나 그렇게 볼 수 없는 점도 있다. 예컨대 턱의 쓰임[用], 즉 비어서
실한 것들을 맞아들임을 텅 빔[沖]이라 할 수 있는가? 턱은 움직이기도 하
고 멈추기도 하는데, 잇몸과 광대뼈가 밀접하게 연결된 채 서로 도움을 주
며 이들이 각기 효능을 드러냄에서는 실함을 쓰지 빔[虛]을 쓰지는 않는다.
가령 어떤 물체를 턱 아닌 것의 빔[虛]에다 던져 놓으면 그 빔[虛]은 균등하
리니, 그 물건은 사람들에게 막연하여서 함께하지 못할 것이다. 이렇게 보
면 턱 가운데의 빔[虛]은 잇몸과 광대뼈가 밀접하게 연결된 채 서로 도움을
주며 움직였다 멈추었다 함에다 실한 것을 공급하는 데 쓰이는 것이다. 이
는 명백하다고 할 것이다.

아니면 턱의 몸통[體], 즉 밖은 실하고 가운데는 빈 것을 텅 빔[沖]이라 할
수 있는가? 만약에 이 말이 맞는다고 할 것 같으면, 죽은 사람의 턱도 결코
꽉 틀어막혀 있지는 않으니 이와 다를 게 뭐가 있겠는가? 겉은 실하면서도
우리의 영혼에 따르고 가운데는 비었으면서도 움직이니, 굽혔다[屈] 폈다
[伸]·닫혔다[翕] 열렸다[闢] 하는 기(氣)가 바로 여기에서 운행한다. 그래서

턱 가운데의 빔[虛]에는 저절로 비지 아니함[不虛]이 있는 것이다. 다만 보고 듣는 것을 통해서는 이를 헤아릴 수 없다. 이는 분명한 것이다.

그런데도 노자는 사람 생명의 근본이라 할 정(精)이 양생(養生)을 통해서 전일(專一)해진다고 말한다. 이처럼 그는 사람의 생명에 어떻게 영양을 공급하는지를 모르거나, 아니면 생명에 대해서 모르고 있다. 그래서 나는 그가 '사람을 속이는 것이다'라고 한 것이다.

夫聖人深察於陰陽, 以辨養道之正, 則有道矣. 養萬物者陰陽也, 養陰者陽也. 陽在天而成象, 陰在地而成形. 天包地外而入於地中, 无形而成用; 地處天中而受天之持, 有形而結體. 无形无涯, 有形有涯. 无涯生有涯, 有涯息无涯. 无形入有形, 有形止无形. 陰靜善取, 陽動善變. 取盈不積, 資所厚繼; 陽動不停, 推陳致新. 分爲榮衛, 暢於四末, 四末以強, 九官以靈, 一皆動而能變者以象運之. 故曰養陰者陽也. 若其養萬物者, 陽不專功, 取材於陰, 然而大化之行, 啟不言之利, 則亦終歸於陽也. 陽任春夏, 陰任秋冬. 春夏華榮, 秋冬成實. 以迹言之, 陰爲陽具. 然而陽德陰刑, 德生刑殺. 秋冬成物而止息, 春夏物釋而方來. 凝實自終, 陰无利物之志. 是故陽之爲言養也, 陰之爲言幽也. 然則觀其所養, 物養于陽, 觀其自養, 陰養於陽. 順天之道, 知人之生, 而養正之道不迷矣.

역문 성인들께서는 음・양에 대해 깊이 살펴서 길러 주는 도(道)의 올바름을 변별하였으니, 도(道)가 있는 것이다. 만물을 길러 주는 것은 음・양인데, 음을 길러 주는 것은 양이다. 양은 하늘에 있으면서 상(象)을 이루고, 음은 땅에 있으면서 형(形)을 이룬다. 하늘은 땅 밖을 감싸고 있으면서도 땅속으로 들어가는데, 형체 없이 작용을 이룬다. 땅은 하늘 속에 있으면서 하늘이 유지함을 받고 있는데, 형체가 있으며 몸뚱이를 결성하고 있다.

형체 없는 것[無形]은 한정됨이 없고[無涯], 형체 있는 것[有形]은 한정됨이 있다[有涯]. 한정됨이 없는 것[無涯]이 한정됨이 있는 것[有涯]을 생하고, 한정됨이 있는 것[有涯]은 한정됨이 없는 것[無涯]을 쉬게 한다. 형체 없는 것[無形]은 형체 있는 것[有形]에로 들어가고, 형체 있는 것[有形]은 형체 없는 것[無形]을 멈추게 한다.

음은 고요하며 잘 취(取)하고, 양은 움직이며 잘 변한다. 취(取)한 것이 꽉 차더라도 쌓아 놓지 않으며 두텁게 이어 가는 것들에게 이를 공급한다. 양은 움직이며 한곳에 머무르지 않는데, 진부한 것을 밀어내고 새로운 것을 이룬다.

영(榮) · 위(衛)[515]로 나뉘는 것들이 우리 몸 구석구석까지 막힘 없이 도달하여, 우리 몸은 튼튼해지고 아홉 기관은 제 기능을 원활히 잘 수행하게 된다. 이렇게 하나로서 모두 움직이며 변할 수 있는 것이 상(象)으로서 운행한다. 그래서 "음을 길러 주는 것은 양이다."라고 한 것이다.

그런데 만물을 길러 주는 것이 오로지 양(陽)만의 공은 아니다. 양은 그 재료를 음으로부터 취한다. 그러나 위대한 조화(造化)의 운행은 말 없는 속에 이로움을 열어 주니, 역시 궁극적으로는 양에게로 돌릴 수밖에 없다.

양은 봄 · 여름을 맡고, 음은 가을 · 겨울을 맡는다. 봄 · 여름에는 꽃들이 피어나고 초목이 무성해진다. 가을 · 겨울에는 열매를 맺는다. 이를 우

---

515 영(榮) · 위(衛)에서 '영'은 혈(血)의 순환을 가리키고, '위'는 기(氣)가 두루 흘러 다님을 말한다. 구체적으로 말하자면, '영'은 기가 맥 속으로 다니는 것으로서 음에 속하고, '위'는 기가 맥의 밖으로 다니는 것으로서 양에 속한다. 이렇듯 '영'과 '위'는 우리 몸 전체에 퍼져서 안팎으로 서로 연관되어 있으며 쉬지 않고 운행한다. 그래서 우리 몸에 영양분을 공급하고 몸을 보위하는 작용을 한다.

리의 감각 기관에 드러나는 자취로써 말하자면, 음이 양에게 갖추어 주는 것[具]이 된다. 그러나 양의 특성은 덕(德)이고 음의 특성은 형(刑)이다. 덕은 살리고 형은 죽인다. 가을·겨울은 물(物)들을 이루어 내서 멈추고 쉬게 한다. 봄·여름에는 물(物)들이 어리며 이제 막 온다. 엉겨서 열매를 맺으면 저절로 끝마치지만, 음에는 물(物)들을 이롭게 하려는 뜻이 없다. 그러므로 양이 하는 것을 말하자면 '길러 줌'이고, 음이 하는 것을 말하자면 '그윽함'이다. 결론적으로 길러진다는 관점에서 보면 물(物)들이 양에 의해 길러지고, 스스로 길러 낸다는 관점에서 보면 음이 양에서 길러 낸다. 하늘의 도(道)에 순응하고 사람의 생명을 알아야, 올바름을 길러 주는[養正] 도(道)에 어둡지 않을 것이다.

聖人之'養萬民', 法陽之富; 君子之'節飲食', 法陽之清. 有養大而舍小, 法陽貴而陰賤; 有捐養而成仁, 法陽剛而陰柔. 如是, 則陰聽養于陽, 道固宜爾. 而四陰致養, 何以云'顚'云'拂'也? 陽君陰民, 陽少陰多. 民義奉君, 少不給多, 其義悖矣. 乃養之爲道, 順則流, 逆則節, 故无有不顚不拂而可用養者也. 故曰, "以人從欲實難", '經'不可恃也.

역문 성인들께서 '만민을 길러 줌'은 양(陽)의 풍부함을 본받은 것이고, 군자가 '음식을 절약함'은 양의 맑고 깨끗함[清]을 본받은 것이다. 큰 것을 길러 주고 작은 것을 버림이 있는 것은,[516] 양은 귀하고 음은 천함을 본받은 것

---

516 여기에서 말하는 '큰 것'과 '작은 것'은 맹자가 말한 '대체(大體)'와 '소체(小體)'를 각각 가리킨다. 대체는 마음으로서 사람의 착한 본성이 여기에 자리 잡고 있고, 소체는 몸뚱이를 지칭하는 것으로서 욕구와 본능을 발하는 주인공이다. 여기에서 맹자는 먼저 대체를 확립함으로써 소체의 욕구와 본능이 이를 빼앗을 수 없는 대인이 되라고 강조하고 있다.(『孟子』, 「告子 上」: 公都子問曰, "鈞是人也, 或爲大人, 或爲小人, 何也." 孟子曰, "從其大體爲大人,

이다. 자신의 생명 기르는 것을 버리고서 인(仁)을 이룸[517]이 있는 것은, 양이 굳세고 음이 부드러움을 본받은 것이다. 이와 같기에 길러 줌에서 음이 양에게 귀를 기울임은 원리로 볼 적에 진실로 마땅한 것이다.

이 이괘(頤卦)☲에서는 4개의 음(陰)들이 길러 줌을 이루고 있는데, 어째서 그 효사들에서는 '거스름 · 저버림[顚]'을 말하고 '어김[拂]'을 말하고 있을까?[518] 양은 임금이고 음은 백성이며, 양은 적고 음은 많기 때문이다. 백성들로서 의로움은 임금을 받드는 것이고, 적은 것이 많은 것에 주지 않음은 그 의로움에 어긋나는 것이기 때문이다. 길러 줌의 원리에서는 윗사람이 아랫사람을 따라서 내려가면 말류(末流)가 되고, 아랫사람들이 위로 거슬러서 올라가면 절도에 맞는다.[519] 그러므로 거스르거나 저버리지 않고, 또 어기지도 않으면서 길러 줌을 쓸 수 있는 이는 없다. 그러므로 "남에게 자

從其小體爲小人." 曰, "釣是人也, 或從其大體, 或從其小體, 何也?" 曰, "耳目之官不思, 而蔽於物. 物交物, 則引之而已矣. 心之官則思, 思則得之, 不思則不得也. 此天之所與我者. 先立乎其大者, 則其小者不能奪也. 此爲大人而已矣.")

517 '자신의 생명 기르는 것을 버리고서[捐養]'는 생명을 버리는 것을 의미한다. 그래서 이 구절은 공자가 "뜻 있는 선비와 어진 사람은 제 생명을 구하려다가 인(仁)을 해치는 일은 없고, 내 한 몸을 죽여서라도 인(仁)을 이룸은 있다.(『論語』, 「衛靈公」: 子曰, "志士仁人, 無求生以害仁, 有殺身以成仁.")"라고 한 것과 같은 의미를 지니고 있다.

518 이 이괘(頤卦)☲의 음효들인 육이효부터 육오효에 이르기까지, 그 효사들에서는 모두 이 글자들을 언급하고 있다.

519 왕부지는 『주역내전』에서, "이 이괘(頤卦)☲의 초구효는 먹을거리를 대주어 길러 주는 것을 스스로 구하고, 육이효 이상의 네 음효들은 다른 사람들에게 먹을거리를 대 주어 길러 준다. '전(顚)'은 거스르다는 의미다. 그런데 문화적인 소양이 없이 그저 본능대로만 살아가는 이들이 군자에게 먹을거리를 대 주어 길러 주는 것이나, 아랫사람이 윗사람에게 먹을거리를 대 주어 길러 주는 것은 순(順)이고, 위에서 아래로 먹을거리를 대 주어 길러 주는 것은 역(逆), 즉 거스름이다. '불(拂)'은 어긴다는 의미고, '경(經)'은 위와 아래가 서로 응하는 것으로서 통상(通常)의 이치를 뜻한다.(二以上四陰爲養人. '顚', 逆也. 野人養君子 · 下養上, 順也; 自上養下, 逆也. '拂', 違也. '經', 上下相應之常理.)"라고 풀이하고 있다. 이렇게 보면, 길러 줌의 원리에서는 거스름[逆]이 '경(經)'에 맞는 것이고, 따라감[順]은 맞지 않다는 것이 왕부지의 견해임을 알 수 있다.

신의 욕구를 따르게 하기란 실로 어렵다."[520]라고 말하며 '경(經)'이라 하는 것은 유지될 수가 없다.[521]

乃初·上骨陽, 皆養陰者也. 而上爲'由頤', 初爲'觀頤', 何也? 頤之所
以能動而咀物者, 下也, 而上則靜. 凡劓割之用, 皆自上而下, 而頤
之咀物也反是. 動者以欲興而尸勞, 止者以靜候而自得. 以欲興者
雖勞而賤, 以靜候者雖得而不貪, 此亦君子小人之別也. 均之爲養,
而初見可欲而即動焉, 不亦憊乎? 功名之會, 迫起者陽鱎之羞也, 而
況飮食乎! 故君子'愼言語, 節飮食', 皆戒之於其動也.

역문 이 이괘(頤卦)䷚에서는 초효와 상효가 양(陽)이며, 모두 가운데 음(陰)들을 길러 주고 있다. 그런데 상구효에서는 '길러 줌의 말미암음이 됨'이라

---

520 『춘추좌씨전』, 「희공(僖公)」 20년 조에 나오는 말이다. 이보다 3년 전인 희공 17년 (B.C.643)에 중국 춘추시대 최초의 패자였던 제환공(齊桓公; ?~B.C.643)이 죽었다. 그래서 중원에는 패자(霸者)가 없게 되었다. 이러한 상황에서 초(楚)나라의 성왕(成王; ?~B.C.626)이 중원의 패자가 되려고 하였다. 그런데 송(宋)나라의 양공(襄公; ?~B.C.637)이 이를 저지하고자 하며 맹주(盟主)의 신분으로서 맹회(盟會)를 소집하려고 하였다. 이에 노(魯)나라의 대부였던 장문중(臧文仲; ?~B.C.617)이 이 소식을 듣고 한 말 중의 일부다. 장문중은 "자신의 욕망을 억누르고 먼저 남이 원하는 것을 만족시켜 주는 것은 되지만, 남에게 자신의 욕구를 따르라고 한다면 일이 이루어지기 어려울 것이다."라고 하였다.(宋襄公, 欲合諸侯. 臧文仲聞之, 曰, "以欲從人則可, 以人從欲鮮濟.") 그러나 이듬해(B.C.639) 송양공은 맹주의 신분으로서 제(齊)·초(楚) 등을 불러 회맹을 감행하였고(鹿上之盟), 초성왕에게 초나라의 부속국 몇 개를 자신에게 떼어 주라고 하였다. 이 회맹을 통해 초나라를 약하게 하고 자신의 나라를 더욱 강하게 하려는 것이었다. 맹주가 송양공이었으므로 회맹에서 초성왕은 겉으로 동의하는 듯하며 끝났지만, 당시 송나라는 소국(小國)이었고 초나라는 대국(大國)으로서 강국(强國)이었다. 추호도 이 회맹의 결정 사항을 받아들일 생각이 없었던 초나라 성왕은 코웃음을 쳤고, 둘 사이의 갈등은 깊어졌다. 결국 이듬해 초나라의 공격을 받아 벌어진 전쟁에서 송나라 양공은 상처를 입었고, 그것이 악화하여 다음 해에 죽었다.

521 이는 이 이괘(頤卦)䷚의 육이효사에 나오는 "거슬러 길러 줌이고, 한결같은 이치를 어기는 것(顚頤, 拂經)"을 풀이하는 말이다.

하고 초구효에서는 '턱을 바라봄'이라 하는 까닭은 무엇인가?

턱이 움직여서 입안에 있는 것을 씹을 수 있는 까닭은 아래턱에 있다. 위턱은 고요히 있다. 무릇 칼로 베고 가르는 작용에서는 모두 위에서 아래로 움직인다. 그런데 턱이 입안의 것을 씹을 때는 이와 반대다. 그래서 움직이는 쪽은 욕구가 일어서 수고를 도맡아 하고, 가만히 있는 쪽은 고요히 기다리고만 있어도 원하는 것을 저절로 얻는다. 욕구가 인 쪽은 비록 수고를 다하지만 천(賤)하고, 고요히 기다리는 쪽은 비록 얻기는 했지만 스스로 탐한 것이 아니다. 이 또한 군자와 소인의 구별됨이다. 초구·상구효 둘 다 길러 줌에 참여하고는 있지만 초구효는 욕구를 일으키는 것을 보자마자 바로 움직이니, 또한 고달프지 않겠는가?

공(功)과 명(名)이 모인 곳에서 급박하게 나서는 이는 양교(陽鱎)[522]의 수치이거늘, 하물며 음식인 데야! 그러므로 군자는 '언어에 신중하고 음식을 절제한다.'라고 한다. 이 모두는 그 움직임에 대해서 경계하는 말이다.

嗚呼! 鄙夫之動於欲者, 不足道已. 霸者以養道市民而挾刑心, 異端以沖用養生而逆生理, 皆陰教也. 知陰之无成, 陽之任養, 於虛而得實, 賤順欲而樂靜正, 尚其庶乎!

---

522 '양교(陽鱎)'는 낚시를 던지자마자 곧바로 무는 물고기라고 한다. 고기가 살점도 없고 맛이 없다고 한다. 이에 비해 있는 듯 없는 듯하면서 물 것도 같고 물지 않을 것도 같은 고기는 방어라고 한다. 이 방어는 살점도 두툼하고 맛도 좋다고 한다.(劉向, 『說苑』, 「政理」: 宓子賤爲單父宰, 陽晝謂之曰, "投綸錯餌, 迎而吸之者, 陽鱎也, 肉薄而不美. 若存若亡, 若食若不食者, 魴也, 肉厚而味美.") 나중에 이 '양교'는 '부르지도 않는데 오는 선비'를 비유하는 말로 쓰였다. 비천한 선비인 것이다.(楊愼, 『升菴集』 권46, '陽鱎'條: 『說苑』子賤爲單父宰, 初入境, 見有冠蓋來迎者. 子賤曰, "車驅之, 所謂陽喬者至矣. 陽喬, 魚名, 不釣而來, 喻士之不招而至者也. 其魚之形則未詳, 按『荀子』曰, '鱎者, 浮陽之魚也.'")

오호라! 비천한 사내들이 욕구에 따라 행동하는 것은 입에 올릴 만한 것
조차 못 될 따름이어서 아예 언급하지 않겠다. 이보다는 좀 나은 것으로
서, 패자(霸者)는 길러 줌의 원리로써 백성들을 모이게 하지만 형(刑)으로
다스리고자 하는 마음을 가지고 있다. 그리고 이단(異端)들은 텅 빔[沖]을
사용하여 생명을 기른다고 하지만, 생하는 이치를 거스르고 있다. 이것들
은 모두 음(陰)의 원리를 따르는 가르침이다. 음으로서는 성취함이 없고
양이라야 길러 줌을 맡는다는 것, 빔[虛]에서 실(實)을 얻어야 한다는 것을
알아야 한다. 그리고 욕구에 따름을 천하게 여기고 고요함과 올바름을 즐
겨야만 길러 줌의 원리에 가깝다고 할 것이로다!

二

均爲(拂頤)[顚·拂], 而二·三何以凶耶? 君子之於養也, 別嫌而安
所遇. 二·三與初爲體, 今以初貪而不戢, 乃非分而需養於上. 上爲
‘艮’止, 恩有所裁, 不特拂經, 欲亦不遂. 故二逢‘于邱’之凶, 三戒‘十
年’之利. ‘邱’者高位, ‘十年’遠期, 位疏而期遠, 望其相給, 不亦難乎!
‘震’臨卯位, ‘十年’而至丑. ‘艮’居丑寅之交, 卽有所施, 必待‘十年’之
後. 晨煙不續, 越陌相求, 涸鮒難留, 河清誰俟, 不復能永年矣. 雖託
貞廉, 凶還自致, 則何似別嫌而安遇, 以早自決於十年之前乎!

똑같이 ‘거스름·저버림[顚]’·‘어김[拂]’인데, 이 이괘(頤卦)☲의 육이·육
삼효는 어째서 흉(凶)할까? 군자가 길러 줌에서 하는 일은 복잡다단하게
뒤얽힌 것들을 판별하고 처한 상황에 편안해함이다. 그런데 이 이괘(頤卦)

☶의 육이·육삼효는 초구효와 한 몸을 이루고 있고,[523] 지금 초구효는 탐을 내며 이를 거두어들이지 않고 있다. 그래서 이들은 자신의 분수가 아닌데도 위에서 길러 줌을 바라고 있다. 위는 간괘☶로서 멈추게 하는데, 은혜를 베풂에서도 딱딱 들어맞게 재단해서 한다. 그래서 육이·육삼효로서는 한결같은 이치[經]를 어길 뿐만 아니라 욕망도 이루어지지 않는다.[524] 그러므로 육이효는 '높은 데서 내리는' 흉함을 만나게 되고, 육삼효는 '10년'의 이로움을 없애 버리고 있다. '邱(구)'는 높은 위치를, '10년'은 먼 기간을 의미하므로, 위치는 멀리 떨어져 있고 기간도 멀기만 해서, 서로 공급해 주기를 바라지만 또한 어렵지 않겠는가!

「문왕팔괘도」에서 볼 때, 진괘☳는 묘(卯)의 위치에 있는데 '10년'이면 축(丑)의 위치에 이른다. 간괘☶는 축(丑)과 인(寅)이 교접하는 위치에 자리 잡고 있다. 그래서 간괘☶가 즉시 베푼다고 하더라도 반드시 '10년'을 기다린 뒤에나 가능하다.

그런데 육이·육삼효가 초구효에게서 길러 줌을 구하는 것이 안 돼 상구효에게 구하려 함은, 새벽의 운무(雲霧)가 이어지지 않아서 훤히 밝은데도 경계를 넘어가서 서로 구하는 격이다. 물이 말라 버린 연못에서 붕어는 머물기 어렵고, 황하 물이 맑아지기를 그 누가 기다릴 것이며, 다시 영겁

---

[523] 그래서 진괘☳를 이루고 있다.

[524] 육이·육삼효의 음들은 본래 초구효의 양이 길러 주어야 마땅하다. 그러나 초구효의 양은 이들을 길러 주기는커녕 오히려 탐을 내고 있다. 그래서 육이·육삼효의 음들은 감히 이 초구효에게 가서 길러 줌을 구하지 못하고, 상구효에게 구한다. 그러나 상구효는 육사·육오효와 함께 간괘☶의 몸을 이루고 있다. 그리고 이 간괘는 멈추게 하고 알맞게 딱딱 재단함을 특성으로 한다. 그러므로 상구효에게 비록 경(經)을 어기고서 아래로 길러 줌의 뜻이 있다 하지만, 이 길러 줌은 기껏 육사·육오효에 그칠 따름이다. 또한 육이·육삼효에게는 응함이 그의 분수도 아니므로 반드시 응하지 않는다. 그러므로 육이·육삼효가 상구효에게 길러 줌을 구한다 할지라도 이는 이루어질 수가 없다.

의 생명을 누릴 수도 없는 것이다. 비록 올곧고 청렴함에 기대어 본다고는 하지만 흉함은 돌아서 스스로 이르리니, 어떻게 복잡다단하게 뒤얽힌 것들을 판별하고 처한 상황에 편안해하며 10년 전에 일찌감치 스스로 결정하리오!

上者, 三之應也, 而不與三以養, 何也? 貴而无位, 所處亦危矣, 惟奉大公以養物, 斯德施光而自他有慶. 係私以酬酢, 上義之所不出也. 四爲'艮'體, 同氣先施, 把之不勞, 受之不作, '眈眈'逐逐', 其何咎焉! 使於陵仲子知此義, 可无潔口腹於母兄之側矣. 嗚呼! 取舍之間, 蓋可忽乎哉!

역문 이 이괘(頤卦)☲에서 상구효는 육삼효에게 응하는데, 육삼효에게 길러 줌을 주지 않고 어떻게 한단 말인가? 이 상구효는 고귀하기는 하지만 정해진 위(位)가 없고, 처한 상황도 위태롭다. 상구효로서 이러한 상황에서 잘 처신하는 유일한 방법은 대공(大公)을 받들면서 다른 것들을 길러 주는 것이다. 이렇게 하면 그의 덕이 광채를 발하며 자기에게나 남들에게나 경사가 있다. 이와 달리 사사로움에 얽매어 주고받음이랑은 상구효의 의로움에서 나오지 않는다.

　육사효는 육오·상구효와 함께 간괘☶의 몸을 이루고 있는데, 상구효가 똑같은 기(氣)를 먼저 베푸니 육사효로서는 힘들이지 않고 이를 끌어당기고, 이를 받으면서도 부끄러워하지 않는다. 숨을 죽이고 먹잇감을 노려봄이나 그 욕구를 쫓고 쫓아감이 어찌 허물이 되겠는가![525] 오릉중자(於陵仲

525　이는 이 이괘(頤卦)☲의 육사효사, "거슬러서 길러 줌이니 길하다. 호랑이가 숨을 죽이고 먹잇감을 노려봄이요, 그 욕구를 쫓고 쫓아감이라. 허물이 없다.(顚頤吉. 虎視眈眈, 其欲逐

子)에게 이러한 의미를 알게 했다면 어머니와 형의 곁에서 입과 배를 깨끗이 함이 없었을 것이다.[526] 오호라, 취함과 버림 사이에서 우리가 어찌 홀

逐, 无咎.)"를 근거로 해서 하는 말이다. 왕부지는 여기에서 육사효를 거슬러서 길러 주는 것은 상구효라 보고 있으며, '호랑이가 숨을 죽이고 먹잇감을 노려봄'·'그 욕구를 좇고 좇아감'을 육사효가 하는 것으로 풀이하고 있다.

그런데 『주역내전』에서 왕부지는 이와 다르게 풀이하고 있다. 『주역내전』을 보면, '거슬러서 길러 줌'을 이 육사효가 자신과 제대로 응함[正應]의 관계에 있는 초구효에게 베푸는 것으로 풀이하고 있다. 그리고 이 육사효사 가운데 '호랑이가 숨을 죽이고 먹잇감을 노려봄이요, 그 욕구를 좇고 좇아감'이라 함도 초구효가 상구효의 내려 줌을 받아들이는 자세라 풀이하고 있다. 초구효는 양효(陽爻)이므로 군세고 조급해하는 호랑이라 하기에 알맞다는 것이다. 그래서 '좇고 좇아감'의 욕구가 있지만 자기를 길러 주는 이에게는 아양을 떤다는 것이다. 육사효는 길러 줌으로써 그를 어루만져 주며, 제 위(位)를 차지하고서 군자가 소인을 길러 주는 원칙과 방법으로써 그를 순치하고 복종시키므로 진실로 허물이 없다고 한다.(六四正應乎初而施之養, 以上養下, 亦 '顚頤'也. 當位而養其所應養, 故吉. '虎視'謂初九. '眈眈', 垂耳貌. 虎怒噬則耳堅; 眈眈, 順而有求也. 初九剛躁, 本虎也, 以有 '逐逐'之欲, 媚養己者. 四以養撫之, 疑於徇小人之欲, 然後其位而以君子畜小人之道使之馴服, 則固无咎.)

왕부지가 『주역외전』을 쓴 것은 그의 나이 37세 되던 해(1655)다. 그리고 이로부터 30년이 지난 뒤인 67세 되던 해(1685)에 왕부지는 『주역내전』을 썼다. 그런데 이렇게 시차가 있어도 『주역외전』과 『주역내전』은 놀라우리만치 일치한다. 다만 이 이괘(頤卦)의 육사효사에 대해서만은 이렇게 다른 풀이를 하고 있는 것이 이채롭다.

526 오릉중자(於陵仲子)는 진중자(陳仲子), 또는 진중(陳仲), 전중(田仲) 등으로도 불린다. 중국 전국시대에 제(齊)나라의 유명한 사상가로서 은자(隱者)였다. 그의 조상은 진(陳)나라의 공족(公族)이었는데 진완(陳完)이라는 인물이 전란을 피해 제나라로 와서 성씨를 '전(田)'으로 바꾸었다. 그래서 '진중자'를 '전중'이라고도 부르는 것이다. 진중자는 그 형이 수많은 녹봉을 받는 것을 보고 이를 의롭지 않다고 여겼다. 그래서 형의 이러한 모습이 싫어서 진중자는 제나라를 떠나 초나라로 옮겨가서 살았다. '어머니와 형의 곁에서 입과 배를 깨끗이 함'이라는 말속에는 이러한 의미가 들어 있다.

진중자는 제나라에서 대부를 제의했어도 완강하게 거절하였고, 초나라에서 재상을 제의했어도 완강하게 거절하였다. 초나라로 가서는 먼저 오릉(於陵)으로 거처를 옮겼다가 나중에는 산속에서 은거하였다. 그리고는 더러운 군주의 조정에서는 벼슬하지 않는다, 난세의 먹을 것을 먹지 않는다는 기상을 보여 주다가 굶어 죽었다. 도연명(陶淵明)은 진중자의 이러한 됨됨이를 높이 쳐서 시를 지어 표창하고 있다.

진중자의 학식은 대단히 넓었으며 청렴결백으로써 우리 자신을 다잡을 것을 주창하였다. 그는 이러한 방식으로 세상을 바로잡을 수 있고 사회를 깨끗하게 할 수 있다고 여겼다. 제나라 왕은 그의 학식을 높이 사서 그를 직하(直下)의 학궁으로 초빙하기도 하였다. 그의 학문은 일가를 이루어 '오릉학파'라고 불린다. 순자(荀子)는 이 진중자가 전국시대의 6가

시(忽視)할 수 있으리오!

(家)를 대표하는 인물이라고 꼽았다. 그에 관련된 사적(事跡)은 『오릉자(於陵子)』라는 책에 정리되어 있다.

그런데 『맹자』의 「등문공하(滕文公下)」편에 보면, 맹자가 제나라를 방문하여 광장(匡章)이라는 장군과 이 진중자의 됨됨이를 놓고 논쟁을 벌이는 장면이 나온다. 제나라 선왕(宣王) 때의 일이다. 광장은 진중자의 청렴함을 높이 평가하고 있지만, 맹자는 이 진중자를 제나라의 제일가는 인물[巨擘]로 치면서도 진중자처럼 사는 것이 청렴하다고 할 것 같으면 이는 지렁이처럼 살아야만 가능한 일이라고 하면서 비판적으로 보고 있다.(『孟子』, 「滕文公下」: 匡章曰, "陳仲子豈不誠廉士哉? 居於陵, 三日不食, 耳無聞, 目無見也. 井上有李, 螬食實者過半矣, 匍匐往, 將食之, 三咽, 然後耳有聞, 目有見." 孟子曰, "於齊國之士, 吾必以仲子爲巨擘焉. 雖然仲子惡能廉? 充仲子之操, 則蚓而後可者也. 夫蚓, 上食槁壤, 下飮黃泉. 仲子所居之室, 伯夷之所築與? 抑亦盜跖之所築與? 所食之粟, 伯夷之所樹與? 抑亦盜跖之所樹與? 是未可知也." 曰, "是何傷哉? 彼身織屨, 妻辟纑, 以易之也." 曰, "仲子, 齊之世家也, 兄戴, 蓋祿萬鍾, 以兄之祿爲不義之祿而不食也, 以兄之室爲不義之室而不居也, 辟兄離母, 處於於陵. 他日歸, 則有饋其兄生鵝者, 己頻顣曰, '惡用是鶃鶃者爲哉?' 他日, 其母殺是鵝也, 與之食之. 其兄自外至, 曰, '是鶃鶃之肉也.' 出而哇之. 以母則不食, 以妻則食之, 以兄之室則弗居, 以於陵則居之, 是尙爲能充其類也乎? 若仲子者, 蚓而後充其操者也.")

왕부지 역시 이 진중자에 대해서 맹자의 관점을 취하고 있다. 진중자가 유가적 이상형의 인물이 될 수 없을 뿐만 아니라 그 삶의 궤적이 보통 사람들의 삶과도 맞지 않다고 보기 때문이다. 왕부지의 이러한 관점이 이괘(頤卦)䷚의 육사효와 초구효의 의의를 풀이함에서 배경을 이루고 있다.

대과괘

☷ 大過

有位者, 物之貴也; 同類者, 氣之求也. 擇位而得中, 聚族而與處, 擯逐異己, 遠居裔夷, 甘言不爲之動, 害機不爲之傷, 斯不亦天下之至愉快者哉! '大過'以之. 聚四陽於同席, 宅四位之奧區, 彼初之與上, 若欲窺其藩棘而不可得. 其擇利而蹈, 絶拒異己者, 可謂峻矣. 嗚呼! 峻者所以爲甚, 甚者所以爲過. 天下有待小人不以其道如此, 而能免其謫於君子乎?

역문 지위를 지닌 이는 존재하는 것들 가운데 귀한 존재이고, 유(類)가 같은 것들끼리는 기(氣)가 서로 구한다. 위치를 택해서 득중(得中)한 채 동족을 모아서 함께 거처하며, 자기와 다른 이들은 물리치고 변방 민족들을 멀리 거처하게 하는 것, 나아가 달콤한 말에도 넘어가지 아니하고 해코지하기 위해 설치한 덫에도 전혀 상해를 입지 않는다는 것, 이러하다면 또한 이 세상에서 가장 유쾌한 일이 아니랴!

이 대과괘☷가 바로 이렇게 하고 있다. 네 양효들을 같은 자리에 모아 놓고 네 방위로는 험한 지형을 이용해 방어하고 있으니, 저 음(陰)들인 초효와 상효가 설사 그 방어를 뚫고 어찌해 볼까 하더라도 안 될 일이다. 이로움에 대해서는 챙겨도 되는가를 가려서 챙기고, 자신과 지조가 다른 이들은 철저하게 거절하니, 준절(峻節)하다고 할 수 있다. 오호라, 이렇게 준절하기 때문에 너무한다고 여겨지고, 너무하기 때문에 과(過)가 되는 것이다.

夫陰陽之始, 非有善惡之垠鄂, 邈如河漢也. 翕闢者一氣也, 情各有其幾, 功各有其效; 生者道之生, 殺者亦道之殺. 有情則各有其願, 有功則各有其時, 雖嚴防而力拒之, 不能平其願, 而抑其得志之時矣. 故怨開於陽而成於陰, 勢極於陽而反於陰, 則亦无寧戒此而持其平. 又況性情功效之相需而不相舍乎!

역문 음·양이 막 작동하는 시초에는 선과 악이 분명하게 갈리는 것이 아니고 그저 은하수처럼 막연하다. 우리 몸을 열었다 닫았다 하는 것들이 동일한 기(氣)이지만, 마음의 발동에는 각각의 계기가 있고, 들인 공(功)에는 그것들만의 효과가 있다. 생함은 도(道)가 생하는 것이지만, 죽임도 도가 죽이는 것이다. 마음의 발동이 있는 것은 무엇인가 바람[願]이 있기 때문이고, 공(功)을 들이는 것은 그 때가 있기 때문이다. 그러므로 비록 엄격하게 방어하고 힘껏 항거한다고 하더라도 그 바람[願]을 잠재울 수 없고, 경우에 따라서는 뜻함을 얻는 경우도 있다.

그러므로 원망함은 양에서 열리지만 음에서 이루어지고, 추세는 양에서 극을 이루고 음으로 돌아간다.[527] 그러니 또한 이러한 점들을 경계로 삼고 그저 평정을 유지함이 차라리 낫지 않겠는가. 하물며 성(性)과 정(情), 공

---

527 이는 이 대과괘䷛의 괘상을 두고 하는 말이다. 구이효부터 구오효에 이르는 네 양효들에서 열린 원망함이 상육효에서 이루어지고, 구이효부터 구오효에 이르는 네 양의 극성이 상육효로 이어진다는 것이다.

(功)과 효(效)는 서로서로 의지하는 것이지 서로 버리는 것이 아니거늘!

是故君以民爲基, 生以殺爲輔. 无民而君不立, 无殺而生不繼. 資其
力, 合其用, 則陽有時舍位而不吝, 陰有時即位而不憨. 而獨使之浮
游散地, 失據離群, 開相怨之門, 激相傾之勢, 則大之過也, 亦自橈
而自弱矣. 故高居榮觀者, 鱗甍翼閣, 示雄壯之觀, 而棟則託址於卑
下. 橈其卑下, 則危其崇高, 未有能安者也.

역문 그러므로 임금은 백성들을 터전으로 삼고, 생함은 죽임으로부터 도움을
받는다. 백성들이 없으면 임금은 그 자리에 오를 수가 없고, 죽임이 없고
서는 생함도 이어지지 않는다. 그 힘을 바탕으로 삼고 그들의 능력을 합한
다면, 양도 때로는 그 지위를 내주면서도 아까워하지 않으며 음(--)이 때
로는 그 자리에 오르고서도 부끄러워하지 않는다. 그런데 이러한 상황에
처했으면서도 유독 한산한 곳에서 정처 없이 떠돌아다니며, 거처도 잃고
제 무리로부터 이탈한 채 서로 원망하는 문을 열어젖히고 서로 싸우도록
추세를 격화시킨다면, 이는 큰 사람[528]의 잘못일 뿐만 아니라, 자신을 위축
시킨 것이며 자신을 약화시킨 것이다. 그러므로 저 높이 위풍당당한 자리
에 앉아 영예를 누리는 이가 으리으리한 고대광실 속에서 웅장한 볼거리
를 제공한다지만, 그가 앉아 있는 전각의 용마루는 저 아래 낮은 자리에
있는 주춧돌에 의탁하고 있다. 그런데도 아래 낮은 자리에 있는 것을 휘어
지게 한다면 그 숭고함이 위태해질 것이다. 이렇게 되어서는 평안함을 누
릴 수 있는 이가 없다.[529]

---

528 이는 이 대과괘䷛의 양효들을 지칭한다.
529 이상은 이 대과괘䷛의 괘사에서 "용마루가 휨이요.(大過. 棟橈.)"라 한 것과, 『단전』에서

且夫陽之過也, 以保一時之往也. 乃其援引固結, 相與以明得意者, 其去小人之嘻沓背憎, 志雖異而情不殊. 情不殊, 則物或睨之, 物或睨之, 則勢難孤立. 有所欲爲而缺陰之用, 則有所必求而偸合乎陰矣. 故年不謀老少, 士不卜從違, 白首无慙, 弱齡无待, 相憐而靡, 苟得而歡. 將昔之怙黨居中, 絶陰於无位之初志, 亦茫然而不可復問. 而三‧四之倚二‧五以睽離於所應者, 且沮喪孤危, 或凶或吝而不可保. 故始爲攻擊, 繼爲調停, 快志須臾, 堅壁難久. 古今覆敗之林, 何有不釀成於此哉? 而君子早已辨其无輔而不能久矣.

역문 한편 양(陽)들의 지나침은 한때의 지나감을 보호하기는 한다. 이에 양들은 서로 끌어당기며 굳게 단결하고 서로 함께하며 뜻 이룬 것을 훤히 드러낸다. 아울러 소인들이 눈앞에서는 친한 체 수다를 떨다가도 돌아서서는 비방함 따위를 제거하는데, 이러함에서 양들 스스로 뜻함은 다르다고 할지라도 마음 씀으로는 서로 다르지 않다.

양(陽)들의 마음 씀이 이렇게 다르지 않기 때문에 다른 것들은 가끔 이 양들의 틈을 엿보게 된다. 이렇게 그들이 가끔 틈을 엿보게 되면 양들로서는 추세가 어려워지고 고립된다.[530] 이러한 상황에서 무엇인가 하려는 것이 있는데도 음(陰)들의 능력을 얻지 못하면, 양들은 그것을 꼭 구하고자 하여 남들 몰래 음에게 영합하게 된다. 그러므로 나이로는 많든 적든 따지지 않고, 사(士)들은 점복(占卜)에 의지하여 따를지[從] 거스를지[違]를 결정하지 않는다. 그 결과 머리가 하얗게 센 사람들로서도 부끄러워함이 없고,

---

이에 대해 "대과괘는 큰 것이 지나침이다. 용마루가 휨은 본말이 약하기 때문이다.(大過, 大者過也. 棟橈, 本末弱也.)"라 풀이하고 있음을 두고 하는 말이다.
530 그들의 시기와 질투가 심해지기 때문이다.

나이 어린 이들에게서도 기대할 것이라고는 없다. 그저 서로 이웃끼리 휩쓸리며 구차하게 얻고서도 환호한다.[531]

이러하기 때문에 옛적에 군자들이 당파를 이루어 가운데 떡 버티고 있으면서 음(陰)들과는 절연한 채 아무런 지위도 없는 것으로 내몰던 초지(初志)는 역시 망연하기만 할 뿐 다시는 찾아볼 수조차 없다. 그뿐만 아니라 구삼효는 구이효에게, 구사효는 구오효에게 의지함으로써, 이들이 마땅히 응해야 할 것들과는 어울리지 않고 있다.[532] 그리하여 이들은 기운을 잃고 고립된 채 위태로워서 흉하기도 하고 아쉬워함이 있기도 하지만[533] 보호할 수가 없다. 그러므로 처음에는 공격했다가 이어서는 조정을 하는 틀로 하니, 뜻함을 상쾌하게 함은 잠깐이지만 두꺼운 벽을 마주함과 같아서 오래 버티기가 어렵다. 예나 지금이나 하나의 왕조가 무너지는 것이 바로 이러함에서 빚어지고 이루어짐이 아님이 어디 있으리오. 그런데 군자들은 그들로서는 이러한 상황을 바로잡기에 아무런 도움이 되지 않는다는 것을 일찌감치 알아차리기에 왕조는 오래갈 수가 없다.

---

531 구이효가 초육효에 대해서, 구오효가 상육효에 대해서 그러하다는 의미다. 여기에서 왕부지는 전문 직업인들로서 사람 세상을 이끌어 가는 중추에 해당하는 사(士)들이 어떤 어려운 상황에 대해 점복(占卜)에 의해 따를 것인지[從] 거스를지[違]를 결정하는 것이 옳다고 하고 있다. 하늘로부터 지침을 받아서 결정해야 한다는 의미에서다. 이렇지 않고 상황이 어렵다고 하여 음(陰)들에게 도움을 구하며 야합하고 그들과 어울리며 환호작약하는 것은 옳지 않다는 것이다. 이는 구이효사에서 "고목이 된 버드나무에 어린싹이 돋음이니, 늙은 사내가 마누라를 얻음이다.(枯楊生稊, 老夫得其女妻.)"라 한 것, 구오효사에서 "고목이 된 버드나무에 꽃이 핌이니, 늙은 부인이 젊은 남자를 얻는다.(枯楊生華, 老婦得其士夫.)"라 한 것을 두고 풀이하는 말로 보인다.

532 구삼효가 마땅히 응해야 할 것은 상육효이고, 구사효가 마땅히 응해야 할 것은 초육효다.

533 이 대과괘䷛의 구삼효사에서는 "용마루가 휨이니 흉하다.(棟橈凶.)"라 하고 있고, 구사효사에서는 "다른 이에게는 아쉬워할 일이 있다.(有它吝.)"라 하고 있다.

然則‘大過’无取乎? 曰: 取之‘獨立不懼, 遯世无悶’者, 則得矣. 故夷・
齊兵之而不畏, 巢・許招之而不來, 自位其位而不位人所爭之位, 孤
保深幽, 敦土求仁, 雖金刑居上, 得勢下戕, ‘滅頂’之凶, 不足以咎.
此所謂无可奈何而安命以立命者也. 過此以往, 則吾不知之矣.

역문 그렇다면 이 대과괘䷛에서는 아무런 의미도 취할 것이 없단 말인가?[534]
내 생각에는 ‘홀로 군세게 서서 두려워하지 않으며 세상으로부터 은둔해
살면서도 자신의 처지에 대해 전혀 번민함이 없음’이면 된다. 그러므로 백
이(伯夷)・숙제(叔弟) 형제는 무왕(武王)의 부하들이 무력으로 겁박하였어
도 두려워하지 않았고,[535] 소보(巢父)와 허유(許由)는 천하를 맡아 달라고 불

---

534 이 이하는 이 대과괘의 『대상전』을 바탕으로 하여 서술하고 있다. 이 『대상전』에서는 "연
    못이 나무를 빠뜨려 버리려고 함이 대과괘䷛니, 군자는 홀로 서서 두려워하지 않으며 세상
    으로부터 은둔해 살면서도 자신의 처지에 대해 전혀 번민함이 없다.(澤滅木, ‘大過’, 君子以
    獨立不懼, 遯世无悶.)"로 되어 있다. 이 대과괘䷛를 위・아래괘로 분석하면, 윗괘[上卦・悔
    卦]는 태괘☱로 되어 있고, 아랫괘[下卦・貞卦]는 손괘☴로 되어 있다. 그런데 『대상전』답
    게 취상설에 입각하여 태괘☱를 연못[澤]으로, 손괘☴는 나무[木]라 하여 풀이하고 있다. 손
    괘☴를 '바람[風]'이 아닌 '나무'로 풀이함은 『설괘전』에 있다.

535 『사기(史記)』, 「백이열전(伯夷列傳)」에 나오는 말이다. 이들은 변방의 작은 나라 고죽군
    (孤竹君)의 아들들이었다. 아버지가 죽은 뒤에 이들은 서로 그 지위를 상대에게 양보하며
    계승하지 않고 모두 도망해 버렸다. 국인들은 어쩔 수 없이 고죽군의 가운데 아들을 그 왕
    으로 삼았다고 한다.
      이들은 문왕의 됨됨이가 매우 훌륭하다는 말을 듣고 그에게로 귀의하였다. 문왕이 죽은
    뒤, 그 아들 무왕이 은(殷)나라를 정벌하려 들자, 이들 형제는 그 말고삐를 잡고서 "아버지
    가 죽고 아직 장사도 지내지 않은 채 무기를 들고 정벌에 나서는 것을 '효(孝)'라 할 수 있겠
    습니까?"라 하며 말렸다. 이에 무왕의 부하들이 무기로써 이들을 죽이려 하였는데, 강태공
    이 "이분들은 의로운 사람들입니다."라고 말려서 목숨을 부지하였다. 무왕이 은나라를 멸
    하고 온 세상이 그의 주(周)나라를 마루[宗]로 여기자 이들은 이를 부끄럽게 여기고 수양산
    으로 들어가서 고사리를 뜯어 먹고 살다 굶어 죽었다.(『史記』, 「伯夷列傳」: 伯夷・叔齊,
    孤竹君之二子也. 父欲立叔齊, 及父卒, 叔齊讓伯夷. 伯夷曰, "父命也." 遂逃去. 叔齊亦不肯
    立而逃之. 國人立其中子. 於是伯夷・叔齊聞西伯昌善養老, 盍往歸焉. 及至西伯卒, 武王載
    木主, 號爲文王, 東伐紂. 伯夷・叔齊叩馬而諫曰, "父死不葬, 爰及干戈, 可謂孝乎? 以臣弑

러도 오지 않았다.[536] 자신들이 지금 살고 있는 자리를 제자리로 여길지언정 사람이면 대부분 탐하며 다투는 임금의 지위 따위를 자신의 자리로 여기지 않은 것이다. 이들은 외롭게 자신을 보존하며 심산유곡에서 살아가면서도, 그 사는 곳에 살맛을 느끼고 거기에서 인(仁)을 시행하려 하였다. 그래서 비록 쇠붙이로 된 형구(刑具)가 위에 자리를 잡고 득세하며 아랫것들을 죽이는 '머리 꼭대기까지 물속에 잠겨 버림'의 흉함이 있다고 할지라도[537] 이들에게는 전혀 재앙이 될 수가 없다.[538] 이는 바로 사람으로서는 어찌할 수 없는 처지에서 자신의 운명에 편안해하며 그 운명대로 살아감이다. 이 이상은 나로서는 알 수가 없다.[539]

君, 可謂仁乎?" 左右欲兵之. 太公曰, "此義人也." 扶而去之. 武王已平殷亂, 天下宗周, 而伯夷·叔齊恥之, 義不食周粟, 隱於首陽山, 采薇而食之.)

536 이들은 모두 전설 속의 인물이다. 요(堯)임금이 이들에게 차례로 자기 대신 나라를 맡아 달라고 했으나 모두 거절하였다고 한다. 심지어 허유(許由)는 못 들을 소리를 들었다고 여기며 강물에 귀를 씻었고, 소보(巢父)는 자기 소에게 물을 먹이러 왔다가 허유가 귀를 씻었다는 소리를 듣고는 그 물을 자기 소에게 먹일 수 없다며 상류로 소를 몰고 가서 물을 먹였다고 한다. 이들에 관한 기록은 『사기』, 『장자(莊子)』 등 여러 고 문헌에서 산견된다.

537 이는 왕부지가 이 대과괘䷛를 위·아래 두 괘로 분석하고 이들을 『설괘전』과 '문왕후천도(文王後天圖)'의 방위론에 입각하여 풀이하는 것으로 보인다. 이 대과괘의 윗괘[上卦·悔卦]는 태괘☱로 되어 있고 아랫괘[下卦·貞卦]는 손괘☴로 되어 있다. 『설괘전』에서는 태괘가 '한가을[正秋]'을 상징하는 것으로 설명하고 있다. 「문왕후천도」에서는 이 태괘를 서쪽에 배당하고 있다. 이 서쪽·가을은 오행으로는 '금(金)'에 해당한다. 그리고 『설괘전』에서는 손괘☴가 나무[木]를 상징한다고 하고 있다. 그렇다면 이 대과괘䷛는 위와 아래가 금(金)과 목(木)으로 이루어졌다고 할 수 있는데, 이는 오행상극설에 의하면 '금극목(金克木)'의 틀을 이루는 것이라고 할 수 있다. 그래서 왕부지는 여기에서 이렇게 풀이하고 있는 것 같다.

538 이는 이 대과괘䷛의 상육효사 "지나친데도 그 속에 들어가 건너다가 머리 꼭대기까지 물속에 잠겨 버림이니 흉하다. 그러나 허물은 없다.(過涉滅頂凶, 无咎.)"를 끌어들여서 하는 말이다.

539 왕부지는 이 대과괘䷛『대상전』의 의미를 이렇게 풀이하며, 이민족의 지배 속에 명조(明朝)의 유신(遺臣)으로서 지조와 존엄을 지키며 살아가는 자신의 정조(情操)를 피력하고 있다.

감괘

䷜坎

夫得貌而遺其心, 天地陰陽之撰, 足以導邪說, 啟淫思者, 繁有之矣, 而況其他乎? 是故天一生水, 地六成之, 內生爲心, 外成爲貌; 心肯所生, 貌肯所成; 然則水其以天爲心耶? 生事近先, 成事近後. 而方其生之, 旋與爲成; 方其成之, 猶與爲生. 中不先立, 成不後建; 摶造共功, 道行无間, 又'坎'之不僅以天爲心也.

역문 외모(外貌)를 얻고서 내심(內心)을 내팽개치면, 하늘·땅, 음·양이 하는 일이라 할지라도 족히 사악한 설로 이끌고 음란한 생각을 열게 하는 것이 번다히 있거늘, 하물며 다른 것들에게랴! 그러므로 하늘은 1로서 물을 낳고, 땅은 6으로서 이루어 준다.[540] 속에 생긴 것은 마음이 되고, 겉을 이룬

---

[540] 이는 음양 사상과 오행 사상을 배합하여서 하는 말이다. 원래 음양 사상과 오행 사상은 발생 배경과 원리가 다르다. 이들 사상의 발생 배경이 다름에 대해서는 『고사변(古史辨)』 학자들의 연구를 통해서 이미 밝혀 놓았다. 그리고 음양 사상의 원리는 2^n, 또는 2n으로 표기할 수 있고, 오행 사상은 5^n, 또는 5n으로 표기할 수 있기 때문에, 이들은 같은 족(族)이라 할 수 없다. 그런데도 이렇게 다른 이들 사상을 배합하여 설을 펼친 것은 『주역』이다. 『주역』,「계사전」의 "하늘은 1·땅은 2, 하늘은 3·땅은 4, 하늘은 5·땅은 6, 하늘은 7·땅은 8, 하늘은 9·땅은 10이다. 그래서 하늘의 수가 다섯이고 땅의 수가 다섯인데, 다섯 위(位)에서 서로를 얻어 각기 합을 이룬다. 그래서 하늘의 수는 25이고 땅의 수는 55로서,

것은 외모가 된다. 마음은 생겨남을 닮고, 모양은 이루어짐을 닮는다. 그렇다면 물은 하늘을 마음으로 한단 말인가.[541] 낳는 일이 '앞'에 가깝기는

이것이 『주역』에서 변화를 일으키고 귀신의 영험함을 행한다.(天一・地二, 天三・地四, 天五・地六, 天七・地八, 天九・地十. 天數五, 地數五. 五位相得而各有合. 天數二十有五, 地數三十, 凡天地之數五十有五. 此所以成變化而行鬼神也.)"라 함이 그것이다. 『주역』의 '경(經)' 부분에 해당하는 괘・효와 괘・효사가 음양 사상을 반영하고 있다고는 할 수 있어도 오행 사상을 반영하고 있다고 할 수는 없다. 그런데 그 '전(傳)'의 하나로서 '경'에 대한 통론(通論)이라 할 「계사전」에서 이렇게 말함으로써 음양 사상과 오행 사상을 배합해서 말할 수 있는 근거를 제공하고 있다. 또 『주역』, 「계사상전」에서는 건괘▤・곤괘▤▤의 덕에 대해 "'건(乾)'은 위대한 시작을 맡고 '곤(坤)'은 만물을 완성한다.('乾'知大始, '坤'作成物.)"라 함으로써, 이들이 각기 '시작'과 '완성[이루어 줌]'으로 배당하고 있다.

한대(漢代)의 학자들은 이를 받아 "하늘은 1로써 수(水)를 낳고 땅은 2로써 화(火)를 낳으며, 하늘은 3으로써 목(木)을 낳고 땅은 4로써 금(金)을 낳으며, 하늘은 5로써 토(土)를 낳는다. 이렇게 생겨난 오행은 '서로를 이김[相勝・相克]'과 '서로를 태워 줌[相乘・相生]'의 법칙을 통해 작은 한 바퀴 운행[一周]을 낳는다.(『漢書』, 「律曆志」: 天以一生水, 地以二生火, 天以三生木, 地以四生金, 天以五生土, 五勝相乘, 以生小周.)"라 함으로써 음양 사상과 오행 사상을 확연히 배합하여 말하고 있다. 이후 이는 『주역』을 풀이함에서 그대로 받아들여졌다. 그래서 정현(鄭玄)은 "하늘1은 북쪽에서 수(水)를 낳고 땅2는 남쪽에서 화(火)를 낳으며, 하늘3은 동쪽에서 목(木)을 낳고 땅4는 서쪽에서 금(金)을 낳으며, 하늘5는 중앙에서 토(土)를 낳는다. 땅6은 북쪽에서 수(水)를 이루어서 하늘과 제1쌍을 이루고 하늘7은 남쪽에서 화(火)를 이루어서 땅과 제2쌍을 이루며, 땅8은 동쪽에서 목(木)을 이루어서 하늘과 제3쌍을 이루고 하늘9는 서쪽에서 금(金)을 이루어서 땅과 제4쌍을 이루며, 땅10은 중앙에서 토(土)를 이루어서 하늘과 제5쌍을 이룬다.(天一生水於北, 地二生火於南, 天三生木於東, 地四生金於西, 天五生土於中. 地六成水於北, 與天一竝. 天七成火於南, 與地二竝. 地八成木於東, 與天三竝. 天九成金於西, 與地四竝. 地十成土於中, 與天五竝也.)"는 주장을 내놓았다. 이는 하늘의 낳음[生]과 땅의 이룸[成]을 오행・오방과 결합하여 말하는 것이다. 「하도(河圖)」에서는 이를 구체적으로 적시되어 있다. 이러한 사상과 풀이를 그대로 받아들이기에 왕부지는 『주역내전』에서 "하늘은 낳고 땅은 이룬다는 것은 자연의 이치다.(夫天生地成, 自然之理, '乾'知始而 '坤'成物, 『易』著其一定之義.)"라 하고 있다. 『주역외전』의 이곳 풀이에는 이상과 같은 배경이 자리 잡고 있다.

541 이 감괘▤▤를 이루고 있는 위・아래 괘들은 모두 감괘☵로 되어 있다. 취상설에 의하면 이 감괘☵는 물을 상징한다. 그리고 이 감괘☵의 겉[外]을 상징한다고 할 초효와 상효는 모두 음효(--)로 되어 있다. 앞 주에서 말한 것처럼 음・'곤(坤)'는 '이루어 줌[成]'을 맡는데, 시간적으로 이는 낳음[生]의 뒤[後]에 해당한다. 그리고 『주역』에서 이것들은 모두 땅이 하는 일에 배당되어 있다. 이에 비해 가운데 효는 양효(一)로서 이는 속[內]을 상징하는데, 양이기 때문에 낳음[生]을 맡고 시간적으로는 이루어 줌[成]의 앞[先]에 해당한다. 그리고 『주역』

하고, 이루는 일이 '뒤'에 가깝기는 하다. 그러나 낳으면서 돌이켜 더불어 이루며, 이루면서도 더불어 낳는다. 중(中)은 먼저 건립되지 않고, 이룸은 건립에 뒤서지 않는다. 뭉쳐서 함께 공(功)을 이루고 도(道)는 빈틈이 없이 두루 행한다. 또한 감괘☵도 겨우 하늘만으로써 마음으로 삼지는 않는다.

顧其已成, 效動而性靜; 方其初生, 效靜而性動. 靜者陰也, 動者陽也. 動者效生, 則萬物之生皆以陽爲心. 而水之生也, 亦乘乎性之動幾以爲生主, 則'坎'固壹以陽爲心矣. 故其爲象, 剛以爲中. 剛以爲中而剛不見於貌, 心之退藏於密而不著者也. 心藏於密, 而肖所成以爲貌, 水之所以險與!

역문 이미 이루고 있는 상태를 보면, 공효는 움직이더라도 성(性)은 고요하다. 그러나 그것들이 막 생겨날 적에는 그것들의 공효는 고요하고 성(性)은 움직인다. 고요한 것은 음이고, 움직이는 것은 양이다. 움직임에서는 공효가 생겨나니, 만물의 생겨남에서는 모두 양을 마음으로 삼는다. 물이 생겨남에서도 성(性)이 움직이는 낌새[幾]를 타고서 이를 그 생겨남의 주인으로 삼는다. 그리하여 감괘☵는 본디 한결같이 양을 마음으로 삼는다. 그러므로 그 괘상에서는 굳셈[剛]이 가운데가 되어 있다. 이 굳셈[剛]은 가운데를 이루고 있을 뿐 외모로 드러나지는 않는다. 이는 사람의 마음이 은밀한 곳으로 물러나 감춰져 있으면서 드러나지 않음이라 할 것이다. 마음이 은밀한 곳에 감춰져 있는데도 이루어짐을 닮아서 외모를 이루고 있으

에서 이것들은 모두 하늘에 배당되어 있다. 그런데 이 감괘☵는 속에 양효(一)가 있고 겉을 음효(--) 둘이 둘러싸고 있는 틀로 되어 있다. 그러므로 왕부지는 여기에서 "감괘☵도 겨우 하늘만으로써 마음을 삼지는 않는다."라 하는 것이다. 음과 양이 함께 이루고 함께 공을 발휘한다는 것이다.

니,[542] 그래서 물은 험난한 것이라!

然則'流而不盈', 陰之用也, 行之險也. 陰虛善隨, 陽實不屈. 實以爲體, 虛以爲用, 給萬物以柔靡, 佯退而自怙其堅悍, 則天下之機變刻深者, 水不得而辭. 而老氏猶宗之以爲敎[父], 曰, "上善若水", 則亦樂用其貌而師之, 以蘊險於衷. 是故天下之至險者, 莫老氏若焉.

역문 그렇다면 '흘러갈 뿐 가득 채우고 있지 않음'이란 음의 작용함이고, 이는 가는 것이 험난함을 의미한다.[543] 음은 자신을 비우고 있기에 어떤 것이든 잘 따르며, 양은 자신을 꽉 채우고 있기에 다른 것에 굽히지 않는다. 그런데 이 감괘☵는 속에 꽉 차 있음을 주체로 하고 있고 겉의 비어 있음으로써 작용한다. 이 감괘☵가 상징하는 물은 유약하고 맥없이 만물에게 주며 스스로는 마치 물러서는 듯하지만, 자신의 그 굳세고 사나움에 자부심이 있다. 그리하여 이 세상에 그때그때 변함[變]이 아무리 심한 것들이라 할지라도 이 물은 거절할 수가 없다.

그런데도 노씨[老子]는 오히려 이를 마루[宗]로 삼아 가르침의 아비로 여긴다.[544] 그리고는 "훌륭한 선은 마치 물과도 같다."[545]고 하고 있으니, 이

---

542 감괘☵의 경우, 겉에 있는 음효들이 어둡지만 속에 있는 양효가 밝게 드러나 보인다는 것이다. 물이 그러하다는 것이다. 이와 반대로 리괘☲의 경우는 겉에 있는 양효들이 밝게 빛나지만 속은 음효라서 어둡다는 것이다. 불이 그러하다는 것이다.

543 이 감괘의 『단전』에 나오는 내용의 일부다.

544 이는 『노자』 제42장에 나오는 말이다. 거기에서는 "힘세고 흉포한 이는 제명에 죽지 못하는 법이니, 나는 이를 가르침의 아비로 삼겠노라.(强梁者不得其死, 吾將以爲敎父.)"라 하고 있다. 이 42장에서는 앞서 자신을 덜어 냄이 경우에 따라서는 보탬이 되는 수가 있고, 자신에게 보탬이 되게 굴면 오히려 손해가 되는 수가 있다는 역설(逆說)의 진리를 언급한 뒤에 이렇게 말하고 있다. 힘이 센 이들은 남에게 흉포하게 굴기 십상이다. 그러나 이렇게 살다 보면 오히려 제명에 죽지 못하는 법이니, 오히려 그 반대의 경우를 삶의 가르침으로

또한 물의 겉모습만을 즐겁게 이용하고 본보기로 삼는 것이요, 이렇게 함으로써 속에다가는 험난함을 쌓아 두고 있는 격이다. 그러므로 이 세상에서 가장 험난한 이로는 노씨[老子]와 같은 이가 없다.

試與論之. 終歸於不盈者, 豈徒水哉! 火 · 木 · 土 · 金, 相與終古而不見其積. 則消歸捄運者, 皆不盈以爲功. 而水特出其不盈者以與人相見, 則其險也, 亦水之儇薄而未能深幾者也. 不足與深幾, 而水亦憂其易毁. 乃終古而无易毁之憂者, 聖人極其退藏而表章之, 曰 '不盈'而'行險'者, 何恃乎? 恃其不失信而已.

역문 이에 관해 한 번 논해 보겠다. 끝내 가득 채우지 않음으로 귀결하는 것이 어찌 한갓 물뿐이겠는가! 화(火) · 목(木) · 토(土) · 금(金)도 아득한 예부터 서로 함께하면서도 그 누적됨을 드러내지 않는 것들이다. 비비대며 운전하는 것들을 자취도 없이 사라지게 하는 것은 모두 가득 채우지 않는 공(功) 때문이다. 그런데 물만은 그 가득 채우지 않음을 특별히 드러냄으로써 사람들에게 보인다. 그러므로 그 험난함은 역시 물이 약빠르고 경박하여 그 낌새[幾]를 깊숙이 드러나지 않게 하지 못함에서 비롯된다. 그 낌새[幾]를 깊숙이 드러나지 않게 할 수 없기에 물은 또한 쉬 허물어짐을 근심한다.

그리하여 아득한 예부터 쉬 허물어지는 근심이 없는 것에 대해, 성인께서는 물러나 감춰져 있음을 최고로 치며 이를 세상에 널리 알려 칭찬하고 있다. 이 물이 '가득 채우지 않으면서' '가는 것이 험난하다'라 하는데, 도대

삼겠다는 것으로 읽히는 대목이다.
545 『노자』제8장에 나오는 말이다.

체 물은 무엇을 믿기에 이렇게 하는 것일까. 다름 아니라 자신이 믿음을 잃어버리지 않는다는 것을 믿기 때문일 따름이로다.

何以知其信之不失也? 生之建也, 知以爲始, 能以爲成. '乾'知, '坤' 能; 知剛, 能柔. 知先自知, 能必及物. 及物則中出而卽物, 自知則引 物以實中. 引物實中, 而晶耀舍光, 无之有改. 故'乾'道之以剛爲明 者惟此, 而水始得之以爲內景. 物過而納之以取照, 照而不遷其形, 水固有主而不亂矣. 生之積也, 初生而盛, 繼生而減, 減則因檀以相 濟. 故木·火與金, 皆有所憑藉以生. 而水无所藉, 无所藉者, 藉於 天之始化也. 有藉而生者, 有時而殺. 故木時萎, 火時滅, 金時蝕, 而 水不時窮. 升降相資, 波流相續, 所藉者眞, 所生者常, 不藉彼以盛, 不檀彼而減, 則水居'恒'而不間矣. 不亂不 間, 水之以信爲體也.

역문 물[水]이 믿음을 잃어버리지 않는 것을 어떻게 아는가. 뭇 생명체들이 만들어지는 데서는 앎[知]이 시작을 이루고 능함[能]이 완성을 맡는다. 건괘☰의 덕은 앎이고, 곤괘☷의 덕은 능함이다. 앎은 굳셈[剛]이고, 능함은 부드러움[柔]이다. 앎은 먼저 스스로 알고, 능함은 반드시 물(物)들이 만들어짐에까지 미친다. 만들어지는 물(物)들에 미침은 그 가운데서 나와 그 물(物)들과 함께하며, 스스로 앎은 물(物)들을 끌어당겨서 그 가운데를 채운다. 물(物)들을 끌어당겨 가운데를 채우게 되면 환히 드러나며 빛을 머금고 있는데, 이는 없음[无]에서 개변한 것이다. 그러므로 건괘의 원리가 굳셈[剛]을 밝음으로 삼는 것은 오직 이러한 이유 때문이다. 그리고 물[水]은 건괘의 이러함을 맨 처음으로 얻어서 속의 빛으로 하고 있다.[546] 물(物)들이 지나가게 되면 물[水]은 이들을 받아들여 밝게 비추어 주는데, 비추어 주기만 할 뿐 그들의 형체를 옮기지는 않는다. 물[水]은 본디 주체성이 있고 어지럽히지 않는 것이다.

생명체의 누적 과정을 보면, 처음 생겨나서는 왕성하고, 생명을 이어 가다 보면 줄어지는데, 줄어지면 탈바꿈하여 물려줌을 인연 삼아 서로를 돕는다. 그러므로 목(木)·화(火)와 금(金) 등에는 모두 서로에게 의존하여 생겨남이 있다. 그러나 물[水]만은 어떤 것에도 의존함이 없다. 이렇듯 다른 것들에게 의존함이 없는 것이니, 하늘의 비롯하고 지어냄에 의존한다. 이에 비해 다른 것들에 의존하여 생겨나는 것들은 때가 되면 죽는다. 그러므로 목(木)은 때가 되면 시들고, 화(火)는 때가 되면 사그라들며, 금(金)은 때가 되면 삭는다.

그러나 물[水]만은 언제까지나 다하지 않는다. 물[水]은 오르내리는 물[水]들이 서로 바탕이 되어 주고, 물결과 흐름이 서로 이어 준다. 이 물[水]이 의존하는 것은 참되며 생함은 한결같다. 물[水]은 결코 저들에 의존하여 왕성해지지도 않고 탈바꿈하여 저들에게 물려주는 방식으로 줄어들지도 않는다. 그러므로 물[水]은 언제나 변함없음[恒]을 차지하고 있으며 잠시라도 쉼이 없다. 이처럼 어지럽히지도 않고 잠시라도 쉬지 않는다는 것은 물[水]이 믿음을 그 정체성(正體性)으로 갖고 있기 때문이다.

---

546 건괘☰의 굳셈[剛]과 곤괘☷의 부드러움[柔]이 함께 어울려 이 세상의 만물을 지어내는 과정에서 오행의 생성에 대해 1부터 10까지의 수(數)로써 설명하는데, 물[水]은 1과 6으로 이루어져 있다고 한다. 1은 물[水]을 낳괴[生] 6은 물[水]을 완성해 준다[成]는 것이다. 아울러 2와 7은 화(火)를, 3과 8은 목(木)을, 4와 9는 금(金)을, 5와 10은 토(土)를 각각 낳괴[生] 완성해 준다[成]고 한다. 이를 도상으로 적시하고 있는 것이 '하도(河圖)'다. 한(漢)나라 이후 『주역』을 풀이하는 사람들은 주로 이렇게 주장하고 있는데, 물론 이에 대해서는 이설(異說)도 있다. 그런데 왕부지는 이를 따르며 이곳에서 이렇게 개진하고 있다. 그래서 "물[水]은 건괘의 이러함을 맨 처음으로 얻어서 속의 빛으로 하고 있다."라 하는 것이다. 이는 구체적으로 감괘☵의 중효(中爻)가 양(—)으로 되어 있음을 두고 하는 말이다.

乃若其用, '坎'居正北, 時在冬至, 陽動陰中, 德室刑野, 爲'乾'長子,
代天潤生, 物以爲昌, 人以爲榮. '乾'德任生, 致用在水, 故腎爲命樞
子父之府, 黃鍾爲律紀十二宮之準. 終古給生, 運至不爽, 潤而可依,
給用而不匱, 水之以信爲用也.

역문 물[水]의 작용을 보자. 감괘☵는 정북(正北)에 자리 잡고 있고, 절기로는
동지에 해당한다.[547] 또 양이 음들 속에서 움직이는데, 이때는 양(陽)의 덕
이 방[室]에 있고 음(陰)의 형(刑)은 들판[野]에 있다.[548] 건괘☰의 맏아들로
서[549] 하늘을 대신하여 생명체들을 윤택하게 하니 만물은 이로 말미암아서

---

547 「문왕후천팔괘도(文王後天八卦圖)」를 근거로 하는 말이다. 「복희선천팔괘도(伏羲先天八
卦圖)」가 팔괘의 생성을 도식화한 것임에 비해, 이 「문왕후천팔괘도」는 팔괘의 쓰임과 운
행을 그림으로 표현하는 것이라고들 말한다.

548 『회남자(淮南子)』, 「천문훈(天文訓)」에 나오는 말을 인용하는 것이다. 이 「천문훈」에 따
르면 양의 공능은 '덕(德)'이고 음의 공능은 '형(刑)'이다. 양은 생하는 것이고, 음은 죽이는
것이라는 의미가 담겨 있는 것으로 보인다. 그런데 이것들은 한곳에 고정되어 있지 않고 '7
개의 거처[七舍]'를 옮겨 다닌다고 한다. 이를 각기 방[室], 마루[堂], 뜰[庭], 대문[門], 골목
[巷], 큰길[術], 들판[野]으로 표현하고 있다. 덕(德)과 형(刑)은 이들 거처에 각기 30일 동안
머물다가 차례로 옮겨 간다고 한다. 물[水]을 상징하는 이 감괘☵의 때에는 덕은 방[室]에
있고 형은 들판[野]에 있다고 한다. 7개의 거처 양 끝에 음·양의 공능이 각기 자리 잡고 있
는 것이다. 다만 이때가 동지에 해당하는 시기니 양의 덕은 방에 있어서 거의 드러나지 않
고, 음의 형은 들판에서 한창 그 숙살(肅殺)의 기운을 발휘하고 있는 것이라는 의미다. 이
를 덕과 형 순환의 기점으로 보는 것 같다. 이 동지의 시기 이후 덕과 형은 각기 맞은편 끝
을 향해 움직이다가 2월과 8월에 대문[門]에서 서로 만난다고 한다.[刑德合門.] 이때는 음·
양의 기(氣)가 고르고 밤낮의 길이도 똑같아 춘분과 추분에 해당한다. 2월의 만남 이후에
는 덕이 남쪽으로 가니 만물이 소생하고 8월의 만남 이후에는 형이 남쪽으로 가니 초목이
죽는다고 한다.(『淮南子』, 「天文訓: 陰陽刑德有七舍, 何謂七舍? 室·堂·庭·門·巷·
術·野. 十二月, 德居室三十日, 先日至十五日, 後日至十五日而徙, 所居各三十日. 德在室則
刑在野, 德在堂則刑在術, 德在庭則刑在巷, 陰陽相德則刑德合門. 八月·二月, 陰陽氣均, 日
夜分平, 故曰刑德合門. 德南則生, 刑南則殺, 故曰二月會而萬物生, 八月會而草木死.)

549 사실 『설괘전』에 의하면 『주역』에서 맏아들은 진괘☳가 상징한다. 양효가 처음으로 생겨
난 것으로 보아서다. 왕부지도 이를 받아들여 『주역내전』에서 준괘(屯卦)☳를 풀이하기도
한다. 그런데 이 『주역외전』에서 왕부지는 『주역』 64괘의 체(體)에 해당하는 건괘☰·곤

번창하고 또 사람들은 번영한다. 건괘☰의 덕은 생겨남을 맡는데 그 작용은 이 물[水]에 의한다. 그러므로 오장(五臟) 중에서 수(水)에 해당하는 신장(腎臟; 콩팥)은 명문(命門)으로서 우리 생명의 중심이 되는 곳이고, 역시 수(水)에 해당하는 황종(黃鍾)은 12궁(宮)의 율(律)을 정하는 기준이 된다.[550] 물[水]은 아득한 예부터 지금까지 그리고 앞으로도 영원히 뭇 생명체들에게 생명을 주고, 그 운행은 지극히도 어긋남이 없다. 또 생명체들을 윤택하게 해 주어서 의존할 수가 있고, 하늘에게 쓰임새를 제공하면서도 결코 다함이 없다. 이러한 면들이 바로 물[水]이 믿음으로써 작용함을 드러낸다.

由是觀之, 合體用而皆信, 乃捷取其貌者不易見焉, 故'坎'有孚而孚亦維心. '坎'之心, 天之心也, '亨'以此爾.

역문 이와 같은 점들을 종합해 보건대, 물[水]은 본체[體]와 작용[用]을 합해서 모두가 믿음이다. 그러나 이는 겉모습만 한 번 쓱 훑어보는 것으로는 결코 쉽게 드러나지 않는다. 그러므로 이 감괘☵에는 믿음이 있는 것이고, 믿음

괘☷ 두 괘가 함께 용(用)에 해당하는 나머지 62괘들을 만들어 내는 것으로 보며[乾坤竝建],『주역』에서는 이들 두 괘가 맨 처음 생겨나고, 그다음으로 이들이 함께 만들어 내는 괘가 이 감괘☵와 리괘☲라 본다. 그래서 감괘는 맏아들, 리괘는 맏딸로 보는 것이다. 이 감괘와 리괘는 「문왕후천도」에서 각각 정북(正北)과 정남(正南)에 자리 잡고 있다. 왕부지가 이렇게 주장하는 까닭은, 감괘☵는 양효가 중위(中位)를 올바르게 얻고 있고, 리괘☲는 음효가 중위를 올바르게 얻고 있다는 이유에서다.(『周易外傳』, 「序卦傳」: 方建'乾'而即建'坤', 以見陰陽之均備. 故『周易』首'乾''坤', 而非首'乾'也. 其次爲'坎''離'. 卦以中位爲正, '坎'得'乾'之中, '離'得'坤'之中也.)

550 황종은 동양 음악의 십이율(十二律) 중에서 첫 번째에 해당한다. 십이율은 낮은음으로부터 황종(黃鍾), 대려(大呂), 태주(太簇), 협종(夾鍾), 고선(姑洗), 중려(仲呂), 유빈(蕤賓), 임종(林鍾), 이칙(夷則), 남려(南呂), 무역(無射), 응종(應鍾)의 순으로 되어 있다. 동양의 역법(曆法)에서는 이 십이율을 각각 1년 열두 달에 배속시켰는데, 양(陽)의 기운이 처음 생기는 동짓달부터 시작하였기 때문에 첫 음인 황종은 11월에 해당한다.(『한국민속대백과사전』의 '황종' 조 참고.)

도 오직 마음에 있다. 감괘의 마음은 하늘의 마음이며 감괘의 형통함은 바로 이러한 점에서 비롯될 따름이다.[551]

雖然, 心貌異致, 信在中而未孚於外, 則固險矣. 物之險, 以信平之; 己之險, 以信守之; 則其爲信也, 亦介於危疑而孤保於一心也, 故曰 '不失'. '不失'者, 豈不靳靳乎其恐失之也哉!

역문 비록 그렇다고는 하더라도 마음과 겉모습은 각기 다르게 작용한다. 그래서 믿음성이 속에 있다고 하더라도 겉으로는 믿음을 주지 못할 수도 있다. 이래서는 진실로 험난한 것이다. 다른 사람들의 험난함은 믿음으로써 평탄하게 하고, 자기의 험난함은 믿음으로써 지킨다. 이렇게 한다고 할 것 같으면 위태롭고 의심을 받는 경우에도 이것이 개입하여 고독할지언정 한결같은 마음으로 보존하게 된다. 그래서 '믿음성을 잃어버리지 않는다.'라고 하는 것이다.[552] 이 '믿음성을 잃어버리지 않는다.'라는 것은, 어찌 잃어버리지나 않을까 하여 두려워하며 견지함이 아니리오!

故信, 土德也, 而水與土相依而不暫舍. 以土制水, 水樂受其制以自存. 制而信存, 不制而信失. 未審乎此, 而欲不凝滯而與物推移, 顧別求'甚眞'之信於'竊冥'之中, 其居德不亦險乎! 故君子於德行則常之, 於敎事則習之, 而終不法其不盈, 斯以不感於水之貌, 而取其柔而无質者以爲上善也.

---

551 이는 이 감괘☵의 괘사인 "믿음이 있고, 오직 마음이 형통하다.(有孚, 維心亨.)"를 두고 하는 말이다.

552 이는 이 감괘☵의 『단전』 구절 "물은 흘러갈 뿐 가득 채우고 있지 않으며, 가는 것이 험난하지만 그 믿음성을 잃어버리지 않는다.(水流而不盈, 行險而不失其信.)"를 두고 하는 말이다.

역문 그러므로 믿음은 오덕(五德) 중에서도 토(土)의 덕이다. 수(水)와 토(土)는 서로 의존하며 잠시라도 서로를 놓지 않는다. 토(土)로써 수(水)를 제어하는데, 수(水)는 즐겁게 그 제어를 받아들이며 스스로 보존한다. 제어하여서는 믿음이 보존되고 제어하지 않아서는 믿음을 잃게 된다. 이러한 점을 살피지 못하고서, 한곳에 머물러 있지 않고 다른 것들과 함께 옮겨 가고자 하며 '매우 진실함'의 믿음성을 따로 '아득하고 심원하여서 알 수조차 없음' 속에서 찾으려 한다면, 그 덕을 유지하기가 역시 험난할 것이로다![553] 그러므로 군자는 덕행에서는 한결같이 유지하고, 가르치는 일에서는 이를 익힌다. 그리고 끝내 그 가득 채우고 있지 않음을 본받아서, 마치 물[水]의 겉모습에는 느낌이 없는 것 같으며, 그 부드럽고 아무런 질(質)도 없는 것을 취하여 훌륭한 선(善)으로 여기지는 않는다.

---

[553] 이는 『노자』 제21장의 "커다란 덕을 지닌 포용성이라야만 도(道)를 좇을 수 있다. 도라는 것은 오직 있는 듯 없는 듯하며, 형체도 없고 그 어디에도 얽매임이 없다. 오직 이러한 속에서 형상이 드러나고 오직 이러한 속에서 만물이 생겨난다. 아득하고 심원하여서 알 수조차 없음이여, 그 속에 만물의 근원으로서의 정수(精髓)가 있다. 이 정수는 매우 참되어서 믿음성이 있도다.(孔德之容, 惟道是從. 道之爲物, 惟恍惟惚. 惚兮恍兮, 其中有象; 恍兮惚兮, 其中有物. 窈兮冥兮, 其中有精; 其精甚眞, 其中有信.)"라는 구절을 전제로 하는 말이다.

리괘

☲離

聖人者, 與萬物同其憂患者也, 生而得其利, 死而畏其神, 亡而用其
教, 故闔棺而情未息. 若夫任達以怡生, 恣情而亡恤, 誕曼波流, 捐
心去慮, 憂之不存, 明之衰矣. 『易』曰, "不鼓缶而歌, 則大耋之嗟,
凶"豈以獎忘憂而廢同患也哉!

역문 성인(聖人)이란 만물과 그 우환을 함께하는 존재로서, 탄생하여서는 그
이로움을 얻게 하고, 죽어서는 그 신령함을 두려워하게 하며, 없어져서는
그 가르침을 사용하게 한다. 그러므로 관 뚜껑을 닫더라도 그의 정(情)은
사그라지지 않는다. 그렇지 않고 만약에 만물 따위는 내팽개친 채 그 어느
것에도 거리낌 없이 행동하며 생을 편안히 즐기고, 방자하게 마음 내키는
대로 행동하며 남들의 불행 따위에는 아예 관심을 기울이지 않는다거나,
긴장의 끈을 푼 채 이리저리로 세파에 자신을 맡기며 마음도 내팽개치고
생각하기도 내팽개친다면, 이러한 사람에게는 근심이란 존재하지 않을 것
이요, 밝음도 쇠퇴하고 말 것이다. 그래서 『주역』에서는 "악기를 두드리
며 노래하지 않는다면 상늙은이의 탄식이라, 흉하다."[554]라고 말한다. 그러
니 어찌 근심 따위 잊어버림을 장려하고 만물의 근심에 대해 함께 근심하

는 것을 버리겠는가!

嘗論之: 定大器者非以爲利, 成大功者非以爲名. 聖人之生, 以其爲
顓蒙之耳目也, 則以爲天地之日月也. 故物憂與憂, 物患與患, 胥天
下以明而離於暗, 而聖人釋矣. 生而身致之, 聖人之力; 沒而人繼之,
聖人之心. 力盡心周而憂患釋, 豈其沾沾然以爲己之功名而利賴之!
是故撫大器, 成大功, 特詳於付託之得人. 付之暗, 其憂也; 付之明,
則喜也. 幸其以明繼明矣, 在人无異於在己, 其何吝焉, 而足勞其嗟
哉!

역문 이에 대한 내 생각을 정리해 보겠다. '규(圭)'와 '장(璋)' 등의 예기(禮器)를
정하는 것은[555] 이로움을 위한 것이 아니며, 위대한 공(功)을 이루는 것은
명성을 위한 것이 아니다. 성인(聖人)들이 탄생함은 우둔한 백성들에게 귀
와 눈이 되어 주기 위해서다. 말하자면 하늘·땅의 해와 달인 것이다. 그
러므로 성인들은 만물에 근심이 있으면 함께 근심하고, 만물에 어려운 일
이 있으면 그 어려운 일에 함께한다. 이렇게 하여 온 세상 사람들에게 밝
음을 주며 어둠에서 벗어나게 해 주는 것이다. 이것이 바로 성인들께서 풀
어 줌이다.

554　이 리괘䷝의 구삼효사에 나오는 말이다.

555　'대기(大器)'는 '규(圭)'와 '장(璋)'을 가리킨다고 한다. '규'와 '장'은 옥으로 만든 두 가지 귀
중한 예기(禮器)를 가리킨다. 공영달(孔穎達)의 이들에 대한 풀이에서, 이것들은 다른 비
교할 만한 것이 없을 만큼 옥(玉) 중에서도 가장 귀한 것들인데, '규(圭)'는 제후들이 왕(王)
을 조근(朝覲)할 적에, '장(璋)'은 후(后)를 조근할 적에 지참하는 것이라 하고 있다.(『漢語
大詞典』, '圭璋': 兩種貴重的玉制禮器. 『禮記·禮器』: "圭璋特." 孔穎達疏: "'圭璋特'者, '圭
璋', 玉中之貴也; '特'謂不用他物媲之也. 諸侯朝王以圭, 朝后執璋, 表德特達不加物也.") 이
를 정한다는 것은 새로운 나라를 세우고 그 체제를 정비함을 은유한다고 본다. 이는 궁극
적으로 백성들에게 삶의 지평을 열고 확보해 줌이라 하겠다.

탄생하여 직접 몸으로 이루는 것은 성인들의 위력이고, 죽은 뒤에 사람들이 계승하는 것은 성인들의 마음이다. 살아생전에 위력을 다하고 죽어서는 그 마음이 두루 미쳐서 만물의 우환이 풀리는 것인데, 이것이 어찌 그분들께서 득의양양하며 자신들의 공(功)과 명성으로 삼고 의지하려 함이겠는가!

이러한 까닭에 '규(圭)'와 '장(璋)' 등의 예기(禮器)를 어루만짐과 위대한 공(功)을 이룬 것 등은 특히 부탁하여 사람을 얻음에서 상세히 드러난다. 나라의 어둠에 대해 부탁함은 근심하기 때문이며, 나라의 밝음에 대해 부탁함은 기뻐하기 때문이다. 여기에서 부탁한 사람과 부탁받은 사람 사이에는 다행히 밝음으로써 밝음을 계승한 것이니,[556] 남에게 있는 것이 나에게 있는 것과 다르지 않다. 그러니 여기에서 아쉬워할 것이 무엇이며, 충분히 애써서 탄식할 만한 것이로다!

菁華既竭, 古人以褒裳異姓而不傷; 遂爲閹人, 後世以妬媚其子而不廣. 然則歌嗟異意, 付託之際難言之矣, 而莫陋乎其有吝心. 有吝心者, 近而吝留於身, 遠而吝留於子孫, 握固天下, 如死生之與共. 藉有賢智, 編棘樹藩, 以左掣而右曳之. 氣餒援孤, 卒隕獲於老婦孤兒之手, 以授之夷狄・盜賊而不恤. 陸機之哀魏武, 豈徒在穉妻少子之依依者哉! 才相均, 德相若, 情相合, 時相檀, 先後異體而同明. 此而嗟焉, 則氣萎暮年而情長敝屣, 不已陋與!

역문 나라의 정화(精華)가 벌써 고갈해 버렸다면 옛사람들은 다른 성씨를 가

---

556 이 리괘䷝가 위・아래 모두 리괘☲로 이루어져 있음을 두고 하는 말이다. 취의설(取義說)에 의하면 이 리괘☲는 '밝음'을 상징한다.

진 이들에게 나라를 선양(禪讓)하고서도 마음 상해 하지를 않았다. 마침내는 시기심이 강한 사람이 되어 후세에서는 그 자식들을 시샘하며 이러한 미풍이 넓어지지 않았다. 그렇다면 노래하고 탄식하면서도 다른 뜻을 품으리니, 부탁하는 상황에서도 말을 하기가 어려울 텐데, 이렇게 아까워하는 마음을 갖는 것보다 비루한 게 무엇이 있겠는가.[557]

아까운 마음이 있는 사람은 가까이는 자신의 몸, 멀리는 자손에게까지 아까워하는 마음이 남아서, 자기가 통치하는 나라를 꽉 움켜쥐고서 죽으나 사나 제 것으로만 하려고 든다. 설사 현명하고 지혜로운 이가 있다 한들 귀양 보내 위리안치(圍籬安置)시켜 버리고는 자기 혼자서 독단으로 나라를 끌고 간다. 그러다 기력이 다하여 외로움에 구원을 청한다는 것이 결국은 늙은 부인과 어린아이의 손에서 운명하고 마는 것으로 귀결된다. 그 결과 나라를 야만인들이나 도적들에게 갖다 바치고도 전혀 마음으로 꺼림직함이 없다.

육기(陸機; 261~303)[558]가 위(魏)나라 무제(武帝; 155~220)[559]를 애도한 것이,

---

557 이곳은 이 리괘䷝의 구삼효사인 "해가 기운 밝음인데, 악기를 두드리며 노래하지 않으니, 상늙은이의 탄식이라, 흉하다.(日昃之離, 不鼓缶而歌, 則大耋之嗟, 凶.)"를 두고서 그 의미를 논하는 구절이다.

558 육기는 원래 오(吳)나라 땅이었던 오군(吳郡) 오현(吳縣) 출신이다. 지금의 강소성(江蘇省) 소주(蘇州) 지역이다. 그는 서진(西晉)의 유명한 문인이자 서예가로 이름을 날렸는데, 동생 육운과 함께 '이륙(二陸)'으로 병칭될 정도로 문명(文名)을 날렸다. 평원내사(平原內史) 와 좨주(祭酒), 저작랑(著作郎) 등의 벼슬을 지냈다. 여기에서 왕부지가 언급하고 있는 내용은 그가 저작랑 시절에 이루어진 일이다. 나중에 육기는 '팔왕(八王)의 난'에 연루되어 삼족이 모두 죽임을 당하는 비운으로 세상을 떠났다. 그가 지은 문장은 300여 편에 이른다. 그가 지은 시도 104수(首)나 전한다. 대표작에『군자행(君子行)』,『장안유협사행(長安有狹邪行)』,『부락도중작(赴洛道中作)』 등이 있다.

559 조조(曹操)를 가리킨다. 조조는 자(字)가 맹덕(孟德)이다.『삼국지』를 통해 우리에게 잘 알려진 인물이다. 패국(沛國)의 초(譙; 지금의 安徽省 亳州) 출신이다. 탁월한 군사가·정치가였으며 뛰어난 시인이기도 했다. 삼국시대 위(魏)나라 개국의 기초를 닦은 인물로서

나중에 위나라의 왕이 되었다. 그가 죽은 뒤에 그의 아들 조비(曹丕)가 자신을 황제라 칭하
며 그를 위무제(魏武帝)로 추존하였다.

그는 소년 시절부터 벌써 사람들을 놀라게 할 만큼 기지가 영민하고 권모술수에 능한 것
으로 알려져 있다. 의협심이 넘치면서도 방탕한 생활이 빠져 정상적인 생활을 하지 않았
다. 이는 오늘날의 관점에서 보면 너무나도 문제가 많은 청소년이라 할 것이다. 많은 사람
은 이러한 그를 좋지 않게 보았다. 오직 태위(太尉) 교현(橋玄)만은 "앞으로 세상이 혼란해
질 때 한 나라를 경영할 만큼 걸출한 능력을 갖춘 이가 아니면 구제할 수 없을 것이다. 이
때 천하를 안정시킬 수 있는 인물은 바로 그대로다!(天下將亂, 非命世之才, 不能濟也. 能安
之者, 其在君乎!)"라고 평가하였다. 또 남양의 하옹(何顒)은 그를 매우 드문 인재라 여겨
"한(漢)나라는 곧 망할 터인데 그때 가서 세상을 안정시킬 수 있는 인물은 바로 이러한 사
람이다.(漢家將亡, 安天下者, 必此人也.)"라고 감탄하였다고 한다. 또 당시 뛰어난 인물평
으로 이름을 날리던 허소(許劭)는 면전에서 자신을 겁박하는 조조에 대해 "당신은 치세에
는 능력 있는 신하가 될 것이지만, 난세에는 간교한 영웅이 될 것이다.(子治世之能臣, 亂世
之姦雄.)"라고 평하였다고 한다.(이상은 司馬光, 『資治通鑑』권58, 「漢紀50 · 孝靈皇帝中」
을 참고함.) 진수(陳壽)가 쓴 정사『삼국지』는 물론 나관중의『삼국지연의』및 손성(孫盛)
의『이동잡어(異同雜語)』등에 모두 같게 기록되어 있는 이 부분이『후한서』, 「허소전」에
서는 "그대는 맑고 평화로운 시대에서는 간적(奸賊)이 될 테지만 난세에서는 영웅이 될 것
이다.(君淸平之奸賊, 亂世之英雄.)"라고 하여 다소 뉘앙스가 다르게 기록되어 있다.(『後漢
書』, 「許劭傳」.) 그러나『삼국지연의』를 통해 우리에게 각인된 조조의 인물 됨됨이는 간
교한 인물, 의리를 중시하지 않는 인물, 무자비할 정도로 잔인한 인물, 폭군의 이미지 그대
로다. 그러나 객관적인 자료를 통해서 본 조조는 이와 다르다.

그는 평생 지속한 정벌 전쟁을 통해 동한 말부터 지속되던 군웅할거의 국면을 종식하고,
중국 북쪽의 대부분 지역을 통일하였다. 통일 뒤에 그는 정치적으로 맑고 깨끗한 정치를
하는 한편, 엄격하게 법을 집행하고 문벌 세족과 토호 세력을 진압함으로써, 백성들이 계
급적 압박을 덜 느끼게 해 주었다. 또 중국의 서방 지역에 광범위한 둔전(屯田)을 설치하고
수리 시설을 대대적으로 정비하는 등 경제적으로도 실효성이 있는 여러 가지 정책을 시행
함으로써 그 지역 농업 발전에 이바지하였다. 아울러 그는 인재를 등용하는 데서도 철저하
게 능력 위주로 하였다. 이것이 그의 통일과 개창이라는 업적에서 결정적인 역할을 하였
다. 이러한 점들에 대해서는 오늘날 상당히 긍정적인 평가를 받고 있다.

그는 또 병법에도 정통하여『손자약해(孫子略解)』,『병서접요(兵書接要)』,『맹덕신서
(孟德新書)』등의 저술을 남겼다. 또 한 시대의 효웅(梟雄)으로서 음률에도 밝았으며 빼어
난 문학 작품을 남겼다. 그는 이러한 작품들을 통해 자신의 정치적 포부를 드러내는가 하
면 당시 백성들의 고난에 찬 삶을 묘사하며 비분강개하기도 하였다. 그래서 그의 시가에서
는 기백이 웅혼(雄渾)하고 비장미가 넘친다는 평가를 받는다. 시집으로는『호리행(蒿裏
行)』,『관창해(觀滄海)』등이 있다. 산문에도 뛰어나서『위무제집(魏武帝集)』이라는 작품
을 남겼다. 특히 문학 방면에서는 그의 두 아들(曹丕 · 曹植)과 함께 '삼조(三曹)'라 불리는데,
이들은 건안(建安) 문학을 대표한다. 역사에서는 이를 '건안풍골(建安風骨)'이라 칭한다.

어찌 단지 무제가 나이 어린 처와 자식들을 두고 죽는 것에 마음이 놓이지 않아 하던 것에만 있겠는가![560] 이 리괘☲는 위·아래 괘들이 같은 리괘☲로 되어 있어서, 재능은 서로 균등하고, 덕은 서로 비슷하다. 정조(情操)도 서로 합치하고, 시간도 서로 이어진다. 그래서 아래·위 괘들이 앞서는 것

---

560 원강(元康) 8년(298), 당시 저작랑(著作郞)으로 있던 육기는 국립도서관 격인 비각(祕閣)에 늘 출입하며 위무제(魏武帝) 조조(曹操)가 죽으면서 남긴 명령[遺令]을 읽었다. 그리고는 느끼는 감상(感傷)을 주체하지 못해 「위무제를 위로하는 글[吊魏武帝文]」이라는 명문을 남겼다. 왕부지가 여기에서 지적하고 있는 것은 이 글에 나오는 것을 빗대서 하는 말이다.

육기는 이 글에서, 위무제의 유령(遺令) 가운데 "내가 군중(軍中)에서 법을 집행한 것은 정확했다. 그러나 때로는 작은 분노들을 참지 못해 커다란 과오를 범하기도 했다. 너희들은 나의 이러한 잘못을 답습하지 마라!(吾在軍中, 持法是也. 至於小忿怒, 大過失, 不當效也!)"라는 말을 인용하며, 이는 삶에 통달한 훌륭한 말이라 높이 평가하고 있다.

그러면서도 육기는 위무제가 애첩들에게서 낳은 어린 딸과 아들을 장성한 그의 네 아들(曹丕·曹植·曹彪·曹彰)에게 부탁하면서 눈물 흘리는 구절을 인용하고 있다. 얼마 전까지 세상을 바루겠다는 대업을 위해 매진했던 영웅 위무제가 이렇게 죽음을 앞에 두고 사랑하는 이들에 대한 정을 끊지 못해 연연하며 다른 아들들에게 부탁하는 것이, 보통 사람들과 다를 바 없다고 육기는 실망하는 것이다. 위무제 또한 생명이 끝나 가니 이전의 그 위세는 찾아볼 수 없이 초라한 모습을 보인다는 것이다. 또한 위무제는 네 아들에게, 자기가 죽은 뒤에도 애기(愛妓)들을 동작대(銅雀臺)에 두고 매일 아침·저녁으로 죽은 그에게 음식을 차려 올리게 하며, 특히 초하루와 보름날에는 무악(舞樂)을 연주하게 하라고 부탁하고 있다. 아들들에게는 시간 나는 대로 동작대에 올라 자기가 묻힌 서릉(西陵)을 바라보며 추념(追念)하라 하고 있다. 남은 향료는 모두 자신의 여인들에게 분배하라는 것, 자신이 죽음으로써 이제 할 일이 없게 된 이 여인들에게는 베 짜는 것과 신발 삼는 것을 배워서 호구지책으로 삼게 하라는 것, 자기가 관직을 지내며 얻었던 인끈들은 모두 한곳에 매장할 것, 또 자신의 옷들은 다른 곳에 함께 묻을 것, 이것이 불가능하면 너희들이 나누어 가질 것 등을 부탁 삼아 명령하고 있다.

육기는 이러한 것들이 죽음을 앞둔 사람으로서 꼭 해야 할 요구가 아니라 한다. 육기는 위무제의 이러한 모습이 부질없이 삶에 연연하는 모습이고, 죽기를 싫어하는 면을 보인 것이라 한다. 외물에 끌리는 감정을 이기지 못하는 것이고, 사랑하는 이들에 대한 미련을 버리지 못하는 것이라 한다. 육기는, 지혜로운 사람이라면 임종을 앞두고 이렇게 무너져 내리며 보통 사람과 다름없는 모습을 보이지 않으리라 한다. 현인·준걸(俊傑)이라면 결코 보여서는 안 될 모습이라는 것이다. 육기는 위무제 조조와 같은 사람조차 죽음 앞에서 이렇게 무너지는 것을 보면서, 마음에 이는 감상(感傷)을 이기지 못해, 위무제에게 이 조문(吊文)을 바치노라고 하고 있다.

과 뒤서는 것으로 몸은 비록 다르지만 밝음을 상징함은 같다. 그런데 위무제는 이와는 다른 모습을 보였던 것이니 탄식해 마지않은 것이다. 기운이 사그라진 말년에 닳아빠진 신발에 미련을 길게 가진다는 것, 이미 누추하지 않은가!

惟其然也, 故九四之來, 亦物理之恒, 而成'突如'之勢矣. 帆低浪湧, 扃固盜窺, 剛以相乘, 返而見迫, 悲歡異室, 賓主交疑, 前薪炧盡, 而後焰无根, 以我之吝, 成彼之攘, 欺天絶人, 无所容而不忌. 三·四之際, 誠今古寒心之至矣.

역문 오직 이처럼 천하를 호령하던 위무제에게도 죽음의 순간이 닥쳐 이제 거꾸로 네 아들에게 부탁해야만 하는 상황이 오듯이, 구사효가 오는 것[561]은 세상 이치상 늘 있는 일이다. 이는 '돌연함'의 추세를 이룬다. 돛을 낮추었는데도 거대한 물결이 덮치고, 빗장을 단단히 걸어 잠갔는데도 도둑이 넘보는 격인데, 굳셈[剛]들이 서로를 타고서 돌이켜 핍박함을 보이니,[562] 이제 다른 성씨에게 나라를 내준 상황[563]에 슬퍼하기도 하고 기뻐하기도 하며, 손님과 주인으로서 서로 의심 속에 교류한다. 그리고 앞서서 땐 땔감은 다 태워져 사그라졌는데 뒤 땔감의 불꽃은 아직 제대로 불씨조차 붙지 않은 상황에서, 나의 아까워함으로써 상대방의 동요를 조성함이니, 하늘을 속이고 사람을 끊는 것이라, 아무도 받아 주지 않음에도 꺼림이 없음이

---

561 이 리괘☲의 구사효사는 "돌연히 그것이 오는 듯하고 불타는 듯하며 죽은 듯하다. 버려진 듯도 하다.(九四, 突如其來如, 焚如·死如, 棄如.)"로 되어 있다.

562 이 리괘☲ 초구효와 구사효가 서로 응함의 관계에 있음을 전제로 해서 하는 말이다.

563 구사효가 옴은, 이 리괘☲의 아래 소성괘인 리괘☲가 끝나고, 새로운 리괘☲가 시작됨을 의미한다. 그래서 다른 성씨에게 나라를 내준 것으로 보는 것 같다.

다. 이러지 말지어다, 이 리괘☲의 구삼효와 구사효가 맞닿은 지점에는 진실로 예나 지금이나 사람 마음을 얼어붙게 하는 교훈이 가장 잘 드러나 있다.

嗚呼! 无不失之天步, 无不毁之宗祧, 而无可晦昧之人心, 无可陰幽之日月. 夏·商之授於聖人, 賢於周之強國; 周之授於強國, 賢於漢之奸臣; 漢之授於奸臣, 賢於唐之盜賊; 唐之授於盜賊, 賢於宋之夷狄. 不能必繼我者之重明也, 則擇禍莫如輕, 毋亦早留餘地, 以揖延儔伍而進之. 操暗昧之情, 於可繼者而吝予之, 則不可繼者進矣. 子曰, "大道之公, 三代之英, 丘未之逮也"憂周之失所繼也. 惟聖人爲能憂其所憂而樂其所樂, 則聖人終以憂治天下之患, 而豈曰苟可以樂而且自樂哉!

역문 오호라! 사람의 측면에서 볼 때 실(失)이 되지 않는 시운(時運)이란 없고, 훼철되지 않는 종조(宗祧)도 없다. 그런가 하면 어리석음 속에만 가둘 수 있는 사람의 마음도 없고, 가두어 놓고 드러나지 않게 할 수 없는 해와 달도 없다. 하(夏)·상(商)나라에서 성인에게 나라를 내준 것이 주(周)나라가 강한 제후국에게 나라를 내준 것보다 훌륭하고, 주나라가 강한 제후국에 나라를 내준 것이 한(漢)나라가 간신들에게 나라를 내준 것보다는 낫다. 한나라가 이렇게 간신들에게 나라를 내준 것은 당(唐)나라가 도적들에게 나라는 내준 것보다 낫고, 당나라가 도적들에게 나라를 내준 것도 송(宋)나라가 이적(夷狄)들에게 나라를 내준 것보다는 낫다.

나를 계승하는 이가 거듭해서 현명한 사람일 수 없는 상황이라면, 화(禍)를 택하더라도 가벼운 것을 택함이 더 낫다. 또한 넘겨주는 마당에 일찌감치 여지를 두어서 자기와 같은 부류에게 넘어가도록 해서도 안 된다. 어리석고 사리에 어두운 감정을 못 이겨서 물려줄 만한 사람에게 주는 것을 아까워한다면, 계승해서는 안 되는 이가 이어받는 결과를 초래할 수도 있다. 공자가 "위대한 사람 세상 운영 원칙의 실현을 통해 이루었던 공정한 시대,[564] 하(夏)·상(商)·주(周) 삼대의 슬기로운 임금들이 꾸려 가던 세상을 나로서는 도저히 따라갈 수가 없다."[565]라고 하며 탄식한 것은, 주나라가 나라를 계승함에서 잘못할 것을 두려워한 것이다. 오직 성인이라야 우려해야 할 것을 우려할 수 있고 즐거워해야 할 것을 즐거워할 수 있다. 그래서 성인은 마침내 사람 세상의 우환을 우려함으로써 다룬다. 그러니 어찌 "진실로 즐거워할 수 있다고 하여 스스로만 즐긴다."라고 하리오!"

---

[564] 아마도 요순(堯舜) 시대를 지칭하는 것 같다.
[565] 『예기』, 「예운」 편에 나오는 말이다.

함괘

䷞咸

卦以利用, 則皆親乎人之事, 而唯'咸'則近取諸身, 何也? 義莫重乎
親始, 道莫備乎觀成. 以始爲親, 故寂光鏡影, 量乍現而性无體者,
不足以爲本也; 以成爲觀, 故淴淖纖靡, 視則希而聽則夷者, 不可得
而用也. 此聖人之本天道·觀物理·起人事以利用, 而非異端之所
得而亂也久矣.

역문 『주역』의 괘들이 이용하고 있는 것을 보면 모두 사람의 일과 친밀한 것
들이다. 그런데 오직 이 함괘䷞만은 가까이 우리 몸에서 취하고 있다.[566]
그 까닭은 무엇일까. 의로움으로는 친밀하고 비롯하게 해 줌보다 소중한
것이 없고, 도(道)는 그 어떤 것보다도 이루어졌음을 보여 주는 것에서 가
장 잘 갖추고 있기 때문이다. 우리의 존재를 비롯하게 해 주기에 친밀한
것이다. 그러므로 적광(寂光)이 거울에 비친 형상으로서 대천세계(大千世
界)와 같은 거대한 양(量)이 홀연히 나타나지만 그 어느 것도 자성(自性)에

---

566 이 함괘䷞의 효사들 대부분이 우리의 발가락에서 장딴지, 다리, 등[脢], 광대뼈 등을 취하여
유비(類比)하고 있음을 지적하는 말이다.

는 정체(正體)가 없다고 하니,[567] 적광은 근본이 되지 못한다. 또 이루어져야 보인다. 그러므로 진창처럼 걸쭉한 것·실오라기처럼 가느다란 것들까지,[568] 보아도 보이지 않을 만큼 너무나 가늘고 들어도 들리지 않을 만큼 너무나 희미한 것들[569]은 우리 인간들이 이용할 수가 없다. 그러므로 이렇게 이 함괘☵에서 가까이 우리 몸에서 취하고 있는 것은, 성인들께서 천도에 근본을 두고 물리(物理)를 관찰하여 사람의 일에 이용하도록 하심을 반영하고 있는 것이다. 이를 이단들로서는 결코 어지럽힐 수 없게 된 지 오래다.

天·地·人, 三始者也, 无有天而无地, 无有天地而无人, 无有道而

---

567 불교의 설을 지목하는 것이다. 불교에서는, 한 생각[一念]이 홀연히 일어나 대천세계(大千世界)를 낳지만, 이렇게 드러난 이 거대한 양은 단지 적광(寂光)이 거울에 비치듯 잠깐 사이에 일어난 것으로서, 그 어떤 것에도 자성(自性)이 없다고 한다.

568 왕부지가 여기에서 인용하고 있는 말은 『회남자』, 「병략훈(兵略訓)」에 나온다. 즉 "도(道)가 스며 있음을 보면, 진창처럼 걸쭉한 것·실오라기처럼 가느다란 것들에까지 존재하지 않는 곳이 없다.(道之浸洽, 滑淖纖微, 無所不在.)"라 함으로써, 도가 어느 곳이든 존재하지 않는 곳이 없음을 묘사하는 데서 이 말들을 동원하고 있다. '진창처럼 걸쭉한 것·실오라기처럼 가느다란 것들'이란 우주에 존재하는 크고 작은 것들 모두를 포괄한다는 말이다. 같은 책의 「원도훈(原道訓)」에서도, 도(道)가 이 세상에 존재하는 모든 것을 비롯하게 하고 포괄한다고 하면서 크고 작은 것들 모두를 이 말로 묘사하고 있다.(夫道者, 覆天載地, 廓四方, 柝八極, 高不可際, 深不可測, 包裹天地, 稟授無形; 原流泉浡, 沖而徐盈; 混混滑滑, 濁而徐清. 故植之而塞於天地, 橫之而彌于四海; 施之無窮, 而無所朝夕. 舒之幠於六合, 卷之不盈於一握. 約而能張, 幽而能明, 弱而能強, 柔而能剛, 橫四維而含陰陽, 紘宇宙而章三光. **甚淖而㳂, 甚纖而微**. 山以之高, 淵以之深, 獸以之走, 鳥以之飛, 日月以之明, 星曆以之行, 麟以之遊, 鳳以之翔.)

569 이는 『노자』, 제14장의 말을 인용하는 것이다. 거기에서는 "보아도 보이지 않는 것을 '이(夷)'라 하고, 들어도 들리지 않는 것을 '희(希)'라 하며, 붙잡으려 해도 안 되는 것을 '미(微)'라 한다. 이 세 가지는 아무리 근원을 캐 보려 해도 그것이 불가능하다. 그러므로 뒤섞여서 하나가 되어 버린다.(視之不見, 名曰夷; 聽之不聞, 名曰希; 搏之不得, 名曰微. 此三者, 不可致詰, 故混而爲一.)"라 하고 있다. 노자는 이 세계의 궁극적 근원으로서의 도(道)를 이렇게 서술하고 있는 것이다.

无天地. 道以陰陽爲體, 陰陽以道爲體, 交與爲體, 終无有虛懸孤致
之道. 故曰, "无極而太極", 則亦太極而无極矣.

역문 하늘·땅·사람은 이 세상에 존재하는 것들을 비롯하게 해 주는 세 가
지 근본 존재들이다. 그런데 하늘이 없으면 땅도 없고, 하늘과 땅이 없으
면 사람도 없으며, 도(道)가 없으면 하늘·땅도 없다. 도는 음·양을 몸뚱
이로 하고, 음·양은 도를 몸뚱이로 한다. 이렇듯 도와 음·양은 서로 교
접하여 몸뚱이가 되어 있으니, 텅 빈 곳에 뚝 떨어져서 외로이 무엇인가를
이루는 도(道)란 결코 없다. 그러므로 "무극이면서 태극이다."라 하는 것이
니, 또한 태극이면서 무극이기도 하다.

人之所自始者, 其混沌而開闢也. 而其現以爲量·體以爲性者, 則唯
陰陽之感. 故溯乎父而天下之陽盡此, 溯乎母而天下之陰盡此. 父
母之陰陽有定質, 而性情俱不容已於感以生, 則天下之大始盡此矣.
由身以上, 父·祖·高·曾, 以及乎綿邈不可知之祖, 而皆感之以爲
始; 由身以下, 子·孫·曾·玄, 以及乎綿邈不可知之裔, 而皆感之
以爲始. 故感者, 終始之无窮, 而要居其最始者也.

역문 사람이 최초로 비롯된 것은 혼돈이 열리면서다. 그 드러난 것들은 사람
의 인식에 드러난 상(相; 量)이 되고 본체는 성(性)이 되는데,[570] 오로지 음·

---

570 이는 왕부지의 법상종에 관한 견해를 피력하고 있는 『상종낙색(相宗絡索)』에 따라 번역한
   것이다. 왕부지는 이 책에서, 양(量)은 식(識)에 뚜렷하게 드러난 상(相)이라 하며, 이것은
   마치 외재하는 것처럼 규정된다고 하고 있다. 구체적으로 안(眼)·이(耳)·비(鼻)·설
   (舌)·신식(身識) 등 전오식(前五識)은 각각에 비친 객관 세계(境)를 양(量)이라 한다. 이에
   비해 제6식인 의식(意識)은 헤아림[計度]이 미친 것을 양(量)으로 하며, 제7식인 말라야식
   은 집착을 양(量)으로 한다고 하고 있다.(『相宗絡索』, '八識': 量者, 識所顯著之相, 因區畫

양의 작용에 의해서만 느낌을 갖는다.[571] 그러므로 아버지에게로 거슬러 올라가서는 이 세상 모든 양(陽)들이 이에서 다하고 있고, 또 어머니에게로 거슬러 올라가서는 이 세상 모든 음(陰)들이 이에서 다한다. 아버지·어머니에게는 각기 음·양으로서 정해진 질(質)이 있고, 이들의 성(性)·정(情)에는 서로에 대한 느낌이 읾에 그만두지 못함을 갖추어져 있어서 2세를 낳는다. 이 세상의 위대한 시작은 이렇게 해서 다 이루어지는 것이다.

우리 자신을 기준으로 하여 위로 아버지, 할아버지, 고조할아버지, 증조

前境爲其所知之封域也. 境立于內, 量規于外, 前五以所照之境爲量. 第六以計度所及爲量, 第七以所執爲量.) 또 '현(現)'에 대해서는 '지금 존재함[現在]'·'지금 이루고 있음[現成]'·'진실함을 뚜렷하게 나타냄[顯現眞實]' 등의 의미를 가진 것이라 한다. 지금 이루고 있어서 저촉하자마자 느낄 수 있고, 생각이나 헤아림 등을 빌리지 않고 진실함을 뚜렷하게 나타낸다는 것이다. 그리하여 객관 존재들의 본체[體]와 성(性)은 본래 스스로 이와 같아서 그 뚜렷하게 나타남에 대해 의심을 허락하지 않으며 허망함으로 넣을 수도 없다고 한다. 이렇듯 사람의 오근(五根)과 그 대(對)로서 오경(五境)이 만나는 데서 그대로 이루어지는 여실한 지각으로서 이것이 순수하게 양(量)이라 한다.('現量': 現者, 有現在義, 有現成義, 有顯現眞實義. 現在不緣過去作影, 現成一觸卽覺, 不假思量計較. 顯現眞實, 乃彼之體性本自如此, 顯現無疑, 不參虛妄. 前五於塵境與根合時, 卽時如實覺知是現在本等色法, 不待忖度, 更無疑妄, 純是此量.)

이는 "일체의 존재는 식(識)의 표현이며 유식(唯識)만이 진실이고 외계의 대상은 실유(實有)가 아니다."라는 '유식(唯識)'설에 대한 왕부지의 반박을 담고 있는 것이라 할 수 있다. 왕부지의 기철학(氣哲學)은 기(氣)가 실재로 존재하는 것으로서 외계를 구성한다는 것을 표방한다. 그리고 유학(儒學)에서 내세우는 여러 주장들은 이렇게 외계가 실재로 존재함을 전제로 해야 성립한다. 왕부지의 『상종낙색』은 이를 피력하기 위해 쓰인 것이다.

571 여기에서 '느낌'이라 한 것은, 이 함괘(咸卦)☷의 「단전」에서 '함(咸)'의 의미를 '느낌'으로 푼 것[咸, 感也]을 전제로 한 것이다. 그래서 이 「단전」에서는 "함괘는 부드러움[柔]이 위로 올라가고 굳셈[剛]이 아래로 내려감으로써 두 기(氣)가 느끼고 응하며 서로 함께한다. 그치게 하고 기뻐하며 남자가 여자 밑으로 내려간다. 이러하기 때문에 형통하며, 이롭고 올곧으며, 여자를 취함이 길하다. 하늘과 땅이 느낌을 주고받아 만물이 만들어지고 생겨나며, 성인들께서 사람들의 마음에 감화를 주어 온 세상이 화평해진다. 이렇듯 그 느끼는 바를 보고서 하늘과 땅 및 만물의 정감(情感)을 알 수가 있다.(柔上而剛下, 二氣感應以相與. 止而說, 男下女, 是以亨, 利貞, 取女吉也. 天地感而萬物化生, 聖人感人心而天下和平. 觀其所感, 而天地萬物之情可見矣.)"라고 이 함괘의 의미에 대해 풀이하고 있다.

할아버지 및 너무나 멀어서 알 수조차 없는 조상들에 이르기까지 모두 이 느낌으로써 시작하였던 것이고, 또 우리 자신 아래로 자식, 손주, 증손, 현손 및 아득히 멀어서 알 수조차 없는 후손들에 이르기까지 모두 이 느낌으로 해서 시작할 것이다. 그러므로 느낌이라는 것은 끝나고 시작함을 한없이 지속하는 것으로서 '최초의 비롯함[最始]'이라는 자리를 차지해야만 한다.

无有男而无女, 无有女而无男, 无有男女而无(感)[形氣]. 形氣充而情具, 情具而感生, 取諸懷來, 陰陽固有, 情定性凝, 則莫不篤實而生其光輝矣. 故今日卓然固有之身, 立乎現前而形色不爽者, 卽咸之所以爲咸, 豈待別求之含藏種子之先, 以爲立命之區哉!

역문 남성만 있고 여성은 없음이란 없고, 반대로 여성만 있고 남성은 없음도 없다. 이렇게 남성과 여성이 있는데 이들 사이에 느낌이 없음이란 없다. 형기(形氣)가 채워지게 되어서는 정(情)이 갖추어지고, 이 정(情)이 갖추어져서는 느낌이 생겨난다. 그리하여 가슴에 안겨 오는 것을 취하는 것은 음·양에 고유한 것이다. 정(情)은 정해졌고 성(性)이 엉기면 독실(篤實)한 것으로서 그 광휘로움을 생하지 않음이 없다. 그러므로 지금 우뚝한 채 본디 있는 우리의 몸은 바로 우리 눈앞에 선 그대로이되, 형(形)과 색(色)에 전혀 어긋남이 없는 것이다. 이것이 바로 이 함괘≣의 괘이름 '함(咸)', 즉 '모두 다'가 의미하는 것이다. 그러니 어찌 모든 종자를 함유·저장하고 있다는 아뢰야식(阿賴耶識)이 먼저라고 하며 따로 구하여 우리의 명(命)을 세울 구역으로 삼을 필요가 있으리오!

若其身之旣有, 則人之於天地, 又其大成者也. '乾'一索而'震', 再索

而'坎', 三索而'艮', 則'乾'道成矣. '坤'一索而'巽', 再索而'離', 三索而
'兌', 則'坤'道成矣. 故曰, "'乾'道成男, '坤'道成女". 然則'坎'·'離'而
上, 亦陰陽之方經方綸而未即於成者與!

역문 우리들의 몸은 이미 있는 것이다. 그래서 사람은 하늘·땅과 함께 또한
크게 이루고 있는 존재다. '건(乾)'의 덕이 한 번 찾아서 진괘(震卦)☳를, 두
번 찾아서 감괘(坎卦)☵를, 세 번 찾아서 간괘(艮卦)☶를 이루니, 이렇게 해
서 '건'의 도[乾道]는 성취된다. '곤(坤)'의 덕은 한 번 찾아서 손괘(巽卦)☴를,
두 번 찾아서 리괘(離卦)☲를, 세 번 찾아서 태괘(兌卦)☱를 이루니, 이렇게
해서 '곤'의 도[坤道]는 성취된다. 그래서 "건도는 남성을 이루고, 곤도는 여
성을 이룬다."[572]라고 말한다. 이러하므로 감괘·리괘 이상은 또한 음·양
이 바야흐로 경륜(經綸)하여 이루어진 것들이지, 곧장 이루어진 것이 아니
로다!

故'坤'立而'乾'斯交, '乾'立而'坤'斯交. 一交而成命, 基乃立焉; 再交
而成性, 藏乃固焉; 三交而成形, 道乃顯焉. 性·命·形, 三始同原而
漸即於實. 故'乾'·'坤'之道, 抵乎'艮'·'兌', 而後爲之性命者, 凝聚堅
固, 保和充實於人之有身.

역문 그러므로 곤괘☷가 이루어지면 건괘☰가 이를 찾아와서 사귀며, 역으로
건괘가 이루어져도 곤괘가 이를 찾아와서 사귄다. 이들이 한 번 사귀어서
는 존재하도록 하는 명(命)이 이루어지니 기반이 이렇게 하여 세워지고,
두 번 사귀어서는 성(性)을 이루니 저장되는 것이 이렇게 하여 견고해지

---

572 「계사상전(繫辭上傳)」 제1장에 나오는 말이다.

며, 세 번 사귀어서는 형체를 이루니 도(道)가 이렇게 하여 드러나게 된다. 성(性)·명(命)·형체 등은 같은 근원에서 세 가지로 비롯되어서 점차 실재함으로 나아간다. 그러므로 건·곤의 도는 간괘(艮卦)☶·태괘(兌卦)☱에 다다른 뒤에야 성(性)·명(命)을 이루는데, 이렇게 응취함이 견고해져서 사람이라는 몸을 갖는 것에 화순(和順)하도록 하고 충실해진다.

且夫'泰'者, 天地之交也, 然性情交而功效未起. 由'泰'而'恒', 由'恒' 而'既濟', 由'既濟'而'咸', 皆有致一之感, 必抵'咸'而後臻其極. 臻其 極, 而外護性情, 欣暢凝定, 以固其陰陽之郭廓者? 道乃盛而不可加. 陽不外護, 則陰波流而不知所止, 陰不外護, 則陽欲起而不烊其和. 自我有身, 而後護情歸質, 護性歸虛, 而人道乃正. 藉其不然, 亦流 盪往來於兩間, 而无所效其知能矣.

역문 또 보자. 태괘(泰卦)䷊는 하늘·땅이 사귀는 것이기는 하지만[573] 성(性)·정(情)으로만 사귄 것으로서 그 공효(功效)는 아직 일어나지 않는다. 이 태괘를 경유하여 항괘䷟에 이르고,[574] 또 이 항괘를 경유하여 기제괘䷾에 이르며,[575] 이 기제괘를 경유하여 함괘䷞에 이르는데,[576] 이들 모두에게는 '하

---

[573] 이 태괘䷊는 아래가 건괘☰로서 하늘을 상징하고, 위는 곤괘☷로서 땅을 상징하는데, 왕부지는 여기에서 이 태괘가 하늘·땅의 사귐을 상징한다고 보고 있다.

[574] 이 항괘䷟는 아래가 손괘☴로서 장녀를 상징하고, 위는 진괘☳로서 장남을 상징한다. 따라서 이 항괘는 장남과 장녀의 사귐이니 태괘䷊에서 하늘·땅이 사귄 뒤 처음으로 사귐을 나타낸다고 할 수 있다.

[575] 이 기제괘䷾는 아래가 리괘☲로서 차녀를 상징하고, 위는 감괘☵로서 차남을 상징한다. 따라서 이 기제괘는 차남과 차녀의 사귐을 드러낸다고 할 수 있다. 왕부지가 여기에서 항괘䷟를 지나 이 기제괘에 이름을 언급함 속에는 이러한 의미가 담긴 것으로 보인다.

[576] 이 함괘䷞는 아래가 간괘☶로서 삼남(三男)을 상징하고 위는 태괘☱로서 삼녀(三女)를 상징한다. 따라서 이 함괘는 삼남과 삼녀의 사귐을 드러낸다고 할 수 있다. 왕부지가 여기에

나를 이룸'의 느낌이 있기는 하지만, 반드시 이 함괘☷☶에 이른 뒤에라야 그 극에 이른다. 이 극에 이르러서는 겉으로 성(性)·정(情)을 호위하며 응취한 것[性]과 정해진 것[情]을 즐기며 창달한다. 이렇게 하여 음·양을 에워싸고 있는 것들을 견고하게 하니, 도는 왕성해져서 더 보탤 것이 없다.

이때 양이 겉에서 호위하지 않으면 음은 물결치듯 흘러가며 그칠 줄을 모르고, 또 음이 겉에서 호위하지 않으면 양은 불꽃처럼 타오를 뿐 그 어울림에 녹아들지 않는다.[577] 나에게 몸이 있은 뒤에라야 정(情)을 호위하여 그 질(質)로 돌이키며 성(性)을 호위하여 욕구와 본능이 배제된 상태[虛]로 돌이킨다. 사람의 도(道)는 이렇게 해서 올발라진다. 만약에 그렇지 않다고 할 것 같으면 또한 하늘과 땅 사이에서 그저 끊임없이 방탕하며 왔다 갔다 할 것이니, 이러한 속에서는 '건(乾)'의 덕으로서의 '지(知)'와 '곤(坤)'의 덕으로서의 '능(能)'을 발휘할 수 없을 것이다.[578]

是故以我爲子而乃有父, 以我爲臣而乃有君, 以我爲己而乃有人, 以我爲人而乃有物, 則亦以我爲人而乃有天地. 器道相須而大成焉.

서 기제괘☲☵를 지나 이 함괘에 이름을 언급함 속에는 이러한 의미가 담긴 것으로 보인다.

577 간괘☶는 하나의 양(一)이 두 음들(☷)의 위에서 이 음들이 본능과 욕구에 의해 흘러가지 않도록 호위하고 있음을 표방한다고 할 수 있다. 이에 비해 태괘☱는 하나의 음(--)이 두 양들(☰)의 위에서 이 양들이 본능과 욕구를 이기지 못해 불꽃처럼 타오르지 못하도록 호위하고 있음을 표방한다고 할 수 있다. 이 두 괘가 합친 것이 바로 이 함괘☱☶다. 왕부지는 음과 양이 이렇게 절제된 속에서 느낌을 주고받고 사귀면서, 성(性)·정(情)을 즐기며 창달함을 통해 이 세계를 생성해 가는 것이라 보는 것이다. 왕부지는 이 함괘와 그 괘사에서 말하는 '느낌[感]'이라는 것, 그리고 이를 풀이한 「단전」의 내용을 바탕으로 이러한 해석을 하고 있다.

578 이는 앞에서 거론한 불교 법상종의 설들과 배치되는 것으로서, 유가의 특성을 오롯이 드러내는 부분이라 할 수 있다. 세계는 우리의 한 생각[一念]이 만들어 낸 환유(幻有)가 아니라 실제로 있다는 것이다. 왕부지는 『주역』을 이렇게 정통 유가의 관점에서 풀이하고 있다.

未生以前, 旣死以後, 則其未成而已不成者也. 故形色與道, 互相爲體, 而未有離矣. 是何也? 以其成也. 故因其已成, 觀其大備, 斷然近取而見爲吾身, 豈有妄哉!

역문 그러므로 내가 자식이니 부모가 있고, 내가 신하여서 임금이 있으며, 내가 '나'니 '남'이 있는 것이다. 또 내가 사람이어서 사람 이외의 물(物)들이 있다. 같은 이치로 내가 사람이어서 하늘·땅과 함께 삼재(三才)를 이룬다. 이렇듯 기(器)와 도(道)는 서로 필수로 하여 크게 성취해 내는 것이다. 그렇지 않고 생겨나지 않은 이전이나 이미 죽어 버린 뒤라면, 그것은 아직 이루어지지 않은 것이고 이미 이루어지지 않은 것이다. 그러므로 형(形)·색(色)과 도(道)는 서로 몸이 되어 주며 떨어지지 않는다. 왜 그럴까, 바로 이루고 있다는 사실 때문이다. 그러므로 이렇듯 이미 이루고 있음을 통해 크게 완비하고 있음을 보여 주고 있는데, 이 가운데서 우리에게 가장 가까운 것을 뚝 잘라 이 함괘䷞의 효사들에서 우리 몸을 드러낸다고 해서 어찌 거기에 망령됨이 있을쏘냐!

然則'艮'之亦取於身者, 何也? '艮'者, '乾'道之成男也. 陰无成而有終, 故'兌'不足以象身; 陽涵陰而知始, 故'艮'足以象身. 禽狄知母而不知父, 細人養小而不養大, 惟能盡人道以立極者, 尊陽而賤陰. 雖然, '艮'非无陰者也, 不如'兌'之尙之也. '咸'兼所始, '艮'專所成, 聖人實見天性於形色之中, 擬之而後言, 豈虛加之也哉!

역문 그렇다면 간괘䷳도 사람 몸에서 상(象)을 취하고 있음[579]은 무슨 까닭일

---

579 간괘䷳도 괘사와 초육효~육오효까지 모두 우리 몸에서 취하고 있다.

까? 간괘는 건도(乾道)가 남성을 완성함을 드러내고 있기 때문이다. 음은 완성함은 없고 끝맺음만 있다. 그러므로 태괘(兌卦)☱는 우리의 몸을 상으로 드러내기에 충분하지가 않다. 양(陽)은 음(陰)을 함유하고서 비롯함을 맡기 때문에 간괘☶는 넉끈히 우리 몸을 상으로 드러낼 수가 있다. 짐승은 어미는 알아도 애비는 모른다. 그런가 하면, 머리를 그다지 쓰지 않아도 되는 일에 종사하는 이들은 작은 것은 길러 내면서도 큰 것은 길러 내지 못한다. 오직 사람의 도리를 다하면서 사람 세상에 표준을 세울 수 있는 인물이라야 양은 존숭하고 음은 천히 여긴다. 비록 그렇다고는 하지만 간괘☶에 음이 없는 것은 아니다. 그래서 태괘☱가 양이 음들을 숭상하고 있음만 못하다. 함괘☳는 비롯됨을 겸하고 있고, 간괘☶는 전적으로 이루어짐을 드러내고 있으니, 이들을 보면, 성인들께서 형(形)·색(色)들 속에서 천성(天性)을 실제로 보고서는 이를 괘·효에 견주어 말을 한 것임을 알 수 있다. 성인들이 어찌 조금이라도 헛되게 보텠겠는가!

항괘

䷟恒

以居則‘亨’, 以行則 "利有攸往", 而値‘恒’之時, 无乎不凶, 何也? ‘恒’
者咎之徒也. 非‘恒’之致咎, 其時咎也. 故‘亨’而可‘无咎’, 亦斬斬乎其
僅免於咎矣.

역문 이 항괘䷟의 괘사에서는, 거주지에 거주하고 있으면 ‘형통하다’라 하고,
출행(出行)함에 대해서도 "어디를 감에 이롭다."라고 한다. 그런데 이 항괘
의 낱낱 시간에 해당하는 경우들을 말하고 있는 효사들을 보면, ‘흉하지
않다’고 할 수 있는 효가 없다.[580] 왜 그럴까. 그 까닭은, 이 항괘에는 허물
을 지닌 무리가 함께하고 있기 때문이다. 결코 이 항괘 자체의 덕이 이 허
물을 초래하는 것이 아니라, 이 항괘의 낱낱 시간에 해당하는 것들이 허물
을 지니고 있는 것이다. 그러므로 ‘형통하다’고 하며 ‘허물이 없다.’고 할
수 있다.[581] 그렇다고는 하더라도 다만 겨우 허물을 면하는 정도에 그칠 따

---

580 이 항괘䷟의 효사들을 보면 음효들인 초육·육오·상육효 등에서는 직접 ‘흉하다’고 말하
고 있다. 아울러 양효인 구이효에서는 ‘후회[悔]’라는 말을 언급하고 있고, 구삼효에서는 ‘아
쉬워함[吝]’을 언급하고 있으며, 구사효에서는 ‘사냥을 나갔으나 잡은 새가 없다.[田无禽]’라
하고 있다. 이들은 모두 ‘흉함’을 내포하고 있다고 할 수 있다.

581 이와 관련해서는 앞 대유괘䷌의 풀이에서 왕부지가 "‘허물없음[无咎]’은 사실은 허물이 있

름이다.

陰陽之相與, 各從其類以爲匹合, 其道皆出乎'泰'·'否'. 雷風相際,
或'恒'或'益'; 水火相合, 或'濟'或'未'; 山澤相偶, 或'咸'或'損'. '泰'通而
'否'塞, '咸'感而'損'傷, '旣濟'往而'未濟'來, '恒'息而'益'生. 以澤注山,
則潤而生滋; 以山臨澤, 則涸而物敝. 以水承火, 則蘊而養和; 以火
煬水, 則沸而就竭. 以雷起風, 則興而及遠; 以風從雷, 則止而嚮窮.

역문 음과 양이 서로 어울리며 각기 제 부류를 좇아서는 짝을 이루는데, 그
원리는 모두 태괘(泰卦)䷊와 비괘(否卦)䷋로부터 나온다.[582] 우레와 바람이
서로 교제하게 되면 항괘䷟를 이루거나 익괘䷩를 이룬다.[583] 물과 바람이
서로 합하면 기제괘䷾를 이루거나 미제괘䷿를 이룬다.[584] 산과 연못이 서
로 짝을 이루면 함괘䷞가 되거나 손괘(損卦)䷨가 된다.[585] 태괘(泰卦)䷊는 통

다는 말이다."라고 하는 말을 참고할 필요가 있다. 왕부지는 여기에서 이 대유괘䷍의 구이
효가 육오효의 허물을 자신의 허물로 삼기 때문에 허물이 없다고 한다.('无咎'者, 有咎之
詞. 二以五之咎爲咎, 斯不咎矣.) 이처럼 왕부지는 '허물 있음[有咎]'과 '허물 없음[无咎]'을
자구(字句) 그대로만 보지 않고, 거기에 담긴 연관 의미들을 유기적으로 보며 융통성 있게
풀이한다. 지금 우리는 이곳 항괘䷟의 풀이에서도 이러한 면을 확인하고 있다.

582 다음에서 거론하는 여섯 괘들이 모두 3양·3음으로 되어 있는데, 이것들은 모두 태괘(泰
卦)䷊와 비괘(否卦)䷋로부터 왔다는 의미다.

583 이 항괘䷟와 익괘䷩는 모두 우레를 상징하는 진괘☳와 바람을 상징하는 손괘☴의 조합으
로 이루어져 있다. 진괘☳가 위로 손괘☴가 아래로 와서 둘이 서로 교제하는 모양을 이루
면 항괘䷟가 되고, 이들이 뒤바뀌면 익괘䷩가 된다.

584 이들 두 괘 역시 물을 상징하는 감괘☵와 불을 상징하는 리괘☲의 조합으로 되어 있다. 감
괘☵가 위로 리괘☲가 아래로 와서 둘이 서로 교제하는 모양을 이루면 기제괘䷾가 되고,
이들이 뒤바뀌면 미제괘䷿가 된다.

585 이들 두 괘 역시 산을 상징하는 간괘☶와 연못을 상징하는 태괘☱의 조합으로 되어 있다.
간괘☶가 위로 태괘☱가 아래로 와서 둘이 서로 교제하는 모양을 이루면 손괘(損卦)䷨가
되고, 이들이 뒤바뀌면 함괘䷞가 된다.

함을, 비괘(否卦)☲는 꽉 틀어막힘을 의미한다. 함괘☷는 상대에게서 느낌을 받는 것을, 손괘(損卦)☶는 상처를 줌을 의미한다. 기제괘☵는 감[往]을 의미하고, 미제괘☲는 옴[來]을 의미한다. 항괘☳는 번식을, 익괘☲는 낳음을 상징한다. 그리고 함괘☷처럼 연못☱의 물로써 산☶에 물을 대 주는 형국을 이루면 윤택하여 자양(滋養)을 생기게 하는데, 반대로 손괘(損卦)☶처럼 산☶이 연못☱에 군림하는 형국을 이루면 연못의 물은 말라 버리고 물(物)들도 스러지고 만다. 미제괘☲처럼 물☵로써 불☲을 받드는 형국에서는 깊이 받아들이며 어울림을 길러 내고, 반대로 불☲로써 물☵을 활활 사르게 되면 물은 끓어서 고갈되어 버린다. 항괘☳처럼 우레☳로써 바람☴을 일으키면 일어서 멀리까지 미치고, 반대로 바람☴으로써 우레☳를 좇다 보면 궁색함으로 향하게 된다.

'恒'者, 既然之卦也. 陽老陰壯, 爲日夙矣. 昔之日月不可追, 而陽離乎地以且散於碧盧, 陰反其居以旋歸於穴壑. 苟非體天地貞常之道, 敦聖人不息之誠, 未見其久而不衰者也. 故'恒'者, 凶咎之府, 而當位者爲尤甚焉, 三·上之所以大逢其咎也.

역문 항괘☳는 본래 이러한 의미를 가진 괘다. 양(─; 구사효)은 늙었고 음(──; 초육효)은 씩씩하여 해가 일찌감치 떠올랐음을 상징한다. 그렇다고 이 해가 이전 날들의 해와 달을 쫓아갈 수 있는 것도 아니다. 양은 땅에서 벗어나 푸른 허공에 흩어지고 음은 반대로 해가 떠난 구덩이와 골짜기로 돌아와서 그 자리를 차지하고 있다.[586] 이는 진실로 하늘·땅의 올곧고 정상적

---

586 왕부지는 이 항괘☳가 태괘(泰卦)☷로부터 변한 것으로 본다. 즉 태괘☷의 초구효(─)가 4효의 자리로 올라가서 윗괘가 진괘☳가 되어 우레를 상징하게 되고, 그 자리를 차지하고

인 원리를 체현하는 것이 아니다. 그저 성인들께서 쉼 없이 하는 정성스러움을 돈독히 한다지만, 그렇다고 하여 '오래되었어도 쇠미하지 않음'을 보이지는 않는다. 그러므로 이 항괘䷟는 흉함과 아쉬워함이 가득 차 있는데, 특히 제 자리를 마땅하게 차지하고 있는 효들에서 더욱 심하다.[587] 구삼효와 상육효는 그래서 크게 허물을 당하는 것으로 되어 있다.

氣在內而不得出, 則奮擊而爲雷; 出矣而升乎風之上, 陽志愜矣. 氣在外而不得入, 則周旋不舍而爲風; 降乎雷之下, 且入矣, 陰情慰矣. 風末雷收, 非亢旱乘之, 則疅霳斯起. 故陰常散而緩, 受交於陽, 而風雨時・寒暑正者, 此'益'四'告公'之從, 非'恒'初'求深'之獲也.

역문 기(氣)가 속에 있는데 밖으로 나오지를 못하면 격하게 떨쳐 일어나 치고 나와서 우레가 된다. 이렇게 나와서 바람 위를 타고 올라가게 되면 양(陽)의 뜻함은 흡족해진다. 반대로 기(氣)가 밖에 있으면서 들어가지를 못하면 쉼 없이 빙빙 돌며 바람이 된다. 이 바람이 우레의 밑으로 내려가서 들어가면 음(陰)의 정서는 우울해진다. 진풍(陣風)이 불다 잦아들면서 우레가 이를 거두어들일 경우, 큰 한발이 이를 타고 오든지, 아니면 음산한 가운

있던 육사효(--)는 이제 초구효가 떠나가고 비어 있는 자리로 내려와 그 자리를 차지하여 바람을 상징하는 손괘☴를 이루고 있는 것이 항괘䷟라고 보는 것이다. 그래서 이 항괘의 구사효는 양(—)으로서 일찌감치 떠오른 해, 그래서 이제는 늘그막에 들어간 해, 땅에서 벗어나 푸른 허공에 흩어짐 등을 상징하는 것으로 표현하고 있다. 이에 비해 항괘䷟의 초육효(--)는 태괘䷡의 4효 자리에서 내려와 원래 초구효가 있던 구덩이와 골짜기를 차지함으로써 이제는 손괘☴가 되어 바람을 일으키고 있다. 그래서 항괘䷟의 이 초육효는 음(--)으로서 씩씩함[壯]을 표출하고 있다는 것이다. 다만 항괘䷟는 땅에 있는 바람☴이 하늘에 있는 우레☳를 좇아가는 형국이니, 멈추게 되고 궁색함으로 향하게 되어 있다는 것이다.

587 구삼효와 상육효를 가리킨다. 구삼효에서는 '아쉬워함[吝]'이, 상육효에서는 '흉함[凶]'이 그대로 언급되어 있다.

데 바람이 불거나 세찬 바람 속에 흙비가 내리게 된다. 그러므로 음은 항상 흩어지면서 부드러워지고 양으로부터 사귐을 받아들인다. 이렇게 되면 바람도 비도 제때 불거나 내리고 추위와 더위도 정상적으로 온다. 이는 익괘☷ 육사효의 '공에게 고함[告公]'을 따름[588]에 해당한다. 결코 항괘☳ 초육효의 '깊이 파고 들어가려 함[求深]'[589]에 해당하지 않는다.

故之六卦者, 皆與'泰'·'否'同情, 而以陽下陰上爲正. 情不可極, 勢不可因, 位不可怙. 怙其位以保其固然, 故'恒'四躍馬關弓而禽終不獲, '恒'初陸沈隱蔽而貞以孤危. 當斯時也, 自謂可以永年, 而不知桑楡之且迫, 何施而可哉! 故地貴留其有餘, 情貴形其未順. 挾其宜上宜下之常, 求而得焉, 後此者將何繼乎? 是以君子甚危乎其成之已夙而无所拂也.

역문 그러므로 앞에서 거론한 여섯 괘들[590]은 모두 태괘(泰卦)☷·비괘(否卦)☰와 같은 정서를 지니고 있어서, 양(—)이 아래로 가고 음(--)이 위로 올라감을 올바르다고 여긴다. 정서는 극단적이어서는 안 되고, 세력도 의지하려고 해서는 안 되며, 지위도 믿고 날뛰어서는 안 된다. 그런데 제 지위를 믿고서 본래 그대로를 유지하므로 항괘☳의 구사효는 말에 뛰어올라 활을

---

588 『주역내전』에서 왕부지는 이에 대해 육삼효가 와서 고하니 공(公)인 육사효가 이를 따른다는 것으로 풀이하고 있다.

589 이는 항괘 초육효사에 나오는 말이 아니고 그 풀이인 「상전(象傳)」에 나오는 말이다. 이 「상전」에서는, 초육효사 "깊이 파고 들어간 항구함이니 올곧더라도 흉하고 이로움이란 없다.(浚恒, 貞凶, 无攸利.)"에 대해, "깊이 파고 들어간 항구함이 흉한 까닭은 시작하자마자 깊이 파고 들어가려 하기 때문이다.(浚恒之凶, 始求深也.)"라 하고 있다.

590 태괘(泰卦)☷와 비괘(否卦)☰로부터 왔다는 것으로서, 항괘☳와 익괘☷, 기제괘☵와 미제괘☲, 함괘☳와 손괘(損卦)☶를 가리킨다.

쏴 보지만 끝내 새 한 마리도 잡지 못하며,[591] 초육효는 세상 돌아감이 마음에 들지 않아 자신을 감춘 채 은거하며 올곧음을 유지하지만 고독하고 위태로울 뿐이다.[592][593]

이러한 상황에 처해서도 스스로 "나는 영원토록 살 것이다."라고 하며 인생의 석양이 반드시 닥치게 되어 있음을 알지 못하니, 도대체 이를 어찌해야 한단 말인가! 그러므로 땅은 다 써 버리지 않고 여지를 남겨 둠을 귀하게 여기고, 정(情)은 순종하지 않음을 드러내는 것을 귀하게 여긴다. 마땅히 올라가야 함·마땅히 내려가야 함의 한결같은 법도를 끼고서 구하여서는 얻을 것이로되, 이러한 법도를 뒤로 돌리는 이는 장차 무엇을 이어받을 것이리오? 이러하기 때문에 군자는 그 이루어짐이 이미 일찌감치 된지라 관성이 되어 버려 떨쳐 낼 수 없음을 매우 위태롭게 여긴다.

陽奮乎上, 亢而窮則爲災; 陰散乎下, 抑而相疑則戰. 天地也, 雷風也, 水火也, 山澤也, 无之而不以陽升而陰降爲凶咎之門也. 體道者安其故常而不能調其靜躁之氣, 曰 "吾率吾性情之恒"也, 其能'恒其德'而无羞者鮮矣. 非恒也而後可以恒, 恒者且不恒矣. 天地之久照久成, 聖人之久道, 豈立不易之方, 遂恃之以終古乎? 故曰, "大匠能與人規矩, 不能使人巧." 規矩者恒也; 巧者天地聖人之所以恒也. 而僅恃乎天尊地卑·雷出風入之規矩乎!

---

591 이 항괘의 구사효사는 "사냥을 나갔으나 잡은 새가 없다.(田无禽.)"로 되어 있다.

592 이 항괘의 초육효사는 "깊이 파고 들어간 항구함이니 올곧더라도 흉하고 이로움이란 없다.(浚恒, 貞凶, 无攸利.)"로 되어 있다.

593 이들 두 효는 '양(一)이 아래로 가고 음(--)이 위로 올라감을 올바르게 여긴다'라는 것과 반대로 양(一)이 위로 가고 음(--)이 아래로 간 효들이다. 그래서 이렇게 나쁜 의미를 갖게 된다는 것이다.

역문 양(陽)이 위로 떨쳐 올라가 꼭대기에 이르러 궁색해지면 재앙이 된다.[594] 또 음(陰)이 아래로 흩어져 내려와 억눌리면 서로 의심하여 싸우게 된다.[595] 하늘이든 땅이든, 우레든 바람이든, 물이든 불이든, 산이든 연못이든,[596] 어느 하나라도 없애서 양이 올라가고 음이 내려와 흉함·아쉬워함을 낳는 문이 되게 해서는 안 된다.

도(道)를 체득한 사람이라면 상례에 편안해하면서 고요함과 바스댐, 즉 고요함[靜]·움직임[動]의 기(氣)를 조정할 수 없다. 말로는 "나는 나의 성(性)·정(情)의 늘 그대로를 따른다."라고 한다. 그러나 '덕을 늘 그대로로' 고수하면서 부끄러움이 없게 할 수 있는 사람은 드물다. '늘 그대로로'가 아닌 뒤에라야 '늘 그대로'를 실현할 수 있는 것이다. 하늘·땅이 유구히 비추고 유구히 이루는 것, 성인들께서 도(道)를 유구히 함 등이, 어찌 절대로 바뀌지 않을 원칙을 세우고[597] 마침내 이에 의지하여 영원해지도록 하는 것이리오!

---

594 이는 건괘䷀ 상구효사 "너무 높이 올라간 용이니 후회함이 있다.(亢龍有悔.)"를 근거로 하는 말이다.

595 이는 곤괘䷁ 상육효사 "용들이 들에서 싸우니 그 피가 터져 거무튀튀하고 누렇게 질펀하다.(龍戰于野, 其血玄黃.)"를 근거로 하는 말이다.

596 이는 『설괘전(說卦傳)』 제3장에 나오는 "하늘과 땅이 위치를 정하고, 산과 연못이 기(氣)를 통하며, 우레와 바람은 서로 바짝 덤벼들며 몰아붙이고, 물과 불은 서로 침범하지 않는다. 팔괘가 이렇게 서로 엇갈리며 뒤섞인다.(天地定位, 山澤通氣, 雷風相薄, 水火不相射, 八卦相錯.)"는 말을 전제로 한 것이다. 송대(宋代)에 소옹(邵雍; 1011~1077)은 이를 근거로 「복희선천팔괘도(伏羲先天八卦圖)」를 그렸다. 이 「팔괘도」에서 하늘을 상징하는 건괘☰와 땅을 상징하는 곤괘☷, 우레를 상징하는 진괘☳와 바람을 상징하는 손괘☴, 물을 상징하는 감괘☵와 불을 상징하는 리괘☲, 산을 상징하는 간괘☶와 연못을 상징하는 태괘☱는 각기 대대(對待)의 짝을 이루고 있다.

597 이는 이 항괘의 대상전에 나오올 말 "우레와 바람으로 이루어진 괘가 항괘니, 군자는 이를 본받아 절대로 바뀌지 않을 원칙을 세운다.(雷風, '恒', 君子以立不易方.)"를 끌어들여서 논하는 것이다.

그러므로 "훌륭한 장인(匠人)은 원을 그리고 네모를 그리는 도구를 사람들에게 빌려줄 수는 있어도 그들이 솜씨 좋게 그려 내게 할 수는 없다."[598]라고 하지 않는가. '원을 그리고 네모를 그리는 도구'란 늘 그대로를 담고 있는 것들이다. '솜씨 좋게 그려 냄'이란 하늘·땅, 성인들께서 늘 그대로이게 하는 것이다. 그런데 겨우 하늘은 높고 땅은 낮음·우레는 나오고 바람은 들어감 따위의 법칙에 의거하겠는가!

---

[598] 『맹자』, 「진심하」에 나오는 말을 인용하는 것이다. 거기에서는 "나무를 다루는 장인(匠人)과 수레바퀴를 만드는 장인(匠人)은 원을 그리고 네모를 그리는 도구를 사람들에게 빌려줄 수는 있어도 그들이 솜씨 좋게 그려 내게 할 수는 없다.(梓匠輪輿能與人規矩, 不能使人巧.)"라 하고 있다.

둔괘

≣遯

陰長之卦, 由'剝'而下, 莫盛於'觀'; 由'姤'而往, 莫稚於'遯'. '觀'逼處而
无嫌, '遯'先時而早去者, 何也? 乘時者莫大乎位, 正位者莫尙乎中.
乍得所尙, 雖小喜而志行; 猶靳乎尊, 雖將盈而意歉. 故'觀'四之視
五, 邈若天帝而不可陵; '遯'二之視三, 易若振落而无所忌. 陽雖欲恃
積剛以弗逝, 其可得哉! 然則陽之所以遯者, 以二也.

역문 음(--)들이 자라나고 있는 괘들은 박괘(剝卦)≣ 이하의 괘들인데, 이들
중에서도 관괘(觀卦)≣가 가장 왕성하다. 음(--)들은 구괘(姤卦)≣를 거쳐서
갈수록 점점 자라나는데, 그중에서 이 둔괘≣가 가장 어리다. 관괘≣에서
양(—)인 구오효는 핍박을 당하고 있지만 이를 혐오하지 않으며, 둔괘≣에
서 양(—)인 구삼효는 닥칠 시기에 앞서 일찌감치 떠난다. 그 까닭은 무엇
일까.

때를 타고 있는 것 중에서 위(位)보다 더 큰 것은 없고, 이 위(位)를 올바
로 차지하고 있는 것 중에서는 중(中)을 차지한 것보다 더한 것이 없다. 이
둔괘≣에서 육이효는 잠깐 높임을 받는 위(位)를 차지한 것인데, 비록 기쁨
은 작을지라도 뜻으로는 행하고자 한다.

이에 비해 관괘☷☴에서 육사효는 오히려 존귀한 이[구오효]에게 부끄러워하며, 비록 곧 가득 차게 되어 있지만 생각으로는 겸연쩍어한다. 그러므로 관괘☷☴의 육사효는 구오효를 마치 아득한 곳에 있는 하느님처럼 보며 함부로 능멸할 수 없다고 여긴다.

이에 비해 둔괘☰☶의 육이효는 구삼효를 무너뜨리는 것이 마치 말라비틀어진 나뭇잎을 떨어뜨리는 것만큼이나 쉽다고 여기며 하는 짓에 거리낌이 없다. 그러니 이 구삼효의 양(─)이 비록 자신과 같은 양(─)들이 위로 셋이나 있다는 것을 믿고 가지 않으려 한들 그것이 될 일이겠는가! 이렇게 볼적에 양(─)이 은둔하게 되는 까닭은 바로 육이효에게 있다.

二爲小主而'小利貞'. 當吾世而迫陽剛以不處, 陸沈而不可拯, 則小亦何'貞'之有哉? 曰: 陰之逼陽以遯者, 時也; 六之居二者, 正也. 正而思柔, 與'艮'爲體, 而受止於三. 此其爲情, 豈常有陰賊刑害, 幸其去以遂僭侈之心乎? 而當其時, 則固授人以疑. 无其心而授疑於人, 二亦所遇之不辰矣.

역문 이 둔괘☰☶의 육이효는 작은 주인이다. 그래서 괘사에서는 "작은 것이 올곧음에 이롭다."라고 한 것이다. 그런데 이 육이효가 제 세상을 만났다 하여 양(─)의 군셈[剛]들을 핍박하여 살지 못하게 하기에 이들이 은폐하며 은거하더라도 이러한 상황을 구제할 수 없다면, 작은 주인에게도 어찌 '올곧음'이 있다고 하겠는가.

이에 대한 내 견해는 이러하다. 음(--)이 양(─)들을 핍박하여 은둔하게 하는 것은 때, 즉 이 시절이 그러한 것이다. 육(--)이 2효의 자리를 차지하고 있음은 올바른 것이다. 그런데 이렇게 올바르면서도 육이효는 자신이 부드러움[柔]임을 생각하며 간괘☳의 몸을 이루어, 구삼효로부터 멈추게 함을 받아들이고 있다. 바로 이것이 이 육이효의 마음 씀씀이다. 그런데 어찌 음험·잔인하고 늘 삼형육해(三刑六害)[599]를 행하며, 양(─)들을 제거하여 제 분수에 넘치는 욕구를 완수하기를 바라는 마음이 있겠는가. 단지 이러한 때를 만났기에 진실로 사람들에게 근거 없는 의심을 주고 있을 따름이다. 그러한 마음이 없는데도 사람들에게 이러한 의심을 준다는 것, 그래서 육이효로서도 만난 시절이 잘못된 것이다.

則將告之曰: 疑在人, 而自信者志, 志不僭, 而疑非所嫌矣. 雖然, 陽終疑而逝, 則二欲達其志而不可得. 其位正, 其勢親, 可以挽將駕之轅而莫挽之, 或挽之而情不及文, 文不達志, 无摯固不舍之情, 无流連无已之意, 則且欲挽之而終不可得. 是何也? 陽之決成於必逝之勢者, 无可前可卻之幾也, 而又孰與諒二相挽之心耶! 故'白駒'之詩似之矣: 其可留也, 則繫維之; 其不可留也, 尤懷音於遐心之後. '莫之勝說'而猶且說與, 抑亦可以謝咎於天人矣. 雖然, 二豈以苟謝其咎者自謂終留陽之志哉!

역문 그래서 이 육이효는 사람들에게 알리기를, "의심은 사람들이 하지만 나

---

599 이는 동아시아에서 천문(天文)에 대한 관상(觀象)을 바탕으로 하여 천지의 운행이 사람에게 해가 미침을 구별해 놓은 용어들이다. 특히 땅과 음(陰)의 운행을 구분해 놓은 지지(地支)를 중심으로 하고 있다. 그래서 삼형(三刑)은 자(子)·묘(卯)가 1형(刑)을, 인(寅)·사(巳)·신(申)이 2형을, 축(丑)·술(戌)·미(未)가 3형을 이룬다고 한다. 사람이 이 세 형을 만나면 흉하다는 것이다. 육해(六害)는 여섯 개의 합(六合)이 상충(相沖)하는 때를 말한다. 예컨대 정월에 북두칠성의 자루가 인(寅) 방위에 있으면[建寅] 해(亥)와 합하는데 사(巳)가 이를 충(沖)하므로 인(寅)과 사(巳)가 해를 준다는 것이다. 2월에 북두칠성의 자루가 묘(卯) 방위에 있으면[建卯] 술(戌)과 합하는데 진(辰)이를 충(沖)한다. 그러므로 묘(卯)와 진(辰)이 해를 준다는 것이다.

스스로 믿는 것은 나의 뜻함이노니, 나의 뜻함은 분수에 넘치는 짓을 하지 않음이라, 내가 의심받는다고 하여 나를 싫어해야 할 것은 아니다."라고 할 것이다. 비록 이러하다고는 하더라도, 양(一)들이 끝내 의심하며 가 버리면 이 육이효는 그 뜻함을 달성하고자 하여도 불가능하다. 물론 이 육이효가 차지하고 있는 위(位)는 올바르고, 갖고 있는 세(勢)도 친근함을 주고 있기에, 떠나려고 하는 이들의 수레 끌채를 끌어당겨 만류할 수도 있지만 정작 끌어당기지는 않는다. 또는 끌어당긴다고 하더라도 자신의 정(情)을 듣기 좋게 꾸며 내지 못하고, 그 꾸며 내는 능력이 자신의 의지를 겉으로 드러내지 못한다. 단단하게 끌며 놓아주지를 않으려는 정(情)도 없고, 그에 대한 미련을 버리지 못하겠다는 생각도 없다. 그래서 수레의 끌채를 끌어당기려고는 하지만, 끝내 이를 이룰 수 없는 것이다.

이는 어째서일까. 양(一)들의 결심이 반드시 은둔하겠다는 기세를 이루고 있어서, 앞으로 나아갈 수도 있고 뒤로 물러설 수도 있는 조짐이 전혀 없기 때문이다. 또한 뉘라서 육이효에게 끌어당기려는 마음이 있음을 믿으며 함께하리오! 이는 '흰 망아지[白駒]'[600]라는 시와 비슷한 점이 있다. 만류할 수 있다면 붙들어 맬 것이다. 그러나 만류할 수 없을진대 자신으로부터 멀어지겠다는 마음을 먹은 뒤에 더욱더 그 덕음(德音)을 마음에 품기나 한다. "벗어 버릴 수가 없다."[601]라고 하지만 오히려 벗어 버리게 되니, 혹

---

600 이 시는 『시경』, 「소아(小雅)」 편에 나온다. 모전(毛傳)에 의하면, 주선왕(周宣王)이 말기에 정치를 제대로 하지 않고, 또 현명한 이나 능력 있는 이들을 기용하지 않자 이들이 정치에 참여할 의욕을 잃고서 전원(田園)으로 가서 은거하였음을 표현하고 있다고 한다. '흰 망아지'는 이들이 전원으로 가며 타고 갔던 말이다. 이 시에서는, 이 흰 망아지를 자신의 밭에 난 풀을 먹이게 하며 영원히 잡아 두겠다는 것, 이 흰 망아지의 주인을 융숭하게 대접하여 자신의 사람으로 만들겠다는 것, 그래서 자신을 떠나지 않도록 하겠다는 등의 뜻을 피력하고 있다.

601 둔괘(遯卦)☰의 육이효사에 나오는 말이다. 육이효사에서는 "황소의 가죽으로 만든 끈으

은 또한 하늘과 사람들에게 자신의 잘못을 사죄할 수 있을 것이다. 비록 그렇다고는 하지만, 이 육이효가 어찌 진실로 그 허물에 대해 사죄한 것으로써 스스로 "끝내 양의 뜻함을 만류하였다."라고 말하리오!

魚石之止華元也, 呂夷簡之薦富 · 范也, 其情似也, 而其德則非. 殷之將亡, 紂无'遯'德, 而殷先王之廟社, 則遘'遯'之時也. 率汝墳之子弟, 勤如燬之王家, 以維繫成湯之墜緖, 如文王者, 而後可謂'固志'焉. 嗚呼! 難言之矣.

역문 어석(魚石)이 화원(華元)을 저지한 것이나[602] 여이간(呂夷簡)이 부필(富

로 붙들어 매고 있으니, 벗어 버릴 수가 없다.(執之用黃牛之革, 莫之勝說.)"라 하고 있다.

602 어석(魚石)과 화원(華元)은 모두 춘추시대 송(宋)나라의 명문거족 출신들로서 정치가들이다. B.C.576, 송나라의 공공(共公)이 죽은 뒤 화원은 우사(右師), 어석은 좌사(左師), 탕택(蕩澤)은 사마(司馬)의 직책을 수행하고 있었다. 그런데 탕택이 공실(公室)의 힘을 빼기 위해서 공자(公子) 비(肥)를 살해하였다. 이 사건을 두고 화원은, "나는 우사로서 임금과 신하들을 교도(敎導)할 책임이 있는 사람인데, 이제 공실의 지위가 낮아졌으니 오히려 이 잘못된 상황을 바로잡을 수 없게 되었다. 나의 죄가 크다. 이러한 상황에서 나는 더 이상 직책을 수행할 수 없는데, 감히 임금의 총해와 신임을 얻어 개인의 이득을 취할 수 있겠는가?"라고 하며, 진(晉)나라로 도피성 외유를 나가려고 하였다.
  어석이 떠나려는 화원을 만류하려 하였다. 이에 어부(魚府)가 "화원이 발걸음을 돌리게 되면 반드시 탕택을 토벌하려 들 것이고, 그럼 같은 환족인 우리는 모두 죽게 될 것이다."라고 하며 말렸다. 그러나 어석은 "화원이 진실로 돌아와서 비록 탕택의 토벌에 대해 윤허를 받는다고 할지라도, 그는 틀림없이 감히 그 토벌에 나서려 하지 않을 것이다. 그런데 화원은 일찍이 나라에 큰 공을 세운 사람이고 온 나라 사람들이 그를 좋아한다. 만약에 그가 돌아오지 않는다면 아마 온 나라 사람이 들고일어나서 우리 환족을 공격하게 될 것이다. 이렇게 되면 오히려 우리 환씨들은 송나라에서 제사조차 끊길 것이다. 화원이 돌아와서 탕택을 토벌한다고 할지라도 우리 환족의 상술(向戌)은 건재하리니 설사 환씨가 멸망한다고 하더라도 이는 일부분에 그칠 것이다."라고 하며 어부의 말을 듣지 않았다. 어석은 이렇게 어부를 설복시키고 친히 황하 가로 가서 화원을 저지하였다. 그러자 화원은 탕택을 토벌할 것을 요구하였고, 어석은 이에 응했다. 이렇게 해서 발걸음을 돌린 화원은 돌아와서 화희와 공손사를 시켜 나라 사람들을 거느리고 탕택을 토벌하게 하였다.
  이제 거꾸로 상황이 불리해진 어석, 상위인, 인주, 상대, 어부 등 환족 대신들은 송나라를

弼)[603] · 범중엄(范仲淹)[604]을 추천한 것을 보면, 그 상황은 비슷하지만 그 덕

떠나고자 하여 휴수(睢水) 가에 진을 치고 있었다. 화원이 다른 사람을 시켜서 이들을 만류했는데 이들은 듣지 않았고, 나중에는 화원 스스로 이들에게 가서 만류했는데도 이들은 듣지 않았다. 사실 화원은 이들을 만류할 생각이 없었다. 그저 이전에 어석이 자신의 떠나는 길을 만류하였던 것에 대한 보답으로 이들을 만류하는 척했을 뿐이다. 이들이 돌아오려 하자 오히려 휴수의 둑을 터서 이들의 귀환을 방해하였고, 이들이 성에 다다르자 성문을 걸어 잠그고 열어 주지 않았다. 이들은 할 수 없이 초나라로 떠났다. 이제 방해하는 세력이 없이 정권을 장악한 화원은 송나라를 안정시켰다.(『春秋左氏傳』, 成公 15년 조 참고.)

603 송 인종 경력(慶曆) 2년(1042) 부필(1004~1083)은 지제고(知制誥) 자리에 있으면서 수도인 개봉(開封)의 형옥(刑獄)을 담당하고 있었다. 이때 어떤 당리(堂吏)가 승첩(僧牒)을 위조해 준 사건이 있었는데 조정에서는 이를 불문에 부치려고 하였다. 이에 부필은 당시의 집정(執政) 여이간(呂夷簡)에게 이 당리의 처벌을 청함으로써 여이간의 기분을 상하게 한 일이 있다.
그때 마침 거란이 송(宋)에게 소영(蕭英) · 유육부(劉六符) 등 사신을 보내 관남(關南) 지역을 돌려 달라고 하였다. 당시 거란과 송은 남 · 북국으로 대치하였는데, 거란이 송나라에 대국 노릇을 하고 송나라는 거란에 조공을 바치던 상황이었다. 이러한 거란이 송나라로서는 받아들이기 어려운 관남 지역의 반환을 요구하고 나선 것이다. 송의 조정에서는 이에 대해 보빙사(報聘使)를 뽑아서 대처해야 할 상황이었다. 그런데 이 보빙사의 역할이 얼마나 난감한지를 잘 아는 조정 대신들은 그 누구도 감히 나서려고 하지 않았다. 그러자 여이간이 부필을 보빙사로 인종에게 추천한 것이다. 이에 부필과 친분이 있으며 그를 아끼던 구양수(歐陽修)가, 당대(唐代)에 안진경(顔眞卿; 709~785)이 당(唐)에 반기를 들었던 이희열(李希烈; ?~786)에게 항복을 권하는 사신으로 갔다가 죽임을 당했던 사례를 들며, 여이간에게 보류할 것을 간청하였으나 여이간은 듣지 않고 밀어붙였다.
어쩔 수 없이 부빙사로 갈 수밖에 없게 된 부필은 곧 인종에게 나아가 머리를 조아리며 "주상께서는 제가 그들에게 욕을 당할 것을 걱정하십니다만, 제가 어찌 일신의 죽음을 애석해하겠습니까!"라고 하며 보빙사의 임무에 응하였다. 그리고는 소영 등과 담판을 잘해서 관남 지역을 돌려주는 대신 세폐(歲幣)를 증대해서 바치고 송의 종실 여성을 거란의 왕자에게 시집보내는 것으로 절충하였다.(『宋史』 권313,「富弼傳」참고.)

604 범중엄(范仲淹; 989~1052)은 자가 희문(希文), 시호는 문정(文正)이다. 사대부의 모범적 인물로 꼽히며 북송 때의 저명한 정치가다. 인종(仁宗; 1010~1063, 재위 1022~1063) 천성(天聖) 6년(1028) 범중엄은 모친상을 완료한 뒤 안수(晏殊: 991~1055)의 추천으로 비각(祕閣)의 교리(校理)에 임명되었다. 이듬해 범중엄은 섭정하던 유태후(劉太后)의 행사에 반기를 들며, 수렴청정을 거두고 인종에게 정치를 물려주어야 마땅하다고 주장하였다. 이것이 받아들여지지 않자 범중엄은 지방 관리를 자청하여 하중부(河中府) 통판(通判)으로 내려갔다. 이 사건을 통해 우리는 범중엄의 인물됨을 짐작할 수 있다.
명도(明道) 2년(1033) 인종이 친정을 시작한 뒤 범중엄은 중앙으로 불려 올려져 언관(言官)에 해당하는 우사간(右司諫)으로 임명되었다. 이때 곽황후(郭皇后) 폐위 문제를 두고

범중엄은 여이간(呂夷簡; 979~1044)과 격돌하였다. 범중엄은 황후를 폐위하는 것이 도의에 어긋난다며 반대하였고, 인종과 좋은 관계를 유지하며 조정 실권을 장악하고 있던 여이간은 폐후(廢后)에 찬성하였다. 이 대결에서 범중엄은 자신의 주장을 성사시키기는커녕 여이간의 영향력에 밀려 다시 지방 관원으로 쫓겨나고 말았다. 이것이 여이간과 범중엄의 1차 격돌이었다.

이후 범중엄은 여러 작은 지방 관리를 역임하게 되었는데, 바다 둑을 잘 수리한 공을 인정받아 다시 중앙의 관직으로 올려졌다. 경우(景祐) 3년(1036), 범중엄은 다시 여이간과 맞붙게 되었다. 여이간이 관리를 임용함에서 제 사람만을 등용하는 것에 불만을 품은 범중엄은 인종에게 「백관도(百官圖)」를 올리며 여이간의 관리 임용상 문제점들을 조목조목 지적하였다. 여이간과 범중엄은 격렬하게 대립하였는데, 여이간은 범중엄에게 동조하는 송기(宋祁; 998~1061) 등을 '붕당(朋黨)'이라 칭하며 이들을 몰아붙였다. 북송의 '붕당 싸움'은 여기에서 비롯되었다고 한다. 이 격렬한 대립을 그대로 두고 볼 수 없어 인종은 여이간을 파직하였고, 범중엄도 지방 수령으로 좌천시켰다. 이것이 여이간과 범중엄의 2차 격돌이었다.

경우 5년(1038) 서하(西夏)에서 탁발씨(拓拔氏) 이원호(李元昊; 1003~1043)가 서하의 개국 황제를 자칭하며 반란을 일으켰다. 당시 관직이 복원되었던 여이간은 인종에게 범중엄을 천거하여 한기(韓琦; 1008~1075)와 함께 섬서경략안무초토부사(陝西經略安撫招討副使)를 맡게 하였다. 이 반란의 평정을 맡긴 것이다. 왕부지가 지금 여기에서 거론하고 있는 것, 즉 여이간이 범중엄을 천거했다고 함은 바로 이를 두고 한 말이다. 범중엄은 이때, 과거 두 차례나 그에게 맹렬히 반대하며 격돌했음에도 여이간이 이렇게 자신을 천거해 주자 사과와 감사를 표했다고 한다. 그러나 냉정하게 보면, 여이간이 범중엄에게 호의를 베풀었다기보다는 그를 사지로 내몬 것이라 할 수 있다.

범중엄은 탁월한 시책[屯田久守]을 시행하며 송군(宋軍)을 강력한 군대로 거듭나게 해서 어느 정도 성공을 거두게 된다. 그리고 송조(宋朝)는 서하와 화의를 맺는 것으로 끝났다. 1043년, 이러한 공을 인정하여 인종은 그를 조정으로 불러들여 추밀원부사(樞密院副使)를 제수했다가 나중에는 참지정사(參知政事)의 벼슬을 주었다. 그리고 인종은 범중엄의 개혁안을 받아들여 이를 전국적으로 실시되게 된다. 이를 경력신정(慶曆新政)이라고 부른다. 범중엄은 부필(富弼)과 함께 이 경력신정을 이끌었다. 이때 여이간은 비로소 그의 재상직을 내려놓게 된다. 최초로 범중엄이 여이간을 눌렀다고 할 수 있다.

그러나 겨우 1년 남짓의 시간이 흐른 뒤 경력 5년(1045) 인종은 이 신정(新政)을 폐기하는 조서를 내리게 된다. 이 개혁을 주도했던 범중엄과 부필(富弼) 등은 군정(軍政)의 요직을 박탈당하였다. 범중엄은 지방 수령 자리를 자청하여 분주(邠州) 지사 겸 섬서서로연변안무사(陝西四路緣邊安撫使)로 내려갔다. 그리고는 여생을 지방 관리로 전전하다가 병으로 죽었다. 다만 그가 시행하다가 실패한 신정(新政)은 이후 왕안석(王安石; 1021~1086)에 의해 수행된 송나라 최고의 개혁에 모태가 되었다.

어려서 어렵게 자란 범중엄은 벼슬을 살면서도 검소하기 이를 데 없이 생활하였다. 그리고 늘 백성들을 염두에 두고서 그는 관직을 수행하였다. 그가 절친 등종량(滕宗諒)의 요청은 다르다.[605] 은(殷)나라가 망하려고 할 적에 주(紂)왕에게는 둔괘䷂의 덕이 없었는데, 은나라 선왕들의 종묘와 사직은 이 둔괘䷂의 때를 만나게 되어 있었다. 여수(汝水) 둑 가의 자제들을 거느리고 불타고 있는 듯한 왕가를 부지런히 섬김으로써 성탕(成湯)께서 세운 나라의 추락하는 실마리를 붙들어 매고 있었으니, 문왕과 같은 사람이라야 '뜻을 굳건히 함'이라 말할 수 있다고 하겠다. 오호라! 쉽게 말하기는 어려운지고.[606]

을 받고서 써 준 「악양루기(岳陽樓記)」의 유명한 구절, "세상 모든 사람보다 앞서서 근심하고, 세상 모든 사람보다 뒤에 즐거워한다!(先天下之憂而憂, 後天下之樂而樂歟!)"라는 구절이 한마디로 이를 요연히 보여 준다. 이 구절은 이후 범중엄을 상징하는 말로서 인구에 회자하였다. 그러기에 또 한 사람 그의 절친인 구양수(歐陽修)는 범중엄의 「신도비(神道碑)」에서 이를 특별히 적시하고 있다.

605 여이간(呂夷簡; 979~1044)은 북송의 대신이다. 함평(咸平) 3년(1000) 진사에 급제하여 벼슬길에 올랐다. 진종(眞宗; 968~1022, 재위 997~1022)이 죽은 뒤 유태후(劉太后)가 정권을 장악하는 데서 큰 공을 세워 급사중(給事中) 참지정사(參知政事)로 임명되었다. 이후 유태후가 10여 년 동안 섭정을 할 기간이나 인종이 친정을 시작하여 나라를 다스리던 전반기에 걸쳐 여이간은 재상으로서 이들을 보필하였다. 그래서 여이간은 중국 역사상 두 번째로 길게 재상을 역임한 것으로 손꼽힌다.

이 기간에 여이간은 여러 차례 정적들과 대결하며 부침을 거듭하였다. 특히 범중엄과는 더욱 그러하였다. 한편 재상으로서 여이간의 공적에 대해서는 대체로 긍정적인 평가를 받기도 한다. 다만 구양수, 석개 등은 매우 비판적으로 평가하고 있다.

여기에서 왕부지가 거론하고 있는 것도, 사실은 여이간이 좋은 의도에서 부필과 범중엄을 천거한 것이 아니라는 점을 부각하고자 하는 것이다. 당시 송보다 훨씬 강성했던 거란이 관남 지역을 내놓으라고 요구하는 사신을 보낸 것에 부필을 보빙사로 천거한 것이나, 범중엄을 서하 지역 반란 평정의 책임자로 천거한 것은 둘을 모두 사지(死地)로 몰아넣은 것이라 볼 수도 있기 때문이다. 그러나 부필과 범중엄은 모두 이를 잘 수행해 내서 전화위복(轉禍爲福)의 기회로 살려냈다.

606 『시경』, 「국풍·주남(周南)」에 나오는 '여분(汝墳)'이라는 시를 인용하며 이 둔괘䷂ 구이효사의 의미를 논하는 구절이다. '여분(汝墳)'은 여수(汝水)의 범람을 막기 위해 쌓은 둑이다. 이 시가 쓰일 당시 은나라의 2/3에 이르는 강역의 백성들이 문왕에게 복속하고 있었지만, 문왕은 아직 명목상으로는 주(紂)왕의 은나라를 섬기고 있었다. '성탕(成湯)께서 세운 나라의 추락하는 실마리를 붙들어 매고 있었으니'라 함은, 비록 성인(聖人)으로 분류되는 성탕(成湯)이 그 이전의 폭군 걸왕(桀王)을 몰아내고 세워서 한때 잘 나아갔던 나라지만 이제 그 마지막 왕인 주왕(紂王) 대에 이르러서는 그 폭정에 의해 이미 나라가 멸망의 길에 들어섰음을 의미한다. '여수(汝水) 둑 가의 자제들'은 문왕의 휘하에 있는 백성들을 상징하

는데, 아직 주왕의 폭정이 계속되고 있으므로 여전히 고통에 신음하고 있는 처지에 있는 이들이다. 문왕은 자신의 백성들이 이러한 고통에 시달리고 있는데도, 이 둔괘▇ 구이효사의 「상전」에 나오는 것처럼 황소의 가죽으로 만든 끈으로 붙들어 매고 있듯이 '뜻을 굳건히 한 채' 기울어 가는 은나라의 실마리를 잡고 있다는 것이다. 그래서 왕부지로서도 이러한 상황에 대해 함부로 논하기가 어렵다는 말로써 끝맺고 있는 것으로 보인다.

대장괘

☳☰ 大壯

一

‘大壯’之世, 陰留中位, 陽之長也雖視‘泰’爲盛, 而與‘復’同機. ‘復’三
陰不應陰, 而頻‘復’且厲; ‘大壯’之三陽應陰, 而同其‘觸藩’之志, 豈不
憊與! 陽之施壯於陰也, 非四不爲功. 震主而不嫌, 犯類而不恤, 四
方勞勞於壯而未有寧, 其俯而呼將伯之助, 无亦比鄰之是求, 乃舍其
同氣以甘陰之暱, 甚矣, 三之迷也!

역문 대장괘☳의 상황에서는 음(--)이 가운데 자리에 머물러 있고,[607] 양(—)들
이 자라남은 비록 태괘☳에 비해 왕성하다지만 복괘☳와 같은 체제를 이
루고 있다.[608] 복괘☳ 육삼효의 음(--)은 상육효의 음(--)에 응하지 않는다.

---

607 육오효(--)가 이 대장괘☳의 회괘(悔卦)인 진괘☳의 가운데 자리를 차지하고 있다는 의
미다.

608 복괘☳는 초효의 위(位)에 양(—)이 갓 올라와서 이제 위로 음(--)들을 스러지게 할 체제
[機]를 이루고 있다. 그래서 이 복괘☳는 앞으로 어려움이 있음을 은연중에 드러내고 있다.
이 대장괘☳도 정괘(貞卦)인 건괘☰의 세 양(☰)들을 지난 뒤 이제 회괘(悔卦)인 진괘☳의
초효에 양(—)이 와서 위로 음들(☷)을 스러지게 할 체제를 이루고 있다. 이 또한 어려움이
있을 것임을 드러내고 있다. 그래서 왕부지는 이 두 괘의 체제[機]가 똑같다고 한 것이다.

그런데도 돌아옴에 가까이 있고 위태롭다.[609] 이에 비해 대장괘☳ 구삼효의 양(—)은 더구나 상육효의 음(--)에 응하고 있다. 그래서 구삼효와 상육효는 똑같이 '울타리를 들이받음'을 지향하고 있다. 그러니 어찌 고달프지 않으리오!

이 대장괘☳에서 양(—)이 음(--)들에 그 씩씩함을 펼침에서는 구사효가 아니면 공을 세우지 못한다. 이 구사효는 회괘인 진괘☳의 주인, 즉 육오효를 심하게 흔들어 대면서 거리낌이 없고, 제 부류들의 마음을 거스르면서도 이를 마음에 두지 않는다. 구사효가 한창 씩씩함을 떨치느라 수고에 수고를 다하는데 상황이 평안하지 않자, 구사효는 아래로 굽어 같은 부류인 구삼효에게 도움을 호소해 본다. 그러나 구삼효는 역시 이웃인 구사효에게 도움을 주기는커녕 같은 기(氣)인 그를 버리고 음(--)인 상육효와의 친밀함을 즐긴다. 심하도다, 구삼효의 미혹됨이여!

壯者, 陽之用也. 陽化陰, 則陰效陽爲; 陰化陽, 則陽從陰志. 物至知知, 偕與俱化, 而後陽德之壯, 反爲陰用; 陰亦且乘須臾之權, 恃內應而爭一觸, 曰, "我亦壯也". 是三本君子, 特以茌苒私眤, 投足於網羅之中而成乎屬'復', 誰得而原之曰, 此非'小人之壯'也哉? 甚矣, 上六挾不逞以犯難, 而三爲其所罔也!

역문 씩씩함이란 양(陽)의 작용이다. 양이 음을 교화하면 음은 양이 하는 것에 대한 효험을 드러낸다. 이에 비해 음이 양을 교화하면 양은 음의 뜻함을 따른다. 외물이 이르면 앎이 이루어지는 것이니 함께 더불어 달라지는

---

609 이는 복괘☷의 육삼효사 "돌아옴에 가까이 있음이니, 위태롭지만 허물은 없다.(頻復, 厲无咎.)"를 두고 하는 말이다.

것이다. 이후에 양의 덕인 씩씩함은 도리어 음의 작용이 되어 버리고 만다. 이렇게 되다 보니 상육효의 음(--)도 또한 잠깐의 권력을 타고서 안으로 구삼효의 응함을 믿으며 한번 들이받으려 든다. 그러면서 "나도 씩씩하다."라고 한다.

이 상육효가 믿는 구삼효는 원래는 군자였다. 다만 상육효와의 사사로운 친밀함에 젖어 덧없이 세월을 보내다가 설치된 그물 속에 발을 집어넣은 나머지 이제는 복괘䷖의 육삼효처럼 변하여서 위태로운 상황을 이루게 된 것이다. 그러니 뉘라서 그를 원래의 모습으로 돌리며 이 구삼효가 '소인의 씩씩함'을 가진 이가 아니도록 할 것인가?

嗚呼! 處'壯'之世, 蓋亦難矣. 以德, 則陽消陰也; 以位, 則臣干君也. 湯放桀於南巢, 而曰, "後世以臺爲口實", 則聖人慙矣. 『公羊』獎趙鞅之叛, 王敦・蕭道成尸祝之, 曰, "清君側之惡". 尚往不止, 亂臣借焉. 爲三不可, 爲四極難. '大壯'之吉, 非貞何利哉! 故曰, "有伊尹之志則可, 无伊尹之志則篡也". "正大而天地之情見", 非以其情潔於天地者, 鸑拳之自刖, 不如屈子之放逐也.

역문 오호라! 이 대장괘䷡ 구사효의 씩씩함이 판치는 세상에서 살아가기란 아마도 어려울 것이다. 왜냐? 이 대장괘䷡의 구사효는, 덕으로 보면 양(—)으로서 위의 음(--)을 스러지게 하고 있고, 위(位)로서는 신하가 임금에게 간여함이기 때문이다. 성탕(成湯)이 걸왕(桀王)을 남소(南巢)로 추방해 놓고 말하기를 "후세에 그 임금을 시해한 이들이 나와서 나를 구실로 삼을지도 모른다."라고 하였다. 이는 성인(聖人)께서 자신이 한 일에 대해 부끄러워하신 것이다.[610]

『춘추공양전』에서는 조앙(趙鞅)의 반란을 칭찬하고 있고,[611] 왕돈(王敦;

266~324)[612]과 소도성(蕭道成; 427~482)[613]은 이를 떠받들면서 말하기를 "임금

---

610 이는 이 대장괘▇의 구사효가 신하로서 임금인 구오효를 추방했다는 것을 의미한다. '신하
가 임금에게 간여하는 것'이란 이를 의미한다. 즉 걸왕의 신하였던 성탕(成湯)이, 폭정으로
백성들을 도탄에 빠뜨린 걸왕을 남소(南巢)로 추방하고 새로운 나라, 즉 상(商)나라를 세
우게 된 배경을 말하는 것이다.(『書經』,「湯誓」,'仲虺之誥' 참고.)

611 『춘추』,「정공(定公)」13년 조에 "가을에 진(晉)나라의 조앙(趙鞅; ?~B.C.476)이 진양(晉
陽)으로 들어와서 반란을 일으켰다. 겨울에 진나라의 순인(荀寅; ?~?)과 사길석(士吉射;
?~?)이 조가(朝歌)로 들어가서 반란을 일으켰다. 진나라의 조앙이 진으로 돌아갔다.(定公
13年. 秋, 晉趙鞅入于晉陽以叛. 冬, 晉荀寅及士吉射入于朝歌以叛. 晉趙鞅歸于晉.)"라 기록
하고 있다.

이 가운데 마지막 구절, "진나라의 조앙이 진으로 돌아갔다."의 '돌아갔다[歸]'라고 함에
대해, 『공양전(公羊傳)』에서는 이것이 '반란[叛]'인데 왜 '돌아갔다'라고 기록하고 있는지에
대해 풀이를 하고 있다. 『공양전』을 쓴 공양고(公羊高; ?~?)의 관점에서는 조앙이 나라를
바로잡기 위해서 벌인 일이기 때문에 '돌아갔다'라 했다는 것이다. 즉 순인과 사길석이 진
나라 정공(定公; ?~475)의 곁에 있는 악인들이었는데, 조앙의 거사는 이들을 몰아내기 위
한 것이었기 때문에 그렇다는 것이다. 다만 임금, 즉 진정공의 명령이 없이 이렇게 했기 때
문에 '반란'이라 하지 않을 수 없다는 관점을 공손고는 피력하고 있다. 그는 이를 춘추 시기
송나라 화원(華元)의 거사에 대해서 '반란'이라 하지 않은 것과 비교하여 일률적으로 단정
하기는 어렵다고 하면서도, 신하로서 의로움에서 벌인 일을 옳게 볼 수는 있다고 하더라도
자기 마음대로 해서는 안 된다는 것이다. 이를 허락하면 악역(惡逆)한 신하들이 속으로는
혹시나 하는 마음에서 일을 벌이면서도 겉으로는 의로움에서 거병한 것처럼 꾸며 댈 수 있
으니, 조앙의 일이 비록 선한 것이기는 할지라도 '반란'이 아니라고 할 수는 없다는 것이
다.(公羊傳: 此叛也, 其言'歸'何? 以地正國也. 其以地正國奈何? 晉趙鞅取晉陽之甲, 以逐荀
寅與士吉射. 荀寅與士吉射者, 曷爲者也? 君側之惡人也. 此逐君側之惡人, 曷爲以叛言之?
無君命也. 今華元與諸侯操兵鄉國而不加叛文, 故難之. 云將華元曷爲與諸侯圍宋彭城, 而不
加叛文, 與趙鞅異乎? 然則趙鞅以采地之兵, 逐君側之惡人, 以正其國, 其意實善, 而『春秋』
必加叛文者, 正以人臣之義, 本無自專之道, 若其許之, 恐惡逆之臣, 外(?)興義之兵, 內有覬覦
之意. 是以雖爲善, 不得與之.)

612 왕돈(王敦)은 사촌 동생 왕도(王導; 276~339)와 함께 사마예(司馬睿; 276~323)가 동진(東
晉; 317~420)을 수립하는 데서 큰 공을 세운 인물이다. 이로 말미암아 그는 동진의 권신
(權臣)이 되는데, 이 권력을 이용하여 온갖 못된 짓을 자행하며 동진의 초대 황제 원제(元
帝)를 위협하였다. 나중에는 정권을 탈취하여 스스로 나라를 세우고 싶은 마음에서 난을
일으켰으나 병사(病死)하고 난은 실패로 돌아갔다. 이 난을 일으킬 적에 내세운 명분이 바
로 온교(溫嶠; 288~329) 등 간신의 무리를 처단한다는 것이었다. 이는 『진서(晉書)』,「사
곤전(謝鯤傳)」에 실려 있는 내용이기도 하다.(『晉書』,「謝鯤傳」: 敦將爲逆, 謂鯤曰, "劉隗

곁의 악을 청산함"이라고 한다. 이 구사효에 담긴 의미는, 가는 것이 더욱 좋다고 하며[614] 멈추지를 않는 것이다. 난신들은 바로 이를 구실로 빌리는 것이다. 그러나 구삼효로서는 이러한 일을 해서는 안 되고, 구사효로서도 옳게 이러한 일을 해내기란 극히 어렵다. 그러니 이 대장괘▦를 구사효의 길함이란 올곧음이 아니고서 어찌 이롭겠는가![615] 그러므로 말하기를 "이윤 (伊尹)과 같은 뜻함이 있으면 해도 되지만, 이윤과 같은 뜻함이 없다면 찬탈이다."[616]라고 한다. "거대함을 올바르게 하니 하늘·땅의 실상을 안다."

奸邪, 將危社稷, 吾欲除君側之惡, 匡主濟時, 何如?")

613 소도성(蕭道成)은 중국의 남북조시대에 남제(南齊)를 세운 개국 황제다. 원래는 유송(劉宋)의 권문세가 출신이다. 소도성은 유송에서 혁혁한 군공(軍功)을 세워 나중에는 그 조정의 핵심 인물이 되었다. 유송 명제(明帝) 태시(泰始) 6년(470), 그의 나이 44세 되던 해부터 민간에서는 그의 생김새가 보통 사람과는 달라서 틀림없이 천자(天子)가 되리라는 소문이 돌았다. 명제는 이로 말미암아 그에게 위협을 느끼고 그의 병권을 박탈하려 했으나 실패했다. 오히려 소도성이 그의 부하들과 함께 북위(北魏)를 교란하고 유송의 성가를 크게 높이는 공을 세우자 명제는 그의 원직을 회복해 주지 않을 수 없었다. 이듬해인 유송 태예(泰豫) 원년(472), 소도성은 명제가 죽으면서 당시 겨우 9세에 불과하던 태자를 부탁하는 고명대신(顧命大臣) 5명 중에 들기도 하였다.
　철부지 어린 나이에 절대 권력을 쥔 후폐제(後廢帝) 유욱(劉昱; 463~477)은 권력의 의미를 제대로 알고 행사하기는커녕 이것을 가지고 온갖 패악질을 일삼아 황태후로부터 야단을 맞고는 했다. 이 유욱은 즉위 5년 만인 477년 소도성과 한패인 양옥부(楊玉夫)에 의해 피살당했다. 소도성은 순제(順帝)를 유송의 제3대 황제로 옹립하고 이제 조정의 실권을 완전히 자기 손아귀에 장악하였다. 그리고는 모반을 했다는 이유로 남평왕(南平王) 유백옥(劉伯玉)을 죽이는 등 유송의 친족들을 모두 살해하였다.
　479년, 소도성은 결국 스스로 천자의 자리에 올랐다. 국호를 '제(齊)'라 하였다. 남북조시대의 또 하나의 왕조가 탄생한 것이다. 제위에 오른 뒤 소도성은 유송의 순제(順帝)를 포함한 명제(明帝)의 아들들을 모조리 죽였다. 그러나 재위 겨우 4년 만인 482년 향년 56세로 세상을 떠났다. 왕부지는 이러한 소도성이 유송의 대신들과 그 친족들을 죽이는 데서 명분으로 내세운 것 역시 '임금 곁의 악을 청산함[淸君側之惡]'이라 본 것이다.

614 '가는 것이 더욱 좋다고 함[尙往]'이란 이 대장괘▦ 구사효사 중 '울타리가 터져서 들이받더라도 뿔이 얽힘이 없으니[藩決不羸]'에 대한 『상전』의 풀이에 나오는 말이다.

615 이 대장괘▦ 구사효사는 "올곧아서 길하고 후회할 일이 없다. 울타리가 터져서 들이받더라도 뿔이 얽힘이 없으며, 큰 수레의 찻간에 씩씩함이 넘친다.(貞吉悔亡. 藩決不羸, 壯于大輿之輹.)"로 되어 있다.

라고 하는데,[617] 그 마음 씀씀이가 하늘·땅에 비추어 순결하지 않은 이라면 육권(鬻拳; ?~B.C.675)[618]처럼 자신의 두 발을 자르는 결과를 낳을 것이다.[619] 이는 굴자(屈子; 약 B.C.343~약 B.C.278)[620]가 나라 밖으로 내쫓긴 것만

616 『맹자』, 「진심 상」편에 나오는 말이다. 맹자의 제자인 공손추가, 포악한 짓을 하여 백성들을 못살게 굴던 임금 태갑을 그 신하인 이윤이 동(桐)으로 내쫓았다가 현명한 사람이 되자 돌아오게 하여 임금으로 추대한 일을 놓고 물은 것에 대해, 맹자가 대답한 내용이다. 왕부지가 이를 인용하고 있는 것을 보면, 『춘추공양전』에서 칭찬하고 있는 조앙(趙鞅)이나, 왕돈, 소도성 등이 한 짓은 찬탈에 불과할 따름이라는 것이다.

617 이 대장괘䷡의 괘사를 풀이한 『단전』의 말이다.

618 육권(鬻拳)은 춘추시기 초(楚)나라의 대부다. 초나라 문왕에게 간하여서 듣지 않자 병력을 동원하여 협박하니, 초문왕이 두려움에 떨어 어쩔 수 없이 들었다고 한다. 그 뒤 육권은 자신을 책망하여 두 발을 자르고 궁궐의 문을 지키는 사람이 되었다. 나중에 초문왕이 파(巴)나라에게 패하고 돌아오자 궁궐 문을 닫아걸고 초문왕을 궐내로 들이지 않았는데, 초문왕은 다시 가서 황(黃)나라를 정벌하고 대승을 거두었다. 귀로에 초문왕이 죽자 육권은 그를 장사 지낸 뒤 자살했다고 한다.

619 『춘추좌씨전』, 「장공(莊公)」19년 조에 나오는 말이다. 이때 육권이 초자(楚子)에게 억지로 간하였는데, 초자가 듣지 않자 병력을 동원하여 시위를 하니, 초자가 두려워서 그 간함을 들었다고 한다. 그러나 육권은 "내가 병력으로써 임금을 두렵게 하였으니, 죄가 이보다 큰 것이 없다."라고 하며 마침내 스스로 자신의 두 발을 잘랐다고 한다.(鬻拳强諫楚子, 楚子弗從. 臨之以兵, 懼而從之. 鬻拳曰, "吾懼君以兵, 罪莫大焉", 遂自刖也.)

620 굴원(屈原)을 높여서 부르는 말이다. 굴원은 초나라 사람이다. 스스로 오제(五帝) 중의 하나인 고양씨(高陽氏)의 후손이라 칭하였는데, 그의 선조 굴하(屈瑕)가 초나라 무왕(武王)으로부터 굴(屈) 땅에 봉해졌기 때문에 이후에는 '굴(屈)'이 이들의 성씨가 되었다.

　　굴원은 좌도(左徒)에 임명되어 초나라 왕들의 근신으로서 보좌했다. 특히 굴원은 초회왕(楚懷王)의 신임을 받았으며 초나라에서 으뜸가는 시인으로 불렸다. 나중에는 삼려대부(三閭大夫)에 임명되어 늘 초회왕과 국사를 의논했다. 이때 굴원은 초나라와 제나라가 연합하여 진(秦)나라에 대항해야 한다고 주장하며, 초회왕이 진나라와 우호 관계를 맺는 것에 대해 여러 차례 반대하였다. 이후 초회왕은 진나라 소왕(昭王)에게 구류되어 버렸다. 그리고 초나라는 경양왕(頃襄王)이 뒤를 이어 다스렸다. 굴원은 이 경양왕도 계속 보좌했다.

　　경양왕 6년(B.C.293), 경양왕이 진나라와의 강화를 모색하자 굴원은 경양왕을 질책했다. 이것이 경양왕이 대로를 유발하였다. 결국 굴원은 초나라 밖으로 쫓겨났다. 이후 굴원은 무려 18년 동안이나 강남 지역을 떠도는 신세가 되었다. 그러나 굴원은 이때를 이용하여 수많은 민초들과 접촉하며 초나라의 풍부하고도 생동감 넘치는 문화를 섭렵하였다. 그 결과 『이소(離騷)』라는 희대의 걸작을 남겼다.

　　경양왕 21년(B.C.278) 진나라 군대에 의해 초나라의 영도(郢都)가 점령당하자 초나라는 천도(遷都)할 수밖에 없었다. 굴원은 고국의 이러한 비극적 상황에 몇 날을 지새우며 울분

도 못하다.

二

處非所據之位, 能因勢之不留而去之, 其猶足以補過乎!

역문 이 대장괘**䷡**의 육오효는 근거지가 아닌 위(位)에 처해 있다가, 머물지 못할 형세로 말미암아 떠날 수 있으니, 이것이 오히려 충분히 과오에 도움이 되는도다!

紀侯大去其國, 『傳』曰, "與其不爭而去", 非也. 紀侯之國, 紀侯之據也, 非'大壯'之五也. 其猶稱紀侯, 猶晉執虞公, 著其位, 閔其亡之易而甚其无悔之劣也. 齊湣皤然侈衣帶之肥, 晉恭欣然操禪詔之筆, 有人之心者, 亦何以處斯哉? 唯'壯'之五乎! 則觸藩之羊, 蒙虎皮而僅立於天步, 其亡也忽焉, 其勢也與哉? 其理也.

역문 기(紀)나라 제후가 그 나라를 멸망케 한 사실[621]에 대해, 어떤 『전』에서

에 떨었으나 나라에서 쫓겨난 처지에서 고국에 어떤 도움도 줄 수 없음에 비분강개하였다. 이를 이기지 못해 굴원은 마침내 '회사(懷沙)'라는 부(賦)를 남기고 돌덩이를 가슴에 안은 채 멱라수(汨羅水)에 몸을 던져 생을 마쳤다.

621 기(紀;?~B.C.690)는 중국의 상(商)나라, 서주, 춘추시대에 걸쳐 존속했던 작은 제후국이다. 그런데 이 기의 어떤 제후가 제(齊)나라 애공(哀公; ?~약 B.C.878)을 서주(西周)의 이왕(夷王)에게 참소해 이 애공이 서주의 수도였던 호경(鎬京)으로 끌려가 팽살(烹殺)을 당한 적이 있다. 이렇게 하여 기나라는 제나라의 원수가 되었는데, 마침내 B.C.690, 제나라 양공(襄公; 약 B.C.729~약 B.C.686)에 의해 멸망하였다.

그런데 『춘추』, 「장공(莊公), 4년 조에서는 이에 관해 단순히 "기(紀)나라 제후가 그 나라를 크게 떠났다.[紀侯大去其國.]"라 기록하고 있다. 왜 '멸망했다'고 하지 않고 '크게 떠났

는 "그와 싸우지 않기 위해 떠났다."라고 하는데,[622] 이는 잘못된 평가다. 기후(紀侯)의 기(紀)나라는 기후의 근거지다. 그래서 이 대장괘䷡의 육오효에 해당하지 않는다. 그런데도 오히려 '기후(紀侯)'라 칭한 것은 진(晉)나라가 우공(虞公)을 붙잡았다고 하는 것[623]과도 같다. 그저 이들의 지위를 드러내는 것이고, 이들이 다스리던 나라를 멸망시킨 사실에 대해 안타까워하면서 이들이 이러한 결과를 초래하고서도 아무런 후회가 없는 저열함에

다'라고 하느냐에 대해서는 『좌씨전(左氏傳)』과 『공양전(公羊傳)』의 해설에서 서로 다른 뉘앙스를 풍긴다. 『좌씨전』에서는 당시 기나라 제후가 몸을 굽혀 제(齊)나라를 섬길 수 없었기 때문에 "기나라를 계(季)에게 물려주고 떠났으며, 물려받은 계가 아직 기나라의 사직을 모시고 있었으므로 '멸(滅)'이라는 말도 쓰지 않았다. 또 급박하게 쫓겨 간 것도 아니므로 '분(奔)'이라는 말도 쓰지 않았으며, '대거(大去)'라는 말은 그저 '돌아오지 않는다'는 말일 따름이다.(以國與季, 季奉社稷, 故不言'滅'. 不見迫逐, 故不言'奔'. '大去'者, 不反之辭.)" 라고 하여 기후(紀侯)에게 상당히 우호적인 표현을 하고 있다. 그러나 『공양전』에서는 과거 기나라 제후가 주이왕(周夷王)에게 제나라 애공을 참소하여 팽살(烹殺) 당하게 한 것에 대해 제나라 양공(襄公)에게 복수를 당해 기나라가 멸망한 것이라 적고 있다.

622 호안국(胡安國; 1074~1138)의 『전(傳)』이다. 그러나 이는 호안국이 기후(紀侯)의 행위에 대해서 긍정적으로 평가한 것이 아니라, 태왕(太王, 古公亶父; ?~?)이 적인(狄人)들의 등쌀에 못 이겨서 빈(邠) 땅을 그들에게 내주고 기산(岐山) 아래로 옮겨 간 일에 대해 말하는 것이다. 사람 먹여 살리는 곡식 재배하는 땅 때문에 적인들과 싸우면서 내 백성들 목숨 잃게 해서는 안 된다는 명분으로. 이에 관해서는 맹자의 견해로 이미 잘 밝혀져 있다.(『孟子』, 「梁惠王 下」 참고.) 그런데 태왕이 옮길 적에는 사람들이 마치 시장에 가듯 구름처럼 많이 따라왔지만, 기후가 떠날 적에는 따라오는 수가 날마다 줄어들다가 아예 끊어졌으니, 태왕의 경우를 기후(紀侯)가 떠나가던 것에 적용할 수는 없다는 것이다. 기후가 나라를 버리고 떠난 것에는 이렇게 '도리[道]'를 적용할 수 없으니, '의로움[義]'을 적용해서 자신의 국가를 지킬 능력이 안 되면 죽음으로써 공동체 우두머리에 상응하는 값을 해야 한다는 것이다. 이것이 호안국의 견해다.(『呂氏春秋集解』 권5, 「莊公」 4년 조, 「武夷胡氏傳」: 大去者, 土地‧人民‧儀章‧器物, 悉委置之而不顧也, 或曰"以爭國爲小而不爲, 以去國爲大而爲之"者也. 夫守天子之土疆, 承先祖之祭祀, 義莫重焉, 委而去之, 無貶與? 曰, "有國家者, 以義言之, 世守也. 非身之所能爲, 則當效死而勿去; 以道言之, 不以其所以養人者害人, 亦可去而不守." 於斯二者, 顧所擇如何爾然, 則擬諸大王去邠之事, 其可以無愧矣. 大王去邠, 從之者如歸市, 紀侯去國, 日以微滅, 則何太王之可擬哉? 故聖人與其不爭而去, 而不與其去而不存. 與其不爭而去, 是以異於失地之君而不名; 不與其去而不存, 是故書叔姬歸酅而不錄紀侯之卒, 明其爲君之末矣.)

623 이는 『춘추』, 「희공」 5년 조에 실려 있다.(『春秋』, 「僖公」 5년: 冬, 晉人執虞公.)

대해 정도에 지나치다고 여기는 것이다.⁶²⁴ 제민왕(齊湣王; 약 B.C.323~
B.C.284)은 비만한 몸매를 감싼 사치스러운 옷과 혁대를 과시하며 껄껄 웃
었고,⁶²⁵ 동진(東晉)의 공제(恭帝; 386~421)는 유유(劉裕; 363~422)에게 나라를

---

624 여기에서 왕부지가 말하고자 하는 것은, 기후(紀侯)와 우공(虞公)의 공통점이 '기나라의 후
(侯)', '우나라의 공(公)'으로서 그저 이들의 나라와 그 통치자의 계급을 칭하는 것이라는 의
미다. 그리고 이들은 너무나 쉽게 나라를 멸망케 했으면서도 그에 대한 책임 의식이 전혀
없어서 후회조차 하지 않았다는 점이다. 기후의 어리석은 짓으로 기(紀)나라가 제나라의
양공에게 속절없이 멸망한 것에 대해서는 앞의 주에서 밝혔다. 우공이 우나라를 멸망케 한
것은, 진(晉)나라가 괵(虢)나라를 치겠다면서 재차 우나라에게 그 출정의 길을 빌려 달라
고 함에 우공이 스스럼없이 응하였고, 그래서 진나라 군사들은 괵나라를 멸망시키고 돌아
오는 길에 우나라에 주둔하다가 바로 군사를 일으켜서 우나라를 쉽게 멸망시켰는데, 그 빌
미를 우공이 주었다는 데 있다. 이때 우나라의 대부(大夫)이며 현인이었던 궁지기(宮之奇;
?~?)가 순망치한(脣亡齒寒)을 예로 들며, 괵나라는 우나라의 겉을 둘러싸고 있는 나라로서
진나라가 우나라를 침범하는 데서 보호막 역할을 하므로 괵나라가 없으면 우나라는 진나
라에 쉽게 멸망할 수 있으니, 그들이 괵나라를 치러 가는 길을 결코 빌려주어서는 안 된다
고 간곡히 간하였다. 그러나 우공은 이 간곡한 간언을 듣지 않고 길을 빌려주었다가 허망
하게 나라를 잃는 어리석음을 범하였던 것이다.

625 제나라 민왕(湣王)은 '민왕(閔王)'이라고도 한다. 제선왕(齊宣王; 약 B.C.350~B.C.301)의
아들이다. 17년간 왕위에 있었다. 주난왕(周赧王; ?~B.C.256) 원년(B.C.314) 민왕의 부친
선왕(宣王)이 연(燕)나라로 쳐들어가서 연나라의 왕 쾌(噲; ?~B.C.314)와 그 태자 평(平)
및 재상 자지(子之; ?~B.C.314)를 죽인 일이 있다. 그리고 난왕 27년(B.C.288), 진(秦)의
소양왕(昭襄王; B.C.325~251)이 자신을 '서제(西帝)'라 칭하고는 이 민왕에게 사신을 보내
민왕더러 '동제(東帝)'라 칭하기를 권했다. 함께 중원을 양분해서 지배하자는 것이다. 민왕
은 우선 이 제안에 응하기는 했으나, 소대(蘇代; ?~?)의 자문을 받아들여 단 이틀만 이 칭호
를 사용하고는 바로 버렸다. 너무 위험하다고 보았기 때문이다. 소대는 종횡가 소진(蘇秦;
B.C.382~284)의 동생이다.
　　B.C.286, 이 민왕은 위(魏)・초(楚)와 연합하여 송나라를 멸망시켰다. 다만 송나라 땅을
이들 나라와 나누어 갖기로 한 당초의 약속을 지키지 않기 위해, 민왕은 돌아가는 이들 군
대의 뒤를 기습하여 대패시키고 이들 몫의 땅까지 몽땅 차지하였다. 그 결과 민왕은 이들
나라와도 원한을 사게 되었다.
　　2년이 지난 B.C.284년, 연(燕)나라의 소양왕(昭襄王; ?~B.C.279)은 선왕(先王) 대에 당
한 복수를 하기 위해 초(楚)・진(秦) 및 한(韓)・위(魏)・조(趙) 등 5국과 연합하여 대대적
으로 제나라를 공격해 들어갔다. 이에 제민왕(齊湣王)은 나라를 버리고 망명길에 올랐다.
마지막에는 거읍(莒邑)에서 지내다 자신의 요청에 의해 구원하러 온 초나라의 장수 요치
(淖齒; ?~B.C.283)에 의해 피살되었다.
　　왕부지가 여기에서 거론하고 있는 것은, 이 제민왕이 거(莒)읍에 피신하며 지내고 있을

양도하겠다는 조서를 쓰는 붓을 기쁜 마음으로 놀리고 있었는데,[626] 도대체 사람의 마음을 가진 이라면 어찌 또한 이렇게 처신하리오? 오직 이 대장괘☷의 육오효와 같은 사람일지라![627] 울타리를 들이받는 양이 호랑이 가죽을 둘러쓰고 있는데도[628] 겨우 하늘의 운세에나 맡기고 서 있으니, 이

─────

적의 일이다. 민왕이 공왕단(公王丹)에게 자신이 어떤 임금인지를 물었다. 이에 공왕단은 제민왕을 현명한 임금이라 하면서, 그 근거로 민왕이 천하를 사양하면서도 한스러워하는 기색이 전혀 없다는 사실을 적시했다. 즉 이전에 민왕이 '동제(東帝)'라 칭하며 천하를 주무르다가 이제는 그 근거지인 제나라조차 버리고 거(莒)읍 같은 작은 곳에 머무르고 있으니 한스러움에 수척해질 만도 한데, 오히려 지금 민왕은 이러한 상황에서도 왕으로서의 용모가 충만하고 얼굴에는 신채(神彩)가 빛나며, 나라를 강성하게 할 것에 대해서는 아예 생각조차 없으므로 바로 이러하다고 하였다. 이 속에는 엄청난 풍자가 들어 있어서 사실은 제민왕을 조롱하는 것인데, 이를 곧이곧대로 알아들은 민왕은 "훌륭하도다, 그대가 나를 아는구나. 나는 내 나라를 떠나 지금 이곳에 머물고 있다만 허리띠가 세 차례나 늘어났도다."라 하였다. 이는 제민왕이 나라를 멸망케 하고 망명길에 있으면서도 전혀 문제의식을 느끼지 못한 채 호의호식하고 있음을 꼬집는 기록으로 보인다.(『呂氏春秋』,「貴直」: 齊湣王亡居衛, 謂公王丹曰, "我何如主也?" 王丹對曰, "王賢主也. 臣聞古人有辭天下而無恨色者, 臣聞其聲, 於王而見其實. 王名稱東帝, 實辨天下. 去國居衛, 容貌充滿, 顏色發揚, 無重國之意." 王曰, "甚善! 丹知寡人. 寡人自去國居衛也, 帶益三副矣.")

626 동진의 공제(恭帝)는 자(字)가 덕문(德文)으로서 동진의 마지막 황제였다. 이 사마덕문(司馬德文)의 이복형인 안제(安帝; 382~419)가 황제로 있던 시절, 환현(桓玄; 369~404)이 난을 일으켜 환초(桓楚) 정권(403~404)을 수립하였는데, 유유(劉裕; 363~422)가 이를 진압하였다. 그리고 유유는 동진 조정의 실권을 장악하였다. 그 15년 뒤인 419년, 유유는 마침내 안제를 살해하고 안제의 유조(遺詔)를 가장하여 사마덕문을 제위(帝)에 앉혔다.
　　이듬해인 원희(元熙) 2년(420) 유유가 입조(入朝)하자, 부량(傅亮; 374~426)이 공제(恭帝)에게 선위(禪位)하라는 암시를 줌과 동시에, 선양하겠다는 조서(詔書)의 초고를 상정하며 공제에게 베껴 쓰도록 하였다. 공제는 기쁘게 이를 받아들이며 붓을 들어 베껴 썼다. 이틀 뒤에 공제는 낭야왕부(琅邪王府)로 물러났고 백관은 그에게 고별함으로써 동진 왕조는 멸망하였다. 그리고 3일 뒤에 유유가 정식으로 황위에 올라 유송(劉宋) 왕조가 시작되었으며, 이로부터 정식으로 남북조시대가 열렸다. 이듬해인 421년 유유는 공제를 살해하였다. 공제의 향년은 36세였다. 죽은 뒤 유유는 그에게 '공황제(恭皇帝)'라는 시호를 내렸다.

627 이 대장괘☷의 육오효사는 "변경의 국경 지대에서 양을 잃어버렸으나 후회함이 없다.(喪羊于易, 无悔.)"로 되어 있다.

628 이는 대장괘☷의 구사효를 가리킨다. 그 효사는 "올곧아서 길하고 후회할 일이 없다. 울타리가 터져서 들이받더라도 뿔이 얽힘이 없으며, 큰 수레의 찻간에 씩씩함이 넘친다.(藩決不羸, 壯于大輿之輹.)"로 되어 있다. 이 구사효가 제왕의 자리를 상징하는 육오효를 들이받

들이 다스리는 나라가 망하는 것은 순식간이요, 그 형세도 이와 함께 이루어지는 것이라! 이는 당연한 이치다.

天遲回於久厭之心, 而需期已屆; 人憤懣於无君之憾, 而待旦方興. 藩決矣, 輿壯矣, 是積藹欲澂, 東光初起之候也. 喪之易, 非羊之不幸也. 知其易, 不驚其喪, 則可以自保, 可以保其子孫, 可以不貽慘毒於生民, 可以不羈天誅於旦暮. 閏有歸而朔旦正, 蛙已靜而雅樂聞, 則以謝前者妄竊之辜, 而又何悔之有焉!

역문 사람들이 마음으로 오랫동안 염증을 내 왔음에도 하늘의 운행은 더디기만 하다가 이제 기다리던 시기가 이미 도래한 것이요, 사람들은 나라를 이끌어 갈 임금이 없는 것과 같은 유감스러운 상황에 분노하다가 바야흐로 떠오르는 아침 해를 기다리는 것이다. 울타리는 터졌고, 큰 수레에는 씩씩함이 넘친다.[629] 이는 더부룩이 쌓인 욕구가 깨끗해지는 것이며 동쪽 하늘이 처음으로 밝아 오는 시간에 해당한다. 변경 지대에서 잃어버리기는 했으나, 양에게는 불행이 아니다.[630] 변경 지대를 알고 그 잃어버림에 대해 놀라지 않는다면, 자신을 보호할 수 있고 그 자손을 보호할 수 있다. 또 자신의 백성들에게 비참하며 혹독한 상황을 초래하지 않을 수 있고, 아침저녁으로 하늘이 내리는 벌에 기속(羈屬)되지 않을 수 있다. 이제 새로운 왕

고 있다는 것이다.

629 구사효를 상징하는 인물이, 육오효가 상징하는 것으로서 없는 것과 같은 임금을 치고 올라옴을 의미한다. 임금답지 않은 임금이 자리에 있어서 백성들의 삶은 도탄에 빠진 지 오랜데, 이제 이를 타개할 씩씩한 인물이 이미 오고 있다는 것이다.

630 이는 육오효사 "변경의 국경 지대에서 양을 잃어버렸으나 후회함이 없다.(喪羊于易, 无悔.)"를 전제로 하는 말이다.

조를 창건하여 율력을 정비하니 개구리 소리처럼 시끄러운 소리들은 잠잠
해지고 제대로 된 음악이 온 나라에 울려 퍼진다. 그렇다면 이전에 망령되
이 훔쳐 낸 허물에 감사하리니, 또한 어떤 후회가 있으리오!

故妥懽帖睦爾之浩然於沙漠也, 君子謂之曰'順', 嘉其'无悔'之情也.
完顔氏不遑而糜人膏・析人骨, 爭死亡於蔡州, 角之贏, 亦心之憎
矣. 金源絶胤, 而蒙古之族至今存. "禍福无不自己求之者", 豈不諒
夫!

역문 타환티무르(1320~1370, 재위 기간 1333~1368)[631]는 호연(浩然)하게 주원장의
군대에 나라를 내주고 그들의 본거지였던 사막으로 돌아갔다. 그래서 군
자는 그의 묘호에 '순(順)'자를 부여하여 그가 '후회함이 없었음[无悔]'을 기
렸다.[632] 이에 비해 완안씨(完顔氏)[633]는 몽골과 남송 연합군의 포위 공격 속
에 빠져나갈 겨를이 없자 사람의 기름으로 죽을 끓이고 사람의 뼈를 바르
며 채주(蔡州)[634]에서 죽음을 무릅쓰고 싸움을 벌였으니, 뿔은 파리해지고

---

631 원나라의 마지막 황제인 순제(順帝)를 가리킨다. 타환티무르는 그 이름이다. 1368년 주원
   장(朱元璋; 1328~1398)의 군대는 북쪽으로 원나라 정벌에 나섰다. 이들은 운하를 따라 통
   주(通州)에 이르러 대도(大都)를 함락시키고 이를 '북평(北平)'이라 개명하자, 이 순제는 후
   비(后妃)와 태자를 데리고 이전에 그들의 본거지였던 북쪽의 평원으로 도망갔다. 그리고
   그 2년 뒤에 죽음으로써 원나라는 멸망하게 된다.
632 왕부지는 타환티무르(順帝)의 소행이 이 대장괘䷡의 육오효에 해당한다고 보고 이렇게 서
   술하고 있다.
633 금(金)나라 애종(哀宗; 1198~1234)을 가리킨다. 금나라는 여진족이 세운 나라다. 안완아골
   타에 이르러 건국하였고(1115), 이후 1234년까지 10대에 걸쳐 120년 동안 나라를 유지했
   다. 애종은 제9대 황제인데, 금나라에서 유일하게 아버지 선종으로부터 세습한 황제다.
   1233년 9월부터 1234년 정월까지 긴 시간 동안 몽골과 남송 연합군의 포위 공격을 받으며
   채주성(蔡州城)에서 결사 항전 중이던 절망적 상황에서, 애종은 자신이 망국의 임금이 되
   기 싫다 하며 당시 젊고 민첩한 황족인 완안승린(完顔勝麟)에게 양위하였고, 채주성이 함
   락되자 자신은 목매어 자살했다.

마음도 비참해질 정도로 비참해지는 참혹함을 맛보게 되었다.[635] 그리하여 이 금나라의 후대는 끊겼으나 몽골족은 지금까지 존재한다.[636] 그래서 "화든 복이든 스스로 초래하지 아니한 것이 없다."라고 하니, 어찌 아니 살필쏜가!

634　채주(蔡州)는 중국 고대의 행정구역 이름이다. 금나라의 수도였다. 오늘날의 하남성(河南省) 여남(汝南) 지역에 있었다.

635　'채주의 싸움[蔡州之戰]'을 묘사하는 부분이다. 1233년 9월부터 1234년 정월까지 장장 3개월 남짓에 걸쳐, 몽골과 남송 연합군의 포위 공격을 받으면서도 금나라 조정은 채주성(蔡州城)에서 죽음을 불사하는 항전을 벌였다. 왕부지가 여기에서 묘사하고 있는 것은, 무기는 떨어지고 식량은 바닥나서 극도로 고통스러운 상황 속에서도 금나라가 죽음을 무릅쓴 항전을 했다는 것이다. 그러다 결국은 비극적인 종말을 맞이하였으니 그들이 마음으로 겪었던 고통은 이루 말할 수 없이 참혹했다는 것이다.
　　왕부지는 금나라 애종의 소행이 이 대장괘䷒의 상육효에 해당한다고 본다. 그 효사는 "숫양이 울타리를 들이받음이니 물러날 수도 없고 완수할 수도 없으며 이로운 바라고는 없다. 어렵게 여기면 길하다.(羝羊觸藩, 不能退, 不能遂, 无攸利, 艱則吉.)"라고 되어 있다.

636　여기에서 왕부지는 마치 '채주의 싸움' 결과로 금나라가 역사의 무대에서 완전히 사라진 것처럼 서술하고 있지만, 사실은 이 말과 다르다. 물론 이 비극적 패배의 결과로 금나라 후예들이 중국의 여러 지역으로 흩어진 것은 맞다. 그러나 금나라의 후예는 중국의 동북 지방에서 다시 일어나 아이신기요로(愛新覺羅) 가문의 누르하치(1559~1626)에 의해 1616년 '후금(後金)'이라는 나라를 건국하였다. 그 20년 뒤인 1636년 '청(淸)'이라 국호를 바꾸었다. 이 청나라는 1644년 완전히 중원을 장악한 뒤, 1912년 서구 열강들에 멸망하기까지 368년 동안이나 중국을 지배하였다.

진괘

䷢晉

'晉', 進之也, 延陰而進之也. 夫物以同類爲朋, 類以相從爲協. '晉'自 '觀'來, 陰舍四而上處五, 是殆絕其類矣, 而惡知絕其類者爲卽尊而 開其進之達徑乎!

역문 이 진괘(晉卦)䷢의 괘이름인 '진(晉)'은 나아가다는 의미를 지니고 있다. 음(--)을 늘려서 나아가기 때문이다. 생명체들은 같은 부류를 벗으로 여기며, 같은 부류끼리는 서로 따르며 화합한다. 이 진괘䷢는 사실 관괘䷓로부터 왔다. 이 관괘의 음(--) 중 하나가 4효의 위(位)를 버리고 위로 올라가 5효의 위(位)를 차지하고 있는 것이다. 그 결과 이 육오효는 자신의 부류들로부터 거의 끊어져 버렸다. 그러나 어찌 알리오, 그 부류들을 끊어 버리는 그것이 바로 존귀한 존재가 되는 것이며 나아가는 크고 빠른 길을 여는 것임을!

'晉'五之於陽, '需'五之於陰, 采入而據其尊, 操彼之從違而招我之儔 伍, 有同情焉. '需'需陽以主陰. '晉'晉陰以簒陽. 情相若, 道相反. '晉' 非君子之卦也, 則何取於'康侯'之績乎?

역문 이 진괘(晉卦)䷢의 육오효는 양들(☲)에게로 갔고, 수괘(需卦)䷄의 구오효는 음들(☵)에게로 갔다. 그들 속으로 깊이 들어가서 존귀한 자리를 차지하고 있으며, 그들의 복종과 위배를 조종하며 나의 짝이자 대오로 끌어들이고 있다. 이리하여 이들은 같은 정(情)을 갖게 되는 것이다. 수괘䷄는 양(—)을 구하여서 음들(☵)의 주인이 되게 하고 있다. 진괘䷢는 음(--)을 나아가게 해서 양들(☲)에게서 빼앗고 있다. 이들 두 괘는 그래서 정황은 서로 비슷하지만, 작동하는 원리는 서로 반대된다. 이 진괘䷢는 군자의 괘가 아니다. 그런데도 어찌 '강후(康侯)'[637] 실적을 취하고 있을까.[638]

'離', 麗也. 麗乎陽者, 非求以消陽也. 陽明而陰暗, 陰不能自明, 故

---

637 '康侯(강후)'에 대해서는 역대 제가들의 설이 매우 다양하다. 그 주요한 것들만 열거하더라도 '康(강)'자의 의미에 대하여 정현(鄭玄)은 '존귀하다(尊)'·'넓다(廣)'의 의미로 보았고(王應麟 編, 『周易鄭康成注』: 康, 尊也·廣也), 왕필은 '훌륭하다(美)'의 의미로(王弼, 『周易注』: 康, 美之名也), 우번(虞翻)은 '편안케 하다'의 의미로(李鼎祚, 『周易集解』: 虞翻曰 … 康, 安也), 호원(胡瑗)은 왕필처럼 '훌륭하다(美)'의 의미로(胡瑗, 『周易口義』: 康, 美也), 정이(程頤)는 '안정되게 통치함(治安)'의 의미로(程頤, 『易傳』: 康侯者, 治安之侯也), 주진(朱震)은 '크게 기리다(襃大)'의 의미로(朱震, 『漢上易傳』: 康, 襃大之, 與『禮記』康周公之康同), 주희는 '나라를 안정시키다(安國)'의 의미로(朱熹, 『周易本義』: 康侯, 安國之侯也) 각각 보았다. 이렇게 보면 의미는 '康(강)'의 본래 의미처럼 '나라를 평안케 하다' 정도로 대동소이하되 '康侯(강후)'가 보통명사임을 알 수 있다. 왕부지도 이러한 맥락에서 '백성들의 실정을 살피고 어루만지며 위무하다(按撫)'의 의미로 풀이하였다. 그런데 근래에 와서 고형(高亨)은 '강후'가 무왕(武王)의 동생인 '희봉(姬封)'을 의미하기 때문에 '강후(康侯)' 또는 '강숙(康叔)'이라 한다고 하였다.(高亨, 『周易大傳今注』, 康侯, 周武王之弟, 名封, 故稱康侯或康叔.) 이는 '강후'를 고유명사로 본 것이다. 이를 이어받아 『한어대사전(漢語大詞典)』에서도 이 희봉이 처음에 '강(康)'이라는 곳을 봉지로 받았기 때문에 이렇게 부른다고 하고 있다.(『漢語大詞典』, '康侯'條即: 周武王弟姬封, 初封於康, 故稱.) 이는 새로운 설이라 할 수 있다. 그러나 여기서는 왕부지의 풀이에 입각하여 번역하기로 한다.

638 이 진괘(晉卦)䷢의 괘사는 "강후가 말들을 하사하여 번성케 함이며, 대낮에 세 번 교접한다.(康侯用錫馬蕃庶, 晝日三接.)"로 되어 있다. '강후'는 '백성들의 실정을 살피고 어루만지며 위무하는 제후'를 뜻한다.

往麗焉. 陽翕而專, 陰闢而化. 陽處陰中, 不隨陰暗, 故水內景; 陰處
陽中, 隨陽而明, 故火外景. 陰麗乎陽, 依陽外著, 延照三陰, 俾不迷
於所往, 故‘離’位在午, 德任嚮明. 然則五之晉其類以升者, 將欲祓濯
昭蘇, 革其凩滯, 以登於清朗. 在‘觀’之四, 且觀光於自他之耀, 而今
自有之, 則可不謂人己互榮者與! 夫然, 而九四之闋於其中以塞陰
之進也, 亦鄙矣, 宜初之傲不受命而不失其‘裕’也.

역문 리괘(離卦)☲는 '붙어 있음[麗]'의 의미를 갖고 있다. 양들(☰) 속에 음(--)
이 붙어 있는 것으로서, 이 음(--)은 양들(☰)을 사라지게 하려는 것이 아니
다. 양(─)은 밝고 음(--)은 어둡다. 그리고 음(--)은 스스로 밝음을 낼 수
없으므로 양들(☰)에게 붙어 있는 것이다. 양들(☰)은 이 음(--)을 거두어들
여서 자기들에게 전일(專一) 하도록 하고, 음(--)은 열어서 양들(☰)에게 동
화(同化)한다.

　양(─)은 음들(☷) 속에 있더라도 음들(☷)의 어둠을 따르지 않는다. 그러
므로 물은 속이 환하다.[639] 이에 비해 음(--)은 양들(☰) 속에 있으면 양들
(☰)을 따라서 밝아진다. 그러므로 불은 겉이 환하다.[640] 이 진괘☳에서 육
오효의 음(--)은 양들(☰) 속에 걸려 있으면서 이 양들(☰)에 의거해서 밖으
로 드러나며, 아울러 이를 늘여서 아래로 세 음들(☷)을 비춰 주며 이들이
가는 데서 헤매지 않게 해 준다. 그러므로 이 리괘☲는 「문왕후천도(文王

---

[639] 물을 상징하는 괘는 감괘☵다. 이는 위·아래 음들(☷) 속에 하나의 양(─)이 걸려 있는 상
(象)으로서, 속의 양(─)이 환하게 드러남을 반영하고 있다. 수괘䷯의 회괘(悔卦)가 이 감
괘☵다.

[640] 불을 상징하는 괘는 리괘☲다. 이는 위·아래 양들(☰) 속에 하나의 음(--)이 걸려 있는 상
(象)으로서, 겉의 양들(☰)이 환하게 드러남을 반영하고 있다. 진괘䷲의 회괘가 이 리괘
☲다.

後天圖)」에서 오(午)의 위치에 자리 잡고 있으며, 그 덕은 '태양의 밝음을 향함[嚮明]'을 맡고 있다.

이렇게 볼 때, 이 진괘䷢의 육오효가 자신과 같은 부류들을 위로 끌어올림은, 더러움을 씻어 내 깨끗이 하여 생기를 회복하도록 하는 것이며, 일찍이 정체한 것들을 변혁시켜 맑고 밝음의 차원으로 올리고자 함이다. 관괘䷓에서 4효의 위(位)에 있을 적에도 이 음(--)은 자신과 남들을 빛나게 하는 광채를 보는 것이었는데,[641] 이제 이 진괘䷢에서는 존귀한 5효의 위(位)에 있음으로써 스스로 이를 가지고 있으니, 이 진괘䷢의 육오효는 '남들과 자기를 서로 번영하게 해 주는 이'라 하지 않을 수 있겠는가! 상황이 이러할진대, 관괘䷓의 구사효가 그 속에서 혜살을 놓으면서 세 음들(☷)의 나아감을 틀어막고 있다면 이 또한 비루하다고 할 것이다. 그렇다면 차라리 이 진괘䷢의 초육효가 오만을 떨며 명(命)을 받아들이지 않고 그 '여유로움'을 잃어버리지 않음이[642] 마땅하다고 할 것이다.

是故陰陽有定質而无定情, 君子小人有定品而无定性, 則亦樂觀其自處者何若也. 五唯自昭而昭物, 故福錫其類, 可以履天位而无憨焉. 雖然, 四且疑之, 上且伐之, 陽失位而志不平, 亦其宜也. 『春秋』序五霸之績, 而『易』許『晉』之'康侯', 其聖人之不得已者與!

역문 그러므로 음과 양에 정해진 질(質)은 있지만 정해진 정(情)은 없으며, 군자와 소인에게 정해진 품계는 있지만 정해진 성(性)은 없으니, 역시 자신

---

641 관괘䷓의 구사효사는 "나라의 광채를 봄이니, 왕에게 빈객이 됨에 이롭다.(觀國之光, 利用賓于王.)"로 되어 있다.

642 이 진괘의 초육효사는 "나아가려 하지만 꺾임을 당하는데, 올곧아서 길하고 믿는 이가 없으며, 여유로워서 허물이 없다.(晉如摧如, 貞吉罔孚, 裕无咎.)"로 되어 있다.

의 처신이 어떠한지를 즐겁게 보는 것이다. 이 진괘☷의 육오효는 스스로 밝으면서도 외물을 밝게 한다. 그러므로 같은 부류에게 복을 내리니, 하늘의 위(位)에 자리 잡고 있어도 부끄러움이 전혀 없다. 비록 이러하다고는 해도 구사효는 이 육오효를 의심하고 상구효도 이 육오효를 내리친다. 그래서 이 두 양들(=)이 자신들의 위(位)를 잃고 그 뜻함이 공평하게 실현되지 않음은 당연하다. 『춘추』에서는 오패의 치적에 대해서 서술하는데, 『주역』에서는 이 진괘☷에서 '강후(康侯)'만을 허용하고 있으니, 이러함은 성인들께서 어쩔 수 없기 때문이로다!

명이괘

䷣明夷

陽進而上三, 陰退而下二. 進而上者志在外, 退而下者志在內, 皆絕
群之交也. '明夷'之象, 二順服事而三用逆取, 五貞自靖而四出迎師,
則君臣內外之勢, 其亦變矣.

역문 양(─)은 나아가 위로 가서 구삼효가 되고, 음(--)은 물러나 아래로 와서
육이효가 되어 있다.[643] 나아가 위의 자리를 차지하고 있음은 뜻함이 밖에
있기 때문이고, 물러나 아래로 내려옴은 뜻함이 안에 있으니, 이들은 모두
제 무리와의 교제를 끊고 있다. 이 명이괘䷣의 상(象)을 보면, 육이효는 순
종하며 복종하고 섬기는데[644] 구삼효는 거슬러서 취하고 있고,[645] 육오효는
자신을 다스리고 있는데 육사효는 집 밖으로 나가서 군대를 맞이한다. 그

---

643   이는 이 명이괘䷣가 임괘䷒로부터 왔다는 것을 전제로 해서 하는 말이다.
644   이 명이괘䷣의 길함에 대해, 그 『상전』에서는 "육이효의 길함은 법칙에 순종하기 때문이
　　　다.(六二之吉, 順以則也.)"라 풀이하고 있다.
645   『주역내전』에서 왕부지는 이 명이괘䷣의 구삼효에 대해 "이 효는 주공이 무왕을 도와 주왕
　　　(紂王)을 정벌한 일을 그리고 있다.(此象周公相武王伐紂之事.)"라 풀이하고 있다. 주공이
　　　자기의 상전인 주왕(紂王)을 정벌한 것이니 이는 '거슬러서 취함[逆取]'이 된다. 비록 폭군
　　　을 정벌하여 그 학정에 시달리는 민초들을 해방했으니 도덕적으로는 옳은 일을 한 것이라
　　　정당화할 수 있지만, 품계로 보면 이는 분명히 '거슬러서 취함'이다.

래서 군주와 신하, 안과 밖의 형세 또한 변한 것이다.

夫四與'坤'爲體, 而上晦而不見知; 與初爲應, 而初高而不可繼. 則乘時之士, 棄晦從明, 反思自效於'南狩'者, 在紂其爲商容而不爲祖伊與?

역문 육사효는 이 명이괘䷣의 회괘(悔卦)인 곤괘☷와 한 몸을 이루고 있지만 상육효가 명철하지 않아 자신을 몰라보므로 초구효와 응하는데, 초구효로서는 그가 높아서 이를 계승할 수가 없다. 상황이 이러하니, 시대의 사명을 짊어진 전문 지식인들[士]이 명철하지 않은 이를 버리고 현명한 이를 좇는데, 돌이켜 스스로 '남쪽으로 사냥을 감'에서 효과를 드러내리라고 생각하는 이는 주왕(紂王)에게 상용(商容)[646]이 되지 조이(祖伊)[647]가 되지는 않을

---

646 상용은 은나라 주왕(紂王) 때의 악관(樂官)이다. 현인으로 꼽히는 인물인데, 인품이 충직하였기 때문에 역시 주왕에게 배척당하고 쫓겨났다. 은(殷)·주(周) 간의 최후 교전인 목야(牧野)의 전투 이후 상용은 은나라 사람들과 함께 주나라 군대를 인도하여 은나라로 들어갔다. 나중에 무왕은 상용의 마을을 본보기로 표창함으로써[『書經』,「周書, 武成」: 式商容閭] 그의 공을 기렸다.

647 조이(祖伊)는 무정(武丁)의 5대손으로서 주왕(紂王) 때 은나라의 대신(大臣)이었다. 은나라 말기 주왕의 폭정으로 말미암아 민초들이 도탄에 빠져 신음할 적에, 제후들 다수가 은나라에 반기를 들며 주(周)의 문왕에게로 갔다. 당시 주(周)는 은나라의 속국이었으며, 문왕은 서백(西伯)으로서 목백(牧伯)의 직책을 수행하고 있었다. 조이는 형세가 하루가 다르게 문왕의 주나라에 쏠리는 사실을 알고 두려움에 떨며, 주왕에게 이제는 그만 폭정을 거두고 백성들 살리는 정사를 펼쳐야 한다고 지극한 마음으로 간하였다. 즉 조이는, 천명(天命)이 이미 은나라에게서는 다해 가고, 거북점·시초점의 결과에서도 은나라에게 길조(吉兆)란 없는데, 이는 선왕들께서 우리 후인들을 도와주지 않아서가 아니라 오로지 주왕 당신이 폭정을 행함으로써 천명과 선왕들의 도움을 끊어 버렸기 때문이라 하였다. 그 결과 하늘이 은왕조를 버려서 백성들이 살 수 없는 지경이 되었기에 백성들은 다들 하늘이 우리 은 왕조를 교체하고 새로운 왕조를 세워 줄 것을 바란다면서, 주왕에게 대명(大命)을 제대로 수행할 것을 간하였다. 그러나 주왕은 자신이 생겨난 것 자체가 천명이 자신에게 있음을 보여 주는 것이라며 조이의 간언을 듣지 않았다. 조이는 이제 은나라가 곧 망하리라며 그저 탄식할 수밖에 없었다.(『書經』,「商書, 西伯戡黎」: 殷始咎周, 周人乘黎, 祖伊恐, 奔告

것인가?

‘坤’·‘離’殊分, 臣主異勢. 上雖暗極, 積厚居尊, 四國爲朋, 同惡相倚. 六四身與同儔, 地與同國, 其虛實前卻之故, 知之深矣, 故陽與共事, 而密觀其釁, ‘獲心’而盡彼情形, ‘出門’而輸於新主. 則甲子之朝, 倒戈北嚮者, 非无有以爲之內應也. 故暗主淫朋離心離德之隱微, 久已聽大邑之區畫, 五雖婉戀以暱於宗邦, 麥秀之漸漸, 不能謀狡童於秘地矣. 故鳴條之誓辭, 靳靳其未宣也. 武王暴紂之罪, 宮壼游觀, 老夫孕婦之毫毛纖芥而无不悉, 士女玄黃·震動臣附之合離早暮而壹不爽其所料, 誰令傳之? 誰與驗之? 我知‘獲心’‘出門’者之夙輸爲‘南狩’之資也.

역문 이 명이괘䷣의 회괘(悔卦)와 정괘(貞卦)를 각기 이루고 있는 곤괘☷와 리괘☲는 분수(分數)가 다르고, 신하와 임금도 세(勢)를 달리한다. 상육효는 비록 어리석음이 극에 달해 있지만[648] 두터움을 쌓아서 존귀한 위치를 차지하고 있고, 사방의 나라들이 그 벗이 되어 못된 짓을 함께하며 서로 의지하고 있다. 육사효는 몸으로는 이들과 함께하며 무리를 이루고 있고 발디딘 땅도 이들과 함께하며 같은 나라를 이루고 있지만,[649] 무엇을 비워야 하고[虛] 무엇을 채워야 하는지[實], 언제 전진하고 언제 물러날지의 이치

于受, 作西伯戡黎. 西伯旣戡黎. 祖伊恐, 奔告于王曰, “天子, 天旣訖我殷命, 格人元龜, 罔敢知吉. 非先王不相我後人, 惟王淫戲用自絶. 故天棄我, 不有康食, 不虞天性, 不迪率典. 今我民罔弗欲喪, 曰‘天曷不降威’. 大命不摯, 今王其如台.” 王曰, “嗚呼, 我生不有命在天!” 祖伊反曰, “嗚呼, 乃罪多參在上, 乃能責命于天, 殷之卽喪, 指乃功, 不無戮于爾邦.”)

648 은나라를 멸망으로 이끈 주왕(紂王)이 이 명이괘䷣의 상육효에 해당하는 것으로 본다.
649 육사·육오·상육효 셋이 이 명이괘䷣의 회괘(悔卦)인 곤괘☷를 이루고 있음을 두고 하는 말이다.

에 대해 깊이 알고 있다. 그러므로 양(一, 구삼효, 주공을 상징)이 그와 함께 일을 벌이는데, 육사효는 은밀하게 은나라의 빈틈을 살피고, '상처 입은 은나라 백성들의 마음을 얻어' 은나라의 자세한 형편을 다 알아내며, '집 밖으로 나가서' 새로이 임금이 될 사람에게 그대로 다 알려 준다.[650] 이렇게 보면, 갑자(甲子)일 새날이 밝아 오며 무왕이 출정하자, 주왕의 은나라 군대는 앞서가던 부대가 주왕을 배반하여 뒤로 돌아 뒤따르는 부대를 공격함으로써 처참하게 괴멸시키고 북쪽에서 내려오는 무왕을 향해 항복하였는데,[651] 이러한 일이 벌어진 데는 은나라 안에서 무왕에게 응하는 이가 없지 않았기 때문이다. 그러므로 어리석은 임금[紂王]은 못된 부류들과 어울리며 다른 사람들의 마음을 얻지 못하고 서로 일치를 이루지 못하면서 은미(隱微)하게 사라져 갔다.

그리고서 얼마의 세월이 흐른 뒤 육오효의 상징 기자(箕子)가[652] 오래전

---

[650] 왕부지의 『주역내전』 풀이를 보면, 이 명이패▦▦의 구삼효는 주공이 무왕(武王)을 도와 주왕(紂王)을 정벌한 일을 상징한다고 한다.(此象周公相武王伐紂之事.) 그리고 육사효에 대해서는 상용(商容)과 교격(膠鬲)에 관한 일을 그린 것이라 한다.(此象商容·膠鬲之事.) 상용은 당시 악관(樂官)으로서 현인으로 꼽히는 인물인데, 은·주 간의 최후 교전인 목야(牧野)의 싸움에서 무왕의 주나라가 승리하자, 은나라 사람들과 함께 주나라 군대를 인도하여 은나라로 들어간 인물로 알려져 있다. 나중에 무왕은 이러한 상용의 공을 표창하였다. 교격 역시 당시 인물로서, 처음부터 은나라에 은거하면서 소금 장사로 소일하고 있었는데, 문왕(文王)이 그가 현명함을 알고서 은(殷)의 주왕(紂王)에게 천거하여 대신이 되게 하였다. 일설에는 이것이 주나라의 간첩 역할이었다고도 한다. 교격은 나중에 벼슬이 상대부에까지 올랐다. 그리고 무왕이 은나라를 침공해 올 때 은나라 안에서 조응하여 무왕이 은나라를 멸망시키는 데서 혁혁한 공을 세웠다.

[651] 목야(牧野)의 싸움 출정 날짜가 갑자일 새벽이다. 이날 무왕의 군대에 맞서 싸우게 된 은나라의 군대는, 포악한 주왕을 배반하여 앞서가던 부대가 뒤로 돌아서 뒤따라오던 부대를 공격하는 상잔(相殘)의 현상을 연출하며 괴멸시킨 뒤, 북에서 내려오던 무왕에게 투항하였다고 한다. 이날 은나라 병사들이 흘린 피가 너무 많아서 절굿공이를 띄울 정도였다고 한다. 『서경』에서는 이렇게 무왕이 한번 군복을 입고 출정하자 세상이 크게 안정되었다고 기록하고 있다.(『書經』, 「周書, 武成」: 甲子昧爽, 受率其旅若林, 會于牧野. 罔有敵于我師, 前徒倒戈, 攻于後以北, 血流漂杵. 一戎衣, 天下大定.)

에는 상국(上國)인 은나라의 관할이 미치던 지역을 지나가게 되었다.[653] 기자는 이때 비록 가슴에 사무친 애절함으로 조국에 대한 감회에 젖지만, 이미 농지로 변해 버린 그 유허(遺墟)에서 보리 이삭은 점점 피어나고 있으니, 이제는 더 이상 은밀한 곳에서 조카인 주왕(紂王)과 도모할 수 없게 된 것이다.[654] 그러니 이전에 명조(鳴條)에서 그 조상 탕왕(湯王)이 하(夏)나라의 걸왕(桀王)을 몰아내면서 했던 맹서[655]가 애석하게도 이제 더는 실현될 수 없게 되었다.

무왕이 주왕의 죄상을 폭로하며 하늘과 사직, 명산대천에 고하였는데,

652　이 명이괘䷣에서 육오효는 기자를 상징한다고 하고 있다.(六五: 箕子之明夷, 利貞.) 이때 기자는 무왕의 부름을 받고 이에 응해서 가는 길이었다고 한다.

653　구체적으로는 주왕이 백성들의 고혈을 짜서 세운 호화 궁전 녹대(鹿臺)가 있던 곳이다. 그 호화의 극치를 달리던 궁전이 속절없이 무너져 버리고 왕도(王都)는 폐허가 되어 버린 곳을 지나게 된 것이다.

654　이는 기자(箕子)가 쓴 것으로 알려진 '보리 이삭[麥秀]'이라는 시를 전제로 하는 말이다. 은나라가 망하고 주나라가 선 뒤, 기자(箕子)는 주나라 조정의 부름을 받고 가는 길에 은나라의 유허(遺虛)를 지나게 되었다. 기자가 보니 그다지도 화려했던 궁궐 녹대(鹿臺)는 무너진 지 오래고 그 유허(遺墟)는 이미 논밭으로 변해 곡식이 자라고 있었다. 기자는 가슴속에 사무치는 감회에 젖어 통곡하고 싶은 심정이었으나, 옆에 부인이 있어 차마 그러지를 못하고 이 시를 썼다고 한다. 그 내용은 "보리 이삭 하나둘 피어나는데 그 옆에서 벼는 더욱 빛나는구나. 그 어여쁜 아동이여, 우리와 함께 좋은 시절을 누리지 못하는구나!"로 되어 있다. 이 시가를 들은 은나라 유민들은 모두 눈물을 흘렸다고 한다.(『史記』, 「宋微子世家」: 其後箕子朝周, 過故殷虛, 感宮室毀壞, 生禾黍, 箕子傷之, 欲哭則不可, 欲泣爲其近婦人, 乃作麥秀之詩以歌詠之. 其詩曰, "麥秀漸漸兮, 禾黍油油. 彼狡僮兮, 不與我好兮!") 이 시는 중국의 현존하는 시가 가운데 최초의 문인시라는 평가를 받고 있다. '어여쁜 아동[狡童]'은 주왕을 가리키는데, 기자에게는 주왕이 조카였으므로 이렇게 표현한 것 같다.

655　『서경(書經)』, 「상서(商書)」에 실려 있는 '탕서(湯誓)'를 가리킨다. 탕왕이, 학정으로 백성들을 도탄에 빠트린 하(夏)나라의 걸왕(桀王)을 몰아내고 백성들이 살기 좋은 나라를 세우겠다고 함을 맹세하는 내용으로 되어 있다.(『書經』, 「商書, 湯誓」: 伊尹相湯伐桀, 升自陑. 遂與桀戰于鳴條之野, 作湯誓. 王曰, "格爾衆庶, 悉聽朕言. 非台小子, 敢行稱亂. 有夏多罪, 天命殛之, 今爾有衆. 汝曰, '我后不恤我衆, 舍我穡事, 而割正夏.' 予惟聞汝衆言, 夏氏有罪, 予畏上帝, 不敢不正. 今汝其曰, '夏罪其如台?' 夏王率遏衆力, 率割夏邑, 有衆率怠弗協. 曰, '時日曷喪, 予及汝皆亡!' 夏德若玆, 今朕必往.)

주왕은 자신이 죄인으로서 늙은 사내나 임산부 등을 망라하여 죄짓고 도 망치는 무리의 괴수(魁首)가 되었다는 것이며, 이를 두고 볼 수 없어 동정 (東征)에 나선 무왕에게 남자와 여자들이 검은 비단·노란 비단을 광주리에 담아 와서 바쳤고 하늘의 아름다움이 진동하였으며 사람들이 신하로서 복속하였다.[656] 이렇게 사람들은 모여들기도 하고 흩어지기도 하는 것인데, 그것이 이를지 늦을지는 어느 하나 예측에서 벗어나지 않는다. 그렇다면 누가 그 명령을 전달할 것이며, 누가 함께하며 징험할 것인가. 내가 알기로는 '상처 입은 은나라 백성들의 마음을 얻어서 은나라의 실정을 다 알아내고서', '집 밖으로 나간' 이가 일찍감치 그대로 알려 줌이 주공의 '남쪽으로 사냥을 나감'에 바탕이 된다는 것이다.

然則聖人將以崇陰謀而獎亂乎? 曰: 上之暗也, 失其位也. 失其位, 則天下之攘臂而覬之者, 豈但我哉! 授之人也, 則不如在我. 內揆己德, 麗天而明, 可以征矣, 然且孤注寡謀以召敗. 彼懵不知, 終不足以延登天之勢, 則盜竊紛紜, 晦以承晦者, 天下終无昭蘇之一旦, 豈但十五王之令緒墜地以爲憂乎? 絜大公之情, 求同患之志, "上帝臨汝, 勿貳汝心", 則功名謀略之士, 亦樂進焉, 而不復望以松筠之節矣.

역문 그렇다면 『주역』을 지은 성인들께서는 음모를 숭배하며 난(亂)을 장려한다는 것인가. 그렇지는 않고, 내가 보기에는, 상육효가 상징하는 주왕이

---

[656] 이상은 『서경』, 「주서(周書), 무성(武成)」 편에 나오는 내용을 인용하여 서술하는 말로 보인다.(『書經』, 「周書, 武成」: 厎商之罪, 告于皇天后土, 所過名山大川曰, 惟有道曾孫周王發, 將有大正于商. 今商王受無道, 暴殄天物, 害虐烝民, 爲天下逋逃主, 萃淵藪. 予小子旣獲仁人, 敢祗承上帝, 以遏亂略, 華夏蠻貊罔不率俾. 恭天成命, 肆予東征, 綏厥士女, 惟其士女, 篚厥玄黃, 昭我周王. 天休震動, 用附我大邑周.)

우매하여 그 위(位)를 잃어버린 것이 문제다. 그 위(位)를 잃어버리면 팔을 걷어붙이며 그 자리를 넘보는 자가 이 세상에 어찌 단지 나뿐이리오!

남에게 주어 버리기보다는 내가 가지고 있는 것이 낫다. 안으로 자신의 덕을 가다듬으며 하늘에 붙어서 밝음을 유지한다면, 정벌할 수 있는 것이다. 그러나 얼마 안 남은 돈을 한꺼번에 다 걸고 한판에 승부를 보겠다는 자세로 모략도 별로 없이 덤비다가는 쓰라린 패배를 불러올 뿐이다. 저 주왕은 참혹하게 되리라는 것을 몰랐으므로, 끝내 하늘에 오르는 세(勢)를 늘리기에는 부족하였다. 그리하여 패악질이 어지러이 일어나고 우매함이 우매함으로 이어졌으니, 다시 소생할 날은 끝내 단 하루도 없었다. 어찌 다만 15왕[657]들의 위대한 업적이 계속 땅에서 실현되어 그것이 주왕에게 근심이 되었겠는가. 크게 공정한 실정들을 잘 파악하여 이를 바탕으로 어려운 이들의 아픔에 함께할 뜻이 있는 이들을 구하며, "하느님께서 너를 지켜보고 계시니, 너는 의심을 하지 말지어다."[658]라는 자세로 나아간다면, 공명을 다투는 모략 지사들 또한 즐거운 마음으로 몰려올 것이다. 이렇게 되면 굳이 다시 소나무와 대나무처럼 추운 날씨에도 잎이 시들지 않는 정절(貞節)을 지닌 인사들을 바랄 필요가 없으리라.

---

657 15왕은, 후직(后稷)이 농사짓는 법을 가르쳐 주어서 사람들은 이제 수렵시대를 접고 노동력 집약을 위해 함께 모여 살아야 할 필요가 생긴 것인데, 이렇게 이루어진 공동체의 우두머리가 문왕에 이르기까지 15대 이어졌음을 말한다. 문왕 때에 이르러서야 비로소 제대로 된 국가공동체의 틀을 갖추었다고 한다.(『國語』, 「周語 下」: 自后稷之始基靖民, 十五王, 而文始平之. 韋昭注: 基, 始也, 靖, 安也. 自后稷播百穀以始安民, 凡十五王世修其德, 至文王乃平民受命也.)

658 『시경』, 「대아(大雅)」 편에 나오는 '대명(大明)'이라는 시의 한 구절이다. 하느님께서 무왕(武王) 너를 보호하며 함께하고 있으니, 무왕 너는 주왕을 정벌하여 반드시 이길 것이라, 이에 대해 의심하지 말라는 뜻이다.

宋襄之愚也, 卻子魚之謀, 而荊蠻氣盛. 固不如鄢陵之役, 賁皇在側, 而一矢壯中原之勢矣. 成則配天, 敗則隕祚, 岌岌然得失在俄頃之間, 而敢以天命民生浪擲而不恤也哉? 是故西周之滅也, 犬羊蹂乎鎬京, 幽王死於賊手. 秦於是時, 進不能匡王國以靖臣義, 退不能窮豺狼以請天命, 苟安竊取, 但臥西陲. 數十世之後, 乃始詐紿毒劉, 爭帝於戈鋋之下. 失正統者三十餘年, 際殺運者四百餘歲, 幾失事非, 混一而名終不正, 再傳而天下瓦解, 豈徒在攻守異勢之末流乎! 故謀之周, 行之決, 進乘時之士而與共功名, 未可以貳於所事而厭薄之也.

역문 춘추시기 송(宋)나라 양공(襄公)[659]은 어리석어서 자어(子魚)[660]가 주는 계

---

[659] 송양공(?~B.C.637)은 춘추 시기 송나라의 제20대 군주로서 춘추오패(春秋五霸) 중의 하나다. 아버지 환공(桓公; ?~B.C.651)이 위중해지자 이복형이었던 자어(子魚; ?~?)에게 제위(帝位)를 양보하려 했으나, 자어가 거절하자 환공이 죽고는 제위에 올랐다. 그리고 자어를 재상에 해당하는 좌사(左師)에 임명했다. 이리하여 자어가 송나라 정국을 주도하자 송나라는 안정을 이루었다.
　　양공의 재위 기간은 14년(B.C.650~B.C.637)이었다. 이전의 패주(霸主)였던 제환공(齊桓公; ?~B.C.643)이 죽고 제나라가 후계자 문제로 내란 상태가 되자, 양공은 위(衛)·조(曹)·정(鄭)·주(邾) 등 네 나라 군대를 주도하여 제나라로 쳐들어가 내란 상태를 잠재우고 효공(孝公)을 제나라 왕으로 세웠다. 이때부터 송양공(宋襄公)의 성가는 높아졌다. 이에 고무된 양공은 영웅심이 불타올라 자어(子魚)의 반대를 무릅쓰고 제환공의 패업을 계승하려다가 초(楚)나라와 마찰을 빚게 되었다. 양공은 회맹(會盟)을 주도하였다가 초나라에 구류되었고, 나중에 풀려나서 귀국하였다.
　　B.C.638, 양공이 정나라 토벌에 들어가자 초나라는 정나라를 구하러 군대를 파견하였다. 그리하여 송나라와 초나라 군대는 '홍수의 싸움[泓水之戰]'을 벌인다. 이때 자어는, 초나라 군대의 규모에 비해 송나라 군대가 훨씬 열세여서 정면으로 맞붙어서는 승산이 없으므로, 지금 그들이 도강(渡江)하는 틈을 타서 공격하자고 하였다. 그러나 양공은 말을 듣지 않았다. 초나라 군대가 도강을 마치자 자어는 그들이 아직 전열을 정비하기 전에 공격하자고 재차 간하였다. 그러나 양공은 역시 말을 듣지 않았다. 초나라 군대가 전열을 정비하자 비로소 공격하여 양국 군대는 정면으로 붙었는데, 송나라 군대는 그 적수가 되지 못하고 대패하였다. 양공도 이때 초나라 군대의 화살에 넓적다리를 맞는 부상을 당했다. 귀국 후

책을 받아들이지 않았고, 그 결과 아직 야만의 땅에 불과하던 초나라의 기운이 왕성해졌다. 이는 진실로 언릉(鄢陵)의 싸움에서 진여공(晉厲公; ?~B.C.574)이 해낸 것만 못했으니, 분황(賁皇; ?~?)⁶⁶¹이 곁에서 그를 잘 보필

에 왜 자어의 말대로 공격하지 않았느냐고 하자, 양공은 그것이 '인의(仁義)'에 어긋나기 때문이라 하였다. 양공은 이듬해 그 부상이 악화하여 죽었다.(『春秋左氏傳』, 「僖公」 22년조: 冬十一月己巳朔, 宋公及楚人戰于泓. 宋人旣成列, 楚人未旣濟. 司馬曰, "彼衆我寡, 及其未旣濟也, 請擊之." 公曰, "不可". 旣濟而未成列, 又以告. 公曰, "未可". 旣陳而後擊之, 宋師敗績, 公傷股, 門官殲焉. 國人皆咎公. 公曰, "君子不重傷, 不禽二毛. 古之爲軍也, 不以阻隘也. 寡人雖亡國之餘, 不鼓不成列.")

660 이름은 목이(目夷)였고 자어(子魚)는 그의 자(字)다. 목이의 생졸 연대는 다 미상이다. 춘추 시기 송나라에서 사마(司馬)를 역임했기 때문에 '사마자어(司馬子魚)'라 불린다. 목이는 송나라 환공(桓公)의 서자로서, 적장자(嫡長子)인 양공(襄公)의 이복형이었다. 서자였기에 태자의 지위에 있지는 않았지만, 환공의 병이 위중하여 소생이 어려워 보이자 당시 태자이던 자보(玆甫; 송양공의 이름)가 그에게 제위 계승을 간청했으나 목이는 이를 거절하였다. 환공이 죽고 제위에 오른 양공은 목이를 좌사(左師)에 임명하여 정사를 돌보게 하였는데, 목이의 뛰어난 업무처리 능력으로 송나라는 태평한 시절을 이루었다.

B.C.639, 양공이 당시 작은 나라의 군주임에도 불구하고 제후들의 회맹(會盟)을 주도하려 하자, 목이는 양공에게 이를 위험한 일이라며 그만두기를 간했다. 그러나 양공은 이를 듣지 않고 밀어붙였다가 초나라에 구금되는 치욕을 당했다. 석방되어서 돌아온 이듬해(B.C.639) 송·초 두 나라 사이에 홍수(泓水)에서 큰 싸움을 벌였는데, 양공은 목이의 건의들을 묵살하고 승리할 좋은 기회들을 다 날려 버렸다. 결국 송나라는 초나라에 대패하고, 양공도 다리에 큰 부상을 당했다가 이듬해 이로 말미암아 죽었다.

661 분황은 춘추 시기의 인물이다. 초나라 영윤(令尹)이었던 투초(鬥椒, 鬥越椒)의 아들이었는데, 투초가 반란을 일으켰다가 잘못되어 투씨(鬥氏) 가문이 멸문의 화를 당할 처지에 놓이자 분황은 진(晉)나라로 망명하였다. 진나라 경공(景公; ?~B.C.581)은 분황을 중용하여 묘(苗; 오늘날 河南省 濟源의 서쪽 지역)에 채읍(采邑)을 주었다. 분황은 이후 이 식읍을 성씨로 하여 '묘분황(苗賁皇)'으로 불렸다.

B.C.575, 진(晉)·초(楚) 양군은 언릉(鄢陵)에서 싸움을 벌였는데, 이때 분황은 진나라에 결정적인 공을 세웠다. 이때 초나라 군대가 더 강해서 진나라 군대는 두려움에 떨며 머뭇거렸다. 분황이 초나라의 약점을 파악한 계책을 올리자, 진나라 여공(厲公; ?~B.C.573)은 이를 받아들여 그대로 초나라 군대를 공격하였다. 그 결과 초나라는 크게 패하게 되었다.

초나라 군대는 밤에 휴식을 취하며 병력을 보충받고 다음 날 새벽에 다시 싸우기로 하였다. 그러자 분황은 또 초나라 포로들이 도망가서 진나라의 작전 상황을 알리지 못하도록 빈틈없이 감시하게 하는 한편, 틈을 주지 않고 야반을 틈타 초나라 군대를 공격해 들어가게 했다. 이를 견디지 못하고 초공왕(楚共王)은 밤을 타서 퇴각할 수밖에 없었다. 이 언릉의 싸움에서 이렇게 퇴각한 뒤 초나라는 중원에서 그 세력이 급격하게 약해졌다.(『춘추좌

하여 진(晉)나라가 큰 힘 안 들이고 일거에 중원의 세(勢)를 장악하게 되었다. 성공하면 하늘에 맞추어 덕을 베푸는 것이고 실패하면 하늘의 복이 떨어지는 것인데, 얻을지[得] 잃을지[失]가 경각에 달린 위태로운 상황에서 감히 천명과 민생을 제멋대로 내팽개치고 관심을 기울이지 않을 수 있겠는가? 그러므로 서주(西周)는 멸망하게 되었던 것인데, 견융(犬戎)이 호경(鎬京)[662]을 짓밟고 유왕(幽王; ?~B.C.771)은 그들에게 죽임을 당했다.

진(秦)은 당시 이러한 상황에서, 나아간다고 하더라도 왕국을 바로잡아서 신하 나라로서의 의리를 다하여 주나라를 살려 낼 수도 없었고, 물러난다고 하더라도 이 짐승 같은 적들을 제압함으로써 이제 진(秦)나라에게 새로운 중원의 주인공이 되게 해 달라고 천명(天命)을 요청할 수도 없었다. 그저 구차하게 제 나라의 안녕만을 절취(竊取)하듯 하고서는 서쪽 변방에 바짝 엎드려 있었다. 이런 진나라는 수십 세대가 흐른 뒤 연횡책을 써서 열국(列國)을 속이기 시작하였고, 무력을 이용하여 중원의 패권을 다투었다. 그리하여 주나라의 난왕(赧王; ?~B.C.256, 재위 B.C.314~B.C.256)이 진의 소양왕(昭襄王; B.C.325~B.C.251, 재위 B.C.304~B.C.251)에게 나라를 갖다 바쳐 주나라의 정통을 잃어버린 지 30여 년이 흐르고, 주나라의 국운이 기울기 시작한 지 400여 년이 지난 즈음,[663] 국가의 체제는 실종되고 하는 일은

씨전(春秋左氏傳)」,「성공(成公)」 16년 조 참고.)

662 호경(鎬京)은 당시 서주의 수도였다. 오늘날의 서안(西安)에 해당한다.

663 주나라는 서주(西周)의 마지막 왕인 유왕(幽王; B.C.781~B.C.771) 때 견융(犬戎)의 침입으로 말미암아 호경(鎬京)을 버리고 낙양(洛陽)으로 천도하였다. 동주(東周) 시대가 열린 것이다. 그런데 이 동주에서는 주나라 천자들이 직접 힘을 행사해서 국가를 꾸려 가는 것이 아니라, 제국(諸國) 중에서 가장 힘이 센 나라의 왕이 주도하며 나라를 꾸려 갔다. 동주(東周)의 1대 평왕(平王; B.C.771~B.C.720) 때부터 그러하였다. 이른바 '춘추 시기'·'전국 시기'가 그것이다. 따라서 이때부터 주나라의 국운이 기울기 시작했다고 할 수 있다. 주나라는 그로부터 15대가 지난 난왕(赧王; B.C.315~B.C.256) 때 완전히 멸망했다. 동주 천도

잘못되었으며, 중국 전체가 하나로 뒤섞여 버려 내세우는 명분이 끝내 옳지 않게 되고 말았다.[664] 그마저도 아들 대에 이르러서는 중원 천지가 와해되어 버렸다. 그런데 이것이 어찌 단지 공격과 수비의 형세를 달리했다는 말류(末流) 때문이었겠는가.[665] 그러므로 도모함이 주도면밀하고 실행함에 결단성이 있어야 하며, 제때를 만난 전문 지식인들을 등용하여 함께 공명(功名)을 나누도록 해야 한다. 그리고 그들에게 일을 맡겼다면, 그들이 하는 일에 대해 의심을 내거나 싫증을 내며 쌀쌀맞게 대해서는 안 된다.

雖然, 極'明夷'之變, 序'南狩'之績者, 周公也. 文王之當此, 則曰'利艱貞'而已. 故周德之至, 必推本於文王. 而武·周之事, 仲尼勿詳

후 400여 년 만에, 그동안 겨우 명맥만 유지하고 있던 주나라가 완전히 망한 것이다.

664 진시황의 중국 통일은 B.C.221에 완성되었다. 주난왕(周赧王)이 진(秦)의 소양왕(昭襄王)에게 나라를 바치고 멸망한 해(B.C.256)로부터 딱 35년 뒤의 일이다. 왕부지는 진시황에 의한 중국의 통일을 이렇게 매우 비판적으로 평가하고 있다. 주(周)나라의 정통성이 무너진 것으로 본 것이다. 명조(明朝)의 유신(遺臣)이었던 그로서는 당연한 입장이라 할 수 있다.

665 이는 『사기(史記)』의 「진시황(秦始皇) 본기(本紀)」 이후에 부록처럼 실린 가의(賈誼; B.C.200~B.C.168)의 「과진론(過秦論)」 마지막 구절을 인용해서 하는 것이다. 가의는 통일 대국 진나라 멸망의 원인을 분석하여 제시함으로써, 한나라가 왕조를 공고히 유지하게 하자는 의미에서 이 글을 썼다. '과진(過秦)'은 진나라 멸망의 원인을 진나라의 과오에서 찾아 밝힌다는 의미다. 그런데 사마천은 이를 「진시황(秦始皇) 본기(本紀)」를 마친 뒤 자신의 관점을 서술하고는, 이어서 가의의 이 「과진론」 전문을 기록하고 있다.

「과진론」은 이렇게 끝을 맺고 있다. 즉, 중원을 통일한 대국 진(秦)나라가 국력은 전혀 약해지지 않고 아직 그대로였는데, 한갓 농민 출신의 진섭(陳涉; ?~B.C.209, 본명은 陳勝이고 陳涉은 그의 字다.)이라는 인물이 난을 일으키자, 천자의 칠묘(七廟)가 와르르 무너지고 황제는 남의 손에 죽어 천하의 웃음거리가 되어 버린 까닭이 무엇인가. 그것은 '인의를 베풀지 않고 공격과 수비의 형세가 달라졌기 때문'이라는 것이다.(一夫作難而七廟墮, 身死人手, 爲天下笑者, 何也? 仁義不施而攻守之勢異也.) 통일 제국 진나라가 인의에 의한 정치를 베풀지 않고 악정(惡政)을 행함으로써 견딜 수 없었던 민초(民草)들의 원성이 하늘을 찌르게 되었으니, 진나라가 이전에 열국을 공격하던 입장에서 이제는 그들로부터 공격을 받는 형세가 되고 말았기 때문이라는 것이다.

焉. 武 · 周之功, 王之終, 而霸幾見矣. 當其世而有君子者, '于飛' · '不食', 而勿恤'主人'之言, 豈非正哉? 商容之閭雖式, 洛邑之頑民, 公亦不得視飛廉之罰以翦除之. 初九之義, 公之所不得廢也. '南狩'之世, 无'於飛'之君子, 君臣之義熄矣. 義者, 制事以裁理也. 王逢處晉之世, 而效'明夷'之飛, 人之稱此以'不食'也, 何義乎!

역문 비록 그렇다고는 하더라도 이 명이괘䷣에 드러난 변함[變]을 극에 이르게 하며 '남쪽으로 사냥'을 나간 업적을 편 사람은 주공(周公)이다. 문왕은 이 괘에서 '간난 신고함 속에서 올곧음에 이롭다.'[666]라고 함에 해당한다. 그러므로 주나라가 행한 덕의 지극함은 반드시 문왕에게로 그 근본을 미루어야 한다. 무왕과 주공의 일에 대해서는 중니(仲尼)가 자세하게 언급하고 있지 않다. 무왕과 주공의 공(功)은 왕도(王道)의 끝판이며, 패도(霸道)가 여기에서 그 싹이 드러나고 있다. 이들의 세대에서 군자라 할 수 있는 인물들은 '날지 못할 상처를 입음' · '(사흘 동안) 먹지 않으면서' 떠나감에 대해 '주인'이 이러쿵저러쿵 말하는 것을 전혀 개의치 않는 사람이다.[667] 그러니 어찌 이에 대해 옳지 않다고 하리오. 무왕이 상용(商容)의 마을은 비록 본보기로서 표창했다지만, 낙읍(洛邑)에서 아직 버티고 있던 은나라의 유민들을 주공 또한 비렴(飛廉)[668]처럼 보아 처벌함으로써 싹 없애 버릴 수는

---

666 이 명이괘䷣의 괘사에 나오는 말이다.

667 이는 이 명이괘䷣의에서 초구효에 해당하는데, 『주역내전』에서 왕부지는 이것이 강태공(姜太公)을 상징한다고 하고 있다.(初九, 則太公之象也.)

668 비렴은 중국의 신화에서 동물 신으로 전해진다. 그 모습은 새의 몸에 사슴의 머리를 하였다고도 하고, 사슴의 몸에 새의 머리를 하였다고도 한다. 바람을 관장하여 '풍백(風伯)'으로도 불린다. 그러나 동일한 비렴이 『맹자』에 나오는데(『孟子』, 「滕文公下」: 驅飛廉於海隅而戮之), 조기(趙岐)는 이에 대한 주석에서 비렴을 '주왕(紂王)에게 아첨을 잘하였던 신하'라고 주해하고[飛廉, 紂諛臣] 있다.

없는 노릇이었다. 이 명이괘䷣ 초구효의 의로움은 주공으로서도 폐기할 수 없는 것이다.[669]

구삼효가 상징하는 '남쪽으로 사냥을 나감'의 세대에서는 '날지 못할 상처를 입은' 군자가 없었으니 군주와 신하 사이의 의로움[義]도 사라졌다. 의로움이란 이치에 딱딱 들어맞게 일을 처리하는 것이다. 왕봉(王逢)이 진(晉)에서 살던 시절은 이 명이괘䷣의 초구효가 상징하는 것으로서, 날개에 상처를 입어서 날지 못하고 그저 날개를 펼쳐 늘어뜨리고 있음의 효과를 냈고, 사람들이 이를 '먹지를 못함'이라 부르는데,[670] 도대체 이것이 무슨

---

669 무왕은 은나라를 멸망시킨 뒤, 주나라에 복속하기를 거부하고 여전히 은나라 백성으로 살고자 하는 완민(頑民)들을 은나라의 국도(國都) 조가(朝歌)를 중심으로 일정 지역을 할애하여 살게 했다. 그리고 주왕(紂王)의 아들 무경(武庚)에게 이들을 다스리게 하며 은나라의 제사를 받들도록 했다. 이들에게 일종의 자치권을 부여한 것이라 볼 수 있다. 다만 무왕은 혹시 이들이 반란을 일으킬 것에 대비해, 이 조가의 동쪽으로 위(衛)나라를 설치하여 관숙(管叔; ?~B.C.1113)에게, 서쪽으로 용(鄘)나라를 설치하여 채숙(蔡叔; ?~?)에게, 북쪽으로 패(邶)나라를 설치하여 곽숙(霍叔)에게 각각 맡겨서 감시하도록 하였다. 이들은 모두 무왕의 동생들이다.

무왕이 죽고 그 아들 성왕(成王)이 아직 어려서 이들과 같은 형제인 주공이 섭정하게 되었는데, 이들은 이를 받아들이지 못하고 무경을 꼬드겨 함께 반란을 일으켰다. (B.C.1042~B.C.1039.) 이를 '삼감(三監)의 난'이라 한다. 난이 일어나자 주공은 강태공(姜太公; B.C.1211~B.C.1072), 소공(召公) 석(奭)과 협의한 뒤, 동정(東征)하여 이들을 반란을 진압했다. 주공은 이제 이 삼감(三監)을 폐지하고, 무경이 다스리던 지역을 자신의 아우 강숙(康叔)을 보내 다스리게 했다. 아울러 주공은 은나라 유민 일부를 이주시키고는 무경(武庚)의 숙부인 미자(微子; ?~?)에게 다스리게 했다. 이것이 송(宋)나라다. 주공은 미자에게 은나라 왕실에 대한 제사도 이어 나아가게 했다.

670 이는 이 명이괘䷣의에서 초구효사 "밝은 덕을 지닌 이가 날지 못할 상처를 입었는데 날개를 펼쳐 아래로 내려뜨리고만 있다. 군자가 가는 데서 사흘 동안 먹지를 못함이다. 떠나가고 있는데, 주인이 이러쿵저러쿵 말을 한다.(明夷于飛, 垂其翼. 君子于行, 三日不食. 有攸往, 主人有言.)"를 빗대서 하는 말이다. 왕봉은 원나라 말기에서 명나라 초기에 걸려 살던 문인이다. 원나라 때 그는 대관(大官)의 천거로 벼슬길에 나아갈 수 있었으나 병을 핑계로 취임하지 않았다. 그는 나중에 무석(無錫)의 양홍산(梁鴻山)에 은거하며, 청룡강(靑龍江)이 흐르는 청룡진(靑龍鎮)에 오계정사(梧溪精舍)를 짓고 유유자적하였다. 명나라 때에는 문학(文學)으로 초빙되었으나 역시 사양하고 나아가지 않았다.

의로움이란 말인가!

앞서 고괘(蠱卦)☶의 풀이에서도 나왔지만, 왕부지는 이러한 왕봉을 비판적으로 평가하고 있다. 이민족이 중원을 지배하던 왕조인 원나라가 벌써 망하고 이제 한족에 의한 새로운 왕조 명나라가 들어섰으니, 왕봉은 인제 그만 슬픔을 접고 나와서 새 나라 건설에 힘을 보탰어야 옳다는 것이다.

가인괘

䷤家人

居尊則喜, 處卑則悗, 情之常也, 雖陰陽而吾知其且然. '家人'之體, 九正位乎五, 二不敢干, 四不敢逼, 以分正情, 而悗消乎下, 則陰固自處以貞矣. 陽居中得正, 大正以率物, 何患乎陰之不從! 而'家人'之申訓, 惟在'女貞'者, 何也?

역문 존귀한 자리를 차지하고 있으면 즐거워하고 낮은 자리에 처해 있으면 세상을 원망함이 인지상정(人之常情)이다. 비록 음(--)과 양(—)이라 할지라도 이러하다는 것을 나는 알고 있다. 이 가인괘䷤의 상(象)을 보면, 구오효(—)가 5효에 올바르게 자리를 잡고 있으므로, 육이효(--)는 감히 간여하지 못하고 육사효(--)도 감히 핍박하지 못한다. 이렇듯이 올바른 실정으로 나뉘어 있기 때문에 원망함이 아랫것들에게서 해소된다. 음(--)들 스스로 올곧음으로써 처신하고 있는 것이다. 구오효의 양(—)이 가운데 자리를 차지하여 올바름을 얻고 있으니, 크게 올바름으로써 외물들을 거느리고 있다. 여기에 어찌 음(--)들이 좋지 않음을 두려워할 것이 있으랴! 그런데도 이 가인괘䷤에서 교훈을 주기를 오직 '여자가 올곧음'에 있다고 함[671]은 도대체 무슨 까닭에서일까.

陽剛有餘, 陰柔不足. 有餘者盛, 不足者爭. 同處而爭, 陽尊不保. 故陰乘陽, 女亢男, 天下亦繁有之矣. '家人'之體, '巽'與'離'皆陰也, 陰主陽賓, 而陰能自守其位, 其猶女道之本正而无頗者與! 雖然, 各處其位, 未有歉也; 使之止而不泆, 靜而不競, 剛明外護, 以成女之貞而不過者, 爲'閑'·爲'威', 初·上之功亦大矣哉!

역문 양(—)의 군셈[剛]에는 남음이 있고, 음(--)의 부드러움[柔]에는 부족함이 있다. 남음이 있는 것들은 융성하고 부족한 것들끼리는 서로 싸운다. 한데 있어서 싸우게 되면 양(—)의 존귀함으로도 자신의 보호가 안 된다. 그러므로 음이 양을 올라타고, 여인이 남자에게 목을 치켜들고 대드는 일이 이 세상에는 역시 넘친다. 이 가인괘☲의 괘체(卦體)는 손괘☴와 리괘☲로 이루어져 있는데, 이들 모두 음괘다.[672] 그리하여 이들 괘에서는 음(--)이 주인이고 양(—)들은 손님이므로, 음(--)이 스스로 그 지위를 지킬 수가 있다. 이는 마치 여성으로서 해 나아가는 도리가 근본적으로 올발라서 전혀 비뚤어짐이 없는 것과 같을진저! 이렇듯 이 가인괘☲에서는 음(--)들이 각기 제 위(位)를 차지하고 있어서 뜻에 만족스럽지 않음이란 없다. 비록 그렇다고는 하더라도, 음(--)들을 멈추게 하여 음탕하지 않게 하고, 고요히 있으면서 다투지 않게 하며, 군셈[剛]의 밝음이 겉을 보호함으로써 여성의 올곧음을 이루고 잘못을 범하지 않게 하는 것은, '잘 막아 냄'과 '위엄이 있음'

---

671 이는 이 가인괘☲의 괘사 "여자가 올곧음에 이롭다.(利女貞.)"를 두고 하는 말이다.

672 이는 한 괘에서 소수인 것이 다수인 것들을 지배한다는 원칙에 따른 것이다. 팔괘에서 손괘☴, 리괘☲, 태괘☱는 음(--) 하나에 양(—)이 2개인 괘들로서 음이 소수, 양이 다수에 해당하기 때문에 모두 음괘들이다. 물론 세 효 모두 음(--)으로 되어 있는 곤괘☷는 당연히 음괘다. 이에 비해 진괘☳, 감괘☵, 간괘☶는 양(—)이 소수, 음(--)이 다수로서 양괘들이고 건괘☰도 마찬가지로 양괘다.

때문이니, 초구효와 상구효의 공(功)도 크도다![673]

故陰陽得位之卦四: 曰'漸', 曰'旣濟', 曰'蹇', 曰'家人'. 彼三卦者, 皆
增陰而啟其競泆: '漸'疑於下靡, 則初屬於小子; '旣濟'嫌於上濫, 則
上屬於濡首; '蹇'闢戶以四達, 而終以陷陽而幾不得出. 其唯'家人'
乎! 閑之於下, 許子以制母; 威之於上, 尊主以治從; 而後陰雖忮忌
柔曼以爲情, 終以保貞而勿失矣.

역문 그러므로 한 괘에서 음(--)과 양(—)이 제 위(位)를 올바르게 얻고 있는
괘들, 예컨대 점괘(漸卦)☶, 기제괘☵, 건괘(蹇卦)☷, 가인괘☲ 등에서 이 가
인괘를 제외한 나머지 세 괘는 모두 음(--)을 늘려서 다투듯이 분수에 넘
치는 짓을 하게 한다. 즉 점괘(漸卦)☶는 아래에서 휩쓸리는 것이 아닌가
하는 의심을 내므로, 초육효는 '어린아이들'에게 위태로운 것이다. 기제괘
☵는 위에서 외람되지나 않을까 하는 점에 혐의를 두므로 상육효는 물을
건너다 머리를 적시게 되는 위태로움이 있다. 건괘(蹇卦)☷는 문을 활짝 열
어 사방으로 통하게 하여 마침내 양(—)을 함닉하여 거의 빠져나갈 수 없
게 하고 있다.[674]

이렇게 보면, 이들 네 괘 중에서 오직 가인괘☲만이 이러한 문제를 가지
고 있지 않도다! 초구효는 아래에서 가로막고 단속하여 자식에서 어머니
를 제어(制御)하게 하고 있고, 상구효는 위에서 위엄을 보여 임금[675]을 떠받

---

673 이 가인괘☲에서 '잘 막아 냄'은 초구효사에 '위엄이 있음'은 상구효사에 있다.

674 건괘(蹇卦)☷의 구오효를 가리키는 것으로 보인다. 이 건괘의 회괘(悔卦)는 감괘☵로서 물
을 상징하는데, 가운데 양(—)이, 마치 물속에 빠졌다고도 할 수 있는 상을 이루고 있기 때
문이다.

675 이 가인괘☲의 구오효가 상징하고 있다. 양(—)으로서 하늘의 위(位)에서 득중하고 있기

들면서 다스림을 좇는다. 이렇게 하므로 이 가인괘☲에서는 음(--)들이 비록 시기와 질투를 부리고 온갖 교태를 지어내는 마음 씀씀이를 갖고 있다 하더라도 마침내는 올곧음을 보존하고 잘못을 저지르지 않게 된다.

或曰: 德以綏順, 威以涖逆, 二中而爲'離'明之內主, 四退而成'巽'順之令德, 是物本正, 而過用其剛, 不已甚乎?

역문 누군가는 말한다, "덕은 순종하는 이에게 내려 주는 것이고, 위엄은 거스르는 이에게 보여 주는 것인데, 이 가인괘☲에서 육이효는 득중하여서 밝음을 상징하는 리괘☲의 안주인이 되어 있고, 육사효는 물러나서 순종함을 상징하는 손괘☴의 미덕을 이루고 있다. 이들은 이처럼 본래 올바른데 초구·상구효 등이 지나치게 굳셈[剛]을 쓰고 있으니, 너무하는 것 아닌가?"라고.

則將釋之曰: 以言乎天地之間, 其初豈有不正哉! 雖有哲婦, 始必從夫; 雖有嚚子, 生必依父; 是位本正也. 閨闥之內, 絶愛則夫婦梏; 庭闥之間, 寡恩則父子離; 是情本正也. 因其正位, 用其正情, 習以相沿, 而倒施戾出之幾, 成於至微, 而終於不可撿. 故君子不強裁以分之所无, 而不忽於名之本正, 然後正者終正而不渝. 故曰, "發乎情, 止乎理, 和樂而不淫, 怨誹而不傷." 逮其旣淫旣傷而治之, 則戕恩害性之事起矣. 초회왕(楚懷王)

역문 이에 대한 내 대답은 이러하다. 하늘과 땅 사이에 있는 것으로 말하면,

때문이다.

시초에야 어찌 올바르지 않음이 있겠는가! 비록 명철한 부인이라 할지라도 처음에는 반드시 지아비를 따르고, 비록 어리석은 아들이라 할지라도 생겨나서는 꼭 아버지에게 의존한다. 이렇듯 시초로만 본다면, 지아비·아버지의 위(位)는 본래 올바르게 행사된다. 그런데 안방 안에서 사랑을 끊어 버리면 부부 사이는 거칠어지고, 가정 안에서 은혜를 적게 베풀면 부모 자식 사이가 벌어진다. 그러니 이러한 경우의 사랑과 은혜는 정(情)으로서 본래 올바른 것이다. 하지만 올바른 위(位)에 근거하여 올바른 정(情)을 쓰다가도, 서로 익숙해지고 또 이러함이 이어지다가 보면 잘못 나온 정(情)을 올바르지 않게 사용하는 싹이 트게 되는데, 이것이 처음에는 지극히 미미한 것이었다고 하더라도 나중에는 숨길 수 없는 것이 되고 만다. 그러므로 군자는 분수에 없는 것을 억지로 제재하지는 않지만, 명분상 본래 올바른 것에는 소홀히 하지 않는 것이다. 이러한 뒤에라야 올바른 것이 끝까지 올바르며 변하지 않는다. 그러므로 "정(情)에서 발하여 이치에서 그친다. 어울리며 즐거워하면서도 음란하지 않고, 원망하고 비방하면서도 마음에 상처를 입지 않는다."676라고 한다. 이미 음란해지고 이미 상처를

---

676 이 인용문은 마치 하나의 인용문처럼 보이지만, 사실은 세 전적으로부터의 인용을 짜깁기해 놓은 것이다. 앞부분의 "정(情)에서 발하여 이치에서 그친다."라는 부분은 「모시서(毛詩序)」에 나와 있다. 그런데 「모시서」의 관련 원문은 '이치에서 그친다(止於理)'가 아니고 '예의에서 그친다(止於禮義)'로 되어 있다. 「모시서」의 관련 부분 전체를 보면, "왕도정치가 쇠퇴하고, 예의는 폐기되며, 정치에 의한 교화는 실추되고, 나라에 이상한 정치가 행해지며, 가문에서도 풍속이 달라지자, 변한 풍(風)과 변한 아(雅)가 지어지게 되었다. … 그러므로 변한 풍은 정(情)에서 발하고, 예의에서 그치는데, 정(情)에서 발함은 민초들의 성(性)을 드러낸 것이요, 예의에서 그침은 선왕들의 은택을 드러내는 것이다.(至於王道衰, 禮義廢, 政敎失, 國異政, 家殊俗, 而變風變雅, 作矣. … 故變風, 發乎情, 止乎禮義, 發乎情, 民之性也; 止乎禮義, 先王之澤也.)"로 되어 있다. 따라서 왕부지가 이곳에서 인용하는 것과는 약간 다름을 알 수 있다.
      '어울리며 즐거워하면서도 음란하지 않고'는, 공자가 '관저(關雎)'라는 시에 대해, "즐거워하면서도 음란하지 않고, 슬퍼하면서 마음을 상하지 않는다."라고 한 평을 인용하면서,

받음에 이르러서는, 은혜를 해치고 성(性)을 해치는 일이 일어나게 되어 있다.

言前有信以爲物, 行餘有道以爲恒, 初·上所以立位外而治位中也. 涉於位則情已發, 情已發則變必生. 三入二陰之中, 頳色危顔以爭得失, "婦子嘻嘻", 終不免矣. 顔之推曰, "梁元帝之世, 有中書舍人嚴刻失度, 妻妾貨刺客伺醉而殺之"以身試於女子小人之間, 授以不正而開之怨, 又非徒吝而已也.

역문 말하기 전에는 믿음이 있어야 한 말이 말로서 인정받고, 행한 뒤에는 그 행위가 도리에 맞아야 항구성을 지닌다. 이 가인괘☲☴에서 초구·상구효는 위(位) 밖에 서서 위(位) 속에 있는 것들을 다스리고 있다. 그렇지 않고 위(位) 속에 발을 담그게 되면, 그와 관련하여 정(情)이 벌써 발하게 되니 변함[變]이 반드시 생긴다.

이 가인괘☲☴의 구삼효가 바로 그러하다. 이 구삼효는 육이·육삼효 두

───

'어울리며(和)'라는 말을 덧붙인 것으로 보인다. 공자의 평은 『논어』, 「팔일(八佾)」 편에 나온다.(『論語』, 「八佾」: 子曰, "「關雎」, 樂而不淫, 哀而不傷.)

'원망·비방하면서도 마음에 상처를 입지 않는다'는, 유협(劉勰; 465~521)이 지은 『문심조룡(文心雕龍)』 제5, 「변소(辨騷)」 편에 나와 있다. 그런데 이 또한 유협이 직접 자신의 견해를 드러내는 것이 아니라, 회남왕(淮南王) 유안(劉安; B.C.179~B.C.122)의 견해를 인용하는 것이다. 원문을 보면, "옛날에 한무제가 「이소(離騷)」를 즐겨 읽었는데, 회남왕(淮南王) 유안(劉安)은 그를 위해 풀이 글인 「전(傳)」을 지었다. 여기에 드러난 유안의 견해는, '「국풍」은 여인을 좋아하면서도 음란하지 않음을, 「소아(小雅)」는 원망하고 비방하면서도 어지럽히지 않음을 드러내고 있다'는 것이다.(昔漢武愛騷, 而淮南作傳. 以爲國風好色而不淫, 小雅怨誹而不亂.)"로 되어 있다. 따라서 여기에서 왕부지가 '원망하고 비방하면서도 마음에 상처를 입지 않는다'라고 한 것은 「변소(辨騷)」 편의 구절과 약간 다르다. 그런데 왕부지는 원래 이렇게 알고 있었던 것으로 보인다. 그가 지은 『시경패소(詩經稗疏)』에서도 똑같이 서술하고 있기 때문이다.(『詩經稗疏』 권2, 「小雅」: 何以云, 「小雅」怨誹而不傷乎? 其匪人者, 猶非他人也.)

음들(==) 속에 들어가 있다. 그리하여 얼굴을 붉히기도 하고 험상궂은 표정을 짓기도 하며 이들과 얻음[得]·잃음[失]을 다투고 있다. 그래서 '부인과 아이들이 불꽃이 희미한 소리를 내며 스러지듯 함'을 끝내 면하지 못한다. 안지추(顔之推; 531~597)[677]는 "양(梁)나라 원제(元帝; 508~555, 재위 552~555) 때 중서사인(中書舍人)이라는 인물이 가족들에게 지나칠 정도로 엄격하게 대하자, 그 처와 첩이 돈을 주고 자객을 사서 그가 술에 취한 틈을 타 살해해 버렸다."라고 한다. 이는 제 몸을 가지고 여자와 어린이들에게 시험한 것으로서, 옳지 않은 짓을 이들에게 함으로써 이들의 원망을 샀기 때문이다. 이렇게까지 하면 단지 아쉬움을 남기는 정도에 그치는 것이 아니다.[678]

---

677 안지추는 남북조 시대에 활약한 문인이며 학자다. 그는 어려서부터 공부에 열중하여 『의례(儀禮)』, 『춘추좌씨전(春秋左氏傳)』 등을 독학으로 독파하였고, 여러 서적을 즐겨 탐독하였다. 문장에도 뛰어나 소역(蕭繹; 508~555)이 상동왕(湘東王)일 적에 그의 인정을 받아 일찍이 19세에 국좌상시(國左常侍)에 임명되었다. 그리고 소역이 강릉(江陵)에서 스스로 양(梁)나라 황제에 올라 개원한 해(552)에는 산기시랑(散騎侍郞)이 되어 교서(校書)를 담당했다. 서위(西魏)가 양나라를 침략하여 강릉을 함락시키자 안지추는 포로가 되어 장안(長安)으로 압송되었다. 이후 안지추는 북제(北齊)로 도망갔는데, 북제의 선제(宣帝)에 의해 다시 관리에 임명되었다. 577년, 북주(北周)에 의해서 북제가 멸망했지만, 안지추는 북주에서도 여전히 평원(平原)과 하진(河津) 태수 등의 벼슬을 지냈고, 나중에는 어사상사(御史上士)에까지 올랐다. 수(隋)나라가 들어서서도 안지추는 학사(學士)로 초빙되어 매우 존중을 받았다. 『안씨가훈(顔氏家訓)』이라는 거작을 남겼는데, 이 책에서 안지추는 조기 교육의 중요성을 대단히 강조하고 있다. 이 외에도 안지추는 다수의 저작을 남겼다.

678 이 구삼효사는 "가족 구성원들이 불길이 막 세찬 소리를 내며 맹렬하게 타오르듯 함이니 후회할 일이 있고 위태롭지만 길하다. 부인과 아이들이 불꽃이 희미한 소리를 내며 스러지듯 함이니 끝내 아쉬워한다.(九三, 家人嗃嗃, 悔厲吉. 婦子嘻嘻, 終吝.)"로 되어 있다.

규괘

䷥睽

一

陰陽失位而至於'睽'矣, 則猜忌乖離, 固有出於情理之外, 而値其世
者恬不知怪也. 陽屈處於二・四, 其睽也何尤焉! 陰進宅於三・五,
可以无睽矣, 而燥濕異其性情, 非分生其矜忌, 傲不恤群, 成乎離泮.
甚哉, 小人之不可使乘時而得駕也!

역문 음(--)과 양(—)이 제 위(位)를 잃은 괘들 중에서도 이 규괘䷥에서는 서로
시기하는 나머지 마음이 괴리하는데,[679] 이러함이 본디 인정과 도리의 테

---

[679] 이는 왕부지의 독특한 『주역』 독법을 반영하는 구절이다. 왕부지는 초효와 상효는 이제 막
시작함과 곧 사라짐을 반영하고 있으므로 구체적인 위(位)가 없다고 보며, 이 두 효를 제외
한 나머지 2~5효들에서 그 위(位)의 홀・짝수에 맞게 각기 양(—)과 음(--)이 제대로 자리
잡고 있느냐를 중요시한다. 예컨대 앞의 가인괘䷤ 풀이에서, 음(--)과 양(—)이 제 위(位)
를 올바르게 얻고 있는 괘들로서 점괘(漸卦)䷴, 기제괘䷾, 건괘(蹇卦)䷦, 가인괘䷤ 등을 든
것이 그것이다. 이들은 초효와 상효를 제외한 나머지 효들이 모두 그 위(位)의 홀・짝수에
맞게 음(--)과 양(—)이 자리 잡고 있다. 그런데 여기에서는 이와 반대로 초효와 상효를 제
외한 나머지 2~5효들에서 그 위(位)의 홀・짝수에 맞지 않게 각기 양(—)과 음(--)이 자리
잡은 괘들을 거론하는 것이다. 이 부류에는 이 규괘䷥를 비롯하여, 귀매괘䷵, 미제괘䷿, 해
괘䷧ 등 역시 네 괘가 있다. 왕부지는 앞의 부류에 속한 괘들은 각기 제 위(位)를 제대로 차
지하고 있으므로 화합을 이룬다고 보고, 뒤의 부류에 속하는 괘들은 반대로 각기 제 위(位)

두리 밖에서 나온 것들이어서 이러한 상황을 만난 사람들은 그저 담담하게 받아들이며 괴이한 줄도 모른다. 이 규괘☲에서 양(—)들은 2·4의 효위에 자신을 굽히고 처해 있으니 어그러짐이 있다고 하여 무슨 허물이 되겠는가! 음(--)들도 나아가 3·5의 효위에 자리를 잡고 있으니 어그러짐이 없을 수는 있다. 그러나 하나[5]는 건조함 속에 있고 하나[3]는 습함 속에 있어서 그 성(性)·정(情)을 달리하니,[680] 제 분수에 맞지 않게 교만과 시기를 내서 거만을 떨며 이를 바라보는 다른 사람들에게는 전혀 관심을 기울이지 않는다. 이렇게 하여 물가를 떠남을 이루고 만다. 심하도다, 소인배들에게 제때를 만나 높은 자리를 차지하여 제대로 할 일을 하도록 하기란 불가능하구나!

雖然, 其猶有差等焉. 五履天步而明, 三處爭地而穢, 其使寧謐之世, 戈鋋橫流者, 三其爲戎首與! 才均相逼, 激以寡恩, 故蔡攸不得全其毛裏之仁, 張·陳不能保其刎頸之誼. 雖然, 天下將視其凶終而莫之平與? 曰: 初·上, 其平之者也.

역문 비록 이러하다고는 하지만, 여기에도 오히려 차등은 있다. 육오효는 한 나라의 운명을 좌우하는 자리에 앉아서 밝고, 육삼효는 싸움터에서 더러움에 젖어 있으니, 편안하고 고요한 세상에서 무기를 들고 설쳐 대는 이로

를 어긋나게 차지하고 있으므로 서로 어기어짐을 이룬다고 본다. 그중에서도 이 규괘☲가 대표적이라는 것이다.

680 이 규괘☲는 정괘(貞卦)가 태괘☱, 회괘(悔卦)가 리괘☲로 되어 있다. 이들을 취상설에 근거해서 보면, 리괘☲는 불을 상징하므로 건조함을, 태괘☱는 연못을 상징하므로 습함을 띠고 있다고 할 수 있다. 또 「문언전(文言傳), 건괘(乾卦)」에서도 "물은 습기 있는 곳으로 흐르고, 불은 바짝 마른 것으로 나아간다.(水流濕, 火就燥.)"라 하고 있다.

서는 육삼효가 그 원흉이로다! 재능이 비슷하면 서로 핍박하고 격렬하게
부딪히며 은혜를 줄인다. 그러므로 채유(蔡攸; 1077~1126)는 그 모리지인(毛
裏之仁)[681]을 온전히 실현할 수 없었다.[682] 장이(張耳; ?~B.C.202)와 진여(陳餘;

---

[681] '모리지인(毛裏之仁)'은 『시경』, 「소아(小雅)」의 '소변(小弁)'이라는 시에 그 출전이 있다.
이 시의 한 구절 "누구든 우러러 아버지를 존경하지 않음이 없고, 누구든 어머니의 그 품속
에 의지하지 않음이 없어라. 나만 지금 아버지의 체모(體毛)도 만지지 못하고 어머니 품속
[裏]에 의지하여 근심하지도 못한다. 하늘이 날 낳으셨건만 나는 언제나 편안할까!(靡瞻匪
父, 靡依匪母. 不屬於毛? 不離於裏? 天之生我, 我辰安在.)"라고 함이다. 이에 대해 모형
(毛亨; ?~?, 秦末漢初)은 "털은 밖에 있는 것이니 양(陽)으로서 아버지를 상징하고, 이(裏)
는 속에 있는 것이니 음(陰)으로서 어머니를 상징한다.(『毛傳』: 毛, 在外, 陽, 以言父; 裏,
在內, 陰, 以言母.)"라고 풀이하였다. 이에 대해 후한(後漢)의 정현(鄭玄; 127~200)은 다시,
"이는, '사람이면 누구든 아버지를 우러러보고서 자신의 행동 원칙을 취하고, 또 어머니에
의존하고 기대면서 그 품에서 크는 것인데, 지금 나만 홀로 아버지의 피부로 전해지는 기
운을 받을 수 없고 또 어머니의 품에 안길 수도 없네. 어째서 내게만 부모님의 은혜가 없는
가!'하는 것이다.(『鄭箋』: 此言人無不瞻仰其父取法則者, 無不依恃其母以長大者. 今我獨不
得父皮膚之氣乎, 獨不處母之胞胎乎, 何曾無恩於我!)"라고 풀이하였다. 이렇게 보면 '모리
지인(毛裏之仁)'은 '부모님의 은혜'를 의미한다고 볼 수 있다.

[682] 채유는 채경(蔡京; 1047~1126)의 맏아들로서, 휘종(徽宗; 1082~1135, 재위 1100~1126)이
단왕(端王)일 적부터 일찍이 그에게 능력을 인정받았고, 휘종이 즉위한 뒤로도 여전히 신
임과 총애를 받았다. 휘종은 채유에게 영추밀원사(領樞密院事)라는 벼슬을 내렸다. 채유
는 늘 휘종 곁에 붙어 다니면서 휘종의 비위를 맞추며 즐겁게 했다.
아버지 채경 또한 휘종의 총신(寵臣)이었다. 특히 채경은 왕안석 신법(新法)의 열렬한
신봉자로서 앞장서서 이를 추진하던 인물이었는데, 왕안석과 함께 당시 이를 둘러싼 정쟁
에 따라 부침하였다. 그는 네 차례 재상에 임명되어 모두 17년을 재임하였다. 특히 휘종의
정치적 파트너로서 그의 재임 당시 실권을 쥐고 염법(鹽法)·차법(茶法)을 개정하였고, 당
십대전(當十大錢)을 주조하였다. 그런데 채경은 휘종에게 화석 채취의 취미를 불러일으켜
줌으로써 휘종이 방탕하고 부패한 생활에 젖어 들게 하였다.
채유는 처음에는 아버지 채경의 파직 상태를 면해 달라고 휘종에게 간청할 정도로 아버
지에 대한 정이 없지 않았다. 그러나 자신의 권세가 날로 높아지며 아버지 채경과 비슷해
지자 이들은 부자지간임에도 서로 마찰을 빚게 되었다. 더욱이 간사스러운 인간들이 부자
사이를 왔다 갔다 하며 이간질을 하는 바람에 더 틈이 벌어지게 되었다. 마침내 둘은 각각
문호(門戶)를 세워서 대립하게 되었고, 끝내 원수지간이 되고 말았다. 집도 따로 살았다.
어느 날 채유는 휘종이 채경을 다시 중용하려는 것을 알아차렸다. 채유는 이를 막으려고
채경의 집에 가서 채경의 손을 잡고 진맥을 하는 시늉을 한 뒤, 맥이 좋지 않다고 하며 며
칠 뒤 휘종이 채경에게 벼슬을 주려고 하면 고사하라고 하였다. 며칠 뒤 채경은 과연 나이
를 핑계로 벼슬을 사양하고 물러났다. 심지어 채유는 그의 막내아우가 아버지 채경에게 사

?~205)도 서로를 위해서는 죽음도 불사한다는 문경지교(刎頸之交)를 맺었지만 그 의로움을 지켜 낼 수 없었다.[683] 비록 그렇기는 하지만 세상 사람들은 이들의 흉한 종말을 보면서도 바로잡으려 하지 않을까? 내 견해로는 이 규괘☲☱의 초구·상구효가 바로잡는 존재다.

初·上之於家人也, 閑之於本合則易爲功; 於睽也, 合之於已離則難爲力. 逮位之已失也, 初·上以柔道散之, 而奉陽爲主, 則解免於險; 初·上以剛道固之, 而反爲陰用, 則睽終以孤. 孤而且難, 初·上之技亦窮矣. 然而平其不平而治其乖者, 天之道也, 陽之任也. 初·上亦何道以當此而无傷乎?

역문 가인괘☲☴에서는 2~5효위(爻位)에 있는 것들이 본래 서로 화합하고 있으

랑받는 것을 질시하여 여러 차례 휘종에게 이 동생을 죽이라고 간청하기도 하였다. 다만 휘종은 이를 들어주지 않았다.(『宋史』 권472, 「列傳231, 姦臣2 蔡京傳」: 其後與京權勢日相軋, 浮薄者復間之. 父子各立門戶, 遂爲讐敵. 攸別居賜第, 嘗詣京. 京正與客語, 使避之. 攸甫入, 遽起握父手爲脈視狀, 曰, "大人脉勢舒緩, 體中得無有不適乎?"京曰, "無之."攸曰, "禁中方有公事, 郎辭去."客竊窺見以問京, 京曰, "君固不解此. 此兒欲以爲吾疾而罷我也."閱數日, 京果致仕. 以季弟條鍾愛於京, 數請殺之, 帝不許.)

683 이 둘은 처음 만나서는 사이가 좋았다. 장이가 진여보다 나이가 훨씬 많아서 진여는 장이를 아버지처럼 여겼다. 그러나 점점 사귐이 깊어지며 서로 스스럼없이 되자 이 둘은 서로를 위해서는 죽음도 불사한다는 문경지교(刎頸之交)를 맺었다. 그러나 진승(陳勝; ?~B.C.209)과 오광(吳廣; ?~B.C.209)의 난으로부터 촉발된 진(秦)나라 멸망과정에 함께 참여하며 활약하다가 서로 틈이 생기고, 나중에는 원수가 되었다. 심지어 진여는 한왕(漢王)의 도움 요청에 응하는 조건으로 장이의 목을 요구하기까지 하였다. 사마천은 이들의 사귐이 결국은 세리(勢利)에 바탕으로 사귐일 뿐이라 하며 폄하하고 있다. 그러나 이 둘의 관계가 평생에 걸쳐 연관되어 있으므로 「열전」에서는 이 둘을 함께 엮어서 서술하고 있다.(『史記』, 「張耳陳餘列傳」: 太史公曰, "張耳·陳餘, 世傳所稱賢; 其賓客廝役, 莫非天下俊桀, 所居國無不取卿相者. 然張耳·陳餘始居約時, 相然信以死, 豈顧問哉. 及據國爭權, 卒相滅亡, 何鄉者相慕用之誠, 後相倍之戾也!豈非以勢利交哉? 名譽雖高, 賓客雖盛, 所由殆與大伯·延陵季子異矣.")

므로 초구·상구효가 쉽게 그 공(功)을 발휘한다. 그러나 이 규괘☲에서는 이들이 이미 서로 괴리한 상황에서 화합하게 해야 하므로 초구·상구효로서도 힘을 쓰기가 그만큼 어렵다. 이에 비해, 2~5효위(爻位)에 있는 것들이 이미 제 위(位)를 잃고 있음에 대해 초·상효가 부드러움[柔]의 원리로써 이들을 흩어지게 하며 양(陽)을 받듦을 위주로 하니, 해괘☲는 험난함에서 벗어난다. 그러나 이 규괘☲에서는 초·상효가 굳셈[剛]의 원리로써 이들을 고착시키면서 거꾸로 음(--)들에 의해 이용을 당한다. 이러하므로 이 규괘☲에서는 고립으로 끝난다.[684] 고립된 데다 어렵기까지 하여서 초·상효의 기량도 막히게 되는 것이다. 그러나 그 고르지 않음[不平]을 바로잡으며 이들의 괴리를 다스리는 것은 하늘의 도(道)이고, 양(陽)의 임무다. 초구·상구효가 도대체 무슨 방법을 써야 이러한 상황을 맞닥뜨려 처리하면서 상처를 입지 않을까?

夫情, 稱乎時者也; 事, 因乎位者也. 刻梡不可以得劍, 尸祝不可以佐饔. 均爲陽剛, 而位異則異所嚮, 時殊則殊所施. 處乎睽之初·上, 道各以相反相成, 而後術以不窮.

역문 대저 상황[情]은 때와 맞물려 있는 것이고, 해야 할 일은 그 위(位)에 달린 것이다. 배를 타고 가다가 칼을 물속에 빠뜨렸을 때 부리나케 빠뜨린 그 자리에 새겨 두어 보았자 칼을 찾을 수는 없다.[685] 시축(尸祝)이 그 제사 음

---

684 이 규괘☲의 상구효사에서, "괴리된 채 고독함이요, 돼지가 등에 잔뜩 진흙을 묻히고 있음을 보고서 수레 한가득 귀신을 싣고 오는 것으로 여겨, 먼저는 활시위를 당겼다가 나중에는 당기던 활시위를 슬그머니 놓는다. 도적이 아니며 혼인을 청하러 온 사람이다.(睽孤, 見豕負塗, 載鬼一車, 先張之弧, 後說之弧, 匪寇, 婚媾.)"라 하고 있음을 근거로, 이렇게 말하는 것이다.

식이 마음에 안 든다고 하여 음식 만드는 것을 도울 수도 없는 것이다.[686] 똑같은 양(陽)의 굳셈[剛]이라 하더라도 위(位)가 다르면 대하는 곳도 다르고, 때가 다르면 취해야 할 조치도 다른 것이다. 이 규괘☰에서 초구효와 상구효는 각기 행하는 원리가 서로 반대인데 그러면서도 서로 이루어 줘야만, 이들이 행할 방법도 막히지 않는다.

上居尊而俯臨以治下, 初處卑而出門以合交. 治下用刑, 合交用禮. 初與三爲同體, 上與三爲君臣. 小人之忿爭而不洽也, 責望其黨以連類之戈矛, 猶懼其君有正己之鈇鉞. 同體而相規, 則激而頳怒室之色; 居高而不我治, 則狃而盡攻擊之力. 初而'張弧', 則救鬪而搏撠; 上而'勿逐', 則救焚拯溺而用'采齊'‧'肆夏'之周旋矣.

역문 상구효는 존귀한 자리에 앉아 아래를 내려다보며 다스리고, 초구효는 낮은 자리에 처해 있기에 문을 나가서 교류하는 이와 화합한다. 아래를 다스림에서는 형벌을 동원하고, 교류하는 이와 화합함에서는 예(禮)를 사용한다. 이 규괘☰에서 초구효와 육삼효는 한 몸을 이루고 있고, 상구효와

---

685 『여씨춘추』권15, 「신대람(愼大覽)」에 나오는 말이다. 어떤 초나라 사람이 강을 건너다가 그만 그 칼을 물속에 빠뜨리고 말았다. 그는 부리나케 배의 빠뜨린 지점에다 표시하며 말하기를, "이 자리가 내 칼이 물에 빠진 자리다."라고 하였다. 배가 강을 다 건너서 멈추자, 그는 아까 그 배에 표시했던 바로 그 지점 밑으로 물속에 들어가 칼을 찾아보았다. 그러나 사실 이 배는 벌써 아까 칼을 빠뜨린 지점을 지나온 터, 아무리 칼을 찾아보아도 안 될 일이었다. 물에 빠뜨린 칼을 찾는답시고 이렇게 한다는 것은 역시 어리석은 짓이 아니리오? (楚人有涉江者, 其劍自舟中墜於水, 遽契其舟, 曰, "是吾劍之所從墜." 舟止 , 從其所契者, 入水求之, 舟已行矣, 而劍不行. 求劍若此, 不亦惑乎?)

686 『장자』, 「소요유」 편에 나오는 내용이다. 그곳에서는 "제사 음식을 만드는 요리사가 서툴러서 음식을 제대로 못 만든다고 하여 시축이 진설해 놓은 제기들을 뛰어넘어 가서 그 요리사를 대신할 수는 없다.(庖人雖不治庖, 尸祝不越樽俎而代之矣.)"라 하고 있다.

육삼효는 임금과 신하의 관계를 이루고 있다.

소인배들은 화가 나서 싸움을 벌이다 뜻이 맞지 않으면 떼를 지어 무기를 들고 그 당파를 책망하는데, 마치 그 임금에게 자기를 올바르게 하는 부월(鈇鉞)이 있음을 두려워하는 것처럼 한다. 한 몸을 이루고 있는데 서로 규제하다 보면 과격해져서 아내에게 화를 낼 때처럼 얼굴이 붉으락푸르락하며 화를 낸다.

높은 자리에 있으면서 나 자신을 다스리지 않으면 밑에 있는 이들이 친근해지다 못해 버릇없이 선을 넘으며 온 힘을 다해 공격해 댄다. 초구효는 상구효가 '활시위를 당기면'[687] 싸움을 걸며 치고받는다. 이에 비해 상구효는, 초구효가 '쫓아가지 않으면'[688] 불난 사람을 구해 주고 물에 빠진 사람을 건져 주는 것처럼 하며, '채자(采齊)'와 '사하(肆夏)'에 맞추어 둥글게 돌아섬을 쓴다.[689]

---

[687] 이 규괘䷥에서 활시위를 당기는 이는 상구효다.

[688] 이 규괘䷥에서 쫓아가지를 않는 이는 초구효다.

[689] '채자(采齊)'는 채재(采薺)라고도 쓴다. '채자'와 '사하'는 옛날에 귀족[公卿・大夫] 자제들의 걸음걸이에 맞추는 음악이라 한다.(『周禮』, 「春官宗伯下」: 樂師掌國學之政, 以教國子小舞. 凡舞有帗舞, 有羽舞, 有皇舞, 有旄舞, 有干舞, 有人舞. 教樂儀. 行以肆夏, 趨以采薺, 車亦如之, 環拜以鍾鼓爲節.) 또는 잃어버린 고대 시가(詩歌)라는 설도 있다.(王與之, 『周禮訂義』권39: 鄭司農曰, "肆夏・采薺, 皆樂名. 或曰, 皆逸詩.") 『예기(禮記)』, 「옥조(玉藻)」편에서는 '채자'와 '사하'가 군자의 행차에 쓰이는 곡이라 설명하고 있다. 즉 옛날 군자들은 반드시 왼쪽과 오른쪽에 옥들을 차고 다녔는데, 이 옥들을 이용하여 뛰어갈 때는 '채자'를, 걸어갈 때는 '사하(肆夏)'를 내도록 함으로써, 빙 돌아설 때는 원을 그리는 그림쇠[規]에 맞도록 하고, 곧장 뒤돌아설 때는 굽은 자[矩]에 맞도록 했다고 한다. 즉 상황 상황에 딱딱 들어맞게 했다는 것이다. 이는 결국 군자가 행차함에서 사악한 마음이 들지 않도록 하기 위함이라고 한다.(『禮記』, 「玉藻」: 古之君子必佩玉, 右徵角, 左宮羽, 趨以采齊, 行以肆夏, 周還中規, 折還中矩. 進則揖之, 退則揚之, 然後玉鏘鳴也. 故君子在車則聞鸞和之聲, 行則鳴佩玉, 是以, 非辟之心無自入也.) 『소학』 편집자는 이를 「경신(敬身)」편에 실음으로써, 어린이들의 교육에 활용하였다. 왕부지도 여기에서 이러한 관점에서 이들을 언급하고 있는 것으로 보인다.

是故朋黨相傾之世, 始亦非无所忌也. 其上養禍端而不辨, 其下操清議而不戰. 建安遣諭而紹‧瓚益爭, 天復講和而邠‧岐愈搆, 唐文擬之於河北而見爲難, 宋徽持之以'建中'而'國'卒不得'靖'. 誰實非臣, 仰給於我之膏雨, 而不能操其斧袞, 則何憚而不任氣以競雄也? 乃爲之下者, 處士浮議於道塗, 小吏亟持其長短, 以引去爲孤高, 以蒙禍爲榮譽. 而陰邪狠騖者, 假柔主之權, 俯而排擊, 倔月威張, 風波獄起, 燎原益逞, 四海分崩. 若令辨之於早, 上秉典刑而下敦禮讓, 則豈有此患哉! 嗚呼! 能以此道而治睽者寡矣. 自漢以來, 敗亡之軌若一轍也. 夫天下不能无睽, 而有以處之, 則天地‧男女‧萬物, '以同而異'者, 於異以能同, '辟咎''亡疑', 豈憂其散之不可收哉!

역문 그러므로 당파끼리 서로 대적할 때, 처음에는 역시 꺼림이 없는 것은 아니다. 그런데 임금은 화단(禍端)을 키우면서도 이를 파악하지 못하고, 신하들은 시정(時政)에 대한 의론을 조정하면서 싸움을 그칠 줄 모른다. 후한(後漢) 말기 건안(建安) 연간[690]에 황제가 사자를 보내 타일렀는데도 원소(袁紹; 154~202)[691]와 공손찬(公孫瓚; ?~199)[692]은 더욱 가열하게 싸웠다. 그런가

---

690 '건안(建安)'은 중국 후한 헌제(獻帝)의 세 번째 연호이다. 196년에서 220년까지 24년 동안 사용하였다.

691 원소는 후한 말기에 할거하던 세력 중의 하나다. 이에 관해서는『삼국지연의(三國志演義)』에서 잘 다루고 있다. 원소는 자기 군사들을 거느리고 궁궐로 쳐들어가서 십상시들을 살해하였다. 그는 역경(易京)의 싸움에서 공손찬을 물리친 뒤 그 세력이 정점을 찍었다. 극성하던 때는 기주(冀州)‧유주(幽州)‧병주(幷州)‧청주(靑州)를 장악함으로써 후한 말년에 가장 강한 제후가 된 적도 있다. 조조에게 연이어 패한 뒤 얼마 안 되어 병으로 죽었다.

692 후한 말기의 인물로서 중랑장(中郎將)을 지냈고 도정후(都亭侯)에 봉해지기도 했다. 공손찬은 유비(劉備; 161~223)와 함께 노식(盧植; 139~192)에게 사사하였다. 요서 지방의 수비를 맡고 있을 때 백마를 타고 선봉에 서서 오환(烏桓)‧선비(鮮卑) 등과 싸웠기 때문에 '백마장군'으로 불렸다. 공손찬은 그의 사촌 동생 공손월(公孫越)이 원소(袁紹)와 원술(袁術)

하면 당나라 천복(天復) 연간[693]에 강화(講和)를 했음에도 불구하고, 빈왕(邠王) 주온(朱溫; 852~912)[694]과 기왕(岐王) 이무정(李茂貞; 856~924)은 더욱 치열하게 싸웠다.[695] 당나라 문종(文宗; 809~840, 재위 827~840)은 하북(河北)의 도

의 싸움에 참여했다가 원소 군대의 화살에 맞아 죽은 뒤, 원소와 원수지간이 되었다. 이 때문에 공손찬은 이후 원소와 북방에서 몇 년 동안이나 싸움을 벌였다. 공손찬은 점쟁이들과 어울리며 부패하고 호사를 부린 나머지 점점 민심을 잃고 세력이 약해졌다. 역경(易京)에서 성을 쌓고 농성(籠城)하다가 건안(建安) 4년(199) 원소군의 매복 공격을 받은 공손찬은 더는 희망이 없다고 판단하여 처자식을 죽인 뒤 자살로 생을 마감했다.

693 당 소종(昭宗; 867~904, 재위 888~904)의 연호. 901년부터 904년까지 사용.

694 5대 10국 시기에 후량(後梁)을 세웠던 인물이다. 원래는 황소(黃巢)의 난에 참여하여 전공을 세우고, 그 공으로 대장이 되었으며, 동주방어사(同州防禦使)에 임명되었다. 그 신분으로 관군에게 승리를 거두기도 했으나, 나중에는 연전연패하자 책임을 추궁당할 것이 두려워 당군(唐軍)에 투항했다. 당 희종(僖宗)은 그를 좌금오위대장군(左金吾衛大將軍)에 임명하고 황소의 토벌에 충원하였으며 '전충(全忠)'이라는 이름을 주었다. 나중에 이 주온은 결국 당 소종(昭宗)을 모살(謀殺)하고 소종의 아들을 천자로 세우기도 했지만, 4년 만에 그를 폐위하고 자신이 제위에 올라 국호를 '후량(後梁)'이라 하였다. 말년에 주온은 권력에 취해 너무나 거리낌이 없이 제멋대로 굴며 방탕한 생활로 일관했다. 심지어 어린 며느리를 강간했다가 그 아들에게 죽임을 당했다.

695 당나라 소종(昭宗) 광화(光化) 4년(901), 이무정(李茂貞)은 당 소종(昭宗)에 의해 상서령·시중(侍中)·기왕(岐王) 등에 봉해졌다. 그런데 조금 뒤 선무절도사(宣武節度使) 주온이 수도 장안으로 진군해 오자, 이무정은 소종을 호위하여 봉상(鳳翔)으로 갔다. 소종을 끼고서 군림할 생각이었다. 얼마 지나지 않아 주온이 추격해 와 봉상을 포위하였다. 포위되고 한참 지난 뒤 식량이 바닥나자, 천복(天復) 3년 이무정은 주온과 강화(講和)를 했다. 그리고 이무정은 소종을 호위하여 장안으로 귀환했고, 상서령에 대해서도 사표를 냈다. 이로 말미암아서 이무정의 세력은 급격하게 약해졌다.

당 애제(哀帝) 천우(天祐) 4년(907) 마침내 주온은 애제를 폐위시키고 스스로 제위에 올라 국호를 후량(後梁)이라 하였다. 그러나 이무정은 이를 인정하지 않고 여전히 소종의 연호인 천복(天復)을 사용하며 주온의 후량과 대치했다. 말년에 이무정은 애제의 연호인 천우(天祐)로 대체하여 사용하기도 하였다. 이러는 동안 이무정은 자신의 근거지에 기왕부(岐王府)를 열고서 백관을 설치하여 경영하였으며, 자신이 거주하는 곳을 궁전이라 하고 자신의 부인을 '황후(皇后)'라 칭했다. 그리고 모든 의식을 황제의 예에 따라서 행했다.

그러나 그 세력은 예전만 못해서 근근이 연명하는 지경이었는데, 자신의 수하들이 계속 후량에 투항하고 후량군에 패하며 그 강역은 날로 축소되어 갔다. 기(岐)나라 천우(天祐) 20년(924), 이무정은 이존욱(李存勖; 885~926, 재위 909~926)이 세운 후당(後唐)에게 신하의 나라를 자처함으로써 그의 기나라는 멸망하였다. 당시에 이존욱은 후당을 세워 주전충의 후량을 궁지에 몰아넣고 있었다. 이존욱은 이무정을 진왕(秦王)으로 봉했다. 몇 달 뒤

적폐를 제거하는 것과 비교하여 우이당쟁(牛李黨爭)을 제거하는 것이 더 어렵다고 토로하였고,[696] 송나라의 휘종(徽宗; 1082~1135, 재위 1100~1126)은 '건중(建中)'으로써 버터 보려 했으나 '국(國)'은 끝내 '안정되지[靖]' 못했다.[697]

누구라서 실로 신하가 아닐까? 그러나 우러러 황제가 자신에게 은택을 내려 주기를 바라는데 그 황제가 부월(斧鉞)과 곤룡포[698]를 제 맘대로 다룰

에 이무정은 죽었고, 그의 아들이 이무정의 위(位)를 계승하였다. 후량은 결국 이존욱의 후당에 의해 멸망하였다.

[696] 이는 당나라 문종이 즉위하여, 궁녀 3천 명을 궁에서 내쫓고 부패한 관원 1,200여 명을 파직하는 등 나라의 기풍을 바로잡아 국조의 면모를 일신해 보려고 애쓰는데, 당시 워낙 극심했던 '우이당쟁(牛李黨爭)'이 발목을 잡아 더 이상의 개혁이 어려워지자 탄식하며 한 말이다. "하북 지방의 도적떼를 제거하기는 쉬우나, 조정의 붕당을 제거하기는 어렵다."라는 것이다.(『資治通鑑』 권245, 「唐紀 61, 文宗元聖昭獻孝皇帝中」 大和 8년 조: 時, 德裕·宗閔, 各有朋黨, 互相擠援. 上患之每歎曰, "去河北賊易, 去朝廷朋黨難.") 우이당쟁은 당나라 헌종(憲宗; 778~820, 재위 805~820) 때인 808년에 시작되어 선종(宣宗; 810~859, 재위 846~859) 때인 846년에 가서야 비로소 막을 내렸다.

당나라는 말년에 이르러 환관들이 전권을 쥐고 조정을 쥐락펴락하였다. 심지어 이들은 황제를 살해하기도 하고, 새로운 황제를 자신들의 입맛에 맞는 이를 골라 앉히고 마음대로 조종하는 정도여서, 조정 대신들 정도는 마음대로 갈아치웠다. 상황이 이러하여 당시 환관들의 이러한 발호에 반대하던 뜻있는 사대부들은 죄다 쫓겨나거나 죽임을 당하였다. 그리고 이제 환관들에 붙어 부역하는 사대부들만 살아남아서 우승유(牛僧孺; 779~848)를 영수로 하는 '우당'과 이덕유(李德裕; 787~849)를 영수로 하는 '이당'으로 나뉘어 화해가 불가할 정도로 싸움을 벌였던 것이다. 그리하여 문종으로서는 환관들의 발호를 제압하고 나라의 기강을 일신하는 데서 필요한 우군을 전혀 얻을 수가 없었다. 결국 문종은 감로지변(甘露之變)으로 말미암아 환관들에 의해 감금된 생활을 하며 술로 한을 달래다 젊은 나이에 화병으로 죽었다.

[697] 송 휘종이 즉위하고 사용한 첫째 연호 '건중정국(建中靖國)'에 빗대어서 하는 말이다. 휘종은 기울어져 가는 나라를 바로잡아 보고자 이렇게 연호를 바꾸고 심기일전의 자세로 임했으나, 나라는 바로잡히지 못하고 결국 그 25년 뒤에 금나라에 멸망하는 비운을 맞이하게 된다. 사대부들의 싸움을 해소하지 못한 것이 그 멸망의 결정적 원인이라 할 것이다.

'건중(建中)'은 어느 한쪽으로 치우치지도 기울지도 않는 중정(中正)의 도(道)를 의미하고, '정국(靖國)'은 당쟁을 일소하고 사직을 안정시킨다는 의미를 지니고 있다. 그런데 이 실현이 결국 북송 사대부들의 정쟁으로 말미암아 공염불에 그치고 말았다는 것이, 이곳에서 피력하고 있는 왕부지의 견해다.

줄 모르면, 뭐가 거리낄 것이 있어서 내 기개를 마음껏 부리지 못할까 보냐 하고는 서로들 영웅입네 하면서 다투게 된다. 나아가 신분이 더 낮은 이들의 경우, 처사(處士)들은 길바닥에 근거도 없는 의론을 뿌려 대고, 소리(小吏)들은 재빨리 변화한 상황에 장단을 맞춘다. 또한 관직을 내놓고 물러감을 고고(孤高)하다고 여기고, 화를 당하는 것을 영예로 여긴다. 그중에서도 남의 눈에 띄지 않게 간사한 짓을 하면서도 사납기 그지없는 이들[699]은, 유약한 군주의 권세를 빌려 아래로 내려다보며 마음에 들지 않는 이들을 배격하고, 언월당(偃月堂) 주인[700]과 같은 위세를 더욱 확장하며, 풍파정(風波亭)에서와 같은 옥사를 일으킨다.[701] 이들의 악행은 요원의 불길처럼

---

698 이 부월과 곤룡포는 황제의 권한을 상징한다.

699 환관들을 지칭하는 것으로 보인다.

700 '언월당'은 당나라 이임보(李林甫; 683~753)가 지은 당(堂) 이름이다. 이임보는 누운 반월(半月) 형의 당을 지어 놓고 '월당(月堂)'이라 불렀다. 그리고는 누군가 대신 중에 배척하거나 얽어맬 대상이 있으면 이 월당에 들어가서 어떻게 하면 그에게 상처를 입힐까를 궁리했다고 한다. 그가 기뻐하며 밖으로 나오면 그 대상의 가문은 곧바로 박살이 났다고 한다.(『新唐書』223, 「列傳148上, 姦臣, 李林甫」: 林甫有堂如偃月, 號月堂. 每欲排構大臣, 即居之, 思所以中傷者. 若喜而出, 即其家碎矣.) 그래서 이후에 '언월당'은 '권신이 충성스럽고 어진 사람을 해코지하는 곳'이라는 의미를 지니게 되었다고 한다.

　　이임보는 당 왕실의 먼 친척으로서 당조(唐朝)의 권신(權臣)이었는데, 간신(奸臣)으로서 평가받는 인물이다. 당현종(玄宗; 685~762, 재위 712~756) 개원 22년(734) 예부상서동중서문하평장사(禮部尚書同中書門下平章事)에 임명된 뒤로 19년 동안 재상을 지냈다. 이임보는 이 직책을 맡아서 당 고종 이래 점점 불어난 쓸데없는 자리들을 정돈하였고, 지방재정을 개혁해서 장안의 장기간 지속된 식량 부족 현상을 해결했다. 이러한 일련의 과정에서 이임보는 많은 적을 만들었을 것으로 추측할 수 있다. 나중에 이임보는 양국충(楊國忠; 700~756)과 불화하여 정국을 어지럽힘으로써 '안사(安史)의 난'을 불러오는 데 간접적인 영향이 있다고 평가받는다. 그래서 후대에 더욱 나쁜 사람으로 자리매김하였고, 『신당서(新唐書)』에서는 그를 「간신전(奸臣傳)」에 편입하여 서술하고 있다.

701 풍파정은 원래 남송 시기 항주(杭州) 대리시(大理寺) 옥 중에 있던 정자의 이름이다. 대리시는 당시 최고 심판 기관이었다. 1142년, 남송의 고종(高宗; 1107~1187, 재위 1127~1162)은 금나라의 강요를 이기지 못하고, 재상 진회(秦檜; 1091~1155)에게 암시를 주어 악비(岳飛; 1103~1142)에게 모반죄를 씌워 살해하도록 했다. 진회는 그 부인과 짜고서 악비의 죄상을 파고 또 팠지만 아무리 파도 악비의 죄상이 나오지 않자, '무엇이든 잘못한 것이 있겠

걷잡을 수 없이 번져 나아가며 결국은 나라를 멸망시키고 만다.

만약에 일찌감치 파악하여 위로 임금이 전형(典刑)을 움켜쥐고서 제대로 행사하고 아래로 신하들이 예(禮)와 양보를 돈독히 할 것 같으면, 어찌 이러한 화환(禍患)이 있으리오! 오호라, 이러한 방법으로써 아랫것들의 어기어짐[睽]을 다룰 수 있는 이는 드물었도다! 한(漢)나라 이래로 나라가 패망하는 궤적은 다 똑같았다. 세상에 어기어짐[睽]이 없을 수는 없다. 그러나 잘 처리하면, 하늘과 땅, 남성과 여성, 만물 등 '같으면서도 다른'[702] 것들이 다르면서도 같아질 수 있어, '허물을 떨쳐 내고'[703]·'의심을 사라지게'[704] 하리니, 어찌 그 흩어짐을 거두어들일 수 없다고 근심하리오!

然則二與四其无責乎? 失位而處乎卑, 居爭世而爭不自己, 二守中而四居退, 間關勤困, 求所偶而託以誠, 自固之道也. 久矣其不復能他及矣. 故以恕待之, 而不施以悔吝之辭.

역문 그렇다면 이 규괘☲가 드러내고 있는 어기어짐의 책임이 온통 육삼효에게만 있고, 그 위와 아래에 있는 구이·구사효에게는 책임이 없을까. 이들은 자신의 마땅한 위(位)를 잃고서 낮은 자리에 처해 있거나, 싸움으로 얼룩진 세상을 만나 그 싸움이 끊이지 않는 속에서 살아가고 있는 이들이다. 그러면서도 구이효는 중(中)을 지키고 있고, 구사효는 물러나서 살아가고 있다. 그리하여 이들이 걷는 길은 울퉁불퉁하여 걷기에 곤궁하니 누군가

지 설마 없겠어[莫須有]'라는 희대의 죄명으로써 이 풍파정에서 그를 살해하였다. 이때 악비의 아들과 부장(副將) 장헌(張憲; ?~1142)도 이 풍파정에서 함께 살해되었다.

702 이 규괘☲의 『대상전』에 나오는 말이다.
703 이 규괘☲의 초구효사에 대한 풀이인 그 『상전』에 나오는 말이다.
704 이 규괘☲의 상구효사에 대한 풀이인 그 『상전』에 나오는 말이다.

를 만나서 정성스러움으로써 의탁할 수 있기를 추구하는데, 이는 이들 자신을 견고히 하는 방법이다. 이러함이 오래되어서는 다시는 다른 것들이 이에 미칠 수가 없다. 그러므로 이들은 너그러움으로써 기다리니, 이들에 대해서는 효사에서 후회함·아쉬워함 따위의 말을 하지 않고 있다.

二

陰陽之用, 君子恒用其壯, 異端恒用其稺. 用其壯, 故直養無害, 而塞乎天地之間; 用其稺, 故處錞致柔, 而苟善其全軀保妻子之術. 蓋陰陽之功效, 各自其性情而生: 陽直而躁, 躁則憂其終窮; 陰靜而緩, 緩則樂其後裕. 故震奮而巽弱, 坎險而離附, 艮衰止而兌欣說. 用陽之壯, 則迅起而有功; 用陰之壯, 則披拂而易制. 其稺者, 陽替其功; 陰難於制, 異端顧利用之, 以其弱之動·反之用, 爲形君氣母而寶之焉. 甚矣, 其逆倡和之經, 而无以克天地之家也!

역문 음·양의 쓰임새를 보면, 군자는 항상 그 씩씩함[壯]을 쓰고 이단들은 항상 여림[稺]을 쓴다. 씩씩함을 쓰기에 곧음으로써 길러서 방해를 받지 않고 나아가 하늘·땅 사이를 가득 채운다.[705] 이에 비해 여림을 쓰는 이들은 창의 고달처럼 뾰족한 끝자리를 차지하며 부드러움[柔]을 이루고,[706] 진실로

---

705 이는 『맹자』의 '호연지기를 기름'론에 관한 것이다.(『孟子』, 「公孫丑 上」: 曰, "我知言, 我善養吾浩然之氣." "敢問何謂浩然之氣?" 曰, "難言也. 其爲氣也, 至大至剛, 以直養而無害, 則塞於天地之間. 其爲氣也, 配義與道, 無是, 餒也. 是集義所生者, 非義襲而取之也. 行有不慊於心, 則餒矣.)

706 이에 대해서는 앞 주70)을 참고할 것.

몸뚱이를 온전히 하여 처녀와 같음을 보존하는 술(術)을 잘한다.[707]

음과 양이 내는 공효는 각기 그 성(性)·정(情)으로부터 생긴다. 예컨대 양은 곧고 조급하다. 조급하니 끝에 가서는 궁핍할 것을 우려한다. 이에 비해 음은 고요하며 느릿하다. 느릿하니 뒤에 가서 그 여유로움을 즐긴다. 그러므로 진괘☳는 떨쳐 일어남을 손괘☴는 약함을 상징하고, 감괘☵는 험난함을 리괘☲는 붙어 있음을 상징하며, 간괘☶는 멈춤을 태괘☱는 기쁨을 상징한다.[708] 양의 씩씩함을 쓰면 신속하게 일어나서 공(功)을 세우고, 음의 씩씩함을 쓰면 부채질하듯이 팔랑거리는 정도여서 통제가 쉽다.

그 여린 것에 대해서는 양이 그 공(功)을 대체하고, 음은 통제하기가 어렵다는 점에서 이단들은 이를 이용한다. 그리하여 그 약함[弱]의 움직임[動]과 돌이킴[反]의 작용이 형체를 지닌 것들의 임금이요 기(氣)의 어머니라 여기면서,[709] 이들을 보배처럼 여긴다. 이들은 이렇게 창화(倡和)의 근본 원리를 거스르니, 하늘·땅이라는 집을 이기지 못함이 심하도다!

---

707 이는 『장자』, 「소요유」 편의 "막고야 산에 신인(神人)이 살고 있는데 그 피부는 마치 얼음이나 눈처럼 맑고 투명하며, 몸매는 처녀처럼 가냘프고 부드럽다. 오곡을 먹지 않으며, 바람을 들이마시고 이슬을 마신다. 구름의 기(氣)를 타고서 나는 용을 부리며, 우리가 사는 세상 밖에서 노닌다. 그의 신(神)이 엉기면, 만물에 아무런 재해나 병이 없게 하고 그해의 곡식이 잘 여물게 한다.(藐姑射之山, 有神人居焉, 肌膚若氷雪, 綽約若處子; 不食五穀, 吸風飮露; 乘雲氣, 御飛龍, 而遊乎四海之外. 其神凝, 使物不疵癘而年穀熟.)"를 전제로 하는 말이다.

708 이들 여섯 괘에서는 각 괘를 구성하고 있는 세 효들 중에서 음(--)과 양(—)이 적은 것들이 그 효의 음·양 성격을 결정한다. 그래서 진괘☳·감괘☵·간괘☶는 양을, 손괘☴·리괘☲·태괘☱는 음의 괘가 된다. 이러한 까닭에 왕부지는 이들이 상징하는 의미들이 이렇게 음·양으로 판이하게 갈린다고 보는 것이다.

709 이는 『노자』 제40장의 "반(反)은 도의 움직임이요, 약(弱)은 도의 쓰임이다. 이 세상 모든 것은 있음에서 생기고 있음[有]에서 생기고, 있음[有]은 없음[無]에서 생긴다.(反者, 道之動; 弱者, 道之用. 天下萬物生於有, 有生於無.)"라고 함을 냉소적으로 보며 서술하는 것이다.

故『易』之順用於陰陽者四: 雷水而**解**也, 風火而**家人**也, 皆用其壯者也; 水山而**蹇**也, 火澤而**睽**也, 皆用其稊者也. 雷水而解, 解則闢, 闢則陽得以交陰而成其廣生; 風火而家人, 家人則翕, 翕則陰得以交陽而相其大生. 故勾芒甲析生於**解**, 夫婦父子生於**家人**. 生因壯而成形, 形因壯麗凝性也. 性凝氣盛, 乃以塞天地之間而无慙.

역문 그러므로 『주역』의 64괘 중에 음·양을 성질에 맞게 잘 쓰는 것에는 네 괘가 있다. 우선 우레☳와 물☵로 이루어진 해괘(解卦)䷧, 바람☴과 불☲로 이루어진 가인괘䷤인데, 이들은 모두 양의 씩씩함[壯]을 쓰는 괘들이다. 그리고 물☵과 산☶으로 이루어진 건괘(蹇卦)䷦, 불☲과 연못으로 이루어진 규괘䷥ 등은 모두 음의 여림[稊]을 쓰는 괘들이다. 우레☳와 물☵로 이루어진 해괘䷧는, 풀리니 열리고, 열리면 양이 음과 사귈 수 있어서 그 광대한 생(生)을 이룬다. 바람☴과 불☲로 이루어진 가인괘䷤는, 가인(家人)이니 한데 모이고, 한데 모이면 음은 양과 사귈 수 있어서 그 위대한 생을 돕게 된다. 그러므로 해괘䷧에서 여린 싹이 껍데기를 깨고 나와서 생하고, 부부와 부자는 가인괘䷤에서 생겨난다. 생겨남이 씩씩함으로 말미암아 형체를 이루고, 형체는 씩씩함으로 말미암아 성(性)을 엉기게 한다. 성이 엉기고 기(氣)가 왕성하기에 하늘과 땅 사이를 가득 채워서 부끄러움이 없다.

若夫陰稊而**睽**, 陽稊而**蹇**, 則異是矣. 陽衰止而不足以生, 陰熟嘗而果於殺. 故見險而止者, 彼所謂虎兕无所施其攫也; 柔進而上行者, 彼所謂萬物之生脆弱也. 亦聊以自固其生, 而卒不知其濱於殺矣. 蹇以險爲主, 故其流而爲申·韓, 納天下於艱難, 而苟居其功; 睽以爭爲道, 故其流而爲『陰符』, 鬪天下於機械, 而密用其盜. 此陽稊而弱·陰稠而盪者必然之數也. 擇陰陽而利用者, 其尚辨諸!

역문 그런가 하면 음이 여려서는 규괘☱가 되고, 양이 여려서는 건괘(蹇卦)☵가 된다. 이것들은 위의 괘들과는 다르다. 양이 쇠퇴하고 멈추니 생활 수가 없고, 음이 무르익어서 맛을 보니 죽이는 것에 과감해진다. 그러므로 험난함을 보고서 멈추는 이[710]는, 저들[道家]이 말하는 호랑이·외뿔 들소 같은 사나운 짐승들이 움켜쥘 곳이 없다고 하는 이들[711]이다. 부드러움[柔]이 나아가고 위로 올라간 이는,[712] 저들이 말하는 것으로서 만물이 생겨날 적에는 무르고 약하다고 함이다.[713] 그런데 이 이단들은 애오라지 스스로 그 삶을 공고히 한다고 하지만, 이것이 결국은 죽임과 맞닿아 있는 것임을 모른다.

건괘(蹇卦)☵에서는 회괘(悔卦)인 감괘☵가 주체여서 험난함이 위주가 된다. 그러므로 이러함이 말류에 가서는 신불해(申不害; B.C.385~B.C.337)[714]

---

710 이는 건괘(蹇卦)☵를 취의설에 입각하여 풀이하는 것이다. 이 괘의 회괘(悔卦)인 감괘☵가 '험난함'을, 정괘(貞卦)인 간괘☶가 '멈춤'을 상징하기 때문이다.

711 『노자』 제50장에 나오는 말 가운데 일부다. 거기에서는 "섭생(攝生)을 잘하는 이는, 뭍으로 다녀도 외뿔 들소와 호랑이를 만나지 않고, 싸움터에 가더라도 무기로부터 피해를 당하지 않는다. 외뿔 들소로서는 그를 들이받을 곳이 없기 때문이고, 호랑이로서는 그에게 발톱을 댈 곳이 없기 때문이며, 무기로는 그에게 날카로움을 들일 곳이 없기 때문이다.[善攝生者, 陸(陵)行不遇兕虎, 入軍不被甲兵. 兕無所投其角, 虎無所措其爪, 兵無所容其刃.]"라하고 있다.

712 이는 규괘☱를 보고 말하는 것이다. 이 규괘의 육삼효는 음(--)으로서 정괘(貞卦)의 맨 위에 있으니 나아간 것이고, 육오효는 회괘(悔卦)의 가운데 위(位)를 차지하고 있으므로 음(--)으로서 올라간 것이다.

713 『노자』 제70장에 나오는 "사람이 생겨날 적에는 부드럽고 약하며, 그 죽음에서는 뻣뻣하고 강해진다. 만물과 초목들은 생겨날 적에는 부드럽고 무르며, 그 죽음에서는 바짝 마른다.(人之生也柔弱, 其死也堅强. 萬物草木之生也柔脆, 其死也枯槁.)"라고 함을 인용하는 말이다.

714 법가 사상가다. 사마천에 따르면, 신불해는 그 학술적 재능으로 한(韓)나라 소후(昭侯; ?~

나 한비자(韓非子; B.C.약 281~B.C.233)⁷¹⁵ 같은 인물이 되고 만다. 이들은 온

B.C.333)에게 어필하여 소후가 그를 재상으로 임명했다고 한다. 그 덕택에 한나라는 안으로는 정교(政敎)를 제대로 시행하고, 밖으로는 제후국들과 좋은 관계를 유지할 수 있었다고 한다. 신불해는 그래서 무려 15년이나 한나라의 재상을 지냈는데, 그의 재임 동안 한나라는 부국강병에 성공하여 그 어떤 나라도 한나라를 침범하지 못했다고 한다. 그의 사상은 황노(黃老) 도가에 근본을 두고 있고, 관리에게는 그 직책과 수행한 업적을 정확하게 따져서 책임을 물어야 한다는 '형명(刑名)'사상을 위주로 하였다고 한다.(『史記』,「申不害傳」: 申不害者, 京人也, 故鄭之賤臣. 學術以干韓昭侯, 昭侯用爲相. 內修政敎, 外應諸侯, 十五年. 終申子之身, 國治兵彊, 無侵韓者. 申子之學本於黃老而主刑名. 著書二篇, 號曰申子.)

715 한비자는 법가 사상을 집대성한 인물이다. 이사(李斯; B.C.281~B.C.208)와 함께 순자(荀子)에게서 배웠다. 한비자는 한(韓)나라의 귀족 출신으로서, 당시 한나라가 날로 약해져 가는 것을 보고서 이를 바로 잡아보고자 여러 차례 한나라의 임금들[桓惠王; ?~B.C.239 / 韓王安; ?~B.C.226]에게 글로써 간했으나 받아들여지지 않았다. 그러자 한비자는「고분(孤憤)」·「오두(五蠹)」·「설림(說林)」·「세난(說難)」 등을 포함한 저작『한비자』를 지어 이를 통해 간접적으로 한나라 임금들을 설득하고자 하였다. 그러나 이 역시 무위로 돌아갔다.

그는 말더듬이로서 말을 통한 유세로는 임금을 설득시킬 수 없다고 보고, 이렇게 글을 통해 그의 충심을 다하며 설득을 시도했지만 실패한 것이다. 오히려 이것이 진시황의 손에 들어가 그를 감탄케 했고, 결국은 진시황이 이 저작에 담긴 내용에 따라 변법(變法)을 시행함으로써 진(秦)나라는 부국강병에 성공하였으며, 부수적으로 한나라의 멸망을 초래하였다. 한비자의 의도와는 전혀 다른 결과를 초래하는 아이러니를 낳은 셈이다.

그리고 이『한비자』가 한비자 자신의 죽음을 불렀다고 할 수 있으니, 여러모로 그의 저작『한비자』는 그에게 비운을 불러온 산물이다. "내가 이 책 지은 사람을 만나서 교제를 할 수 있다면, 당장 죽어도 유감이 없겠다!"라고 할 정도로 이 책에 감탄한 진시황은, 한비자를 불러올 요량으로 한나라를 침범하여 여러 개의 성을 빼앗고는, 한비자를 자신에게 보내주면 이 성들을 돌려주겠다고 한나라에 제안했다. 어리석은 한나라 왕은 이에 응했다. 이렇게 하여 진시황은 한비자를 만나는 데까지는 성공했지만, 심지가 굳은 한비자가 진시황의 협조 요청에 응할 리가 없었다. 이에 동문수학한 이사(李斯)가, 한비자가 진나라에 협조할 리 만무하고 살려 두면 진나라에 해가 될 뿐이니 차라리 죽여 버리는 것이 진나라에 후환이 없을 것이라는 요지로 진시황에게 간언하였다. 냉정하게 판단하여 이 간언이 맞는다고 본 진시황은 결국 한비자를 죽였다. 한비자로서는 자기의 책이 자기를 죽인 셈이 된 것이다.

진시황의 예에서 보는 것처럼 한비자는 누군가에게는 시대정신에 절실한 것으로 보이는 불후의 저작을 남겼다. 그러나 그의 저작에서는 인의(仁義)에 의한 인치(人治)를 배격하고, 법·세·술에 의한 통치를 주창하며, 비정할 정도로 관리와 백성들에게 형명참동(刑名參同)을 강요하고 있다. 이러한 면이 왕부지에게는 몹시도 못마땅한 것으로 보인 것이다. 실제로 진시황의 혹독한 정치의 바탕에는 이 사상이 자리 잡고 있다. 그래서 왕부지는 여기에서 이러한 평가를 하는 것으로 보인다.

세상 사람들을 간난신고(艱難辛苦) 속으로 몰아넣었는데도 구차하게 그 공(功)을 차지하고 있다. 그런가 하면 규괘䷥는 싸움을 그 작동 원리로 하고 있다. 그러므로 이것이 말류로 흘러가서는 『음부(陰符)』[716]와 같은 저작을 낳아서, 온 세상 사람이 교묘한 속임수들을 동원하여 싸우게 만들며, 은밀하게 혹세무민하는 방법을 사용하도록 한다. 이러함은 양이 여리고 약함·음이 여리고 요동(搖動)함이 가진 필연의 법칙이다. 그러므로 음·양을 잘 가려서 이롭게 씀은 훌륭한 변별이라 할 것이로다!

---

716 『음부경(陰符經)』을 말하는데, 이 책의 작자를 황제(黃帝)에 가탁(假託)하여 『황제음부경(黃帝陰符經)』이라 한다. '음부(陰符)'는 암암리에 부합한다는 뜻이다. 이 책이 이루어진 연대는 정확하지 않다. 당나라 때 처음으로 세상에 모습을 드러냈다.

　　이 책에서 주장하는 것은, 사람이 하는 일이 천도(天道)와 암암리에 부합한다는 전제에서, 사람이 도둑질하는 체제[盜機]에 절실하게 응한다면 공(功)도 일도 이루어진다고 주장한다. 아울러 이 『음부경』에서는 하늘·땅의 운행과 사람이 하는 일 사이에는 상생(相生)·상도(相盜)의 관계가 있다고 한다. 나아가 성인(聖人)들은 하늘의 운행 원리[天道]를 관찰하여 하늘과 사람이 암암리에 부합하는 체제[機]를 파악하였다고 한다. 그리하여 사람의 행위와 거동이 하늘의 운행 원리에 부합하고, 저절로 그러함[自然]에 절실하게 응한다면, 치국(治國)·양생(養生)이 모두 정확하게 이루어져서, 나라도 사람도 모두 장구(長久)할 수 있다고 주장한다.

　　이 『음부경』은 나중에 『정통도장(正統道藏)』에 수록되었다. 그래서 왕부지는 여기에서 자신이 보는 이단 중 하나인 도가·도교를 비판하는 재료로서 이를 활용하고 있다.

건괘

≡≡蹇

一

困剛揜也, 蹇亦剛揜也, 而蹇爲甚. 困外困之, 蹇自不能前也. 困陽
盛而憤盈, 蹇陽孤而自保. 故以吉凶言之, 蹇優於困矣. 志盛者, 怨
時命之不夙; 情孤者, 抱惴志以臨淵. 然則困且求伸, 蹇終自圉矣乎?
乃君子之欲伸困而勉蹇於不自圉, 其情同焉.

역문 곤괘(困卦)≡≡는 굳셈[剛]이 엄폐되어 있는데, 이 건괘(蹇卦)≡≡도 굳셈[剛]
이 엄폐되어 있다. 그런데 이 건괘의 경우가 더 심하다.[717] 곤괘≡≡는 밖에
서 곤궁하게 하는 것이고, 이 건괘≡≡는 스스로가 앞으로 나아갈 수 없다.
곤괘≡≡는 양(一)들이 왕성하기에 분노가 가득 차고, 건괘≡≡는 양(一)이 외
로워서 스스로 보호하고 있다. 그러므로 길·흉으로 말하자면 건괘≡≡가
곤괘≡≡보다 더 낫다. 뜻함이 왕성한 이[718]는 자기의 뜻함을 풀어 쓸 시대와

717　이들 두 괘는 모두 감괘≡를 지니고 있고, 이 감괘에서는 양(一)이 음(--)들 사이에 있다.
　　그래서 굳셈[剛]이 엄폐되어 있다고 하는 것 같다. 그런데 건괘≡≡는 곤괘≡≡에 비해 음(--)
　　이 더 많다. 그래서 건괘≡≡의 경우가 더 심하다고 하는 것 같다.
718　여기에서는 건괘(蹇卦)≡≡에 비해 양(一)이 더 많은 곤괘(困卦)≡≡를 지칭하는 것 같다.

이를 뒷받침해 주는 명(命)이 일찍 오지 않음을 원망하고, 정서가 외로운 이[719]는 두려워하는 뜻을 품고서 큰 물가에 임한다. 그렇다면 곤괘☲도 펼쳐 냄을 구하는데, 건괘☵는 끝내 스스로 막아 낼까? 이러하기에, 군자는 곤괘☲의 경우를 당한 사람에게 펼칠 수 있도록 해 주려 하고, 건괘☵의 경우를 당한 사람에게는 스스로 막아 낼 수 없는 상황에서 힘쓰도록 하니, 그 마음 씀씀이는 같다.

有小喜者, 必有大戁; 有深疑者, 必有定慮. 許其止也, 不許其終止也. 三進而五中, 況其位之未亡者乎! 爲五慰曰: '大蹇'則必有'朋來', 何所憂疑於層波危岸之下, 而謂出險之无其期乎?

역문 작은 기쁨이 있는 이에게는 반드시 마음으로 크게 상처 받을 일이 있게 되고, 깊이 의심하는 이에게는 반드시 염려하도록 정해져 있다. 멈춤을 허용하기는 하되, 끝내 멈춤은 허용하지 않는다. 이 건괘(蹇卦)☵에서 구삼효는 나아가고 구오효는 득중하고 있음에도 이러하거늘, 하물며 나라를 잃고 제 능력을 발휘할 지위조차 없이 겨우 살아남아 있는 이에게야! 구오효에게 위로하면서 하는 말이 '거대한 것이 절름거리듯 어려움을 당하고 있으니' '벗들이 온다'라고 한다. 그런데 어찌 집채만 한 파도와 깎아지른 해안가 절벽 아래에서 우려와 의심을 받고 있으면서도 "험난함을 벗어나는 데서 기한이 없다."라고 하는가?

夫五之所望者朋也, 而朋亦未易致矣. 水居高而不給於流, 其利薄

---

719 곤괘(困卦)☱에 비해 음(--)이 더 많은 건괘(蹇卦)☵를 지칭하는 것 같다.

矣: 山載水而不足以厚, 其勢夷矣. 夫欲有爲者之效死於功名, 利勸
之耳, 勢動之耳, 舍此而其術窮矣. 況其相顧而不前, 名亦不損, 居
亦有歸, 同來亦有群, 但仳仳之屋, 尚盧爾盧, 薪薪之穀, 尚田爾田,
何爲舍樂土之優游, 遷王都之多故者哉? 故一念以爲往, 一念以爲
來, 來之名實未喪, 而往則其蹇均也. 將以止亂, 而无定亂之期; 疑
於懷土, 而抑有安土之義. 則忠孝之情, 裵回未決, 時實爲之, 道不
得而咎吝之也. 成乎大蹇之勢, 不息其大蹇之心, 然後可以激天下
之憤心, 而躑躅者亦爲之扶杖而起. 人也, 抑天也. 天抑自處於蹇以
激氣機之復, 而況於人乎!

역문 대저 건괘(蹇卦)䷦가 바라는 것은 벗들인데, 이 벗들 또한 쉽게 불러들이
지 못한다. 이 건괘(蹇卦)䷦의 괘상으로 보면, 물(☵)이 높은 데 있어서 그
흐름에 대 주지를 못하니, 그 이로움이 박하다. 그런가 하면 산(☶)도 물
(☵)을 싣고 있어서 두터울 수 없으니, 그 산세가 평평하다.[720]

무엇인가 실천하다가 죽음으로써 공명(功名)을 얻는 효과를 내고자 하
는 이들에게는, 이로움이 행동하도록 권할 따름이고, 세(勢)가 움직이도록
할 따름이다. 이것들을 제외한다면 이 건괘䷦의 구오효가 이들을 부릴 방
법은 딱히 없다. 하물며 그 대상들은 서로 돌아보며 앞으로 나아가지 않
고, 현재로서도 명예에 손상을 입고 있지 않으며, 거처도 살던 곳으로 돌
아오는 것이고, 함께 오며 또한 무리를 이루고 있다. 아울러 작은 집일지
언정 오히려 집이 자신의 집이고, 작은 수확일지언정 오히려 농토가 자신
의 농토다. 그런데 어째서 늘 즐겁게 살 수 있는 이런 곳에서 편안하고 한

---

720 그래서 벗들을 불러들이는 것이 녹록지 않다는 것이다.

가롭게 살 수 있음을 버리고, 이런저런 부대낌이 많을 왕도(王都)[721]로 옮기겠는가? 그러므로 한편으로는 가겠다는 생각도 있고 또 한편으로는 오겠다는 생각도 있는 상황인데, 오는 것에서는 명(名)이든 실(實)이든 잃음이 없지만, 간다면 누구든 똑같이 절뚝거리며 가야 한다. 언젠가는 난(亂)을 그치게 하겠지만 현재로서는 그것이 언제일지를 기약할 수 없고, 회토(懷土)에 대해 의심이 일면서, 한편으로 지금 사는 곳에서 편안히 삶을 의롭게 여김도 있다. 이러하다 보니 충효(忠孝)의 정(情)이 있어도 머뭇거리며 결정하지 못하는데, 시절이 그래서 실제로 이렇게 하더라도 도리상 이들에게 인색하게 군다고 비난할 수가 없다.

위대한 것이 절름거리는[722] 형세를 이루고, 위대한 것이 절름거리는 마음을 꺼트리지 않은 뒤에라야, 세상 사람들의 분한 마음을 자극할 수 있고 머뭇거리는 이들도 부추겨서 일어나게 할 수 있다.[723] 이러한 일을 하는 것은 사람이기도 하고 하늘이기도 하다. 하늘조차 자신을 절름거림에 둠으로써 기(氣)의 운행 체제가 회복하도록 하거늘, 하물며 사람이야!

---

[721] 구오효는 임금을 상징하므로 그가 사는 곳을 이렇게 왕도(王都)라 하고 있다.

[722] 이 건괘䷖의 구오효사가 '위대한 것이 절름거리듯 어려움을 당하고 있는데 벗들이 온다.(大蹇朋來.)'로 되어 있다.

[723] 『주역내전』의 이 구오효사 풀이에서 왕부지는, "구오효는 굳셈·씩씩함의 덕을 지닌 채 중정(中正)한 자리를 차지하고 있으니, 양(─)의 도(道)가 왕성한 존재다. 그래서 덕성과 지위의 측면에서 모두 크게 무슨 일을 할 수 있다. 그러나 육사·상육효라는 두 음(☵) 속에 자리 잡은 바람에 이 구오효는 절름거리듯 갈 수밖에 없으니 가는 데서 빠를 수가 없다. 그래서 구오효로서는 살피는 것이 더욱 견고하고, 거처하는 데서 더욱 겸손하며, 자신의 지혜·명성·용기·공훈 등을 모두 높이 치지 않는다. 이렇게 이 구오효는 세상의 험난함·가로막힘 속에 있음을 깊이 느끼며, 필부들이 자신보다 낫다는 두려움 속에 지낸다. 이러한 사람은 현인·군자들이 기꺼이 나아가서 서로 도움을 주는 존재다."라 하고 있다. 여기에서 우리는 '위대한 것이 절름거림의 형세[大蹇之勢]'와 이러한 난관을 돌파하고 자신에게 유리하게 몰아갈 수 있는 조건으로서의 '위대한 것이 절름거림의 마음[大蹇之心]'을 유추할 수 있다.

是以石室既囚而後種·蠡奮, 三戶已徙而後陳·項起, 漸臺既改而後諸劉興. 夫椒未敗之前, 壽春未滅之日, 孺子之名尚在, 元后之璽未投, 忠志之士未嘗无悲閔之心, 而時在難爭, 名猶未正, 則以'中節'之大人, 不能必天下於往來, 況其寖衰寖微, 无求伸之志者乎!

역문 이러한 까닭에 구천(句踐; B.C.약520~B.C.465)이 석실(石室)에 갇혀서 절름거리는 마음을 깨친 뒤에 문종(文種; ?~B.C.472)[724]과 범려(范蠡; B.C.536~B.C.448)[725]를 얻었고,[726] 3호(戶)가 이미 옮기고서 진승(陳勝)·항우(項羽)가

---

724 문종은 초나라 영(郢; 오늘날 湖北省 江陵 북쪽 지대에 해당) 출신이다. 춘추 말기의 유명한 모략가로서 월왕 구천이 오왕 부차를 물리치고 복수를 완성하는 데서 혁혁한 공을 세운 인물이다. 초나라 평왕(平王) 때 완(宛)의 현령(縣令)을 하다가 범려의 인물됨을 알고 그와 교류를 텄다. 그 후 범려와 함께 월나라 구천에게로 갔다. 그리고 그의 모신(謀臣)이 되어 오나라를 멸망시킬 수 있는 일곱 가지 술책[伐吳七術]을 구천에게 바쳤다. 이 술책들을 써서 구천은 그 복수에 성공할 수 있었다.

오나라가 멸망하자 범려는 월나라를 떠나며 문종에게도 은거를 권유했지만, 문종은 이를 듣지 않고 계속 조정에 남아 있다가 월왕 구천의 핍박을 받고 자결하는 것으로 생을 마감했다.

725 범려는 춘추 시기 초나라 완지(宛地) 삼호읍(三戶邑; 오늘날의 하남성 南陽 淅川縣 일대) 출신이다. 그는 유명한 정치가, 군사가, 경제학자였다. 빈한한 집안 출신이었으나 머리가 좋았고, 어려서 다섯 수레 분량의 책을 읽었을 만큼 공부에 열중하였다. 이를 통해 범려는 천문, 지리, 경세, 무략(武略) 등 여러 부문에서 당대 손꼽는 지식인이 되었다.

범려는 비록 초나라 출신이지만, 초나라가 귀족이 아니면 벼슬을 할 수 없을 정도로 귀족 중심의 나라이며, 당시 초나라 조정이 부패한 것을 보고 신물이 나서 절친 문종(文種)과 함께 월나라로 갔다. 그는 월왕 구천이 오나라 부차(夫差)로부터 갖은 능욕을 당하고 돌아와 그 복수를 위해 와신상담(臥薪嘗膽)하는 모습을 보고, 그가 환난을 함께할 수 있는 인물임을 알아차렸다. 그리고 문종과 함께 구천의 고굉(股肱) 대신이 되어서 20여 년을 봉사하며 월나라를 성공으로 이끌었다. 다만 구천이 복락을 함께할 수 있는 인물은 아님을 알아차리고 범려는 유유히 사라졌다. 이른바 "공이 이루어지면 몸은 물러나는 것이 하늘의 원리다.(功遂身退, 天之道.)"라는 『노자』 제9장의 말을 몸소 실천한 것이다.

이때 범려는 떠나기에 앞서 문종에게 "나는 새가 다 없어지면 좋은 활도 집어넣어 보관하고, 빠른 토끼가 죽으면 사냥개도 쓸모 없어져 삶아서 고기로 먹는다. 월왕은 됨됨이가 목이 길고 입술이 까마귀 부리처럼 툭 튀어나온 이른바 '장경오훼(長頸烏喙)'의 상이니, 환난(患難)의 상황에서는 함께할 수 있지만 즐거움은 함께 누릴 수 있는 인물이 아니다. 그대

는 어찌 떠나지 않으려 하는가?(『史記』,「越王勾踐世家」: 蜚鳥盡, 良弓藏; 狡兔死, 走狗烹. 越王爲人長頸鳥喙, 可與共患難, 不可與共樂. 子何不去?)"라는 글을 보냈다. 그러나 이 글을 받고도 떠나지 않고 월왕 구천의 조정에 머물던 문종은 구천의 압박에 못 이겨 자살하고 말았다.

월나라를 떠난 범려는 제나라로 간 것으로 알려져 있다. 그리고는 이름을 '치이자피(鴟夷子皮)'로 바꿨다. 월나라 왕 구천이, 오나라를 멸망시키는 데서 범려와 함께 혁혁한 공을 세웠던 오자서(伍子胥)를 전쟁이 끝난 뒤 죽여서 그 시체를 '치이(鴟夷)'에 담아 강물에 던져 버린 것을 잊지 않기 위해서였다. 이후 범려는 농업과 상업에 종사하여 몇 년 안 가 큰돈을 벌었다. 이에 제나라 사람들에게 자연스레 범려가 능력 있다는 소문이 났고, 이 소식을 들은 제나라 왕이 범려에게 상국(相國)이 되어 자신을 도와 달라고 하였다. 그러나 이미 정치에 간여하는 것이 얼마나 무섭고 무상한지를 잘 알았던 범려는 이를 거절하고 다시 정처를 옮기게 된다.

범려는 '도(陶; 오늘날의 山東省 定陶 서북쪽)'라는 곳에 이르러, 이곳이 사통팔달하여 장사의 최적지임을 알아보고는, 이곳을 자신의 세 번째 거주지로 삼았다. 그리고 장사를 통해 극히 많은 재부를 쌓았다고 한다. 사람들은 그를 '도주공(陶朱公)'이라 부르며 존경을 표했다. 그래서 후대 중국인 중 장사에 뜻을 둔 사람들은 범려의 소상(塑像)에 치성을 드리며 자신의 성공을 빈다고 한다. 범려는 이들에게 '재신(財神)'·'상성(商聖)'으로 추앙받고 있다.(이상, 『사기』,「越王勾踐世家」 및 「貨殖列傳」 참고.)

726 여기에서 말하는 석실(石室)은 은나라의 주왕(紂王)이 문왕을 가두었던 곳인데, 부초의 싸움[夫椒之戰; B.C.494]에서 승리한 오왕(吳王) 부차(夫差; B.C.약 6세기~B.C.473)가 패자인 월왕(越王) 구천(勾踐; B.C.520~B.C.465)을 여기에 다시 가두었다고 한다.

구천은 이 싸움 2년 전, 그의 아버지가 죽자 아버지를 계승하여 월왕(越王)에 올랐다.(B.C.496) 이해에 오왕(吳王) 합려(闔閭; ?~B.C.496, 재위; B.C.514~B.C.496년)가 군대를 몰고 월나라에 쳐들어왔는데, 구천은 이와 맞서 잘 싸웠으며 오나라 군대를 크게 무찔렀다. 사실 오나라와 월나라는 이전부터 거듭된 전쟁을 치러 왔었다. 이 싸움도 그리하여 벌어진 것이었다.

합려는 이 전쟁에서 입은 부상으로 죽음을 맞게 되었는데, 죽으면서 그 아들 부차에게 "절대로 원수 월나라를 잊어서는 안 된다!(必毋忘越.)"라고 유언을 하고 죽었다. 아버지 합려를 이어 오나라 왕위에 오른 부차는 이 유언을 충실히 따랐다. 월나라에 대한 복수심을 유지하기 위해 밤에는 섶나무 위에서 잠을 잘[臥薪] 정도였다. 이 각고의 노력이 결실을 얻어 오나라는 부국강병에 성공하고 오자서(伍子胥; ?~B.C.485년) 같은 지략가의 도움을 얻어 월나라와의 싸움에서 대승을 거두었다.

이때 월왕 구천은 오나라 군대에 궤멸적 패배를 당하고 겨우 5천의 군대를 거느리고 회계산(會稽山)에 웅크리고 있다가, 그나마 문종의 실천과 범려의 지략으로 목숨을 부지한 채 월나라로 끌려갔다. 오왕 부차는 월왕 구천과 그 왕비를 생포하여 오나라로 압송해 가서 구천을 석실(石室)에 가두었다. 이때 범려도 인질로 함께 오나라로 압송되어 갔다.

부차에 의해서 구천은 철저하게 능멸당하고 짓밟혔다. 구천은 3년 동안 온갖 모욕을 당

일어났으며,[727] 점대(漸臺)를 이미 고친 뒤에야 유씨(劉氏)의 한(漢)나라는
흥했다.[728]

하면서도 꾹 참고 노여움이나 한스러움을 드러내지 않았다. 특히 오왕 부차가 병이 들었다
고 하자, 구천은 범려의 계책에 따라 궁에 들어가 부차의 똥을 맛보고 그 병을 진단해 줌으
로써 부차를 기쁘게 했다고 한다. 이를 통해 구천은 부차의 환심을 살 수 있었고, 겨우 석
방되어 월나라로 돌아오게 되었다.

월나라로 돌아온 구천은 쓸개를 매달아 놓고 그 맛을 보면서[嘗膽] 오나라에 대한 복수심
을 잃지 않도록 자신을 다독였다. 스스로 농업에 종사하며 백성들과 동고동락함으로써 그
들의 마음을 샀다. 또 자신을 낮추고 전혀 사치를 부리지 않았다. 결국 이렇게 해서 구천
또한 부국강병에 성공했다. 그리고 범려를 상국(相國)에 앉히고 그의 건의를 받아들여 패
왕(霸王)의 업을 닦았다.

드디어 B.C.482, 오왕 부차가 황지(潢池)에서 제후들과 회맹을 하며 나라를 비워 둔 사
이에 구천은 4만의 병사를 끌고 오나라를 쳐들어가 궤멸적 피해를 줬다. 이후 구천은 계속
된 공격을 통해 마침내 13년 만에 오나라를 멸망시켰고 부차는 자살로 생을 마감했다.
(B.C.473)(『사기』, 「越王句踐世家」 및 『吳越春秋』 참고.)

727 이에 관해서는 『사기』의 「항우본기」에 이해의 단서가 있다. 당시 나이 70세이던 범증(范
增)이라는 사람이 진나라에 대항하여 일어난 항량(項梁; ?~B.C.208)에게 와서 말하기를,
"진승(陳勝, ?~B.C.209)이 패배한 것은 진실로 당연하다. 진(秦)나라가 여섯 나라를 멸망
시킨 중에서도 초나라가 가장 억울하게 당했다. 초회왕(楚懷王)이, 회맹(會盟)하자는 진나
라의 제안에 응하러 갔다가 불시에 감금되어 돌아오지 못하고 옥사했기 때문에, 초나라 사
람들은 지금까지도 그를 애석해한다. 그러므로 초의 남공(南公)이 '초나라가 비록 3호(戶)
이기는 해도, 진나라를 멸망시킬 나라는 틀림없이 초나라일 것이다.'라고 하였다. 그런데
진승은 먼저 일을 벌여 놓고도 초나라 왕가의 후손을 임금으로 세우지 않고 스스로 그 자
리에 올랐다. 그래서 그 세가 커지지 않은 것이다. 이제 그대가 강동(江東)에서 일어남에
초나라 지역에서 벌떼처럼 일어난 장수들이 모두 다투어 그대에게 붙는 까닭은, 그대가 대
대로 초나라 장수 가문 출신인데다가 초나라 왕가의 후손을 다시 세울 수 있다고 여기기
때문이다."라고 하였다. 이 말을 들은 항량은 일리가 있다고 여겨 당시 민간에서 양치기를
하고 있던 초회왕의 후손 미심(芈心)을 찾아서 초회왕으로 세워 초나라 백성들의 바람을
따랐다고 한다.(『史記』, 「項羽本紀」: 居鄛人范增, 年七十, 素居家, 好奇計. 往說項梁曰,
"陳勝敗固當. 夫秦滅六國, 楚最無罪. 自懷王入秦不反, 楚人憐之至今. 故楚南公曰, '楚雖三
戶, 亡秦必楚也.' 今陳勝首事, 不立楚後而自立, 其勢不長. 今君起江東, 楚蠭起之將, 皆爭附
君者, 以君世世楚將, 爲能復立楚之後也." 於是項梁然其言, 乃求楚懷王孫心民間爲人牧羊,
立以爲楚懷王, 從民所望也.)

728 한무제 원봉(元封) 6년(B.C.105) 12월, 백량궁(栢梁宮)이 불에 타 버렸다. 그래서 조회를
볼 곳이 없어 이곳저곳 전전하다가, 이듬해 월인(越人) 용지(勇之)의 건의를 받아들여 건
장궁(建章宮)을 지었다고 한다. 다만 이전 건물보다 크게 지어서 사용해야 이전 건물의 기

부추(夫椒)에서 아직 월나라가 패배하기 전, 수춘(壽春)[729]에서 아직 초나라가 패배하기 전, 유영(劉嬰; 5~25)[730]이 한나라 군주로서 아직 건재할 적, 원후(元后)가 아직 옥쇄를 땅바닥에 내던지기 전,[731] 이러한 때 충지(忠志)의 사대부들에게 슬퍼하고 원통한 마음이 결코 없는 것은 아니다. 그러나 시

운을 이겨 낼 수 있다고 해서, 건장궁은 백량궁보다 훨씬 크게 수십 채의 건물[千門萬戶]로써 지었다. 동·서·남쪽으로 각기 건물을 짓고, 북쪽에는 큰 연못을 만들었는데, 이 연못에 높이가 사람 키로 20여 길이나 되는 대(臺)를 세웠다. 이 대의 이름이 바로 '점대(漸臺)'다. 그리고 한무제는 여름에 이해 정월(正月)을 세수(歲首)로 하는 개력(改曆)을 하고, 이해를 '태초(太初)' 원년으로 했다고 한다.(『史記』, 「孝武本紀」: 十一月乙酉, 栢梁栽. 十二月甲午朔, 上親禪高里, 祠后土. 臨渤海, 將以望祠蓬萊之屬. 冀至, 殊庭焉. 上還, 以栢梁栽故, 朝, 受計甘泉. 公孫卿曰, "黃帝就青靈臺, 十二月, 燒黃帝, 乃治明庭." 明庭, 甘泉也. 方士多言古帝王有都甘泉者. 其後天子又朝諸侯甘泉, 甘泉作諸侯邸. 勇之乃曰, "越俗有火栽, 復起屋必以大, 用勝服之." 於是作建章宮, 度爲千門萬戶. 前殿度高未央. 其東則鳳闕, 高二十餘丈; 其西則唐中, 數十里虎圈. 其北治大池, 漸臺高二十餘丈, 名曰泰液. 池中有蓬萊·方丈·瀛洲·壺梁, 象海中神山龜魚之屬; 其南有玉堂璧門·大鳥之屬. 乃立神明臺, 井幹樓度五十餘丈, 輦道相屬焉. 夏, 漢改曆, 以正月爲歲首, 而色尚黃, 官名更印章以五字, 因爲太初元年.) 그런데 안사고(顏師古)의 주해에 의하면 이 대(臺)가 연못 속에 있어서 물에 잠기기 때문에 '점대(漸臺)'라고 했다고 한다.(『사기정의(史記正義)』: 正義顏師古云, "漸, 浸也. 臺在池中, 爲水所浸, 故曰, '漸'.")

729 수춘은 전국시기 초나라의 마지막 수도다.

730 유영(劉嬰)은 정식으로 즉위하지는 못했고, 황태자 신분으로서 한나라의 군주 역할을 했다. 왕망(王莽)이 평제(平帝; B.C.9~6A. D.)를 독살하고 겨우 2살에 불과한 이 유영을 택해서 한대(漢代)의 대통을 잇는 것으로 하였기 때문에 유영은 결국 정식으로 즉위하지 못했다. 왕망은 주공과 이윤을 따른다는 명분으로 섭정을 했는데, 자신을 '섭황제(攝皇帝)'라 부르며 연호도 '거섭(居攝)'으로 개원하였다. 그리고 모든 것을 실제 황제와 결코 다름이 없이 행했다. 단지 황태자 유영과 태후(太后) 앞에서만 자신을 '신(臣)'이라 칭할 따름이었다. 그러나 황태자 유영은 그저 꼭두각시와 다름없었다. 그나마 4년 뒤에는 왕망 스스로 제위에 올라 '신(新)'이라는 왕조를 세웠다.

731 왕망이 섭황제 노릇도 성에 차지 않아 이제 스스로 제위에 오르고 싶은 욕망이 일자, 한나라의 국새(國璽)를 손에 넣어야 할 필요를 느꼈다. 그는 안양후(安陽侯) 순(舜)을 태후에게 보내 국새를 넘기라고 했다. 이 국새는 진시황이 만든 것으로서, 진(秦)의 3대 황제 자영(子嬰; ?~B.C.206)이 유방(劉邦)에게 스스로 넘긴 것이었다. 한나라에서는 이것을 대대로 전해 내려오고 있었다. 태후는 처음에는 넘기려 하지 않았지만, 순(舜)의 말이 너무나 절실하고 왕망의 위협도 두려워서 내줄 수밖에 없다고 판단했다. 그래서 땅바닥에 던져서 순에게 집어가게 한 것이다.

대적 상황이 싸움으로는 어렵고 명분도 오히려 아직 올바르지 않았기 때문에, '중절(中節)'한 대인이라 할지라도 이러한 상황에서는 꼭 세상 사람들과 왕래할 수 있는 것이 아니다. 하물며 점점 쇠미해 가서 펼쳐 낼 뜻조차 없는 이들이야!

二

夫情遇乍矜, 則投兎或先; 感因同類, 則代馬必悲; 準誼推情, 曾悠悠者之无終靳. 奚況夫類同剛正, 分繫君臣, 呼號相聞, 泥中不恤, 而乃牽情小喜, 遇險倦歸, 斯不亦刻薄寡恩, 孱庸不振者乎!

역문 사람의 정(情)이 만나자마자 가엾이 여기는 마음이 일면, 그물에 걸린 토끼도 남보다 먼저 달려가서 구하게 되고,[732] 같은 부류라서 느낌이 일면 북방의 말들도 부는 북풍에 비애를 느낀다.[733] 정의(情誼)에 준하여 정(情)

---

[732] 이는 『시경』의 '소변(小弁)'이라는 시에 나오는 구절을 전거(典據)로 해서 하는 말이다. 해당 구절을 인용하면 "내 마음의 근심이여, 어찌 알아주는 이가 없는가! 저 그물에 빠진 토끼도 보자마자 오히려 누군가는 먼저 달려가 구해 주고, 길거리에 죽어 있는 사람도 오히려 누군가는 묻어 주거늘!(『詩經』, 「小雅, 節南山之什」, '小弁': 心之憂矣, 寧莫之知. 相彼投兎, 尙或先之; 行有死人, 尙或墐之.)"로 되어 있다. 왕부지는 여기에서 만나자마자 가엾어하는 마음이 이는 예로서 이 시의 구절을 인용하고 있다.

[733] 『한시외전(韓詩外傳)』을 통해 전하는 고대 일시(逸詩)의 일부다. 원래 구절은 "대(代)나라 산 말들은 북풍이 불면 귀를 쫑긋 기울이고, 월나라에서 온 새들은 고향 쪽 가지에 둥지를 튼다."로 되어 있다. 서한 시대 사람의 작품일 것이라 한다.[范家相, 『三家詩拾遺』권2, 「古逸詩」: 『韓詩外傳』, "代馬依北風, 越鳥巢故枝", 明是西漢人詩, 亦弗錄.] 대(代)나라는 춘추 시기에 세워졌던 북방의 한 제후국으로서, 전국(戰國), 서초(西楚), 서한(西漢), 오호16국 등의 시기에 모두 비슷한 지역에 세워졌던 나라다. 흉노의 후예들로서 북방 기마 민족들이 주류를 이룬 나라다.

을 미루어 보자면, 일찍이 그리워하는 사람치고 끝까지 인색한 사람은 없는 것과 같다. 그런데 어찌 하물며 부류가 같고 굳셈[剛]으로서 올바르며, 명분도 군주와 신하로서 얽혀 있는 사람들이야! 이들은 부르면 대답하는 소리가 들릴 정도로 서로 가까이 있는데도 불구하고, 진흙탕 속에서 뒹굴면서도 서로에게 관심을 기울이지 않고, 정(情)에 이끌려서 작은 것들에게 기쁨을 줄 뿐 험난함을 만난다고 하여 같은 부류에게 돌아가기를 게을리한다. 그러니 이 또한 각박하고 은혜를 가벼이 여기는 처사로서, 비루하고 무능함을 떨쳐 버리지 못함이 아닐까![734]

三爲'艮'主, 五之所求, '來反'偸安, 實兼斯吝, 而聖人獎其'能止', 許以'智'名, 則何以服夫二·越 險以忘身, 上居高而下應者哉? 三爲智, 則二·上爲愚. 抑相率以乖離, 而後得免於違時之誚耶?

역문 이 건괘䷃의 구삼효는 정괘(貞卦)인 간괘☶의 주체로서 구오효가 구하는 존재다. 그런데 '(자기와 같은 부류들에게로) 와서 돌이키며' 편안함을 탐하고 있으니, 실제로는 이렇게 인색함을 겸하는 것이다.[735] 그런데도 성인(聖人)

---

734 이는, 이 건괘䷃의 구오효가 굳셈[剛]으로서 중정하였지만 위대한 것이 절름거리듯 어려움을 당하고 있는 처지에서 벗들이 와 도와주어야 할 상황인데[大蹇朋來], 구삼효가 이러한 상황의 요청에 부응하기는커녕 가면 절름거리듯 하여 어려움을 만날 것이 두려워하고, 안으로 돌이켜 초육·육이효의 두 음들(☷)과 함께 어울리며 간괘☶를 이루어서 이들에게 안으로 기쁨을 준다['往蹇來反', 內喜之也]고 함에 대한 비판이다. "정(情)에 이끌려서 작은 것들에게 기쁨을 줄 뿐 험난함을 만난다고 하여 같은 부류에게 돌아가기를 게을리한다. 그러니 이 또한 각박하고 은혜를 가벼이 여기는 처사로서 비루하고 무능함을 떨쳐 버리지 못함"이라고 함에는 이러한 의미가 들어 있다.

735 이 구삼효사는 "가면 절름거리듯 하며 어려움을 만나고 오면 돌이킨다.(往蹇來反.)"로 되어 있다. 그런데 왕부지는 『주역내전』에서 '오면 돌이킨다'에 대해, 구삼효가 양(—)으로서 음(--)인 상육효에게로 가서 응하여야 마땅한데, 상육효가 부드러움[柔]으로서 그를 위무하니 구삼효는 돌이켜 초육·육이효의 두 음들(☷)과 서로 합하여 간괘☶의 머무름을 이루

께서 이 육삼효가 간괘ΞΞ를 이루어 '멈출 수 있음'을 장려하여 '지혜로움'으로서 간주한다면, 어떻게 저 육이효가 제 한 몸의 안위 따위는 잊어버린 채 험난함을 뛰어넘고,[736] 상육효가 높은 자리를 차지하고 있으면서도 아래로 응하는 것[737]을 설복시킬 수 있겠는가? 구삼효가 지혜롭다면 육이효와 상육효는 어리석은 존재가 될 것 아닌가? 아니면 잇달아 서로 사이가 벌어진 뒤에야 시기를 어겼다는 꾸짖음으로부터 벗어날 수 있다는 것인가?

曰: 以智處蹇, 是或一道, 而豈許臣子之奉爲典要與! 夫三非无能往之志, 而非有可往之時也. 水流山峙, 既終古而不相知; 彼德我才, 亦欲諧而非其事. 且拯患者有不拯, 而自固者无不固. 今使三攘袂而起, 越疆圖遠, 而進即於非次之居, 則抑爲<u>萃</u>之九四, 疑不釋而道愈孤, 又奚益哉! 身安而後動, 交定而後求, 无亦自固於敦止之地, 合初·二之交, 以示聲援之有在也乎! 大智者无智色, 用愚者有智功. 況均在剛揜之中, 未見其力之獨優於五也! 則抑養其力以需時可矣! 若夫顧妻子以縈懷, 畏遭回而却步, 鄙夫情短於飼豬, 壯士魂

고 있다는 것이다.

736 육이효사는 "왕과 신하가 절름거리고 또 절름거리듯 거듭 어려움을 만남인데, 제 한 몸만을 위하지 않는 까닭에서다.(王臣蹇蹇, 匪躬之故.)"로 되어 있다. 육이효가 구오효에 응하여 구오효가 처한 절름거림의 상황을 구제하기 위해 그 역시 절름거리며 가는 것은, 제 한 몸의 안위 따위는 고려치 않기 때문이라는 것이다.

737 이는, 이 건괘ΞΞ 상육효사의 '가면 절름거리며 어려움을 만나고 오면 크게 이루어 낸다(往蹇來碩)'에 대해, 그『상전』에서 '뜻함이 안에 있기 때문이다.(志在內也.)'라고 풀이함을 근거로 해서 하는 말이다. 즉 높은 자리를 차지하고 있는 이 상육효가 안으로 돌이켜 육이효부터 구오효까지의 네 효들을 보살핌에 뜻을 두고 있다는 것이다. 왕부지는 『주역내전』에서 이에 대해, "'뜻함이 안에 있다'라는 것은 이 건괘(蹇卦)ΞΞ의 가운데 네 효들이 각기 올바름을 얻고 있으니 이 상육효도 이들과 함께하며 서로 그 아름다움을 박음질하며 이루어 내고 있다는 의미다.('志在內'者, 中四爻各得其正, 而相與彌縫其美也.)"라 풀이하고 있다.

移於高會, 庸流以爲智, 君子以爲愚矣.

역문 나의 견해는 이러하다. 지혜로움으로써 절름거림의 상황에 대처함은 한 가지 방법일 수는 있다. 그러나 어찌 이것을 신하들이 그 임금을 받드는 불변의 원칙이라 할 수 있겠는가! 대체로 보아서 이 건괘☷ 구삼효에게는 갈 수 있다고 하는 뜻이 없는 것이 아니라, 갈 수 있는 적절한 때가 없는 것이다. 물은 흐르고 산은 대치하고 있으니,[738] 이들은 아득한 예부터 이미 서로 모르고 있다. 또 상대방은 덕이 있고 나는 재주가 있으니,[739] 화합하고자 하더라도 될 일이 아니다. 그런가 하면 환난에 빠진 이를 구함에서는 다 구하지 못함이 있지만, 자신을 견고히 하는 이에게는 견고하지 않음이 없다.

지금 설사 이 구삼효에게 팔을 걷어붙이고 떨쳐 일어나 경계를 넘어서 멀리 있는 어려움을 구제하도록 한다고 한들, 나아간다면 곧 머무르지 못할 곳에 있게 되리니, 또한 췌괘(萃卦)☷의 구사효처럼 되어서, 의심은 풀리지 않은 채 가는 길만 더욱 고립될 것이다. 그러면 또한 무슨 도움이 되겠는가. 자신이 편안해진 뒤에 행동에 나서는 것이고, 사귐이 정해진 뒤에라야 구하러 나서는 것이다. 돈독히 멈추어 있는 곳에서 자신을 견고히 하고서 초육·육이효와의 사귐을 합하여 구오효에게 성원(聲援)이 있음을 보여 주는 방법 또한 없겠는가!

위대한 지자(智者)는 지혜로움을 내세우는 기색이 없고, 어리석음을 쓸

---

738 이 건괘☷가 물을 상징하는 감괘☵와 산을 상징하는 간괘☶의 조합으로 이루어졌음을 두고 하는 말이다.

739 이 건괘☷가 물을 상징하는 감괘☵와 산을 상징하는 간괘☶의 조합으로 이루어졌는데, 산은 덕을 상징하고 물은 재주를 상징한다.(『論語』, 「雍也」: 子曰, "知者樂水, 仁者樂山. 知者動, 仁者靜, 知者樂, 仁者壽.")

는 이에게는 지혜로움이 내는 공(功)이 있다. 하물며 구삼·구오효 이 둘은 고루 굳셈[剛]으로서 엄폐된 상황 속에 놓여 있고, 구삼효로서는 자신의 능력만이 오직 구오효보다 우월하다는 것을 보지 못했음에랴! 이러할진대 그 힘을 길러서 때가 오기를 기다리는 것도 가능한 것이다. 그렇지 않고 만약에 처자식의 안위만을 마음에 두고 두려워하며 머뭇거리다가 뒷걸음질을 친다면, 비루한 사내가 돼지를 키우는 데만 마음 씀씀이가 머물고 힘센 사내가 성대한 모임에로 혼이 옮겨 간 것과 같으리니, 용렬한 인간들은 이를 지혜롭다고 할 것이지만 군자는 어리석다고 여긴다.

雖然, 三之先己後公, 恤利害以圖萬全者, 抑絜於二而有慙也. 何也? 以五之終不免於'大蹇'也. 故以智處蹇, 期於功立而蹇釋; 以蹇終蹇, 道在詘智而伸愚. 蘧瑗之保身, 甯俞之衛主, 道不同, 亦各因其時也已矣.

역문 비록 그렇다고는 하지만 구삼효가 자기를 앞세우고 공공의 선은 뒤로 돌리며 이해관계에 마음이 쏠려 자신의 만전(萬全)을 도모하는 것은, 육이효를 기준으로 해서 판단해 보아도 부끄러워할 점이 있다. 그 까닭은 무엇이겠는가. 구오효가 끝내 '위대한 것이 절름거림'에서 벗어나지 못하기 때문이다. 그러므로 지혜로움으로써 절름거림에 대처함은 반드시 공(功)이 세워져서 절름거림이 풀리게 하는 것이다. 절름거림이 절름거림으로써 끝난다면, 이러한 경우에 맞는 길이란 지혜로움을 굽혀서 드러나지 않게 하고 어리석음을 펼쳐 보이는 것이다. 거원(蘧瑗; 약B.C.585~약B.C.484)[740]이

---

740 거원은 자(字)가 백옥(伯玉)이어서 거백옥(蘧伯玉)으로도 불린다. 춘추 시기 위(衛)나라의 대신이었다. 위헌공(衛獻公)의 재위 초기부터 벼슬길에 올라, 헌공 시기에 벌써 위나라이

제 몸을 보전한 것과 영유(甯兪)[741]가 그 임금을 보위한 것은, 길은 서로 다르더라도 각각은 제때에 알맞게 행동한 것일 따름이다.

강한 나라로 끌어올린 현신(賢臣)이다. 평생 헌공(獻公)·상공(殤公)·영공(靈公) 등 3대의 임금을 받들었다. 거원은 늘 덕으로써 나라를 다스려야 한다는 것, 위정자는 자신을 본보기로 내세우며 행동으로써 백성들을 감화시켜야 한다는 것을 주장했다. 즉 백성들이 그 공동체 내에서 사람답게 살아갈 수 있느냐를 몸으로써 느끼며 관심을 기울여야 한다는 것이다. 거원은 노자가 주장하는 '무위이치(無爲而治)'의 개창자로도 불린다. 거원은 병으로 죽을 때까지 그 직위를 유지했다. 공자의 벗으로서 공묘(孔廟)의 동무(東廡) 첫째 자리에 배향되어 있다.

741 영유(甯兪)는 춘추 시기 위(衛)나라의 대부다. 시호가 '무(武)'여서 영무자(甯武子)로도 불린다. 그는 위나라의 성공(成公)을 보필하였는데, 당시 성공을 보필하는 것이 자신에게 불리하였지만, 이해타산을 따르지 않고 오로지 그는 주군을 보필하는 충성심으로만 보필하였다. 그래서 당시 성공의 신하들이 주군을 잘못 보필한 책임을 물어 죽임을 당하였음에도 불구하고, 영무자만은 그 충성심을 참작하여 면직하는 것으로 끝났다. 공자는 이 영무자를 대단히 높이 평가하여, "영무자는 나라에 도가 제대로 시행되고 있으면 그 앎을 발휘하고, 나라에 도가 시행되지 않으면 어리석은 체하였다. 나는 그의 지식에는 미칠 수 있지만, 그의 어리석은 체함에 대해서는 도무지 미칠 수가 없다."(『論語』,「公冶長」: 子曰, "甯武子, 邦有道, 則知; 邦無道, 則愚. 其知可及也, 其愚不可及也.")라고 평가하였다. 그래서 이후 영무자는 제대로 된 세상에서는 나아가 자신의 능력을 한껏 발휘하고 제대로 되지 않은 세상에서는 마치 어리석은 사람인 체하며 물러나 칩거하는 정치가의 전형으로 자리매김하였다.

해괘

☷☵解

一

夫動而濱於險者, 在我與在物同有淪胥之憂; 其能免也, 物免而我亦免. 而矜獨任之勞, 據功名之盛, 則德量損而令業不終, 其有捐此而昭大信於天下者乎? 則豈不賢乎!

역문 움직여서 험난함에 가까워지면, 나에게도 다른 이들에게도 똑같이 빠질 우려가 있다. 이를 면할 수 있음에서는, 다른 이들이 면하고 나도 면한다. 자신이 온통 떠맡아 임무를 해내는 수고로움을 긍지로 여기고 공을 세워서 떨친 이름의 성대함에 기댄다면, 덕량(德量)은 줄어들 것이고 좋은 업적도 끝을 맺지 못할 것이다. 이러함을 내려놓고서 세상 사람들에게 위대한 신임을 밝게 드러내는 이가 있을까? 이렇게 한다면 어찌 현명하지 않으리오!

是故解四之以解爲己任, 而奮擊以解之也: 二則其朋也, 而不相應; 五·上則其長也, 而不相協; 陰陽異. 初·三則其敵也, 而固不相謀. 不諒於二, 朋友以爲疏己矣; 不合於五·上, 君長以爲逼己矣; 不格於初·三, 異類以爲傷己矣. 驚百里而破群幽, 得免而喜, 乍免而疑, 將驅除之績未終, 戈矛之釁內起, 我將爲四危之矣. 而四得以'孚'者, 何也?

역문 이러한 까닭에 해괘☳의 구사효가 풀어냄[解]을 자신의 임무로 삼고서 분발하여 격파함으로써 험난함을 풀어낸다. 구이효는 그 친구이기는 한데 서로 응하지는 않는다. 육오효와 상육효는 구사효에게 어른이어서 서로 협조하지는 않는다.[742] 초육효와 육삼효는 구사효에게 적이어서 본래가 서로 모의하지 않는다. 구사효는 구이효에 대해 살피지 않고 벗이 자기를 멀리한다고 여긴다. 구사효가 육오효와 상육효에게 합치하지 않는 까닭은, 이들이 군장(君長)으로서 자신을 핍박하기 때문이다. 구사효가 초육효와 육삼효에게 이르러 함께하지 않는 까닭은, 이들이 부류가 달라서 자기에게 상처를 준다고 여기기 때문이다.

이 구사효는 반경 백 리 안에 있는 사람들을 놀라게 하며 떼지어 그윽하게 있는 것들을 격파하고 험난함을 면할 수 있어서 기뻐하지만, 면하자마자 의심을 받는다. 그리하여 험난함을 구제(驅除)하는 업적을 채 끝내지도 못하는데, 무기를 들고 서로 싸우는 틈이 내부에서 일어나니, 우리는 장차 구사효에게 위험을 초래하게 된다. 그런데도 이 구사효가 '믿음[孚]'을 얻는[743] 까닭은 무엇일까?

夫不自信者召疑, 處甚高者寡與, 期有功者來忌. 是故當位而利行

---

742 **저자 자주**: 음·양이 다르기 때문이다.
743 이 해괘☳ 구사효사는 "풀어 주지만, 엄지발가락으로 함이라. 벗이 와서 이에 믿음이 생긴다.(解而拇, 朋至斯孚.)"로 되어 있다.

者, 功之所歸, 望之所集, 有爲而爲, 有獲而返. 凡此四者, 同類且忮媚之, 况異己之蒙其懲創者乎! 若夫解四之不當位, 則終古而无當位之日矣. 先之非物所望, 後之非功所歸, 无所爲而爲, 不獲居尊而退. 四退文. 故其解也, 適見淪陷之難平而爲之不寧; 弗待同志之先要而引爲己任. 亦但曰"險不可終而物不可終險"也. 拊手揮散, 孤掌獨鳴, 天位无苟覬之心, 將伯无助予之望. 是故三陰之'狐', 六五之'黃矢', 以歸'獲'於二; 居尊而'有解', 因人而成功, 以歸'吉'於五; 震功成而'隼獲', 坎道夷而'悖解', 以歸'利'於上; 而後遠二之處險而二不以爲疎, 臨五·上之陰柔而五·上不以爲逼. 无不自信則疑去矣, 處不慕高則忌忘矣, 功不期有則謗消矣. 此'朋至'之'孚', 不疾而速, 所由異於蹇五之'朋', 需之或然或不然而幸其'來'也.

역문 자신을 믿지 않는 이는 다른 이로부터 의심을 초래하고, 너무 높은 자리에 있는 이에게는 함께하는 사람이 적으며, 자기에게 꼭 공(功)이 있기를 바라는 이는 시기심을 불러온다. 그러므로 마땅한 위(位)를 차지하고서 이롭게 행하는 이에게는 공(功)이 돌아오고, 사람들의 선망(羨望)이 모이며, 해야 할 일이 있어서 하고, 무엇인가를 얻어서 돌아온다. 무릇 이 네 가지에 대해서는 같은 부류의 인간들도 시기하거늘, 하물며 자기와 달라서 그에게 징치(懲治) 당한 이들이야!

이 해괘☰☵의 구사효가 당위(當位)에 있는 이가 아니라는 것으로써 보면, 영원히라도 그에게는 당위(當位)에 있는 날이 없을 것이다. 그래서 그는 앞장서더라도 다른 것들이 바라지 않을 것이고, 뒤따라가더라도 공(功)이 돌아오지 않는다. 그리고 해야 할 일이 없이 하고, 높은 자리를 차지하지 못한 채 물러날 것이다.[744] 그러므로 그가 풀어낸[解] 것은, 함몰하여 평정하기 어렵고 평안하지 않은 것들을 안정시켜 내는 바로 그러한 것들인데, 이 마저 동지들이 먼저 요청하기를 기다리지 않고 끌어당겨 자신의 임무로 삼은 것이다. 그래서 또한 단지 "그에게 험난함은 끝이 있을 수 없으며, 다른 존재들은 험난함으로 끝날 수 없다."라고 말할 따름이다. 손뼉을 치면 흩어져 버리고, 손바닥 하나로 외로이 울림을 내는 것이라, 하늘이 주는 지위 따위는 구차하게 바라는 마음조차 없이 장(長)들에게 청하지만 나를 도와주리라는 희망이 없다.[745]

그러므로 음효(--) 셋이 상징하는 '여우'[746]를 잡고 육오효가 상징하는

---

744 **저자 자주:** 구사효는 물러남의 효다.

745 『시경』, 「소아(小雅)」편에 나오는 '정월(正月)'이라는 시의 구절 일부를 인용하는 것이다. 이 전후 맥락을 인용하면, "혁혁한 주나라 사직을 포사가 망쳤도다. 하염없는 속쓰림이 끝나나 했더니, 칙칙하게 내리는 비가 또 나를 우울하게 하는구나. 그 수레에 가득 짐을 실어 놓고 그 덧방나무를 버려 버리더니, 네 수레에 짐을 싣고서는 어른들에게 도와 달라고 청하는구나. 너의 수레 덧방나무를 버릴 것이 아니라, 그 수레에 바큇살을 더하거라.(赫赫宗周, 褒姒威之. 終其永懷, 又窘陰雨. 其車既載, 乃棄爾輔. 載輸爾載, 將伯助予, 無棄爾輔, 員于爾輻.)"로 되어 있다. 이 시에서는 포사에 대한 맹목적인 사랑에 빠져 주나라를 망친 유왕(幽王; ?~B.C.771)을 힐난하며, 하늘은 스스로 돕는 이를 돕는다는 진리를 드러내고 있다.

유왕은 포사와의 사랑에 빠져 원후(元后)인 신후(申后)와 그 태자 의구(宜臼)를 내치고는, 포사를 정비(正妃)로 하고 그 아들 백복(伯服)을 태자로 삼았다. 이뿐만 아니라 이러지 말라고 충언하는 현신(賢臣)들을 다 죽이거나 내쫓았다. 이 시에서는 이를 나무라는 것이며, 자신이 험난함을 헤쳐 나아가기 위해 애쓸 때 다른 사람도 도움을 줄 수 있다는 것을 말하고 있다.

신후는 하릴없이 아들을 데리고 친가인 신(申)나라로 돌아갔다. 이에 화를 이기지 못한 그 아버지 신후(申侯)가 견융(犬戎)과 연합하여 주나라를 쳐들어왔다. 유왕은 견융의 손에 죽고, 포사의 행방은 알려지지 않고 있다. 유왕이 죽자 주나라의 제후들은 원래의 태자였던 의구(宜臼)를 주나라의 왕으로 옹립하였다. 평왕(平王)이 바로 그다. 그리고 호경(鎬京)이 이미 전란으로 파괴되어 더는 도읍으로 삼을 수 없어서 낙양(洛陽)으로 수도를 옮겼다. 동주(東周) 시대가 열린 것이다. 그러나 이 일련의 과정에서 평왕이 자신의 힘으로써 그 어지러움을 수습한 것이 아니라 진(晉)나라·정(鄭)나라 등 제후들에 의해 업혀 가는 처지였다. 그래서 이 동주 시대에는 주나라 왕이 주도권을 행사하지 못하고 제후들이 주도권을 행사하였다. 춘추·전국시대가 바로 그것이다.

746 왕부지는 이 해괘▦의 구이효사를 풀이함에서 "여우라는 짐승은 사악하면서도 의심이 많

'황색 화살'을 얻으니, '획득함'은 구이효에게로 돌아간다.[747]

그런가 하면 존귀한 위(位)를 차지하고 있으면서 '풀림이 있음[有解]'은 이 사람이 잘해서 공을 이룬 것이므로 그 '길함'을 육오효에게로 돌리는 것이다.[748] 또 진괘☳가 상징하는 공이 이루어져서 '송골매를 얻고' 감괘☵가 상징하는 험난함은 평탄해져서 '어그러짐이 풀리니', 그 결과로서의 '이로움'이 상육효에게로 돌아간다.[749] 이러한 뒤에라야 구이효로부터 멀리 떨어져 험난한 곳에 있더라도 구이효는 이들을 소원하게 여기지 않으며, 육오·상육효 등이 지닌 음(陰)의 부드러움에 임하더라도 이들이 핍박으로 느끼지 않는다.

이 해괘☳☵의 구사효는 자신을 믿지 않음이 없으므로 남들로부터의 의심이 사라지고, 극히 높은 곳에 자리 잡고 있지 않으므로 남들의 시기(猜忌)도 잊으며, 자신에게 기필코 공(功)이 있어야 한다고 하지 않으니 비방도 사라진다. 이렇게 하여 구사효의 '벗이 이르게' 하는 '믿음'은 굳이 빠르게 하지 않더라도 신속하게 이루어진다. 이러한 까닭에 건괘(蹇卦)☶☵ 구오효의 '벗'과 다르며, 수괘(需卦)☵☰ 상육효의 올 수도 있고 오지 않을 수도 있는데 요행히 그들[不速之客]이 '옴'과도 다르다.[750]

다. 이 해괘☳☵에서 육삼효 이상의 세 효는 모두 제 위(位)를 잃고 불안해하고 있다. 이는 바로 여우의 상이다.(狐之爲獸, 邪而善疑. 自三以上三爻, 皆失位而不安, 其象也.)"라 하고 있다. 구이효사의 '사냥을 나가서 여우 세 마리를 잡음(田獲三狐)'이라 함에서 세 마리 여우가 육삼·육오·상육효 셋을 지칭한다는 것이다.

747　이 해괘☳☵의 구이효사 전체를 인용하면, "사냥을 나가서 여우 세 마리를 잡고 황색 화살을 얻는다. 올곧고 길하다.(田獲三狐, 得黃矢, 貞吉.)"로 되어 있다.

748　이 해괘☳☵의 육오효사는 "군자는 동여매고 있던 밧줄이 풀리는 격이니 길하다. 소인에게는 믿음이 있다.(六五, 君子維有解, 吉. 有孚于小人.)"로 되어 있다.

749　이 해괘☳☵의 상육효사는 "공(公)께서 높은 담장 위에 올라가 활로 송골매를 쏘아서 맞히니, 그것을 얻으며 이롭지 않음이 없다.(公用射隼于高墉之上, 獲之无不利.)"로 되어 있다. 그리고 이 해괘의 회괘(悔卦)는 진괘☳로 이루어져 있다.

二

能得其情者, 必與同才者也; 能治其妄者, 必於乘時者也. 才不相肖, 言而不親; 時不乘權, 威之未服. 是以叔鮒說一而季孫歸, 城濮勝而衛侯讐. 故卞璧暗投而見疑, 虛舟偶觸而无怨. 雖有盛心, 與以那福, 而才不相如, 時方未集, 國未足以消危疑於當世矣.

역문 그 마음을 얻을 수 있는 사람은 반드시 그와 재능이 같은 사람이어야 하고, 그 망령됨을 다스릴 수 있는 사람은 반드시 때를 탄 사람이어야 한다. 재능이 서로 비슷하지 않으면 말을 해도 친근감이 생기지 않고, 때가 권세를 타지 않으면 권위가 있더라도 굴복하지 않는다. 이러하기 때문에, 숙부(叔鮒; B.C.580~B.C.531)[751]가 말 한마디 하자 계손의여(季孫意如; ?~B.C.505)[752]가

---

750 이 수괘(需卦)䷄의 상육효사에서는 "속히 오지 않았던 손님 셋이 오는데 이들을 경건하게 맞이하여, 끝내는 길하다.(有不速之客三人來, 敬之終吉.)"라는 구절이 나온다.

751 숙부는 성이 양설(羊舌)이고 이름은 부(鮒)다. '숙부'는 그의 또 다른 이름이다. 자(字)는 숙어(叔魚)였다. 춘추 시기 진(晉)나라의 귀족인 진무공(晉武公; ?~B.C.677)의 후손이다. 사마(司馬) 대리, 사구(司寇) 대리 등의 벼슬을 지냈다. 숙부는 재능은 뛰어났지만, 끝없는 그의 탐욕이 문제인 사람이었다.

   진(晉)나라 소공(昭公; ?~B.C.526) 연간에 노(魯)나라의 계손의여(季孫意如; ?~B.C.505)가 진나라에 구류되어 있었다. 진나라의 집정 대신이었던 한선자(韓宣子; ?~B.C.514)가 나중에 이를 알고서 그를 노나라로 돌려보내려 하였다. 노나라가 다른 나라와 동맹을 맺어서 진나라를 받들지 않을까 두려웠기 때문이다. 그런데 계손의여는 오히려 돌아가려 하지 않았다. 그러자 그를 설복해서 노나라로 귀국시킬 임무가 이 숙부에게 주어졌다. 숙부의 능력이 당시 그만큼 인정받고 있었다. 숙부는 은근히 계손의여에게 당장 귀국하지 않으면 진나라가 서하(西河)에다 그대를 영원히 구류시킬 수 있고, 그 준비를 지금 하고 있다며 겁을 주었다. 이에 겁을 먹은 계손의여는 황급히 노나라로 돌아갔다.(『春秋左氏傳』, 「昭公」13년 조 참고.)

   숙부는 이렇게 언변이 뛰어난 사람이었다. 그런데 나중에 한선자에 의해 사구 대리에 임명된 숙부는, 소송당사자로부터 딸을 뇌물로 받고 그를 무죄로 판결하였다. 이에 격분한

곧바로 자기 나라로 돌아갔고, 성복(城濮)의 전투에서 진(晉)나라가 이기자 위(衛)나라 제후 성공(成公; ?~B.C.600)은 두려움에 떨었다.[753] 그러므로 변화(卞和; ?~?)가 발견했던 화씨벽(和氏璧)[754]을 남모르게 던져 놓으면 의심을 불러일으키고,[755] 빈 배가 흘러와서 내 배에 부딪히더라도 그 빈 배에 대고

또 다른 소송당사자가 법정에서 숙부를 칼로 베어 버렸다.

[752] 계평자(季平子)를 말한다. 성이 계손(季孫)이고 이름이 의여(意如)다. 계손의여가 진나라에서 돌아온 뒤, 숙손야(叔孫婼; ?~B.C.517)가 그에게 노나라 정치를 맡기려 하였다. 이에 불만을 품은 노나라 귀족들이 무력으로 도발하기도 했으나(魯昭公 25년, B.C.517), 계손씨(季孫氏)에게 숙손씨(叔孫氏)·맹손씨(孟孫氏) 등이 무력으로 힘을 보태 이를 진압했다. 이 병화에 휘말린 노나라 소공은 제(齊)나라로 도망갔다가 결국 귀국하지 못한 채 죽었다.

이렇게 하여 노나라 정권을 장악한 계손의여는, 나중에 남괴(南蒯)가 비읍(費邑)을 기반으로 하여 반란을 일으켰으나, 이 또한 민심을 등에 업고 진압에 성공했고, 남괴는 제나라로 도망쳤다. 이처럼 계손의여는 비교적 여의롭게 노나라의 국정을 장악해서 원활하게 수행했다.

[753] 성복의 전투는 춘추 시기 제후국들 사이에 벌인 전투다. B.C.633, 초(楚)나라가 송(宋)나라를 침공하자 송나라가 진(晉)나라에 구원을 요청했고, 이에 진나라는 송나라를 돕는 것이 진나라의 위상을 올릴 좋은 기회라 여겨 여기에 응했다. 이에 초나라는 조(曹)·위(衛) 두 나라와 맹약을 맺어 맞섰고, 진나라는 제(齊)·송(宋)·진(陳)나라와 연합하여 맞섰다. 결과는 진(晉)나라의 승리, 초나라의 패배로 돌아갔다. 당시 진나라 군주였던 문공(文公; B.C.671~B.C.628)은 이 승리의 여세를 몰아 노(魯)·제(齊)·진(陳)·송(宋)·채(蔡)·정(鄭)·위(衛)·거(莒) 등의 제후들과 주양왕(周襄王)을 천토(踐土)로 불러들여 회맹을 하고(B.C.632), 제환공(齊桓公)에 이어 중원의 패자로 등극했다. 위(衛)나라의 성공(成公)은 이 싸움에서 초나라가 졌다는 소리를 듣고 겁이 나서 초나라로 도망갔다가 나중에는 진(陳)나라로 가서, 대부 원훤(元咺; ?~B.C.630)으로 하여금 자신의 동생 숙무(叔武; ?~B.C.632)를 받들어 이 회맹에 참가하게 하고는 그 결과를 받아들였다.

[754] 변화는 화씨(和氏)라고도 하는데, 춘추 시기 초(楚)나라 사람이다. 초산(楚山; 지금의 湖北省에 있는 荊山)에 나무하러 갔다가 이 옥을 얻었다고 한다. 변화는 이 옥을 초나라 여왕(厲王)에게 바쳤으나 가짜 옥을 바친다는 오해를 받아 다리 하나가 잘리는 처벌을 받았고, 그 뒤를 이은 무왕(武王)에게 바쳤다가 또 같은 오해를 받아 나머지 다리 하나를 마저 잃었다. 나중에 문왕(文王)에게 바쳐서 비로소 그 진가를 인정받았다. 이 화씨벽(和氏璧)은 천하의 보물로서 이에 얽힌 고사는 많다. '완벽(完璧)'이라는 말도 여기에서 비롯되었다.(『한비자』, 「和氏」 참고.)

[755] 『사기』, 「추양(鄒陽) 열전」에 나오는 말을 인용한 것이다. 한(漢)나라 경제(景帝; B.C.188~B.C.141) 때 양효왕(梁孝王; ?~B.C.144)을 모시던 추양(雛陽)이 누명을 쓰고 투옥되자, 자신의 억울함을 호소하기 위해 양효왕에게 올린 글에서 연유하는 말이다. 그는

원망하지 않는다.[756] 비록 깊고도 아름다운 마음이 있어서 많은 복을 내리더라도, 재능이 상대방에게 미치지 못하고 때를 타지 못해 사람들이 모이지 아니하면, 진실로 당세(當世)에 위험과 의심을 떨쳐 낼 수가 없다.

今以解四之震動不寧, 而釋天下於險阻, 非徒四享之, 非徒贈二而分享之, 亦所以作主於群陰而調天下之怨也. 然則陰陽異才, 剛健失位, 豈特負乘之六三, 即初亦不必其孚矣. 是何也? 彼方錮一陽而堅持其險也.

역문 지금 이 해괘☳☵의 구사효는 평안하지 않은 상황을 벼락이 치듯 흔들어 대서 세상 사람들을 험난하고 답답함으로부터 해방시키는데, 단지 구사효 자신만 이 결과를 누리는 것이 아니다. 그렇다고 꼭 자기와 같은 굳셈[剛]인 구이효에게만 주어서 나누어 누리는 것도 아니다. 역시 뭇 음(--)들의 주인 된 이로서 세상 사람들의 원망을 조정하는 것이다. 그렇기는 하지만

"달처럼 밝은 구슬이나 야광을 내는 옥을 남몰래 길거리에 던져 놓으면, 이를 발견한 사람치고 누구나 칼을 어루만지며 서로 노려보지 않는 이가 없습니다. 왜일까요? 누구에게도 속하지 않은 채 거저 앞에 놓여 있기 때문입니다.(明月之珠, 夜光之璧, 以闇投人於道路, 人無不按劍相眄者. 何則? 無因而至前也.)"라고 하였다.

756 『장자』, 「산목(山木)」 편에 나오는 내용을 인용하는 것이다. 거기에서는, "배를 타고서 강을 건너가는데, 빈 배가 와서 내 배에 부딪히면, 비록 편협한 마음을 가진 사람이라 할지라도 그 빈 배에 대고 화를 내지 않는다. 그런데 그 배에 한 사람이라도 타고 있으면, 배 부딪히게 생겼으니 뱃머리를 돌리라고 크게 소리칠 것이다. 한 번 소리쳤는데도 그 사람이 듣지 않고, 두 번 소리쳤는데도 듣지 않으면, 세 번째 소리를 침에서는 반드시 험악한 소리가 뒤따를 것이다. 아까는 화를 내지 않고, 지금은 화를 내는 까닭이 무엇이겠는가. 아까는 빈 배였고, 지금은 그 배에 사람이 타고 있기 때문이다. 이렇듯 사람이 자기를 비운 채 세상을 떠돌 수 있다면, 뉘라서 그를 해칠 수 있으리오?(方舟而濟於河, 有虛船來觸舟, 雖有惼心之人不怒. 有一人在其上, 則呼張歙之. 一呼而不聞, 再呼而不聞, 於是三呼邪, 則必以惡聲隨之. 向也不怒, 而今也怒, 向也虛, 而今也實. 人能虛己以遊世, 其孰能害之.)"라 하고 있다. 비유와 그 속에 담긴 메시지가 촌철살인(寸鐵殺人)을 넘는다.

음·양이 재능이 다르고, 이 해괘䷧에서는 굳세고 씩씩한 것들이 모두 제위(位)를 잃고 있으니, 어찌 다만 등에 짊어지고 날라야 할 신분의 사람이면서도 대부 이상이 타는 수레를 탄 육삼효만[757] 이러하리오. 초육효도 꼭 구사효를 믿지는 않는다. 왜 그럴까. 이들이 구이효 한 양(一)을 가두고서 그 험난함을 굳게 지키고 있기 때문이다.

迨於六五, 而時乘天位, 才共陰柔, 小人之跂足以望者冀與同情, 而五則藉解於四以成其君子, 歡然相得, 納其昭蘇, 於是晉同類而與謀, 詔出險之攸利. 則非特際剛之初六樂與同功, 即三方竊君子之器, 亦失援消歸, 繼之以孚而不貳矣. 是何也? 群心已喻, 物難已夷, 不退何待? 不孚何求? 无所用險, 則有所用解, 亦勢之自然也. 而後捐狙詐, 罷戈矛, 泮渙銷融於雷雨之餘. 倘其不孚, 上抑可關弓注矢, 而非无名之師矣.

역문 이 해괘䷧ 육오효는 때를 만나 하늘의 위(位)를 타고 있고 그 재질인 음(--)의 부드러움을 함께하고 있다. 소인들이 발돋움하며 열망하는 것은 육오효와 같은 정(情)을 느끼는 것인데, 육오효는 구사효에게서 풀림[解]을 받아 군자가 됨을 이루고서 즐거운 마음을 구사효와 함께 누리며 그로부터 새로운 활력을 받아들인다. 이를 바탕으로 하여 같은 부류들에게로 나아가 함께 도모하며 그들에게 험난함으로부터 벗어나는 이로움에 대해 알려 주고 있다. 그 결과 굳셈[剛]과 이웃하고 있는 초육효가 같은 공(功)을 이루며 즐거워할 뿐만 아니라, 육삼효도 한창 군자의 기물을 도둑질하여

---

757 상육효사는 "등에 짊어지고 날라야 할 신분의 사람이면서도 대부 이상이 타는 수레를 탔으니 외적들의 침입을 불러들인다.(負且乘, 致寇至)"로 되어 있다.

또한 구원을 잃어버리고 돌아갈 곳을 소실하였으나, 구사효에 대한 믿음을 이어받고는 이에 대해 두 마음을 갖지 않는다.

그 까닭은 무엇이겠는가. 군중들은 마음으로 이미 알고 있고, 함께 살아가는 이들이 지닌 어려움이 이미 풀려 평탄해졌으니, 물러나지 않고 무엇을 기다리겠는가? 또 믿지 아니하고 무엇을 구하겠는가? 이제 더는 험난함에 쓸 원리가 필요 없으니 이 해괘䷧의 원리를 써서 풀어 감은 또한 추세의 자연스러움이라 할 것이다. 이러한 뒤에는 음(--)들의 교활·간사함이 사라지게 되고, 무기 들고 싸우는 것을 끝내며, 번개가 치고 비가 내린 뒤에 모든 것이 풀리고 녹아서 융해된다. 그런데도 혹시라도 믿지 아니하고 상육효가 화살을 활시위에 걸고 잔뜩 당겨서 노려볼 수는 있지만, 이 상육효는 이름 없는 군사가 아니다.

雷之興也, 氣動於地中, 功出於地上, 徹於至高, 而後解凝陰以旣雨, 則是五爲震功之盛, 而上乃震變之通也. 處盛功者不勞, 極通變者无吝, 故於上有待時之辭焉. 然則四其時之未至乎! 時未至, 而援劍叱車, 濯憑生之憂患, 故終歎四德之盛, 非聖人不足以當之.

역문 우레가 치면 기(氣)는 땅속에서 진동하는데, 그 효과는 땅 위로 나오며 가장 높은 곳까지 뚫어 버린다. 이러한 뒤에 음(陰)들이 엉기어 있음을 풀어 버려서 비가 내리니, 여기에서 구오효는 진괘☳가 이루는 공(功)의 왕성함을 드러내고, 상육효는 진괘☳의 변함[變]이 통함을 드러내고 있다. 왕성한 공(功)에 자리 잡은 이는 수고를 하지 않아도 되고, 변함[變]을 극도로 통하게 하는 이는 인색함이 없다. 그러므로 상육효사에는 때를 기다림을 함의하는 말이 있다.

그렇다면 육사효에게는 아직 때가 이르지 않음이라! 때가 아직 이르지 아니했는데도 장검을 끌어당기며 마차를 내놓으라고 다그치는데, 풍훤(憑 諼; ?~?)의 우려를 씻어 주었다. 그러므로 마침내 육사효가 지닌 덕의 왕성함을 찬탄케 하였는데,[758] 이는 참으로 성인(聖人)이 아니라면 해낼 수 없는 일이다.

---

[758] 풍원은 풍훤(憑驩)이라고도 한다. 그는 중국의 전국 시기에 활약했던 제(齊)나라 출신의 인물이다. 맹상군(孟嘗君)의 식객이었는데, 높은 데서 멀리 내려다볼 줄 아는, 심원한 안목을 지닌 전략가로 알려져 있다. 그는 원래 가난한 집안 출신이어서 호구조차 불가능할 정도였다. 그래서 사람을 시켜 맹상군에게 식객을 할 수 있도록 부탁했다. 맹상군이 풍훤의 됨됨이를 알아보기 위해 좋아하는 것이 무엇이냐고 물었는데, 풍훤은 특별한 것이 없다고 대답했다. 그럼 할 줄 아는 것이 무엇이냐고 물었는데, 이에 대해서도 풍훤은 특별한 것이 없다고 대답했다. 그럼에도 불구하고 맹상군은 웃으며 그를 식객으로 들였다.

이렇게 좋아하는 것도, 특별한 능력도 없다는 것이어서, 맹상군의 식객들은 그를 천대했다. 그래서 대우도 형편없었다. 그러자 풍훤은 기둥에 기대서 그 검을 두드리며 "긴 칼 가진 사람 돌아가야겠네, 밥에 도대체 고기라고는 없네."라고 노래를 불렀다. 사람들이 이를 맹상군에게 알렸다. 이 말을 들은 맹상군은 그에게도 다른 식객들에게처럼 고기를 주라고 하였다. 얼마간의 시간이 지나자 그는 또 기둥에 기대어 그의 칼을 두드리며 "긴 칼 가진 사람 돌아가야겠네, 어딜 가려고 해도 마차가 없네!"라고 노래를 불렀다. 사람들은 이를 비웃으며 맹상군에게 알렸다. 그런데 맹상군은 다른 식객들에게처럼 그에게도 마차를 내주어서 어딜 갈 때 타고 다니게끔 했다. 얼마간의 시간이 지나자 풍훤은 또 마찬가지로 기둥에 기대어 그의 칼을 두드리며 "긴 칼 가진 사람 돌아가야겠네, 가정을 돌볼 수가 없네."라고 노래를 불렀다. 사람들은 모두 그를 증오했다. 탐욕이 끝이 없어 만족할 줄을 모른다는 이유에서다. 그러나 맹상군은 풍훤에게 가족이 있는가를 물었고, 노모가 있다는 대답을 듣자 사람을 시켜 그 노모가 굶지 않도록 먹을 것을 갖다 주게 하였다. 그러자 풍훤은 더 이상은 노래를 부르지 않았다고 한다. 여기에서 '탄검작가(彈劍作歌)'라는 말이 생겨났다.

그 뒤 풍훤은 그의 식견과 안목으로써 맹상군을 위해 온힘을 다했다. 먼저, 맹상군의 봉지(封地)이던 설(薛)나라에서 그는 맹상군 대신 세금을 거두며 하후상박(下厚上薄)의 원칙을 적용해, 맹상군이 의롭고 어질다는 인식을 백성들에게 심어 주었다. 여기에서 '설국시의(薛國市義)'라는 말이 생겨났다. 그다음으로, 맹상군이 제나라에서 실각할 위기에 처하자 진(秦)나라를 끌어들여 이 위기를 넘기고, 맹상군의 위상이 더욱 공고해지도록 하기도 하였다. 그가 이러한 연출을 통해 제나라 임금으로 하여금 맹상군을 복위(復位)시키지 않으면 안 될 상황을 만들어 냈기 때문이다. 여기에서 '교토삼굴(狡免三窟)'이라는 말이 생겨났다.(『戰國策』,「齊策」참고.) 왕부지는 이러한 풍훤을 여기에서 이 해괘▤의 육사효에, 맹상군을 상육효에 빗대어 논하고 있는 것으로 보인다.

손괘

䷨ 損

泰者, 天地之正也. 惟至正者爲能大通, 故曰, "一陰一陽之謂道". 建
立於自然, 而不憂品物之不亨矣. 乃性靜而止, 情動而流; 止以爲畜,
畜厚則流. 迨其旣流, 不需其長, 隨應而變, 往而得損者, 亦固然之
勢矣.

역문 태괘(泰卦)䷊는 하늘과 땅의 올바름을 드러내고 있다. 오로지 지극히 올
바른 이라야만 크게 통할 수 있다. 그러므로 "한 번은 음이 되었다 한 번은
양이 되었다 함을 '도'라고 한다."라고 하는데, 누가 시키거나 조작함이 없
이 저절로 그러함[自然]에서 세운 것으로서, 개별자들이 형통하지 않음에
대해서는 근심하지 않는다.[759] 성(性)은 고요해서 멈추고, 정(情)은 움직여
서 유행한다. 멈추어서 길러 내고, 길러 냄이 두터워지면 유행한다. 이렇

---

[759] 이 태괘䷊는 음(--)·양(—)이 각기 셋씩 위·아래로 진영을 이루어 대대(對待)하고 있는
상을 이루고 있다. 그러므로 우리는 이 태괘에서 "한 번은 음이 되었다 한 번은 양이 되었
다 함을 '도'라고 한다."라고 함을 읽을 수 있다. 그리고 이는 음(--)·양(—)이 '아무런 사심
이 없이 만물을 지어냄[無心而成化]'이라는 저절로 그러함[自然]을 보여 준다는 것이다. 나
아가 이는 보편에 해당하는 것이기에, 특수로서의 개별자들 상황을 고려함이 없다는 것이
다. 이것이 왕부지가 여기에서 하고자 하는 말이다.

게 하여 이미 유행함에 이르러서는 각각의 것들이 굳이 장성하기를 기다리지 않고 응함에 따라서 변하는데, 가서 손괘(損卦)☲를 얻음 또한 '본디 그러함[固然]'의 추세에 따른 결과다.[760]

雖然, 其往也亦有差焉. 恒初往而變四, 舍无位以就有位, 爲致用也; 旣濟二往而變五, 中未失而得其尊, 爲居正也. 皆未有損也. 損三往而變上, 高而无位, 極而不返, 爲賓於陰, 而疏遠於陽, 則往而損矣.

역문 비록 이러하기는 하지만, 그 간 것에도 차이가 있다. 항괘☳는 이 태괘(泰卦)☷의 초효(一)가 가서 4효로 변한 것이다. 이는 '위 없음[無位]'을 버리고서 '위 있음[有位]'으로 나아간 것인데,[761] 간 것[초효→4효]이 그 결과 쓰임새를 다하고 있다. 기제괘☲는 이 태괘☷의 2효(一)가 가서 5효로 변한 것인데, 간 것[2효→5효]이 가운데 자리를 잃지 않고 그 존귀함을 얻어서 올바름을 차지하고 있다. 이들 두 괘에게는 모두 잃어버림이 없다. 이에 비해 이 손괘☲는 태괘☷의 3효(一)가 가서 상효로 변한 것이다. 이 손괘의 상효는 자리만 높되 지위가 없고, 극에 이르러서 돌아오지 않으며, 음들(☷)의 손님이 된 채 양들(☰)로부터는 소원해져 있다. 그러므로 가서 손해가 된 것이다.

是故損之將損下以益上也: 初有損之心, 而勢遠難致, 則謙讓而用'酌'; 二有損之責, 而怙中不舍, 則自保以居'貞'. 居貞者旣以損委於三之遇, 用酌者亦以損任夫三之才, 地近易遷, 懷剛處進, 故毀家紓

---

760 이는 이 태괘☷를 본괘(本卦)로 하여 많은 변괘(變卦)들이 생겨남을 전제하여 하는 말이다.
761 『주역』에서는 초효와 상효는 위(位)가 없는 것으로 친다.

上, 綢繆膠固以合少男少女之交, 爲三之獨任而无所辭. 道在逢貧,
心无憚往, 雖交失其位而不恤, 薦蘋藻而永綢繆, 損之所以爲'有孚'.
然而君子之用損也, 亦止於此而已矣. 僅此則專, 而過此則疑矣.

역문 그러므로 이 손괘䷨가 장차 아래를 덜어 내서 위에 보태기 위해서는[762] 다음과 같음이 있어야 한다. 즉 초구효에게 덜어 내고자 하는 마음이 있기는 하지만 형세로 볼 때 너무 멀어서 이를 이루어 내기 어렵다. 그래서 초구효는 겸양의 덕을 발휘하여 그저 '짐작함[酌]'을 쓴다.[763] 구이효에게는 덜어 낼 책임이 있기는 하지만, 자신이 가운데 자리를 차지하고 있다는 것을 믿고서 옮겨 가지를 않으며, 그저 스스로 보전하면서 '올곧음'을 유지하고 있다.[764] 이렇듯 올곧음을 유지하고 있는 이[구이효]가 덜어 냄을 이미 구삼효의 만남에 맡겨 놓고 있으니, 짐작함을 쓰는 이[초구효]도 덜어 냄을 저 구삼효의 재능에 맡겨 버린다.

구삼효로서는 위로 음들(☷)이 있는 땅과 가까워서 쉽게 옮기며, 굳셈[剛]의 재능을 함유한 채 나아감의 자리를 차지하고 있다. 그러므로 살던 집을 헐어버리고 위로 굽히니, 청춘 남녀의 사귐을 미리미리 준비하여 아교로 붙인 것처럼 단단히 달라붙게 하는 임무를 오로지 구삼효에게 맡기더라도 구삼효로서는 사양함이 없다.[765] 가는 길은 가난을 만남으로 향하

---

762 이는 이 손괘䷨를 풀이하는 『단전』에서 하는 말이다. 『단전』에서는 "이 손괘에서 '덜어 냄' 이라 한 것은 아래 것을 덜어 내서 위 것에 보태 준다는 의미다.('損', 損下益上.)"라 풀이하고 있다.

763 이 손괘䷨의 초구효사는 "일을 그만두고 빨리 감이 허물이 없으니, 짐작해서 덜어 낸다.(已事遄往, 无咎, 酌損之.)"로 되어 있다.

764 이 손괘䷨의 구이효사는 "올곧음엔 이롭고 정벌을 나가면 흉하다. 덜어 내지도 보태 주지도 않는다.(利貞, 征凶, 弗損益之.)"로 되어 있다.

765 왕부지는 이처럼 태괘(泰卦)䷊의 구삼효와 상육효가 서로 자리바꿈해야 이 손괘䷨가 이루

지만, 구삼효의 마음은 이 길을 가는 것에 전혀 꺼림이 없다. 비록 구삼효로서는 이 사귐을 통해 제 위(位)를 잃는 것이기는 하지만 이를 전혀 괘념함이 없으며, 빈조(蘋藻)를 올려서 둘의 합함을 영원히 한다.[766] 손괘䷿에 '믿음이 있음'[767]은 바로 이 때문이다. 그러나 군자로서 이 손괘의 덕을 씀은 또한 바로 이 정도에 그쳐야 할 따름이다. 겨우 이 정도에 머무르면 오로지 그의 것이 될 수 있지만, 이를 지나치면 의심을 받게 된다.

夫陰陽之未用, 先正體以定位; 陰陽之既用, 尤立體以達權. 立體達權則志貞而不靡; 任權墮體則游惰而忘歸. 乃陽之載陰, 喜浮而亟往; 陰之乘陽, 喜沈而便來. 來者日安, 往者日危. 陽喪其居以助陰之來返, 則損極而傷矣. 故酌之而不嫌其過慎, 薄享而不責其已凉, 所以立陽體於不窮, 而節陰情以各正也.

어진다고 본다. 즉 태괘가 본괘이고, 손괘는 그 변괘라 보는 것이다. 그런데 이 변함[變]은 바로 태괘의 구삼효가 상육효의 자리로 가고[往], 상육효는 온 구삼효에게 그 자리를 내주고 이제 원래 구삼효가 있던 자리로 옴[來]으로써 이루어진다. 이를 태괘 구삼효와 상육효의 사귐[交]이라 하는 것이다. 그리고 구삼효는 이 태괘(泰卦)䷊의 정괘(貞卦)인 건괘☰의 맨 윗자리에 있어서 소남(少男)에 해당하고, 상육효는 회괘(悔卦)인 곤괘☷의 맨 윗자리에 있어서 소녀(少女)에 해당한다. 이들의 사귐이므로 역자는 이를 '청춘 남녀의 사귐'이라 번역하였다.

766 빈조(蘋藻)는, 여성이 혼례를 치르기 석달 전부터 지어미[婦]로서 해야 할 일을 교육받은 뒤, 이것이 끝났을 때 조상들에게 제사를 지내면서 올리는 풀이다. 물속에서 나서 물 위로 뜨는 풀을 '빈(蘋)'이라 하고, 물속에서 그대로 자라는 풀을 '조(藻)'라고 한다. '빈'은 우리말로는 네가래, 또는 개구리밥이라 하고, '조'는 마름이라 한다. 제사에서는 생선과 함께 이 풀들로 국을 끓여 조상들에게 올린다고 하고 있다. 그 의미는, 그녀가 지어미로서의 임무를 순조로히 할 수 있도록 하기 위함이라 한다.(『禮記』, 「昏義」: 古者婦人先嫁三月, 祖廟未毁, 敎于公官; 祖廟旣毁, 敎于宗室. 敎以婦德·婦言·婦容·婦功. 敎成, 祭之, 牲用魚, 芼之以蘋藻, 所以成婦順也.)

767 손괘의 괘사는 "믿음이 있고 크게 길하다.(有孚元吉.)"로 시작한다.

역문 음과 양이 아직 쓰이지 않을 적에는 먼저 정체성을 확실히 하여 위치를 정하고, 음과 양이 이미 쓰이고 나서는 정체성을 확립하여 상황상황에 정확하게 대처한다. 정체성을 확립하여 상황상황에 정확하게 대처하면 뜻함이 올곧아서 휩쓸리지 않고, 상황에 내맡긴 채 정체성을 무너뜨리면 이리저리 떠돌아다니며 게을러빠져서 돌아가야 한다는 것조차 잊어버린다.

　양이 음을 싣고 있음에서는 들뜸을 기뻐하여 재빨리 가고, 음이 양을 타고 있음에서는 가라앉음을 기뻐하여 곧 온다.[768] 온 것은 날로 편안하고, 간 것은 날로 위태롭다. 양은 그 거처를 잃어버린 채 음이 자기 자리로 내려 옴을 도와주게 되니, 손해가 극심하며 상처를 입게 된다. 그러므로 양은 이를 짐작하여 지나치게 신중을 기함을 마다하지 않으며, 엷게 담아서 올리더라도 너무 박하다고 책임을 묻지 않는다. 이러한 까닭에 궁하지 않음에서 양은 정체성을 확립하고, 음의 마음 씀씀이를 절제하여 각각이 올발라진다.

過此, 固不得免於疑矣. 任陽之浮, 往而不止; 徇陰之沈, 來而无嫌. 受污垢以爲量, 樂虛曠以爲高, 極不知裁, 不變否而不已. 於是地絕天而柔制剛, 虧減之歸, 人道以息. 善保泰者, 能勿戒心於此乎!

역문 이를 넘어선다면 진실로 의심받음을 면하기 어렵다. 양(陽)의 들뜸을 맡

768　태괘(泰卦)☷에서 손괘☶로의 변함[變]에 대해서 말하는 것이다. 태괘의 양들(☰)은 위로 음들(☷)을 싣고 있다. 그래서 양들은 들뜸을 기뻐하는데, 그중에서도 특히 구삼효는 재빨리 위로 올라가 상효에 자리 잡게 된다는 것이다. 이와는 반대로 음들(☷)은 아래로 양들(☰)을 타고 있다. 그래서 이 음들은 아래로 내려감을 기뻐하게 되는데, 상육효는 구삼효가 자신의 자리로 오자 글 자리를 내주고 곧 구삼효의 자리로 내려와서 그 자리를 차지한다는 것이다.

아, 가서는 잘못된 행동을 멈추지 않으며, 음(陰)의 가라앉음을 좇아, 와서는 싫어함이 없이 뭐든지 다한다. 있는 대로 더러움을 뒤집어쓰고, 속 빈 강정이나 좇아다니면서 한껏 즐기며, 자신을 다잡을 줄을 전혀 모르고, 비색됨을 변화시키지 않은 채 끝이 없이 한다. 이러하기에 땅이 하늘을 끊어 버리고, 부드러움[柔]이 굳셈[剛]을 제압하며, 사람의 길이 끊겨 버린다. 태평함을 잘 보전하기 위해서는 이러함에 대해 늘 경계하는 마음을 놓지 않을 수 있어야 할 것이로다!

故君子之用損也, 用之於'懲忿', 而忿非暴發, 不可得而懲也; 用之於'窒欲', 而欲非已濫, 不可得而窒也. 此'二簋'之不必其豐, 而盈虛之必偕於時者也. 是何也? 處已泰之餘, 畜厚而流, 性甫正而情興, 則抑酌其遇, 稱其才, 而因授之以節已耳. 若夫性情之本正者, 固不可得而遷, 不可得而替也.

역문 그러므로 군자가 이 손괘☶의 원리를 사용하는 것을 보면 두 가지다. 먼저 '성냄을 징치함'에 사용하는데, 성냄은 폭발하지 않으면 징치할 수가 없다. 아울러 '욕구를 틀어막음'에 사용하는데, 욕구는 이미 지나치게 넘쳐나지 않으면 틀어막을 수가 없다.[769] 이는 '두 제기'가 꼭 가득 채울 필요 없이 반드시 때와 함께 찼다 비웠다 함과 같다.[770]

---

[769] 이는, 이 손괘☶의 『대상전』에 나오는 "산 아래 연못이 있음이 손괘니, 군자는 이를 본받아 성냄을 징치하고 욕구를 틀어막는다.(山下有澤, '損', 君子以懲忿窒欲.)"를 원용하는 말이다.

[770] 이는, 이 손괘☶의 괘사에 나오는 "어떻게 쓸까? 두 개의 제기로도 제물(祭物)을 담아 올릴 수 있다.(曷之用? 二簋可用享.)"라는 구절과, 이에 대한 풀이글인 『단전』의 "'어떻게 쓸까? 두 개의 제기로도 제물(祭物)을 담아 올릴 수 있다.'란 두 개의 제기라도 응함에 때가 있다는 의미다.('曷之用? 二簋可用享', 二簋應有時.)"라는 구절을 원용해서 하는 말이다.

그 까닭은 무엇이겠는가. 이미 태평함이 넘치는 세상을 살아가면서 길러 냄이 돈독하여 현실 세계에서 행하고, 성(性)이 막 올발라서 정(情)이 일어나면, 경우에 따라 만나리라는 것을 짐작하고서 그에 재능을 맞추며, 상황상황에 맞게 절제하는 것일 따름이다. 만약에 성(性)·정(情)이 본래 올바른 이라면 본디 옮길 수도, 교체할 수도 없다.

性主陽以用壯, 大勇浩然, 亢王侯而非忿; 情賓陰而善感, 好樂无荒, 思輾轉而非欲. 而盡用其懲, 益摧其壯; 竟加以窒, 終絶其感. 一自以爲馬, 一自以爲牛, 廢才而處於錞; 一以爲寒巖, 一以爲枯木, 滅情而息其生. 彼佛·老者, 皆託損以鳴其修. 而豈知所謂損者, 因三人之行而酌損之, 唯其才之可任而遇難辭也. 豈竝其淸明之嗜欲, 彊固之氣質, 槪衰替之, 以游惰爲否塞之歸也哉!

역문 성(性)은 양(陽)을 주인으로 하며 건장함을 쓰고, 큰 용기로써 세상을 넓고 크게 살아가는데, 왕이나 제후들과 맞서면서도 성을 내지 않는다. 이에 비해 정(情)은 음(陰)을 손님으로 하며 감수성이 예민한데, 좋아하고 즐기면서도 말이나 하는 짓이 허황하지 않다. 또[771] 생각을 요모조모 깊게 하면서도 욕심을 부리지 않는다.

그런데 징치함을 죄다 써 버리며 더욱더 그 건장함을 꺾기도 하고, 마침내 틀어막음을 가하여서 끝내는 그 감수성을 끊어 버리는 이들이 있다. 그

---

771 『시경』에 나오는 '귀뚜라미[蟋蟀]'라는 시의 일부를 인용하는 구절이다. 이 시에서는 "좋아하고 즐기면서도 말이나 하는 짓이 허황하지 않으며, 훌륭한 사(士)는 부지런히 힘쓴다.(『詩經』,「唐風」, '蟋蟀': 好樂無荒, 良士瞿瞿.)"라 하고 있다. 이에 대해 정현(鄭玄)은, 훌륭한 임금이 의로운 것들을 좋아함은 당연히 정사(政事)를 파탄 냄에 이르지 않는다고 주해하고 있다.(鄭玄箋: 荒, 廢亂也. 良, 義也. 君之好義, 不當至於廢亂政事.)

리하여 한편으로는 자신을 말이라 여기기도 하고 또 한편으로는 자신을 소라 여기기도 하는 등,[772] 도대체 사람이 가진 재능이란 다 내팽개치고 그저 창의 고달[牖]에나 자리 잡은 채 살아간다. 그런가 하면 한편으로는 자신을 차디찬 바위라 여기기도 하고, 한편으로는 말라비틀어진 고목(枯木)으로 여기며[773] 정(情)을 멸절시킨 채 그 생명 현상을 꺼트리기도 한다. 저 불교의 무리 · 도교의 무리들은 모두 이 손괘䷨에 의탁한 채 수양하네 하고 읊조린다. 그런데 저들이 어찌 알리오, 이 손괘䷨가 알려 주는 것은, 세 사람이 길을 가게 되어 덜어 내야 함을 짐작하고는 오로지 맡길 만한 재질을 가진 사람을 골라서 앞으로 닥칠 재난을 돌파하도록 하는 말임을! 이러

---

772 『회남자(淮南子)』, 「남명훈(覽冥訓)」에 나오는 말이다. 아득한 옛날 동서남북이 무너지고 사람들이 발붙이고 살아가는 땅이 찢어져서 하늘과 땅조차 제 노릇을 할 수 없었을 때, 그 래서 자연재해와 맹수 · 맹금의 발호로 말미암아 도대체 사람이 살아갈 수 없는 상황이었을 때, 여와(女媧)가 오색석(五色石)을 정련(精煉)하여 이러한 상황을 극복하고 이 세계와 운행을 안정시킴으로써 사람이 살 수 있도록 하였다고 서술하는 가운데 나오는 말이다. 이 때의 사람들은 오관(五官)에 의한 지각을 바탕으로 한 구분, 구별 등이 없이 전체를 다 하나로 보았기 때문에 다른 존재들과 잘 어울리며 살아갔다는 것이 이 말의 의미다.(往古之時, 四極廢, 九州裂, 天不兼覆, 地不周載. 火爁焱而不滅, 水浩洋而不息. 猛獸食顓民, 鷙鳥攫老弱. 於是女媧煉五色石以補蒼天, 斷鼇足以立四極, 殺黑龍以濟冀州, 積蘆灰以止淫水. 蒼天補, 四極正, 淫水涸, 冀州平, 狡蟲死, 顓民生. 背方州, 抱圓天. 和春陽夏, 殺秋約冬, 枕方寢繩, 陰陽之所壅沈不通者, 竅理之; 逆氣戾物, 傷民厚積者, 絕止之. 當此之時, 臥倨倨, 興眄眄, 一自以爲馬, 一自以爲牛, 其行蹎蹎, 其視瞑瞑, 侗然皆得其和, 莫知所由生, 浮遊不知所求, 魍魎不知所往.)

773 선종(禪宗)에서 잘못된 선(禪)을 비판하며 하는 말이다. 『오등회원(五燈會元)』에 나온다. 옛적에 한 노파가 암자에서 20년 동안 한 스님을 공양하였다. 노파는 늘 이팔청춘의 아가 씨를 시켜 스님에게 밥을 갖다주게 했다. 이 노파는 어느 날 이 스님의 수행이 얼마나 깊어졌는가를 알아보기 위해 이 아가씨더러 뒤에서 이 스님을 꽉 껴안고 "내가 이렇게 껴안고 있으니, 스님 어떤 느낌입니까?" 하고 묻게 했다. 그러자 그 스님은 "바짝 말라비틀어진 나무가 차디찬 바위에 기대고 있는데 한겨울에 온기라고는 없도다!"라고 대답하였다. 아가씨가 사실대로 노파에게 알리자, 노파는 "내가 20년 동안 그저 속한(俗漢) 한 놈을 공양했구나!"라며 그 스님을 쫓아내고는 그 암자를 불태웠다고 한다.(『五燈會元』 권6: 昔有婆子供養一庵主, 經二十年, 常令一二八女子送飯給侍. 一日令女子抱定曰, "正恁麼時如何?" 主曰, "枯木倚寒巖, 三冬無暖氣." 女子舉似婆, 婆曰, "我二十年只供養個俗漢!" 遂遣出, 燒卻庵.)

함이 어찌, 기욕(嗜慾)을 청명(淸明)하게 하고 기질을 강고하게 하다가 대
강 쇠미해져서는 게을러빠져 빈둥거림으로써 비색(否塞)으로 귀결되는 것
과 나란히 갈 수 있으리오!

故尊性者必錄其才, 達情者以養其性. 故未變則泰而必亨, 已變則
損而有時. 旣登才情以輔性, 抑凝性以存才情. 損者, 衰世之卦也.
處其變矣, 而後懲・窒之事起焉. 若夫未變而億其或變, 早自貶損以
防意外之遷流, 是懲羹而吹虀, 畏金鼓之聲而自投車下, 不亦愚乎!

역문 그러므로 성(性)을 높이는 이는 반드시 그 재질을 완벽하게 통제하고,
정(情)을 제대로 드러내는 이는 그 성(性)을 함양한다. 그러므로 변하지 않
으면 태괘(泰卦)☰ 그대로여서 반드시 형통하고, 변했다 하면 손괘☶가 되
어서 그 덕을 발휘해야 할 때가 있게 된다. 이러한 사람은 재질과 정(情)을
한껏 끌어올려서 성(性)을 돕거나, 아니면 성(性)을 엉기게 하여서 재질과
정을 보존하기도 한다.

　이 손괘☶는 쇠미해지는 세상에 해당하는 괘다. 그러므로 그 변함에 처
한 뒤에라야 징치함・틀어막음의 일도 일어나는 것이다. 만약에 아직 이
렇게 변하지 않았는데도 앞으로 혹시 변할지도 모른다고 예측하여 일찌감
치 자신을 핍박하고 덜어 내서 의외의 상황으로 흘러감을 방비하려 한다
면, 이는 국[羹]을 징치한답시고 그 국에 쓰일 재료 그대로에 불을 때는 격
이고, 쇠북의 소리를 두려워하여 스스로 마차에서 뛰어내리는 격이다. 이
또한 어리석지 않은가!

익괘

☲益

一

受命者期肖其所生, 報生者務推其所利. 今夫天地以生爲德者, 水·
火·木·金, 與人物而同生於天地. 迨其已生, 水·火·木·金不自
養, 天地養之; 天地无以養人物, 水·火·木·金相化以養之. 生者
所受也, 養者所利也. 水·火·木·金相效以化, 推養而施於人物,
其以續天地之生, 而效法其恩育, 以爲報稱者也.

역문 명(命)을 받은 이는 자신을 생기게 한 것들을 본뜨려 하고, 생겨남에 보
답하는 이는 뭇 존재하는 것들에게 이로움을 힘써서 추동(推動)해 간다. 오
늘날 하늘·땅은 생(生)을 덕으로 삼으니 수(水)·화(火)·목(木)·금(金)은
사람·생명체들과 함께 하늘·땅에서 똑같이 생겨난다. 생겨난 뒤로 수·
화·목·금은 스스로 길러 내지 않고, 하늘·땅이 길러 낸다. 하늘·땅은
사람·생명체들을 길러 내지 않는데, 이 수·화·목·금들이 서로 조화
(造化)하면서 길러 낸다. 생겨남은 품수(稟受)하는 것이고 길러 냄은 이롭
게 하는 것이다. 수·화·목·금은 서로 효과를 내면서 사람·생명체들을

지어내고[造化], 길러 냄을 추동해 가며 사람·생명체들에게 베푼다. 이렇게 함으로써 하늘·땅의 생생함이 이어지고, 그 은혜로운 육성을 본받아서 효과를 냄은 낳아 준 것들에 보답함이 된다.

是故五行相養以養群有. 受養爲壯, 施養爲老. 震位乎寅卯, 近水而受滋, 木之壯者也; 巽位乎巳, 近火而施蒸, 木之老者也. 由震而陽上行乎巽, 木漸乎老. 故无見於此者曰, "木王於卯, 衰於辰, 病於巳" 其然, 將怙養吝施, 苟全其形質以居繁富, 而沮喪於功用以避菁華之竭, 其亦鄙矣. 故『象』曰, "利涉大川, 木道乃行"

역문 그러므로 오행은 서로 길러 내면서 뭇 존재하는 것들[群有]을 길러 낸다. 그리고 길러 냄을 받아서 장성(壯盛)해지고, 길러 냄을 베풀면서 노쇠해진다. 진괘☳는 인(寅)과 묘(卯) 사이에 위치하기에 수(水)에 가까워서 그 자양을 받는다. 목(木)은 이렇게 하여 장성하는 것이다. 손괘☴는 사(巳)에 위치하기에 화(火)에 가까워서 불사름을 베푸니, 목(木)은 이렇게 하여 노쇠해진다.[774] 진괘☳로부터 양(陽)이 위로 손괘☴로 올라가는 동안 목(木)은

---

774 팔괘를 천간(天干)·지지(地支)에 배당한 것은 다음 그림과 같다.

'진괘☳가 인(寅)과 묘(卯) 사이에 위치하기에 수(水)에 가깝다.'라는 것은, 진괘가 동쪽을 차지

점점 노쇠해진다. 그러므로 이에 대해 모르는 이들은 "목(木)은 묘(卯)에서 왕성해지고 진(辰)에서 쇠잔(衰殘)해지며, 사(巳)에서 병든다."라고 말한다.[775]

그러나 이렇게 본다고 하면, 길러 냄[養]에만 의지하고 베풂[施]에는 인색할 것이다. 그래서 진실로 그 형질을 온전히 하며 번성·부유함을 차지하려고만 할 것이고, 공용(功用)에서는 기운을 잃어 정화(精華)가 다 없어짐을 피하려 들 것이다. 이 또한 비루하지 않겠는가. 그러므로 이 익괘䷩의 『단전』에서는 "'큰 하천을 건넘에 이롭다.'라고 하니, 목(木)의 원리가 행해진다."라고 말하는 것이다.

하고 있어서 북쪽을 차지하고 있는 감괘☵에 가깝다는 것인데, 이 감괘는 수(水)를 상징한다. 그래서 진괘가 상징하는 목(木)이 이 감괘·수(水)로부터 자양을 받아 장성해진다는 것이다. '손괘☴는 사(巳)에 위치하기에 화(火)에 가까워서 불사름을 베푸니, 목(木)은 이렇게 하여 노쇠해진다.'라는 것은, 손괘가 남쪽의 첫머리에 해당하는 사(巳)에 위치하는데, 이 남쪽을 차지하고 있는 것은 리괘☲로서 화(火)를 상징하고 진괘의 목(木)이 자신을 불살라서 이 화(火)를 불타오르게 하다 보니, 목(木) 자신은 노쇠해진다는 의미다.

775 이는 술가(術家)들의 설이다. 여기에서 말하는 장성함[壯]·왕성함[王]·노쇠함[老]·쇠잔함[衰]·병듦[病] 등을 술가에서는 각기 '왕(王)·장(壯)·상(相)·휴(休)·수(囚)·사(死)'로써 말한다. 말하자면 제철에 맞는 것들은 왕성함[旺; 王·壯], 나의 처지에서 다른 것을 생하게 함은 도움[相], 나를 생하게 하는 것은 자신이 시듦[休], 나를 이기는 것은 나를 가둠[囚], 내가 이긴 것은 병듦[病]이다. 이는 오행의 상생(相生)·상극(相克)설에 근거를 두고 말하는 것이라 할 수 있다. 여기에서 말하는 제철은 봄·여름·늦여름[季夏]·가을·겨울인데, 이는 각기 목(木)·화(火)·토(土)·금(金)·수(水)에 해당한다. 그런데 술가에서는 이를 다시 십이지(十二支)로써 월분(月分)을 나눈 것에다 함께 적용한다. 이것이 앞의 각주에서 보인 표에 드러나 있다.

이 술가들의 설은 『회남자』,「추형훈(墜形訓)」편과 『백호통(白虎通)』,「오행(五行)」편에서 이미 언급하고 있을 정도로 동아시아에서는 오랜 기원을 이루고 있다. 다만 왕부지는 여기에서 오행의 상생·상극이 아닌 도움[相]·길러 냄[養]으로써 장성함[壯]·노쇠함[老]를 말하고 있을 따름이다. 이러한 점에서, 어떻게든 술가들과 다른 관점에서 해석하려고 하는 왕부지의 입장이 잘 드러난다고 할 수 있다.(谷繼明, 『王船山『周易外傳』箋疏』의 해당 주석 참고.)

董子曰, "聖人以仁愛人, 以義制我."震生巽而不憂其窮, 則以義制
我, 而不保己以貪其利也. 巽達震以普散其材, 則以仁愛人, 而不靳
恩以怙其私也. 迨其極也, 火受木生, 而木因火息. 薪而燄, 燄而灺,
木且不足以存. 萌而榮, 榮而實, 歲云落矣, 黃隕而資人物之養, 木
抑僅有存者. 大哉! 終不私靳其滋榮. 木之道, 體仁之全, 而抑自裁
以義矣. 是何也? 肖其所生, 推其所利. 木長四時, 首爲天地之功臣,
道在必行而无容已者, 不及是而道未足以行也. 故曰, "木道乃行"道
之益, 問器之損哉!

역문 동중서(董仲舒)[776]는 "성인은 인(仁)으로써 남을 사랑하고, 의(義)로써 자

---

[776] 동중서(B.C.179~B.C.104)는 서한의 사상가, 철학자, 정치가, 교육자다. 광천군(廣川郡; 지금의 河北省 景縣) 출신이다. 한무제 원광(元光) 원년(B.C.134)에 강도(江都)의 역왕(易王) 유비(劉非)의 제후국에서 재상으로 임용되어 10년을 봉직하였고, 원삭(元朔) 4년(B.C.125)에는 교서왕(膠西王) 유단(劉端)의 제후국에서 재상으로 임용되어 4년을 봉직하였다. 그 뒤로 고향으로 돌아간 동중서는 다시는 벼슬길에 나서지 않고 교육과 저술에만 몰두하였다. 그러나 동중서가 집에 머무르고 있음에도 불구하고 조정에 큰 의론 거리가 생기면 여전히 그의 집으로 사람을 파견하여 그 의견을 구할 정도로, 동중서에 대한 한무제의 신임은 두터웠다.

동중서와 한무제의 만남은 역사적인 의미가 있다. 한무제는 바로 자기 앞의 문제(文帝)·경제(景帝) 때의 통치 사상인 황로사상으로는 더 이상 나라를 이끌어 갈 수 없음을 자각하였다. 이것이 필연적으로 국력의 쇠약을 불러 외침으로부터 나라를 보지할 수 없게 하였다는 이유에서다. 그래서 그는 새로운 통치철학으로 새로운 나라를 이끌어 가기 위해 온 나라의 지성을 대상으로 자신과 함께할 인재와 책략을 구하였다. 여기에 동중서가 화답하였다. 이것이 유명한 '거현량대책(擧賢良對策)'이다. 여기서 동중서는 천인감응설(天人感應說)과 천인상부론(天人相副論), 대일통(大一統) 사상, '제자백가를 몰아내고 유가만을 받들어야 한다(罷黜百家, 獨尊儒術)'라는 주장 등을 웅혼한 체계 속에서 명쾌하게 제시하였다. 이 과정에서 한무제가 세 번을 묻고 동중서가 이에 대해 세 번을 답하였는데, 그 주제가 하늘과 사람에 관련된 것이었으므로 '천인삼책(天人三策)'이라고도 한다.

동중서의 철학은 사실은 『춘추공양전』에 입각한 것이다. 그는 여기에 법가, 도가, 음·양가들의 사상을 흡수하여 하나의 새로운 철학 체계를 세웠다. 동중서의 사상은 한무제에 의해 전격 채택되었다. 이로 말미암아 한무제의 통치 기반은 공고해졌으며 한나라는 대제국을 건설할 수 있었다. 그래서 이 뒤로 유가철학이 중국의 통치 철학이 되었다. 동아시아

신을 제어한다."[777]라고 말한다. 진(震)☳은 손(巽)☴을 생기게 하며 자신이 궁해짐을 걱정하지 않으니 의(義)로써 자신을 제어할 뿐, 자기를 보호하고 자 하여 이로움을 탐하거나 하지는 않는다. 반면에 손☴은 진☳의 공능을 막힘없이 통하게 하여 그 재질을 널리 퍼뜨리니 인(仁)으로써 남들을 사랑 하는 것이고, 은혜를 아까워한 채 그 사사로움에만 기대지를 않는다.[778]

　이러함이 극에 이르면 화(火)가 목(木)의 생함을 받고 목(木)은 이 화(火) 를 이루어 주다가 시들어 간다. 말하자면 땔감이 타면 화염을 일으키고, 화염을 지나 불똥이 되면 목(木)은 더는 존재하기 어려운 것이다. 싹이 터 서 무성하다가 이 무성함을 지나 열매를 맺으면 한 해의 기운도 떨어지는 것이니, 잎이 노랗게 되어 떨어지며[779] 사람과 생명체들에게 자양을 제공 한다. 이렇게 되면 목(木)은 아마 겨우 존재하기나 할 것이다. 위대하도다,

---

의 여러 나라들이 유가를 통치 철학으로 삼게 된 데는 이러한 역사적 맥락이 자리 잡고 있 다. 동중서의 철학은 그의 주저 『춘추번로(春秋繁露)』 속에 집약되어 있다.

777　사실 동중서가 정확히 이렇게 말한 것은 아니다. 다만 그는 "『춘추』에서 바루려고 한 것은 남과 나이다. 남과 나를 올바르게 하는 것은 인(仁)과 의(義)다. 인으로써 남을 편안하게 하고, 의로써 나를 바로잡는 것이다. 그러므로 인이 말하는 것은 남에 대해서이고 의가 말 하는 것은 나에 대해서다. 이렇게 말과 명(名)이 구별되는 것이니, 인이 남에 대해서 의가 나에 대해서 관계를 갖는다는 점을 살피지 않아서는 안 된다.(『春秋』之所治, 人與我也. 所 以治人與我者, 仁與義也. 以仁安人, 以義正我. 故仁之爲言人也, 義之爲言我也. 言名以別 矣, 仁之於人・義之於我者, 不可不察也.)"라고 하였다. 그런데 왕부지는 아마 이를 축약해 서 여기에서 이렇게 말하는 것으로 보인다.

778　'문왕후천도(文王後天圖)'에서 진괘☳와 손괘☴는 동쪽의 괘들에 속한다. 그래서 이들은 기본적으로 목(木)에 속한다. 그리고 진괘는 정동(正東), 손괘는 동남(東南) 사이에 자리 잡고 있어서 순환의 순서로 보면 신괘가 먼저여서 손괘를 생기게 하는 것으로 볼 수 있다. 그리고 손괘는 취상설에 의하면 바람[風]을 상징한다. 그러므로 손괘는 바람으로서 흩뜨림 으로써, 진괘의 덕을 통달하게 하는 것이라 볼 수 있다. 이와 같은 점들을 반영하여 왕부지 는 이러한 논지를 전개하고 있는 것이다.

779　여기에서 말하는 "잎이 노랗게 되어 떨어지며"는 『시경』, 「국풍(國風), 위풍(衛風)」에 나오 는 '백성[氓]'이라는 시의 한 구절인 "뽕잎은 시들어 떨어질 때 그 잎이 누렇게 되어서 떨어 진다.(桑之落矣, 其黃而隕.)"라고 한 구절을 인용하는 것으로 보인다.

끝까지 자양과 무성함을 사사로이 아끼지 않음이여!

목(木)의 도(道)는 이렇듯 인(仁)의 온전함을 체현하는 한편으로 자신을 제재하며 길러 낸다. 이것이 무엇이겠는가, 자기를 낳아 준 하늘·땅을 본떠 행하고 뭇 존재하는 것들에게 이로움을 추동(推動)함이다. 목(木)은 사계절의 순환에서 맨 처음에 자리 잡고 있는 것으로서, 하늘·땅의 공신(功臣)들 가운데서도 으뜸이 된다. 그 도(道)는 반드시 행해지며 결코 그침이 없다. 이 정도에 이르지 않고서는 도(道)가 족히 행해지지 못하는 것이다. 그러므로 이 익괘☳의 『단전』에서 "목(木)의 원리가 행해진다."라고 말하는 것이다. 형이상자(形而上者)인 도(道)에 보탬이 되는 것이니, 어찌 형이하자(形而下者)인 기(器)의 손해쯤을 따지리오!

或曰, "聖人立本以親用, 厚生以厚物之生. 使損己而往益, 則何以異於墨·釋耶?"
曰: 擬聖人於陰陽之器數, 則各有道矣. 聖人者, 非必於陰陽而刻肖之也. 陰陽與萬物爲功而不與同憂, 聖人與萬物同憂而因以爲功. 故置而不給之患, 陰陽不患, 而聖人患之. 推移往來, 陰陽以无涯而遞出; 博施忘己, 聖人以有涯而或病. 聖人節宣五行而斟酌用之, 同之以有功, 異之以有憂, 權其施於仁義, 止其事於知能, "長裕而不設", 因以興利, 亦可盡材以配陰陽矣. 故益者, 聖人憂患之卦也.

역문 누군가는 말한다, "성인들께서는 근본을 세워서 친히 이용하시고, 백성들의 삶을 돈독히 하여서 다른 생명체들의 삶도 돈독히 하신다. 그런데 그렇지 않고 자기 것을 덜어 내서 남들에게로 가서 보탬을 주라고 하니, 그렇다면 묵가·불가와 다른 점이 무엇인가?"라고.

이에 대한 나의 답은 이러하다. 성인을 음·양이 하는 일과 법칙에 갖다 비교한다면, 성인들과 음·양에 각기 나름의 도(道)가 있다는 것이다. 성인들은 음·양이 하는 일을 꼭 조금도 틀림이 없게 본뜨려고 하지는 않는다. 음·양은 만물에게 공능을 발휘하면서도 그들의 근심에 함께하지는 않는다. 이에 비해 성인들은 만물의 근심에 함께하며 이로 말미암아서 공능을 발휘한다. 그러므로 다 없어져 더는 주지 못하는 것으로부터 오는 근심에 대해, 음·양은 전혀 근심하지 않지만, 성인은 근심한다. 변화해 가며 왔다[來] 갔다[往] 함 속에서 음·양은 무한히 갈마들며 드러내지만, 성인은 자기 것 챙김 따위는 잊은 채 널리 베풀면서 자신의 능력에 한계가 있음에 대해 마음 상해하기도 한다. 성인들은 오행에 딱딱 들어맞게 펼치면서도 짐작해서 이용하고, 오행의 운행과 같음에서는 공능을 발휘하고 다름에서는 근심한다. 상황에 맞게 저울질하여 인·의를 베풀고, 앎과 능함780에서 하는 일을 최고도로 발휘한다. "넉넉함을 더욱 키워 내지만 무엇을 억지로 설치하지는 않는다."781고 하며, 상황으로 말미암아서 이로움을 일으킨다. 또한 자신들이 가진 모든 재질을 발휘할 수 있어서 음·양과 같은 차원에 있다고도 할 수 있다. 그러므로 이 익괘䷩는 성인들의 우환(憂患)을 드러내는 괘다.

---

780 『주역』에서 앎[知]은 건괘䷀의 공능에 속하고, 능함[能]은 곤괘䷁의 공능에 속한다.

781 이는 『괘사하전』, 제7장에서 아홉 개의 괘를 세 번 반복하여 설명하는[三陳九卦] 과정에서 익괘䷩에 대한 설명 중 하나로서 나오는 구절이다.

二

陽清而亢, 輕利而任氣; 陰濁而幽, 取實而後名. 益初之陰, 遷而居四, 貿四之陽, 爲主於下, 居得爲之地, 行消否之權, 則陰益而陽非損矣.

역문 양(陽)은 맑고 높이 오르며, 이로움을 가벼이 여기고 구애됨이 없이 기(氣)를 발휘한다. 음(陰)은 무겁고 그윽하며, 실질을 취하고 자신의 이름[名]을 뒤로 돌린다. 익괘☲의 초효는, 비괘(否卦)☷ 초효의 음(--)이 옮겨 가서 4효의 자리를 차지하고 그 자리에 있던 비괘 4효의 양(一)이 자리를 바꾸어 내려와 하괘(下卦; ☷)에서 주인 노릇을 하는 효다. 그리고 땅에서 자리를 차지하고 있으면서 비괘가 상징하는 꽉 틀어막힘을 해소하는 권능을 행하고 있다. 그래서 음(陰)에게 이익이 되고 양(陽)에게도 손해가 되지는 않는 것이다.

四之『象』曰, "告公從". 往告而幾其從, 有喜詞焉, 則唯恐其不從, 而幸其從也. 用是見陰陽否塞之代, 陰非无嚮化之心, 特其情柔而用幽, 雖願依陽以爲益, 而无先求於陽之事. 乃陽據尊高而相拒, 時過而超於必去, 則觀望於下者, 始於愬, 中於忍, 終於忮害而與爲敵, 曰, "彼亦一乘時也, 我亦一乘時也, 時方在我, 彼且孤高峭潔, 終絕我於酬酢之途, 則我亦可拔茅彙進, 建疆以相拒矣" 今陽先下降以施, 陰遂上遷以報. 退諧得主之歡, 進獲賓王之利. 於是睨天位之方尊, 恐剛情之難格, 飄搖異士, 沐浴新澤, 顧瞻儔侶, 各畛殊疆, 乃始

婉嬺殷勤, 通詞而若不逮矣. 幸其從而 "利用爲依", 周旋不舍, 以消
宿否之氣, 故曰, "損·益, 盛衰之始也." 藉非陽上損以施於陰, 抑何
以起積衰而嚮盛哉?

역문 이 익괘䷩ 4효의 『상전』에서는 '공(公)에게 고하니 공은 이를 따른다.'라
는 육사효사에 대해서 풀이하고 있다. 가서 고하자 공(公)이 따르는 쪽으
로 하니, 여기에는 기쁨을 주는 말이 있는 것이다. 오직 그가 따르지 않음
을 두려워했으나 다행히 그가 따르기 때문이다. 이를 통해 우리가 알 수
있는 사실은, 음·양이 꽉 틀어막힘을 대체함에서는 음(陰)에게 양(陽)의
교화에 쏠리는 마음이 없는 것이 아니며, 특히 그 마음 씀씀이가 부드럽고
그윽함을 이용하기에 비록 양에 의지하여 이익이 됨을 원한다고 하더라도
결코 먼저 양에게 구하는 일이 없다는 점이다.

　그런데 양(一)[782]은 높고 존귀한 자리를 차지하고 있어서 이들 사이에는
거리가 있으며, 때도 지나 버려서 꼭 가야 한다는 사실에 조바심을 낼 필
요가 없다. 그래서 아래에서 위로 우러러 바라보는 이[783]는, 처음에는 부끄
럽게 여기다가, 중간에는 인내하고, 마지막에는 흉악하게 해침에 대해 서
로 적이 되어 버린다. 그러면서 말하기를 "저 이[784]도 한때를 탄 사람이고,
나도 한때를 탄 사람이다. 그리고 지금 때는 바야흐로 내게 있다. 그런데
도 저 이가 높은 자리에 외로이 있으면서 엄격하게 순결을 요구하고 끝내
나를 서로 주고받음의 관계에서 끊어 버린다면, 나도 띠뿌리와 꼭두서니

782　비괘䷋에서의 구사효를 가리킨다.
783　비괘䷋에서의 초육효를 가리킨다.
784　비괘䷋에서의 구사효를 가리킨다.

를 뽑는데 그 뿌리까지 함께 나아감으로써 대응할 수밖에 없으니,[785] 보루를 쌓고서 서로 거리를 둘 것이다."라고 하게 된다.

그런데 지금 양(陽)이[786] 먼저 내려옴으로써 서로 주고받음의 관계를 트도록 해 주니, 음(陰)은[787] 마침내 위로 옮겨 가는 것으로써 이에 보답하고 있다. 그 결과 물러난 이는 화목하게 어울리며 주인이 되는 기쁨을 누리게 되었고,[788] 나아간 이는 왕의 손님이 되는 이익을 얻었다.[789]

이에 천위(天位)의 경지가 존엄하다는 것을 엿보게 되고, 굳셈[剛]의 정세(情勢)에는 이르기 어렵다는 것을 알아서 두려움을 느끼게 된다. 또 타향위를 경쾌하게 날아다니거나, 새로운 연못에서 목욕하는 등, 제 짝들을 돌아보며 각기 자신들만의 경계를 분명히 한다. 이리하여 비로소 순하고 친숙해지며 정의(情意)가 깊고 돈독해지니, 말들에 훤히 통하면서도 겉으로는 짐짓 미치지 못하듯이 한다.

다행히 익괘䷩의 육사효가 육삼효의 고함을 좇아서 '이롭게 쓰며 도우

---

785 비괘䷋의 초육효사를 인용하는 말이다. 비괘의 초육효사는 "띠뿌리와 꼭두서니를 뽑는데 그 뿌리까지 뽑힘이다. 올바름을 지킴에 길하고 형통하다.(拔茅茹, 以其彙, 貞吉亨.)"로 되어 있다.
    왕부지가 여기에서 하는 말의 의미는, 비괘䷋에서의 구사효가 자신은 양이고 높은 자리에 있음을 내세우며 초육효와의 주고받음을 끊어 버린다면, 그래서 꽉 틀어막힌 상황을 서로에게 이익이 되는 상황으로 바꿈을 거절한다면, 비괘의 초육효도 여전히 자신의 입장을 견지한다는 것이다. 초육효는 음(--)이기 때문에 결코 이러한 상황을 돌파하기 위해 먼저 구사효에게 요구하지는 않는다는 것이다.
786 비괘䷋에서의 구사효를 가리킨다.
787 비괘䷋에서의 초육효를 가리킨다.
788 비괘䷋에서의 구사효가 내려와 익괘䷩의 초구효가 됨으로써, 정괘(貞卦)인 진괘☳의 주인이 되었다는 의미다. 4효의 자리에서 초효의 자리로 왔기 때문에 '물러났다[退]'라고 하는 것이다.
789 비괘䷋에서의 초구효가 올라가 익괘䷩의 구사효가 됨으로써, 이 익괘에서 왕을 상징하는 구오효의 손님이 되는 이익을 얻었다는 의미다. 초효에서 4효의 자리로 갔기 때문에 '나아갔다[進]'라고 하는 것이다.

미로 삼으니', 초효의 주선(周旋)을 내치지 않음으로써 오래도록 꽉 막혀
있던 기운을 소멸시킨 것이다.[790] 그래서 "손괘䷨·익괘䷩는 융성함과 쇠
미함의 시작을 드러내고 있다."[791]라 하는 것이다. 가령 비괘䷕에서의 구사
효 양(—)이 손해를 감수하며 그 초구효의 음(--)에 시혜를 베풀지 않는다
고 한다면, 어찌 오랜 기간 누적된 쇠약함을 일으켜 세워서 성세(盛世)로
갈 수 있겠는가!

故小人革面之難, 非君子之憂, 而君子過亢之終, 亦小人之无可如何
者也. 迨其相得无嫌, 此以德來, 彼以情往, 巽戶既開, 雷鳴斯豫, 成
施生之益, 合天地之交, 即以絜之太和之訢合, 亦蔑以加矣. 而上九
之亢不知制, 猶從而'擊'焉, 將何爲乎? 故觀於四, 而後知初德之盛
也. 『大易』於此, 豈但致抑陰之詞, 使之必告, 而誘以所利也哉!

역문 그러므로 소인들은 속으로는 어쩔지언정 겉모양만이라도 고쳐서 불의
한 짓을 저지르지 않는 것, 그것조차 어려운데, 이는 군자의 근심거리는

---

790 왕부지는 비괘䷕에서의 구사효가 이 익괘䷩에서 초효로 간 것을 '천도(遷都)'에 비유하고
   있다. 주(周)나라가 호경(鎬京; 오늘날의 西安)에서 낙양(洛陽)으로 수도를 옮긴 것을 의미
   한다. 주나라는 이렇게 함으로써 서쪽 변경에 있던 견융(犬戎)의 시달림으로부터 벗어나,
   동주(東周)로서 그 명맥을 잇고 존속할 수 있었다. 왕부지가 여기에서 '오래도록 꽉 막혀
   있던 기운을 소멸시킨 것이다'라고 한 말에는 이러한 의미가 담겨 있다. 아울러 왕부지는
   『주역내전』에서 주희의 『주역본의』 풀이를 따르며, 비괘䷕에서의 초육효가, 구사효의 익
   괘䷩ 초효로 옮김에 도움을 주는 도우미 역할을 한 것이라 본다. 왕부지는 주나라의 천도
   에 도움을 준 진(晉)·정(鄭) 두 나라를 이 도우미로 본다. 주나라가 이들 나라의 도우미
   역할을 내치지 않고 받아들였기에 천도에 성공할 수 있다고 보는 것이다.('依', 『本義』謂如
   '晉鄭焉依'之依, 是已. 四既損陽以益初, 從三之告, 則與三同其柔德, 相比以奠其位而得所居,
   所謂 '因不失其親'也. 與 '損'三得友之義同.) 왕부지의 이곳 풀이는 이러한 배경을 전제하고
   보아야 이해된다.
791 『주역』의 『잡괘전(雜卦傳)』에 나오는 말이다.

아니라 할 것이다. 그러나 군자가 지나치게 자신을 내세움으로써 끝나 버린다면, 역시 소인으로서는 어떻게도 해볼 수 없다. 그렇지 않고 소인과 군자가 서로를 혐오하지 않음에 이르게 되면, 군자가 덕으로써 옴에 소인은 정(情)으로써 가게 되니, 손괘☴의 문이 벌써 열렸음에 우레는 뇌성으로써 즐거움을 표하고 있다.[792] 이렇게 하여 생명을 베푸는 이익됨을 이루고, 하늘·땅의 사귐을 합치해 내고 있다.[793] 말하자면 순결한 태화(太和)의 기쁘게 합치함으로써 또한 모멸감을 가하는 것이다.

그러나 익괘䷩의 상구효는 이러함과는 달리 자신만을 내세우며 제어할 줄을 모르고 오히려 좇아가서 이들을 '후려치기'까지 하니, 장차 도대체 어찌하겠다는 것인가?[794] 그러므로 육사효를 본 뒤에라야 초구효의 덕이 성대함을 알게 된다.[795] 위대한 『주역』이 여기에서 어찌 단지 음(陰)을 억누르는 말만을 하리오, 그[육삼효]로 하여금 반드시 고하게 하여 이로움을 주도록 유도하는구나!

---

792 여기에서 손괘☴는 이 익괘䷩의 회괘(悔卦)다. 그리고 우레는 이 익괘䷩의 정괘(貞卦)인 진괘☳가 상징하는 것이다. 이는 익괘를 상·하 두 괘로 분석하여 의미를 끌어내는 것이다.

793 이 익괘䷩가, 하늘☰과 땅☷이 절연한 채로 사귐을 이루지 않으며 꽉 틀어막힌 상황을 이루고 있던 비괘䷋의 기운을 해소하고서, 이들의 사귐을 합치하도록 했다는 의미다. 이는 결국 비괘의 구사효가 초효의 자리로 가고 초육효는 4효의 자리로 간 나머지, 손괘☴와 진괘☳로 이루어진 익괘䷩를 이룸으로써 가능해졌다는 것이다.

794 상구효사는 "전혀 보태 주지 않고 혹은 후려치기까지 한다. 마음을 세움이 한결같지 않다. 흉하다.(莫益之, 或擊之, 立心勿恒, 凶.)"로 되어 있다.

795 이 익괘䷩의 초구효사는 "이롭게 하여 크게 일으키니, 으뜸으로 길하고 허물이란 없다.(利用爲大作, 元吉, 无咎.)"로 되어 있다.

쾌괘

䷪夬

善致功者, 用獨而不用衆; 愼修德者, 謹始而尤謹終. 衆力之散, 不
如獨之壹也; 終事之康, 不如始之敏也.

역문 공(功)을 잘 이루는 사람은 홀로 하지 여럿이 하지 않고, 신중하게 덕을
닦는 사람은 시작도 근엄하게 하지만 마무리는 더욱 근엄하게 한다. 여럿
이 하다가 그 힘이 흩어지면 홀로 함의 전일(專一)함만 못하고, 일을 마무
리함에서 오는 편안함보다는 일을 시작함에서 민첩하게 하는 것이 더 낫다.

夬以孤陰寄積陽之上而无位, 振蒙吹槁, 陽勢已成, 其於決也何有
哉? 然而女稱善媚, 位窮詞哀, 以請苟延之命於群陽者, 陰國未嘗忘
捲土以重來也. 乃陽之往決也, 必有所任. 將任之於五, 則五與之暱;
將任之於囚, 則四與爲體; 將任之於三, 則三與爲應. 連難形成, 而
踟躕相顧, 吾懼其如六國之叩函關, 九節度之臨相州也. 其惟任之
初‧二乎! 而初不足與爲功, 則二專其事矣.

역문 쾌괘䷪는 외로운 음(--)이 누적된 양(—)들 위에 지위도 없이 올라 있는

괘상이다. 그리하여 덮고 있는 것을 떨쳐 내고 마른 잎을 불어서 날려 버리는 것만큼 쉬운 상황으로서[796] 양(―)들의 형세가 이미 이루어져 있으니, 이 음(――)을 둑 트듯 툭 터서 제거해 버림에서 어려울 것이 무엇이 있겠는가. 그러나 이 음(――)은 어린 여성으로서[797] 남성들을 매혹할 만큼 아양을 잘 떤다. 그리고 위치가 궁하여 애처로운 말로써 뭇 양(―)에게 구차하게 목숨을 연장해 줄 것을 간청하는 존재이며, 이 음(――)은 본디 권토중래(捲土重來)를 일찍이 잊지 않고 있다.

그러나 양(―)들이 가서 이 음(――)을 둑 트듯 툭 터서 제거해 버림은 이들이 필연코 해내야 할 소임이다. 그래서 구오효에게 이 임무를 맡기려 하면 이 구오효는 상육효와 친밀해서 이를 해낼 수 없고, 구사효에게 맡기려 하면 이 구사효는 또 상육효와 태괘(☱)라는 한 몸을 이루고 있으니 역시 해낼 수 없으며, 구삼효에게 맡기려 하면 이 구삼효는 상육효와 제대로 응함[正應]의 관계를 이루고 있어서 해낼 수 없다. 이들은 함께 묶어 놓은 닭들처럼 머뭇거리며 그저 서로를 바라보기만 할 뿐이다.[798] 이들이 두려워하는 것은 마치 6국이 합종으로 연합해서 진(秦)나라를 치기 위해 함곡관으로 쳐들어가면서도 진나라의 결사 항전에 더 진격하지 못하고 머뭇거리던

---

796 여기에서 '덮고 있는 것[蒙]'과 '마른 잎[枯]'은 이 쾌괘(☱)의 상육효를 가리키는 것으로 보인다. 이 말은 일이 매우 쉬워서 큰 힘 들이지 않고도 해낼 수 있음을 의미한다.

797 상육효는 이 쾌괘(☱) 전체로는 상효의 위(位)에 있어서 '덮고 있는 것[蒙]'과 '마른 잎[枯]'처럼 곧 사라져 가 버릴 처지에 있음을 상징한다. 그런데 이 쾌괘(☱)를 위·아래괘로 분석하면 태괘(☱)와 건괘(☰)로 나뉜다. 그리고 태괘의 음(――)은 소녀(少女)를 상징한다. 그래서 왕부지는 여기에서 이 음(――)을 '어린 여성[女稺]'이라 표현하고 있는 것 같다.

798 '연계(連鷄)'라는 말은, 조(趙)나라 임금이 소진(蘇秦)을 내세워서 그의 합종책으로써 조(趙)·초(楚)·제(齊)·위(魏)·연(燕)·한(韓) 등 여섯 나라를 연합하려 했으나, 하나로 통일된 체제를 갖출 수 없었음을 비유하는 말이다. '연계(連鷄)'라는 말은 닭들을 한 둥지에 함께 머무르게 한다는 말인데, 이것이 불가능하다는 것이다. 닭들은 이때 서로 바라보기만 할 뿐 함께 어울리려 하지 않기 때문이다.(『戰國策』, 「秦策1」 참고.)

것,[799] 아홉 절도사가 상주(相州)의 전투에 임하던 것[800]과 같은 꼴이다. 그렇다면 이 상육효를 둑 트듯 툭 터서 제거함의 임무는 오로지 초구·구이효에게 맡길 것이로다! 그러나 초구효는 공을 세우기에는 부족하니 구이효만이 이 일을 처리할 수 있다.

夫二非專夬者, 而不得不專. 寢處其上者, 已懷外靡之心. 二爲夜戒,

---

799 조(趙)·초(楚)·제(齊)·위(魏)·연(燕)·한(韓) 등 여섯 나라가 연합하여 진(秦)나라를 궤멸시키고자 함곡관에 이르렀을 때, 이들 나라의 영토는 진나라의 10배였고, 군대 수는 100만이었다. 그런데 진나라가 함곡관 문을 열고 맞서 싸우러 나오자 육국 연합군은 뒤로 물러서며 더듬거릴 뿐 감히 진격하지를 못하였다. 진나라 군대는 화살촉 하나도 잃지 않고 천하의 제후들을 곤경에 빠뜨렸다고 한다.(『過秦論』참고.)

800 당나라 건원(乾元) 2년(759), 이제 막 황위(皇位)에 오른 지 얼마 되지 않던 숙종은 '안사 (安史)의 난'을 평정하기 위해 곽자의(郭子儀)·이광필(李光弼)을 포함한 9명의 절도사로 9군(軍)을 편성하여 파견한다. '안사의 난'은 755년에 같은 돌궐족 출신인 안록산(安祿山; 703~757)과 사사명(史思明; 703~761)이 연합하여 일으킨 반란을 일컫는다. 그런데 승승장 구하며 낙양에 입성하여 대연황제(大燕皇帝)를 참칭하였던 안록산은 그의 아들 안경서(安慶緖)에 의해 살해당한다. 그리고 아버지를 죽인 안경서는 그 황제의 위(位)를 계승하며 업성(鄴城)에 웅거하고 있었다. 숙종은 바로 이 안경서의 반란군을 평정하라고 아홉 절도 사의 군대를 연합하여 파견한 것이다. 그런데 곽자의와 이광필의 원훈(元勳)이 비슷하여 이들 사이에는 상하관계를 확정할 수 없는 난점이 있었기 때문에, 숙종은 원수(元帥)의 자리를 비워 둔 채 이 군대를 파견하면서 환관 어조은(魚朝恩)에게 관군용사(觀軍容使)라는 직함을 주어 이들을 통솔하게 하였다.
　　어조은이 군사와 병법에는 생판 문외한이었던 것은 물론이다. 따라서 이 출병은 성공할 수 없는 요인을 일찌감치 안고 있었다. 악전고투 끝에 곽자의의 군대가 굴을 파서 업성의 진입에 성공하자, 그렇잖아도 식량이 다 떨어져 견딜 수 없었던 안경서의 군대는 패배가 눈앞이었는데, 바로 이때 하북(河北)의 범양(范陽)에 할거하고 있던 사사명(史思明)의 군 대가 재빨리 달려와서 안경서를 구해 내게 된다. 그리고 사사명의 군대는 아홉 절도사의 군대에게 궤멸적 패배를 안긴다. 그런데 전후(戰後)에 어조은이 이 패배의 책임을 곽자의에게 돌렸기 때문에, 곽자의가 한때 궁지에 몰리기도 하였다.(『자치통감』,「唐紀37」참고.)
　　왕부지는 이처럼 아무런 책략도 없이 그저 숫자가 많다는 것만 믿고서 자기들 사이에 위계조차도 확정하지 않은 채 곧장 무력에 의해 해결을 보겠다고 하다가 궤멸적 패배를 당한 예를 여기에서 거론하고 하고 있다. 이 쾌쾌▦의 양(一)들이 상육효를 징치함에서 벌이는 꼴이 딱 이러하다는 것이다.

戎起於近, 難伏肘腋, 宵旦不寧. 不敢告勞, 而遠攻礙於近掣; 成功
无日, 而同室且有異心. 若是乎任事之難, 一簣之勞, 烈於九仞矣.
故上六之凶, 必待之'无號'之後. 而方其衆寡相持之頃, 則以號敵號
而未有遜志. 夫非陽之處盛而衆疑者, 授之輾轉以得有其辭哉? 非
然, 則窮散消歸, 久无復然之望矣. 故'終有凶'者, 夬以後之事, 非夬
世之遽然也.

역문 구이효라고 해서 전적으로 상육효를 제거할 수 있는 효는 아니다. 어쩔
수 없어서 이 임무를 전담한 것일 뿐이다. 그 위에서 놀고 있는 효들은 이
미 밖으로 상육효에게 쏠리는 마음을 품고 있다. 구이효는 이슥한 밤에 외
적의 침입을 받는 효인데,[801] 외적이 가까이에서 일어나니 이들을 옆에 두
고 잠복하기가 어려워서 밤새도록 평안하지 않다. 그렇다고 그 수고로움
을 감히 토로할 수도 없으며, 멀리 상육효를 공격하고자 하나 가까이에서
이들이 제재하기에 방해를 받는다. 성공할 날은 기약이 없는 채 같은 공간
에서 살아가는 이들이 다른 마음을 품고 있는 것이다. 이처럼 맡은 임무를
처리하기 어려움이 한 삼태기의 흙을 더하는 수고로움일 뿐이지만[802] 아홉

---

801 이 쾌괘䷪의 구이효사는 "우려스러움에 외쳐 댐이오, 이슥한 밤에 외적의 침입을 받게 되
지만, 걱정하지 말지어다.(惕號, 莫夜有戎, 勿恤.)"로 되어 있다.

802 이 '한 삼태기의 흙을 더하는 수고로움'에 대해서는 『논어』와 『서경』에 그 출전이 있다. 우
선 『서경』, 「여오(旅獒)」 편에서는 소공(昭公) 석(奭)이 무왕(武王)의 근면 성실한 집정을
독려하기 위해 드는 비유로 표현되어 있다. 무왕이 여족(旅族)이 바친 신비한 개인 오(獒)
를 데리고 노는 데 정신이 팔려 집정을 소홀히 하자, 소공은 "아아! 이른 새벽부터 밤늦게
까지 부지런히 일하지 않으면 안 됩니다. 작은 행실이라 하여 삼가지 않는다면 마침내는
큰 덕에 누를 끼치게 될 것입니다. 아홉 길 높이의 산을 만듦에 있어서, 한 삼태기의 흙이
모자라도 그 공은 이루어지지 않습니다. 진실로 이 길을 따르신다면 백성들은 그들의 삶을
제대로 누리게 되리니, 오직 이렇게 해야만 대대로 임금 노릇을 하게 될 것입니다.(嗚呼,
夙夜罔或不勤. 不矜細行, 終累大德, 爲山九仞, 功虧一簣. 允迪玆, 生民保厥居, 惟乃世王.)"

길 산을 만드는 것보다 더 매운 일이다.

　그러므로 상육효의 흉함은 반드시 '통곡하며 슬피 울어 주는 이가 없음'[803]을 기다린 뒤에 일어나는데, 바야흐로 초구효부터 구오효까지의 여럿과 상육효 하나가 서로 맞서는 상황에서는 부르짖음으로써 부르짖음에 대적할 뿐[804] 그 어느 쪽에도 겸손하게 양보할 뜻이 없다. 대저 양(─)들이 융성한 상황에서 여럿이 서로를 의심하지 않는다면, 태도를 바꾸어서 음(--; 상육효)이 애처롭게 부르짖음을 받아들일까? 양(─)들이 이렇게 하지 않는다면 음(--)은 궁색해서 흩어지고 스러져 갈 것이니, 오래도록 되돌아 올 가망이 없을 것이다. 그러므로 그 효사에서 '끝내는 흉하다'라고 함은 둑 트듯 툭 터서 제거해 버린 뒤의 일이지, 이 쾌괘䷪의 원리가 펼쳐지고 있는 세상에서 급작스럽게 일어나는 일이 아니다.

五陽在位, 而一陽之待生於下者, 猶蟄伏以需將來. 逮乎需者必起, 漸次相臨, 然後五不得洽比其鄰, 四不得糾連其黨, 三不得阿私其配, 上亦无所容其无情之詞. 蓋亦難矣. 藏衆於獨, 養終以始, 藏者發而養者全, 然後乾德成而性命正, 豈能卒得之'遇雨''次且'之世乎?

라 하고 있다.
　또 『논어』, 「자한(子罕)」 편에서 공자는 이를 학문하는 공에 비유하고 있다. "비유컨대, 산을 만든다고 해보자. 거의 다 만들었는데 마지막 한 삼태기의 흙을 갖다 붓지 않은 채 그친다면 이 또한 내가 그친 것이다. 또 땅을 고른다고 해보자. 비록 한 삼태기의 흙일지언정 갖다 쏟아부어서 진보가 있다면 이는 내가 그만큼 간 것이다.(子曰, "譬如爲山, 未成一簣, 止, 吾止也. 譬如平地, 雖覆一簣, 進, 吾往也.")"라고 하였다.

803　이 쾌괘䷪의 상육효사는 "통곡하며 슬피 울어 주는 이가 없으니, 끝내는 흉하다.(无號, 終有凶.)"로 되어 있다.

804　양(─)들은 상육효 음(--)에게 물러가라고 부르짖고, 음(--)인 상육효는 초구효부터 구오 효의 양(─)들에게 살려 달라는 애처로운 부르짖음으로 맞선다는 의미다.

故君子積慎以思永, 恒豫治其未至之日月; 端士納正以消邪, 必多得
之繼起之後賢. 養勇靜謐, 而懷情延攬, 用斯道也. 『象』所謂'利有攸
往'者也. '剛長乃終', 剛不長, 則无以保其終矣. 夬之衆, 不如復之
獨也.

역문 다섯 양(─)들은 위(位)를 차지하고 있는데, 하나의 양(─)이 아래에서 생
겨나기를 기다리고 있음은 마치 겨울 동안 땅속에만 틀어박혀 있다가 장
차 오기를 기다리는 것과 같다. 기다리던 이가 필연코 일어남에 이르러서
는 점차 서로 임하리니, 이러한 뒤에는 구오효가 그 이웃[상육효]에게 빨려
들어가서 함께 어울릴 수 없을 것이고, 구사효도 그 당파를 규합하지[805] 못
할 것이며, 구삼효도 편벽되게 상육효와 짝을 맺지[806] 못할 것이다. 상육효
도 그 무정한 말을 받아들이지 않을 것이다.

이러하기란 아마 역시 어려울 것이다. 혼자 속에 여럿을 저장하고, 끝맺
음을 함양하여 비롯하게 하므로, 저장되어 있던 것들은 피어나고 함양한
이는 온전하다. 이러한 뒤에라야 건괘䷀의 덕이 이루어지고 성(性)과 명
(命)은 올발라지리니, 어찌 끝내 '비를 만남'[807] · '가는 것이 더딤'[808]의 세상
을 얻으리오!

그러므로 군자는 신중에 신중을 거듭하며 영원한 도(道)[809]를 생각하고,
아직 이르지 않은 날과 달들에 해야 할 일을 늘 미리 다스린다. 정직한 선

---

805 구사효는 구오·상육효와 함께 이 쾌괘䷪의 정괘(貞卦)로서 태괘䷹라는 한 몸을 이루기 때
     문에 이렇게 말하는 것 같다.
806 구삼효가 상육효와 제대로 응함[正應]의 관계에 있기 때문에 이렇게 말하는 것 같다.
807 이 쾌괘䷪의 구삼효사 가운데 나오는 말이다.
808 이 쾌괘䷪의 구사효사 가운데 나오는 말이다.
809 이는 『서경』, 「고요모(皐陶謨)」 편에 나오는 말이다.(愼厥身, 修思永.)

비는 올바름을 받아들이고 사악함을 해소하는데, 반드시 많이 얻음이 계속 일어난 뒤에야 현명해진다. 용기를 길러서 안녕·평정해지며 정(情)을 품고 뻗어 나아감에서 이러한 도(道)를 쓴다. 이 쾌괘䷪의 괘사에서 "어디를 감에 이롭다."라고 함에는 이러한 의미가 담겨 있다. 그 『단전』에서 이를 풀어 "군셈[剛]들이 자라나자 (부드러움[柔]이) 종식된다."라고 하니, 군셈[剛]이 자라나지 않으면 상육효 부드러움[柔]의 종식을 보장하지 못하는 것이다. 그래서 이 쾌괘䷪의 군셈[剛]이 여럿인 것이 복괘䷗의 군셈이 하나인 것만도 못하다.

구괘

䷫姤

君子之道, 美不私諸己, 惡不播於人, 故善長而惡短. 善長者長於所
揚, 惡短者短於所過, 則善雖微而必溥, 惡在著而不宣. 蓋君子者,
以扶天之淸剛, 消物之害氣, 長人道而引於无窮. 故奬善止惡, 以凝
正命, 於彼於此, 无所畛限, 无窮之生, 一念延之, 而人類遂絶乎禽
狄矣. 而苟私善於己, 散惡於衆, 則殺害日進, 淸剛日微, 无窮之生,
一人尼之, 而人類亦漸以淪亡焉.

역문 군자의 도(道)는 아름다움을 사적으로 자기에게만 돌리지 않고 악을 남
에게 퍼뜨리지 않는 것이다. 그러므로 군자에게서 선(善)은 많아지고 악은
줄어든다. 선이 많아진다고 함은 드날려야 할 것이 많아지고, 악이 줄어든
다고 함은 틀어막아야 할 것이 줄어든다는 의미다. 그래서 선이 비록 미미
하다고 할지라도 반드시 널리 베풀어지고, 악은 현저하다고 할지라도 다
른 사람들에게는 퍼지지 않는다.

　이렇게 볼진대, 군자라는 인물은 하늘의 맑고 굳센 기(氣)를 부양하고
물(物)들의 해로운 기(氣)를 소멸하며 인도(人道)를 키워서 무궁함으로 끌
어가는 존재다. 그러므로 선을 권장하고 악을 멈추게 하여 하늘의 올바른

명(命)이 이 세상에서 실현되게 하며, 이것에든 저것에든 경계를 지음이 없이 무궁한 생명체들을 오로지 한 생각으로 늘려 가니, 인류는 금수·야만인들이 살아가는 방식으로부터 완전히 벗어날 수 있게 된다. 이와는 달리 진실로 선을 사사로이 자기에게만 돌리고 악을 다중에게로 퍼뜨리면, 살해의 기(氣)는 날로 증진하고 맑고 굳센 기(氣)는 날라 쇠미해져서 무궁한 생명체들을 한 사람이 저지하니, 인류도 점점 망하는 길로 빠져들고 만다.

剝之六五, 上承一陽, 柔不私美, '以宮人寵', 則善雖微而長; 姤之九二, 下近一陰, 剛不播惡, '義不及賓', 則惡在著而短. 以者, 不以者也; 不及者, 所可及也. 凡斯二爻, 位雖未當, 而中正不偏, 以其廣心, 成其義概, 大哉, 其善於因變者乎!

역문 박괘(剝卦)☶의 육오효는 위로 하나의 양(一)을 받들고 있는데, 자신은 부드러움[柔]으로서 이 상구효의 아름다움을 사유화하지 않는다. "이렇게 하여 궁인들의 총애를 통솔한다."[810]라고 하니, 그에게서는 선이 비록 미미하다고 할지라도 커진다. 그런가 하면 이 구괘☴의 구이효는 아래로 하나의 음(--)에 가까운데, 자신은 군셈[剛]으로서 초육효의 악을 틀어막고서 퍼지지 않게 한다. 그래서 "의로움에서 손님들에게 미치지 않게 한다."[811]

---

810 이 박괘☶의 육오효사는, "물고기들을 꿰이니, 이렇게 하여 궁중 여인들의 총애를 통솔함이며, 이롭지 않음이 없다.(貫魚, 以宮人寵, 无不利.)"로 되어 있다.

811 이는 구괘☴의 구이효사 가운데 나오는 '물고기를 받아들여 품에 안고 있음(包有魚)'을 그 『상전』에서 풀이하는 말이다. 참고로 그 『상전』은 "물고기를 받아들여 품에 안고 있음'이란 의로움에서 손님들에게 미치도록 하지 않음이다.(「象」曰: '包有魚', 義不及賓也.)"로 되어 있다.

고 하니, 악이 현저하게 있다 하더라도 줄어들게 된다.

그러므로 박괘(剝卦)▤의 육오효에서의 '以(이)'[812]는 오히려 사유화하지 않는다는 의미에서 '不以(불이)'를 의미하고, 구괘▤의 구이효에서의 '不及 (불급)'은 오히려 의로움을 '미칠 수 있게 한다[所可及]'는 의미가 된다. 무릇 이들 두 효는 위(位)는 비록 정당하지 않지만,[813] 모두 가운데 자리를 올바르게 차지하고 있어서 어느 한쪽으로 치우치지 않기 때문에,[814] 이렇듯 그 의로움의 절조를 이루는 것이다. 위대하도다, 변함[變]에 따라서 의미를 훌륭하게 세움이여!

姤 · 剝之世, 均爲陰長. 姤初遇而剝濱盡, 則剝五難而姤二易. 公善 於同類, 爲衆譽之歸; 引咎於一身, 居積毁之地, 則剝五易而姤二難. 剝以勸陰, 姤以責陽, 勸易從而責難副. '以宮人寵', 道固然矣, 而曰, "无不利", 其以獎掖小人而君子; "包有魚", 可以'无咎'矣, 而且曰, "不利賓", 其以責備君子而聖人與!

역문 구괘▤ · 박괘(剝卦)▤의 원리가 성행하는 세상에서는 고루 음(--)이 커진다. 구괘▤에서는 이제 막 음(--)이 출현하여 세상을 만난 것이고, 박괘 (剝卦)▤에서는 음(--)들이 커질 대로 커져서 이제 소진(消盡)할 지경에 있다. 그래서 박괘(剝卦)▤의 육오효는 어렵고, 구괘▤의 구이효는 쉽다. 박괘(剝卦)▤ 육오효의 경우, 공정함으로써 같은 음(--)의 부류들에게 훌륭하

---

812 '以宮人寵'에서의 '以(이)'자를 가리킨다.

813 이 박괘▤의 육오효는 음(--)으로서 5효의 위(位)에 있기 때문에, 구괘▤의 구이효는 양 (一)으로서 2효의 위(位)에 있기 때문에 정당하지 않다는 의미다.

814 5효는 회괘(悔卦)의 가운데 위(位)고, 2효는 정괘(貞卦)의 가운데 위(位)이기 때문에, 이렇게 말하는 것이다.

게 해내니 다중의 칭송이 그에게로 돌아간다. 이에 비해 구괘☰ 구이효의 경우는 허물을 제 한 몸에 끌어들여서 뭇 사람들의 끊임없는 비난을 받는 지경에 있다. 이러한 관점에서 보면 박괘(剝卦)☷ 육오효의 처지가 쉽고, 구괘☰ 구이효의 처지는 어렵다. 박괘(剝卦)☷ 육오효는 음(--)들에게 권유하고, 구괘☰ 구이효는 양(—)들을 질책하는 처지다. 권유에는 쉽게 따르지만, 질책에는 부합하기가 어렵다.

'이렇게 하여 궁중 여인들의 총애를 통솔함'이란, 원리로 볼 적에는 진실로 그러하다. 그러나 이에 대해 '이롭지 않음이 없다.'[815]라고 하는 것은, 소인들을 부추기고 권장해서 군자가 되게 하려는 것이다. 그런가 하면 '물고기를 받아들여 품에 안고 있음'은 '허물이 없음'을 이룰 수 있다. 그러나 이에 대해 "손님들에게는 이롭지 않다."라고 함은,[816] 군자에게 진선진미(盡善盡美)를 요구하여 성인이 되게 하는 것이로다!

嗚呼! 處非望之咎, 逢垢足之豕, 五陽所同也. 然而遠近之差, 遇不遇之際, 幸不幸存焉. 乃小人之遇此也, 與相狎昵而波流者, 不知惡也. 其天性之近善者, 知惡之矣; 惡之弗能遠之, 而妒能遠者之潔不受染, 於是己之溺唯恐人之不胥溺也, 蔓而延之, 多方以陷之, 不盡天下以同污而意不釋. 至於非意之風波, 无情之謗毁, 總以分其獨近小人之恥. 則九五隕天之休命, 亦蒙其累而不足以承.

---

815 박괘☷의 육오효사, "물고기들을 뀀이니, 이렇게 하여 궁중 여인들의 총애를 통솔함이며, 이롭지 않음이 없다.(貫魚, 以宮人寵, 无不利.)"에 나오는 '이롭지 않음이 없다.'를 가리키는 말이다.

816 이는 구괘☰의 구이효사인 "물고기를 받아들여 품에 안고 있음이나 허물이 없다. 손님들에게는 이롭지 않다.(包有魚, 无咎, 不利賓.)"를 인용하며 하는 말이다.

역문 오호라! 바라지 않는 허물을 입는 상황에 부닥치고, 다리를 더럽히는 돼지의 상황을 만난 것은, 박괘(剝卦)䷖의 다섯 양(⚊)들이든 구괘䷫의 다섯 양(⚊)들이든 동일하다. 그러나 멀고 가까움의 차이와 만났느냐 안 만났느냐에 따라서 행·불행이 존재한다. 소인들은 이러한 상황에 부닥치면 서로 친밀해지고 휩쓸려 다니면서 악인 줄도 모른다. 천성(天性)이 선에 가까운 이라야 이를 미워할 줄을 안다.

자신이 악을 멀리할 수 없으면, 멀리할 수 있는 이가 순결하여 악에 물들지 않음을 질투한다. 그리하여 자기가 빠진 것에 남들이 다 빠지지 않을 것만을 오직 두려워하면서, 이리저리 설쳐 대며 다방면에 걸쳐서 빠트린다. 결국 온 세상 사람들을 자신과 같은 더러움에 빠트리지 않고서는 마음이 놓이지 않는다. 의도치 않은 풍파나 무정한 비방·폄훼에 대해서는 모두 다 유독 가까운 소인의 부끄러움으로 나누어 버린다. 그러므로 구괘䷫ 구오효의 하늘로부터 떨어지는 아름다운 명(命)[817]에 대해서도, 그 허물을 뒤집어쓰고 있음 때문에 받들 수가 없다.

夫始之知惡而恥之也, 亦天理之猶留於清旦. 而逢命不猶, 周章失據, 吹颺凶德, 辱逮清流, 則小人之惡始劇. 而當亂世, 遇淫朋, 其欲自好以免於羞者, 蓋亦危矣. 時命不恒, 躬丁不造, 不履其機, 不知其苦. 慶曆飛『雲騢』之書, 柴市傳黃冠之請, 雖千秋之昭晰難欺, 而一時之波濤亦沸矣. 然後知九二長者之德爲不可及也.

---

817 구괘 구오효사에 나오는 말이다. 이 효사는 "고리버들로 짠 그릇으로 오이를 잘 싸서 저장하고 있음이니, 속에 아름다운 덕을 품고 있음이며, 하늘로부터 떨어지는 것이 있다.(以杞包瓜, 含章, 有隕自天.)"로 되어 있다.

역문 소인들도 처음에는 악을 알아서 부끄러워하기는 하지만, 역시 이들에게 천리(天理)는 오히려 맑은 아침의 정신에나 머무를 따름이다. 이들은 자신이 만난 명(命)이 자신의 생각과 맞지 아니하면 터전을 잃은 채 이리저리 떠돌아다니며 흉한 덕을 불어서 사방으로 날려 댄다. 그러다가 청류(淸流)들에게 치욕을 당하게 되면, 소인들의 악은 비로소 극렬해진다. 이들이 난세를 살아가며 질 나쁜 벗들과 사귀게 되면, 자신이 좋아하는 이들과 함께 치욕에서 벗어나려 하지만, 이렇게 하는 짓이 또한 누군가에게는 위험을 초래할 따름이다.

우리에게 다가오는 시(時)와 명(命)은 일정하지 않고 우리는 몸소 불행을 당하기도 하는데,[818] 이러한 상황에서 이들은 그대로 밟아 가려 하지 않고 그 고초를 알지도 못한다. 경력(慶曆)[819] 연간에 『운하(雲嶑)』라는 괴이한 글을 지어내고,[820] 시시(柴市)[821]에서는 도사(道士)가 되어 고향으로 돌아

---

818 『시경』, 「대아(大雅), 탕지십(蕩之什)」의 '운한(雲漢)'이라는 시에 출전이 있는 말이다. 이 시에서는 당시 너무나도 가물어서 주나라의 존립 기반이 무너질 지경이었는데, 이러한 상황에서 주인공이 "후직(后稷)도 어찌하지 못하고 상제도 돌아보지 않는 이 대한발의 재앙이 어찌 나의 대(代)에 있는가!"라고 한탄하고 있다.(旱旣大甚, 蘊隆蟲蟲. 不殄禋祀, 自郊徂宮, 上下奠瘞, 靡神不宗. 后稷不克, 上帝不臨, 耗斁下土, 寧丁我躬.)

819 경력(慶曆)은 북송 인종(仁宗)의 연호다. 1041~1048까지 8년 동안 사용하였다.

820 북송의 인종은 경력 3년(1043), 관리 수가 많아서 수많은 국부가 축나는 것[三冗三費]을 더는 보지 못하겠다고 하여 개혁을 단행한다. 그 5년 전 송기(宋祁; 998~1061)가 올린 상소를 통해 국정의 난맥상을 알게 된 뒤 인종 나름대로 내린 결단의 산물이다. 인종은 이 일환으로 실세 재상 여이간(呂夷簡)을 축출하고 범중엄을 재상으로 함과 동시에, 부필(富弼)·한기(韓琦) 등을 추밀부사(樞密副使)로 임명하며, 포증(包拯)에게는 수도 개봉부와 어사대를 맡겼다. 이 개혁은 1년 4개월 동안 지속되며 눈부신 성과를 거두었다. 그래서 북송 이래 이 시기를 가장 번영한 시기로 손꼽는다.

그런데 이 개혁은 관리 조직을 맑게 청산하는 데 주안점을 두었기 때문에, 수구파 조신(朝臣)들의 극력한 저항에 부닥친다. 왕부지가 여기에서 지적하고 있는 것이 바로 이들이 한 짓거리다. 이들은 범중엄 등이 당파를 결성하여 사사로운 이익을 도모한다고 유언비어를 날조하여 공격하였다. 특히 하송(夏竦; 985~1051)은 석개(石介; 1005~1045)가 생전에 써서 부필에게 주었다고 하는 비밀 서신을 위조하여 인종에게 내밀었는데, 그 내용은 인종

가게 해 달라는 문천상의 요청이 전해지지만,[822] 비록 천고에 분명하여서 속일 수 없는 것이라 할지라도 일시적 파도는 또한 덮쳐 오는 것이다. 이러한 뒤에 우리는 구괘䷀ 구이효가 지닌 장자(長者)의 덕이 파급될 수 없다는 것을 안다.

을 폐위해야 한다는 내용이 적혀 있었다.

여기에서 왕부지가 거론하고 있는 「운하(雲霞)」라는 글도 마찬가지다. '운하(雲騢)', 또는 '벽운하(碧雲騢)'는 송 태종 때 서역의 관리가 바친 명마인데, 크기는 별로 크지 않지만 하루에 천리를 가는 명마라고 한다. 다만 목에 털이 둥글둥글 뭉친 것이 마치 푸른 구름처럼 보여서 이렇게 이름지었다고 한다. 이것이 결점이어서, 인종의 어머니인 장헌명숙태후(莊獻明肅太后)가 수렴청정할 적에 형왕(荊王)에게 이 말을 선물했지만, 형왕은 이 말을 싫어했다고 한다. 이 글은 범중엄에 대한 비판을 깔고 있다. 이 글은 범중엄이 주도하는 개혁을 참지 못한 왕질(王銍; ?~1144)이 위태(魏泰; ?~?)라는 사람을 시켜서 꾸며 낸 것이라 한다. 위태도 이 글을 제 이름으로 발표하지 못하고 매요신(梅堯臣)이라는 인물의 이름에 가탁하여 발표하였다.(邵博, 『聞見後錄』: 梅聖俞著『碧雲騢』, 永昭陵時名下大臣, 惟杜祁公・富鄭公・韓魏公・歐陽公無貶外, 悉譏訕之無少避. 其序曰, "碧雲騢, 廄馬也. 莊憲太后臨朝, 以賜荊王. 王惡其旋毛, 太后知之曰, '旋毛能害人邪? 吾不信. 留以備上閑, 爲御馬第一. 以其吻肉色碧如霞片, 故號云. 世以旋毛爲醜, 此以旋毛爲貴. 雖貴矣, 病可去乎? 噫!'范文正公者亦在訕中, 以文正微時常結中書吏人范仲尹, 因以破家. 文正旣貴, 畧不收郵. 王銍性之不服, 以爲魏泰假託聖俞著此書.")

821 시시(柴市)는 문천상(文天祥)이 잡혀 와서 3년 동안 투옥되어 있다가 죽음을 당한 곳이다. 오늘날의 북경(北京)에 있다. 그 정확한 곳에 대해서는 이설이 있다.

822 문천상은 고국 남송이 원나라에 멸망하자 뜻있는 사람들을 모아 강남 일대에서 구국 활동을 벌였다. 그러나 막강한 원의 군대에는 당할 수가 없어서 결국 실패로 돌아가고, 문천상은 북경으로 압송되었다. 원(元)나라의 세조 쿠빌라이는 문천상의 재주를 아까워해서 차마 죽이지 못하고 옥에 가둔 채 3년 동안 회유하였다. 그러나 문천상은 망국의 신하로서 자신에게는 죽음만이 남아 있다고 하며, 만약에 쿠빌라이가 관대함을 베풀어 자신을 석방해 준다면 황관(黃冠)을 쓴 도사가 되어 고향으로 돌아가 유가가 아닌 채로 살아가겠다고 하였다. 그렇지 않고 원나라에서 벼슬을 한다는 것은 자신의 평생을 배반하는 것이라면서 거절하였다. 문천상은 이러한 자세를 끝내 굽히지 않고 버티다 결국 죽임을 당하였다.(『宋史』, 「文天祥列傳」: 文天祥被俘. 世祖皇帝多求才, 南官王績翁言, '南人無如天祥者.' 遂遣績翁諭旨. 天祥曰, '國亡, 吾分一死矣. 儻緣寬假, 得以黃冠歸故鄕, 他日以方外備顧問, 可也. 若遽官之, 非直亡國之大夫不可與圖存, 擧其平生而盡棄之, 將焉用我?' 績翁欲合宋官謝昌元等十人, 請釋天祥爲道士. 留夢炎不可, 曰, '天祥出, 復號召江南, 置吾十人於何地?' 事遂已.' 天祥在燕凡三年, 上知天祥終不屈也. 與宰相議釋之. 有以天祥起兵江西事爲言者, 不果釋.)

雖然, 當斯世者, 幸得二以爲主而己賓焉, 則群陽之福已. 借其不然, 君子遂无以自處乎? 姱修益實, 過潔而遠去, 履美而不炫其名, 生死與共, 而无己甚之色, 蒼天指正, 有隕不誣, 彼媚而欲分惡以相贈者, 終亦弗能如天何也. 故无望人者五之志, '不及賓'者二之義. 志·義各盡, 以處於濁世, 禍福皆貞, 生死如寄, 人之不淪於禽狄, 尙賴此夫!

역문 비록 그렇다고는 하지만 이 세상을 살아가는 우리로서는 구괘☰ 구이효를 얻어서 주인으로 삼고 자기는 손님이 된다면, 뭇 양(一)들에게는 복일 따름이다. 그런데 가령 이러하지 않다면 군자로서는 마침내 제대로 처신할 길이 없을까.

겉으로 드러나는 인품을 고상하게 하고 실질에도 보탬을 주어야 한다. 지나칠 정도로 고결하면서 악을 멀리 제거하고, 아름다울 정도로 훌륭함을 실천하면서도 그 이름을 자랑하지 않아야 한다. 삶과 죽음을 한가지로 여기고 너무나 심한 기색을 없게 하며, 저 하늘을 옳은 일 하는 데서 길잡이로 삼고, 하늘에서 떨어지는 것을 속이지 않으면 된다. 이렇게 하면 저 시샘하며 악을 나누어 서로에게 주려고 하는 이들도 끝내는 역시 하늘을 어찌할 수는 없다.

그러므로 남들에게 바라는 것이 없이 제 할 일 하며 묵묵히 군자의 길을 감은 구괘☰ 구오효의 뜻함이고, '손님들에게 미치게 하지 않음'은 구이효의 의로움이다. 이렇듯 뜻함과 의로움을 각기 다하면서 혼탁한 세상을 살아간다면 화(禍)든 복(福)이든 모두가 올곧은 것이다. 삶과 죽음을 똑같이 하늘에 맡기고, 사람으로서 짐승이나 야만인들의 삶과 같은 것에 빠지지 않는 것, 이러함에 의거하여 살아가야 하리라!

췌괘

䷬ 萃

'无咎'者, 有咎者也, 故曰, "震无咎者存乎悔." 悔而得无咎, 抑可許
之'无咎'矣. <u>萃</u>, 咎之府也. 而爻動以其時, 僅然而免, 故六爻而皆起
'无咎'之辭焉.

역문 '허물이 없다'라는 것은 허물이 있음을 전제로 하는 말이다. 그래서 "진
동하여 허물이 없게 함은 후회함에 있다."[823]라 하는 것이다. 말하자면 후
회한 나머지 바로잡아서 허물이 없음을 얻었으니, 경우에 따라서는 '허물
이 없다'라고 허가할 수 있다는 것이다. 이 췌괘䷬는 허물의 창고다.[824] 그
런데 효(爻)들은 당해 시(時)로써 움직이기 때문에, 이 췌괘의 여섯 효들에

---

823 『계사상전(繫辭上傳)』제3장에 나오는 말이다.

824 이 췌괘䷬에서는 초효부터 상효까지 모두 '허물이 없다'를 말하고 있다. 그래서 이 『주역외
전』췌괘 해설에서 왕부지는 특별히 이를 주제로 논의를 시작하는 것 같다. 그런데 왕부지
는 이 '허물이 없다'고 함에 대해, "『주역』에서 무릇 '허물이 없다(无咎)'고 한 것은 모두 마
땅히 허물이 있어야 할 듯하지만 실제로는 없다는 의미다.[『주역내전』, 건괘(乾卦)䷀ 구삼
효 풀이: 凡言'無咎'者, 皆宜若有咎而无之也.]"는 관점을 가지고 있다. '허물이 없다(无咎)'
에 역설적·이중적 의미가 있다는 것이다. 그리고 이 『주역외전』의 대유괘䷍ 풀이에서도
"'허물없음[无咎]'은 사실은 허물이 있다는 말이다.('无咎'者, 有咎之詞.)"라 하여 똑같은 관
점을 피력하고 있다.

서 모두 '허물이 없다'라는 말을 하게 하고 있다.

曷言之? 陰陽之用以和, 而相互爲功. 奠之於所各得, 則秩序以成;
納之於所不安, 而經綸斯起. 中外无一成之位, 則疑忮之情消; 出入
有必均之勢, 則節宣之化洽. 夫安有各紀其黨, 保其居, 而恃以長年
者乎? 故曰, "萃, 咎之府也."

역문 이게 무슨 말이겠는가. 음·양은 함께 어울리면서 작용하고, 서로 공
(功)을 이루어 준다. 그래서 이들 음·양이 각기 있어야 할 곳에 자리를 잡
으면 질서가 이루어지고, 불안한 상황에 들어가게 되면 이를 헤쳐 나아갈
경륜(經綸)이 이에 맞추어서 일어난다. 그리고 중위(中位)를 차지하고 있는
것들 이외 성취함의 위(位)를 차지하고 있는 음·양이 하나도 없으면, 의
심하고 질투하는 마음 씀도 해소된다. 그리고 이들이 들고 남에서 반드시
균형을 이루는 수고로움이 있으면, 딱딱 들어맞게 펼치는 조화(造化)가 사
무쳐 들어가게 된다. 이렇게 보면 음과 양에 어찌 제 당파들만 유지하는
기율을 세우고, 거처를 보존하며, 나이가 많다는 것으로써 으스댐이 있겠
는가! 그러므로 "췌괘䷬는 허물의 창고다."라고 말한 것이다.[825]

升·小過亦聚矣, 而位非其尊也. 大過亦聚矣, 而應非其正也. 非其
尊, 无可席之勢; 无其應, 无可恃之情; 則其聚也不堅, 而不召咎以
生其戒心. 萃剛居五而四輔之, 履天步之安, 得心膂之寄, 人情翕然,
遙相倡和, 俯仰顧瞻, 无有能散我之交者. 雖然, 而勢亦危矣. '不虞'

---

[825] 이 췌괘䷬에서 초육효부터 육삼효까지 음효들이 모여 있음에 대해 왕부지는 이를 음(--)들
이 제 당파들끼리만 모여 있는 것으로 보고 이렇게 말하는 것이다.

之害, 知者灼見於未然, 則禱祀終而兵戎起, 非過計矣. 何也? 天下
固无有挾同志以居尊, 閉戶握手, 而投異己者於局外, 持之以必不我
違之勢, 可以遠怨而圖安者也.

역문 승괘(升卦)▦·소과괘(小過卦)▦도 모여 있음을 드러내고는 있지만, 이
괘들에서 음(--)들의 위(位)는 결코 존위(尊位)가 아니다. 대과괘(大過卦)▦
도 모여 있음을 드러내고 있으나, 2효와 5효의 응함이 제대로 응함[正應]이
아니다. 승괘·소과괘에서처럼 존위를 차지하고 있지 않으므로 여럿을 자
리에 앉힐 수 있는 세(勢)가 없으며, 대과괘에서처럼 제대로 응함이 없으
므로 의지할 수 있는 정(情)이 없다. 그래서 이들 괘에서는 모여 있음이 군
건하지 않고, 허물을 불러들임에 따라 경계하는 마음이 생기게 하지도 않
는다.

그런데 이 췌괘▦에서는 군셈[剛]이 5효의 위(位)를 차지하고 있고 구사
효가 이를 보좌하고 있다. 또 시운(時運)의 안정됨을 밟고 있고, 심장과 등
골이 깃들여서 살고 있음을 얻고 있다. 그래서 사람들의 마음 씀이 화합하
며 몰려들고, 자유롭게 즐기고 거닐면서 서로 부르고 화답한다. 그런가 하
면 높은 사람은 아래로 굽어보고 낮은 사람은 위로 올려다보며 애틋한 마
음으로 서로를 돌아본다. 그러므로 이 췌괘▦에서는 나의 사귐을 흩트릴
수 있는 것이란 없다.

비록 이렇다고는 하여도 이 췌괘▦가 가진 세(勢)는 역시 위태롭다. '미
리 헤아리지 못함'에서 오는 해(害)를 지혜로운 이는 발생하기 이전에 환히
안다. 그러므로 복을 비는 제사를 마치고서 병장기를 정비한다고 하여, 이
를 지나친 고려라 할 수는 없을 것이다.[826] 그 까닭은 무엇이겠는가. 이 세
상에는 같은 뜻을 품고서 어느 한쪽이 존귀한 자리를 차지하고 있는 것,

문을 열어젖힌 채 손을 맞잡는 것은 없다. 그러므로 자기와 뜻이나 견해가
달라서 적대할 수 있는 인물을 국외(局外)로 내치고, 결코 나를 위배하지
않을 세(勢)에 의지해야 한다. 이렇게 하는 것이 원망함을 멀리하고 편안
함을 도모할 수 있는 것이다.

故二之應五, 未必其孚也, "孚乃利用禴", 有不孚而姑禴者矣. 初之
應四, 孚且'不終'也, 弗獲已而求合, 有笑之者矣. 三與上則既不我
合, 而抑不我應, 弱植散處於淫威孔福之旁, 漠然无所於交, 載涕載
嗟, 畜怨於傍窺也, 亦將何以平之哉? 故怒者可抑也, 競者可釋也,
積悲歎而不敢言, '不虞'之戒, 勿謂三與上之柔不足憂矣.

역문 그러므로 이 췌괘䷬에서 육이효가 구오효에게 응함도 꼭 그 믿음이 있
기 때문만은 아니다. 그래서 그 효사에서 "믿음이 있어야 약(禴) 제사[827]를
지냄에 이롭다."라고 하니, 믿지 않은 채로 잠깐 약 제사를 지내는 것이
다.[828] 초육효가 구사효와 응함에서는 그 믿음 또한 '끝까지 함께하지 않는

826　이는 췌䷬괘『대상전』을 전제로 하는 말이다. 『대상전』에서는 "땅 위에 연못(저수지)을 만
　　들어 놓음이 췌괘니, 군자는 이를 본받아 병장기를 정비하여 미리 헤아리지 못한 사태를
　　대비하고 경계한다.(澤上於地, '萃', 君子以除戎器, 戒不虞.)"라 하고 있다.

827　왕필은 이 약(禴) 제사에 대해, 은(殷)나라 때 천자나 제후가 봄에 지내는 제사라 하고 있고
　　(王弼, 『周易注』: 禴, 殷春祭之名也, 四時祭之省者也.), 공영달도 "약 제사는 은나라 때 봄
　　제사의 명칭이다. 사계절에 지내는 제사들 가운데서 가장 박(薄)한 것이다.(孔穎達, 『周易
　　正義』: 禴, 殷春祭之名也. 四時之祭, 最薄者也.)"라고 함으로써 왕필의 견해에 동의하고 있
　　다. 그런데 『시경』, 「소아(小雅)」 편의 '천보(天保)'라는 시에서 "禴祠烝嘗."이라 한 것에
　　대해, 『모전(毛傳)』에서는 "봄 제사를 사(祠), 여름 제사를 약(禴), 가을 제사를 상(嘗), 겨
　　울 제사를 증(烝)이라 한다.(春曰祠, 夏曰禴, 秋曰嘗, 冬曰烝.)"라고 주해하고 있다. 왕부지
　　는 여기에서 『모전』의 견해를 취한 것으로 보인다.

828　왕부지는 『주역내전』에서, 이 육이효사에서 말하는 '믿음[孚]'은 육이효가 중심이 되어서
　　초육·육삼효들을 이끌어 가며 이들 사이에서 펼쳐지는 믿음이라 하고 있다.(乃初與三皆
　　懷自固其黨之心, 二必誠意相應, 使初·三深信其相引之爲吉, 乃克同寅協恭, 以戴陽於上,

것'829이다. 초구효가 구사효에게 마지못하여 합치함을 구하니, 웃어 버리는 이가 있는 것이다. 육삼효의 입장에서 상육효는 애당초 자신과 합치하지 않는 것이고 자신에게 응하는 것이 아니다. 둘 다 나약하고 무능한 것들이 성대한 의식을 치러 하늘로부터 큰 복을 받는이830 옆에 흩어져 있으니, 서로 막연하여서 사귐이 이루어지지 않는다. 상육효는 지금 탄식을 하고 눈물 콧물을 흘리며 울고 있는 처지이므로831 옆에서 엿보는 이에게 원망이 쌓여만 가니, 또한 장차 어떻게 해서 이를 풀어 준단 말인가! 그러므로 노여움은 억누를 수 있고, 다툼도 풀 수 있지만, 비탄(悲歎)이 누적되어서는 감히 말하기가 어렵다. '미처 헤아리지 못함'에서 오는 사태를 경계해야 하는데, 육삼효와 상육효가 유약해서 근심할 만한 것이 아니라고 말해서는 안 된다.

夫澤亦水矣. 乃澤者, 有心之化也, 水者, 无心之運也. 比以一陽坦然履五陰之中而无憂, 无心焉耳. 萃得四而群居, 積澤而无流行之望, 則心怗於所私. 以私而聚, 以私聚而不孚, 以不孚而咎. 沾沾然恃其位之存, 黨之合, 物之不容己而與我應, 以斯免咎, 亦靳靳乎其

然後上下各得而利. 蓋非信友則不能獲上, 與聚順以事祖考之理同, 頌奏假者所以貴乎靡爭也.) 그러므로 『주역외전』의 이곳에서 "이 췌괘䷬에서 육이효가 구오효에게 응함도 꼭 그 믿음이 있기 때문만은 아니다."라 하는 것은, 이 효사와 배치되지 않는다고 할 것이다.

829 이 췌괘䷬의 초육효사에서는 "믿음이 있는 이들과 끝까지 함께하지 않음이다.(有孚不終.)"라 하고 있다.

830 이는 『시경』, 「주송(周頌)」 편에 나오는 '유객(有客)'이라는 시의 한 구절 "벌써 성대한 의식을 치르니, 내리는 복이 크고도 넓도다!(既有淫威, 降福孔夷.)"를 인용하는 말이다. 여기에서는 이 췌괘䷬의 구오효에게 해당하는 말이다.

831 이 췌괘䷬의 상육효사는 "탄식을 하고 눈물 콧물을 흘리며 울지만, 허물이 없다.(齎咨涕洟, 无咎.)"로 되어 있다.

免之哉!

역문 연못[832]도 물이다. 다만 연못은 사람의 필요에 의해 마음이 있어서 만들어진 것임에 비해, 물은 무심히 움직인다. 이 췌괘▦와 유사한 것으로서 비괘(比卦)▦는 하나의 양(一)이 마음 편한 상태로 다섯 음(--)들 속에 있으면서 아무런 근심이 없으니, 무심할 따름이다. 그러나 이 췌괘▦는 구사효를 얻어서 무리를 지어 함께 거처하고 있다. 그래서 연못의 물이 고이고 고여 흘러내려 갈 가망이 없으면, 마음이 사사로움에 의존하게 된다. 사사로움으로써 모으고, 이렇게 사사로움으로써 모인 것이니 서로를 믿지 않으며, 믿지 않기 때문에 허물이 있게 된다. 그런데도 이 구오효는 자긍심에 절은 채 자신의 위(位)가 존재한다는 것과 당파의 합치를 으스대며 내세우니, 다른 것들은 어쩔 수 없이 이 구오효에게 응한다. 구오효는 이렇게 해서 허물을 면하게 되니, 역시 옹색하도다, 그 면함이여!

其唯廟中乎! 神與人无相雜也, 能感之而已足矣. 觀時失而无可爲, 則以神道涖人, 而權留天位; <u>萃</u>位定而有可孚, 則以鬼道絕物, 而怨恫交興. 保匭瀦之流, 絕往來之益, 君子之道而細人之眸, 難免於咎, 能勿虞乎!

역문 이 췌괘▦의 원리가 작용하는 곳은 오로지 사묘(祠廟) 속이라! 신(神)과 사람은 서로 뒤섞임이 없으니, 서로 느낄 수 있으면 그것으로 충분한 것이다. 때를 잃어버려서 어찌할 수 없음을 알게 되면, 신도(神道)로써 사람에

---

832 이 췌괘▦의 회괘(悔卦)가 태괘☱로서, 이것이 연못을 상징하기 때문에 이렇게 말하는 것이다.

게 임하며 권위(權威)는 하늘의 위(位)에 그대로 둔다. 그러다가 췌괘☷의 위(位)가 정해져서 믿을 수 있게 되면, 귀도(鬼道)로써 물(物)들을 끊어 버려서 원망과 애통함이 사귀며 일어난다.[833] 둑을 쌓아 웅덩이를 만들어서 흐르는 물을 보존하고, 왕래의 이로움을 끊어 버리면, 군자의 도(道)에도 소인들끼리의 친밀함에도, 허물이 있음을 벗어나기 어려우리니, 이를 우려하지 않을 수 있겠는가!

---

833 이 췌괘☷는 구사·구오효 두 양효(☰)가 하나의 당파를 이루어서 네 음효들을 끊어 버리는 상으로 되어 있다. 즉 같은 것들끼리 당(黨)을 이루어서 외물을 끊어 버리는 상(象)을 이루고 있는 것이다. 그래서 외물들로서는 원망과 애통함이 생겨날 수밖에 없다.

승괘

![䷭升]

聖人之動, 必因其時. 然終古之時, 皆聖人之時也. 時因其盈而盈用
之, 因其虛而虛用之. 下此者, 則有所怳矣. 有所怳者, 有所疑也. 疑
於道之非與時宜, 則貶志以幾功名; 疑於道之將與物忤, 則遠物以保
生死. 故一爲功利, 一爲玄虛, 而道爲天下裂. 如是者, 皆始於疑時,
終於疑己.

역문 성인의 움직임은 반드시 그 때에 따른다. 그러나 아득한 예부터 있어 왔
고 또 앞으로도 죽 있을 때들이 모두 성인의 때다. 즉 때가 가득 찼을[盈]
때는 성인들이 그 가득 참을 이용하고, 텅 비었을[虛] 때는 그 텅 빔을 이용
한다.

그런데 이에 못 미치는 이들에게는 때에 대해 두려워함이 있다. 두려워
함이 있다는 것은 의심되는 바가 있다는 것이다. 즉 도(道)가 시대의 마땅
함과 함께하지 않으리라고 의심을 하게 되면, 자신의 뜻함을 거두고서 공
명(功名)으로 마음을 돌린다. 그리고 도(道)가 장차 물(物)들과 거스르게 되
리라 의심하게 되면, 물(物)들을 멀리하며 자신의 생사만을 보존하려 든
다. 그러므로 한편은 공리(功利)를 추구하고 한편은 현허(玄虛)를 추구하게

되어, 도(道)는 이러한 사람들에 의해 찢어져 버린다. 이러한 사람들은 모두 시대를 의심함에서 비롯하여 자기를 의심함으로 끝나게 된다.

夫己亦何疑之有哉? 審己之才, 度己之量, 皆无所待於物而爲物之待. 天命之體, 煌然其不欺也. 无待於物, 則至正矣. 故小功乍集而失道, 小名外溢而失德. 爲物之待, 則大公矣. 故天下死而己不獨生, 天下生而己不憂死. 而才不審乎正, 量不致其公; 驚於才, 則驚功驚名, 而以爲物卽己也; 歆於量, 則驚生驚死, 而以爲物非己也. 疑於己, 則失本; 疑於物, 則爭末. 之二術者, 分歧以起, 而國終无人. 此无他, 疑不釋而怳然於所升也. 故於時有疑焉, 於位有疑焉.

역문 도대체 자기에게 또한 무슨 의심할 것이 있겠는가. 자기의 재질을 살피고 자기의 역량을 파악하여, 모두가 물(物)들에게 의지함이 없이 스스로 물(物)들이 의지하는 존재가 되면 된다. 천명(天命)의 본체는 환하여서 속일 수가 없다. 이 천명은 물(物)들에 의지함이 없으니 지극히 올바르다. 그러므로 작은 공(功)은 모이자마자 도(道)를 잃어버리게 되고, 작은 명성은 밖으로 넘쳐서 덕을 잃어버리게 된다. 또한 천명은 물(物)들이 의지하는 것이니, 크게 공정하다. 그러므로 천명은 세상 모든 것들이 죽으면 자기만 홀로 살지 않고, 세상 모든 것들이 살면 자기가 죽으리라고 근심하지 않는다.

그런데 도(道)가 시대의 마땅함과 함께하지 않으리라고 의심을 하는 이들은 그 재질을 가지고 올바름에 대해 살피지 아니하고, 역량으로는 공정함을 이루지 아니한다. 그리고서는 그 재질을 가지고서 힘쓰면, 얻은 공(功)에 놀라고 얻은 명성에 놀라서 물(物)들이 곧 자기라고 여기게 된다. 반대로 자신의 역량으로 덕성의 올라감[升]을 충분히 해낼 수 있음에도 불구하고 자신의 역량에 대해 흡족해하지 않은 이들은, 삶에 놀라고 죽음에 놀라서 물(物)은 자기가 아니라고 여긴다. 자기에 대해 의심하면 근본을 잃어버리고, 물(物)에 대해 의심하면 말단을 갖고 다투게 된다.

이렇듯 공리를 추구하는 학파와 현허(玄虛)를 추구하는 학파 둘이 나뉘어 일어나자 나라에 사람다운 사람이 없어졌다. 이렇게 된 원인은 다른 것이 아니다. 때에 대한 의심이 풀리지 않고 덕성이 올라감에 두려워하기 때문이다. 그러므로 때에 대해 의심이 있으면, 자신의 위(位)에도 의심하게 된다.

疑於時者曰, "五帝不襲禮, 三王不沿樂, 雖敺世而笑我, 我必有其功名", 而卓然自信, 立己以爲時之幹者, 昧不察也. 疑於位者曰, "庖人雖不治庖, 尸祝不越樽俎而代之", 而坦然自信, 推己以濟位之窮者, 昧不察也. 則是盈可用, 而虛不可用也. 且使之用盈, 而詭隨之術, 蕩泆之知, 抑智用而不貞之冥升, 則疑之害亦烈矣哉!

역문 때에 대해 의심을 가진 자들은 "오제(五帝)는 예(禮)를 답습하지 않았고, 삼왕(三王)은 악(樂)을 거슬러 올라가서 따르지 않았으니,[834] 비록 온 세상 사람들이 나를 비웃는다고 할지라도 나에게는 반드시 공(功)과 명성이 있다."라고 말하며, 자신이 탁월하다고 믿고 자기를 시대의 주간(主幹)이라고 추켜세우는데, 이는 몽매하여 제대로 살피지 못한 것이다. 그런가 하면

---

834 『예기』, 「악기(樂記)」편에 나오는 말을 인용하는 것으로 보이는데, 그곳의 정확한 표현은 "오제는 다 때가 달랐기 때문에 악(樂)을 거슬러 올라가서 따르지 않았고, 삼왕은 세대가 달랐기 때문에 예(禮)를 답습하지 않았다.(五帝殊時, 不相沿樂, 三王異世, 不相襲禮.)"로 되어 있다.

자신의 위(位)에 대해 의심을 가진 사람들은 "요리사가 비록 제대로 요리를 못한다고 할지라도, 신주(神主)를 상징하는 시축(尸祝)이 제기 차려 놓은 제사상을 넘어가서 그 요리사를 대신하지는 않는다."[835]라고 하며, 넓게 툭 터진 마음으로 자신을 믿고 스스로가 모든 위(位)를 뛰어넘은 궁극에 있는 사람인 양 추켜세운다. 그러나 이 또한 몽매하여 제대로 살피지 못한 것이다. 이들은 가득 참[盈]은 사용할 수 있어도 텅 빔[虛]은 사용할 수 없다. 또한 이 가득 참[盈]을 사용하여서는, 옳고 그름을 따지지 않고 망령되이 남을 따르게 하는 술수와 방탕하여 다른 것들은 고려하지 않는 지식을 습관적으로 사용하게 된다. 그리하여 혹시 이렇게 올곧지 않은데도 아득하게 올라간다면, 때를 의심함이 초래하는 해악이 또한 극렬할 것이로다!

故升之世, 非剛之時矣, 升三剛而不中, 非升之位矣. 上窺天位, 闃其无人, 洰陰上凝, 曠无適主, 時之不盈甚矣. 乃疑者疑以爲畏途, 无疑者信以爲坦道. 秉其至健, 進而不憂; 涉彼方虛, 曠而不懼. 子曰, "大道之行, 三代之英, 丘未之逮也, 而有志焉"其爲聖人之時, 豈必堯君舜相, 民誠物阜, 而後足以當聖人之升哉!

역문 그러므로 이 승괘䷭의 원리가 지배하는 시대는 굳셈[剛]의 시기가 아니다. 이 승괘䷭에서 구삼효는 중위(中位)를 차지하지 않고 있고, 올라감의

---

835 『장자』, 「소요유」 편에 나오는 말이다. 요임금이 허유에게 세상 다스릴 것을 부탁하자, 허유가 대답하며 하는 말이다. 세상 다스리는 일은 유가(儒家)인 그대[요임금]가 할 일이며, 자신은 사해(四海)의 밖에서 소요하며 유유자적하는 사람으로서[道家], 세상 다스리는 사람들이 아무리 그 일을 제대로 하지 못해도 자신이 직접 그들을 대신하여서 그 일을 할 수는 없다는 것이다. 신주(神主)를 상징하는 시축(尸祝)과 제사 음식을 장만하는 요리사가 엄연히 다르듯이.

위(位)가 아니다. 한편 이 승패䷭에서 위로 하늘의 위(位)를 가만히 엿보면, 아무도 없이 고요하고, 차갑기 그지없는 기(氣)가 위에서 꽁꽁 엉겨 있으며, 텅 비어서 주인 되는 사람이 없다. 이는 때의 가득 차지 않음[不盈]이 심한 것이다. 그래서 의심하는 사람들은 위로 올라가는 길이 두려운 길이라고 여기며, 의심이 없는 사람들은 그저 탄탄대로라고 믿는다. 지극히 씩씩함을 잡고서는 나아가더라도 근심하지 않으며, 저 텅 빔[虛]에 빠져서는 아득한 채 두려움이라고는 없다.

공자님께서 말씀하시기를 "위대한 도가 행해지는 시대와 하·상·주 삼대의 성군들이 다스리던 시대를 나로서는 쫓아갈 수 없지만, 그렇게 이루어 냄에 뜻을 두고는 있다."[836]라고 하였다. 이렇게 보면, 성인의 때라고 하여 어찌 꼭 요(堯)가 임금이고 순(舜)이 돕는 그런 시대이리오, 백성들이 성실하게 살아가고 물산이 풍부한 시대라면 충분히 성인들의 올라감[升]에 해당하리라!

然則不繫以吉凶者, 何也? 不可得而吉者時也, 不可得而凶者道也. 然盡其道, 而以吉凶爲斷, 則疑將從此而起矣. 嗚呼! 聖人之才, 聖人之量, 聖人之自信, 聖人之信天下, "升虛邑, 无所疑也", 豈易言哉! 豈易言哉!

역문 그렇다면 이를 길·흉과 연계하지 않는 까닭은 무엇이겠는가. 사람으로서 길하게 할 수 없는 것은 때이고, 흉하게 할 수 없는 것은 도(道)이기 때문이다.[837] 그러나 해야 할 도(道)를 다하면서도 길·흉으로 판단한다면 의

---

836 『예기』, 「예운」편의 첫머리에 나오는 말이다.
837 길·흉은 사람의 차원을 벗어난 곳에서 이루어진다는 의미다.

심이 이로부터 일어날 것이다. 오호라, 성인의 재질, 성인의 역량, 성인의 스스로 믿음, 성인이 세상 사람들을 믿음이라야, "'텅 빈 읍으로 올라감'이 의심할 바가 없기 때문이다."838라고 한다. 이 어찌 쉽게 할 수 있는 말이리오! 이 어찌 쉽게 할 수 있는 말이리오!

---

838 이는 이 승괘䷭의 구삼효사 '텅 빈 읍으로 올라감'을 풀이하여 그 『상전』에서 하는 말이다.

곤괘

☷☱困

一

人之有生, 天命之也. 生者, 德之成也, 而亦福之事也. 其莫之爲而
有爲之者, 陰陽之良各以其知能爲生之主, 而太和之理建立而充襲
之, 則皆所謂命也.

역문 사람이 생겨남은 하늘이 명했기 때문이다. 생겨남은 덕이 이루어짐이요
또한 복이라 할 일이다. 내가 하지 않았음에도 누군가 하는 것이고, 음·
양 본래의 양능이 각기 그 지(知)와 능(能)으로써 생함의 주체가 되며, 거대
한 조화[太和]를 이루는 리(理)가 건립하고 채워서 들어오는 것이니, 이 모
두를 '명(命)'이라 하는 것이다.

陽主知而固有能, 陰主能而固有知. 太和因陰陽以爲體, 流行而相
檀以化, 則初无垠鄂之畫絶矣. 以其知建人而充之, 使其虛者得以
有聰明而徵於實; 以其能建人而充之, 使其實者得以受利養而行於
虛. 徵於實, 故老耄而憶童年之聞見; 行於虛, 故旦起而失夙夜之飽

飫. 誰使之虛實相仍而知能交益者, 則豈非命哉!

역문 양(陽)은 지(知)를 맡는데 본래 능(能)도 가지고 있고, 음(陰)은 능(能)을 맡는데 본래 지(知)도 가지고 있다. 거대한 조화[太和]는 이들 음·양으로 말미암아서 본체가 된다. 음·양은 널리 행하며 서로 주고받으면서 만물을 만들어 내니, 애당초 이들 사이에는 경계를 구분 지어서 딱 절연(絶緣)함이란 없다. 양은 그 지(知)로써 사람을 건립하면서 채우는데, 그 텅 빔[虛]으로써 사람의 총명함이 있도록 하며 실함[實]에서 징험되도록 한다. 음은 그 능(能)으로써 사람을 건립하면서 채우는데, 그 실함[實]으로써 이로움과 길러 냄을 받아들여 텅 빔[虛]에서 행하도록 한다.[839] 실함[實]에서 징험되기 때문에 늙어서 어린 시절에 보고 들은 것을 기억해 내고, 텅 빔[虛]에서 행하기 때문에 아침에 일어나서는 지난 밤에 싫도록 배불리 먹은 것을 잃어버린다. 그런데 누가 이 텅 빔[虛]·실함[實]으로 하여금 끊임없이 서로 이어 가며, 또 지(知)와 능(能)이 서로 주고받으며 이익을 주도록 할까 하면, 이것이 어찌 명(命)이 아니리오?

然天之以知能流行於未有之地, 非有期於生也. 大德在生, 而時乘其福, 則因而建立之, 因而充襲之矣. 以知命之, 而爲五事, 爲九德; 以能命之, 而爲五福, 爲六極. 凝聚而均授之, 非有後先輕重於其間, 故曰: 皆所謂命也.

역문 그러나 하늘이 지(知)와 능(能)으로써 아직 있지 않은 곳에 행함은, 그 생함에 기약함이 있어서 하는 것이 아니다. 하늘의 큰 덕이 생함에 때[時]에

---

839 왕부지에게서 '텅 빔[虛]'은 양, 또는 양기의 양상이고, '실함[實]'은 음, 또는 음기의 양상이다.

맞추어 그 복을 타면, 이로 말미암아 피조물을 건립하고 이로 말미암아 피조물을 채우고 들어가게 된다. 그리하여 양(陽)의 지(知)로써 명(命)한 것은 오사(五事)[840]가 되고 구덕(九德)[841]이 되며, 음(陰)의 능(能)으로써 명한 것은 오복(五福)[842]이 되고 육극(六極)[843]이 된다. 거대하게 조화를 이루며 인온운동을 하는 기[太和絪縕之氣]가 응취하고 음·양의 덕이 고루 이들에게 주니, 음·양 사이에는 어떤 것이 앞서고 어떤 것이 뒤서거나 어떤 것이 역할에서 더 무겁게 작용하거나 덜 작용함이 없다. 그러므로 모두를 명(命)이라 하는 것이다.

而二氣之方錫, 人之方受, 以器爲承而器有大小, 以時爲遇而時有盈虛. 器有大小, 猶疾雨條風之或生或殺也; 時有盈虛, 猶旦日夜露之或暵或淸也. 則受命之有餘·不足存焉矣. 有餘·不足之數, 或在

840　'오사'는 옛날 임금들이 수신하던 다섯 가지 일을 말한다. 즉 용모를 공경히 함, 말하면 잘 듣기, 보는 것을 분명하게 보기, 듣는 것을 밝게 듣기, 생각을 슬기롭게 하기 등이다. 이는 『서경』,「홍범」편에 출전이 있다.(五事: 一曰貌, 二曰言, 三曰視, 四曰聽, 五曰思. 貌曰恭, 言曰從, 視曰明, 聽曰聰, 思曰睿.)

841　'구덕'은 옛날에 훌륭한 사람이면 갖추어야 할 아홉 가지 좋은 품덕을 말한다. 구체적인 것은 설에 따라 다르다. 『서경』,「고요모(皐陶謨)」편에서는 '너그러우면서도 건실함[寬而栗]', '부드러우면서도 주체성을 확립함[柔而立]', '정중하면서도 공손함[願而恭]', '다스리면서도 공경함[亂而敬]', '위무하면서도 강인함[擾而毅]', '강직하면서도 온화함[直而溫]', '소탈하면서도 청렴함[簡而廉]', '군세면서도 충만함[剛而塞]', '체력이 강하면서도 의로움[彊而義]' 등을 들고 있다.(皐陶曰, "都, 亦行有九德, 亦言其人有德, 乃言曰, 載采采." 禹曰, "何?" 皐陶曰, "寬而栗·柔而立·願而恭·亂而敬·擾而毅·直而溫·簡而廉·剛而塞·彊而義, 彰厥有常, 吉哉!")

842　'오복' 또한 『서경』,「홍범」편에 출전이 있는 것으로서, 장수함·부유함·평안함·덕 지키기를 낙으로 삼음[攸好德]·제 명대로 살다가 편안하게 죽음[考終命] 등을 말한다.

843　여기에서의 '육극'은 사람에게 극히 나쁜 여섯 가지 일을 말한다. 역시 『서경』,「홍범」편에 출전이 있는데, 거기에서는 '변사(變死)'와 요사(夭死)로 제 명에 못 죽고 너무 일찍 죽음[凶短折]·'병듦'·'걱정거리가 있음'·'가난함'·'성질머리가 못됨'·'허약함' 등을 들고 있다.(六極: 一曰凶短折, 二曰疾, 三曰憂, 四曰貧, 五曰惡, 六曰弱.)

德, 或在福, 則抑以其器與其時. 或勝於德而不勝於福, 或勝於福而
不勝於德, 猶蟬・鮪之於飮食也; 有時儉於德而侈於福, 有時儉於福
而侈於德, 猶西飆之稼不成稽, 而寒暑之疾能失性也. 如是者, 有
餘・不足, 皆非人所能強. 非人所能強, 聽命之自然, 是以其所至者
爲所致. 則君子之於<u>因</u>也, 因之而已, 而何有於'致命'也哉?

역문 음기・양기 두 기(氣)가 주고, 사람은 이를 받는다. 이를 기(器)로써 계승
하는데, 기(器)에는 크고 작음이 있고, 때[時]로서 만나는데 때에는 가득 찼
다가[盈] 텅 비었다가[虛] 함이 있다. 기(器)에 크고 작음이 있음은, 갑자기
세차게 내리는 비와 동북풍이 만물을 생하기도 하고 죽이기도 하는 것과
같다. 또 때에 가득 찼다가 텅 비었다가 함이 있음은, 동이 터서 낮이 되었
다 밤이 되어 이슬이 내렸다 함, 날씨가 따뜻하기도 하고 맑기도 함과 같
다. 이렇게 해서 명(命)을 받음에는 남는 것도 있고 부족한 것도 있다.

　남음이 있음과 부족함을 이루는 수(數)는 덕(德)에 있거나 복(福)에 있거
나 한다. 이들이 기(器)와 때[時]를 결정한다. 그리하여 경우에 따라 덕에서
뛰어나면 복에서는 뛰어나지 않고, 복에서 뛰어나면 덕에서는 뛰어나지
않기도 한다. 이는 마치 매미와 다랑어가 먹고 마시는 것과도 같다.[844] 때
에 따라서는 덕에서 검소하면 복에서 사치스러움이 있고, 복에서 검소하
면 덕에서 사치스러움이 있다. 이는 마치 서쪽에서 부는 폭풍이 농작물에
해를 입혀 수확이 보잘것없게 하거나, 한 해의 춥고 더움에 이상 현상이
생겨 이것들의 다움[性]을 잃어버릴 수 있음과도 같다. 이처럼 남음과 부족

844　매미는 마시기만 하지 먹지는 않고(『淮南子』, 「墜形訓」: 蟬飮而不食.), 다랑어는 먹기만
하지 마시지는 않는다. 다랑어는 입에 이슬만큼만 물이 들어가도 바로 죽어 버리기 때문이
다.(『淮南子』, 「齊俗訓」: 鵜鶘飮水數斗而不足, 鱣鮪入口若露而死.)

은 모두 사람이 억지로 할 수 있는 것이 아니다. 사람이 억지로 할 수 없으므로 명(命)의 저절로 그러함[自然]을 따라야 하며, 이러한 까닭에 이들이 이르면 그렇게 될 수밖에 없다. 그러므로 군자는 이 곤괘(困卦)䷮의 상황에서는 그대로 따를 뿐이다. 어찌 '목숨을 바쳐서 함'[845]에 다른 것을 두리오.

夫致者, 其有未至而推致之以必至也. 嘗與觀於虛實之數量, 則知: 致德命者, 有可及乎上之理; 致福命者, 當窮極乎下之勢; 而无庸曰自然. 自然无爲以觀化, 則是二氣之粗者能困人, 而人不能知其精者以自亨也.

역문 이룬다는 것은 아직 이르지 않았을 적에 밀고 나아가 이루어서 반드시 이르게 함을 의미한다. 그 이전에 일찍이 음기·양기 두 기(氣)의 텅 빔[虛]과 실함[實]이 이룰 수(數)와 양(量)을 함께하며 살피는 것은 지(知)다. 덕의 명(命)을 이룸에는 위로 미칠 수 있게 하는 리(理)가 있고, 복의 명을 이룸은 가장 아래까지 내려가게 되어 있는 세(勢)를 그대로 맞이하는 것이다. 덕의 명을 이루는 것이든, 복의 명을 이루는 것이든, 모두 사람으로서는 작위함이 없으니 '저절로 그러함[自然]'이라 하는 것이다. 저절로 그러함에 내맡기며 어떤 작위도 없이 하늘의 지어냄을 바라보면, 음기·양기 두 기(氣)의 거친 것이 사람을 곤궁하게 할 수 있는데, 사람은 그 정수(精髓)를 알 수 없는 채 스스로 형통하게 된다.

---

845 이는 이 곤괘(困卦)䷮의 『대상전』, 즉 "연못에 물이 없음이 곤괘(困卦)니, 군자는 이를 본받아 목숨을 바쳐서까지 뜻을 완수한다.(澤无水, '困', 君子以致命遂志.)"를 전제로 하는 말이다.

請終論之. 以知命者以虛, 虛者此虛同於彼虛, 故太空不可畫以齊 ·
楚; 以能命者以實, 實者此實異於彼實, 故種類不可雜以稻粱. 惟其
同, 故一亦善, 萬亦一善, 乍見之心, 聖人之效也, 而從同以致同, 由
野人而上, 萬不齊以至於聖人, 可相因以日進, 猶循虛以行, 自齊至
楚而无所礙. 惟其異, 故人差以位, 位差以時, 同事而殊功, 同謀而
殊敗也, 而從異以致異, 自輿臺以上, 萬不齊以至於天子, 各如量而
不溢, 猶敷種以生, 爲稻爲粱而不可移. 故虛者不足而非不足, 天命
之性也; '善惡三品'之說, 不知其同而可極於上也. 實者不足則不足
矣, 吉凶之命也. '聖人无命'之說, 不知其異而或極於下也.

역문 이에 대해서 결론 삼아 논해 보겠다. 명을 아는[知命] 존재[陽]는 텅 빔[虛]
으로써 하는데, 텅 빔은 이곳의 텅 빔이나 저곳의 텅 빔이나 똑같다. 그러
므로 전체로서 이루는 거대한 허공[太空]은 제(齊)나라 · 초(楚)나라 사이처
럼 딱 가를 수가 없다. 이에 비해 명에 능한[能命] 존재[陰]는 실함[實]으로써
하는데, 실함은 이곳의 실함이 저곳의 실함과 다르다. 그러므로 벼와 기장
처럼 종(種)이 다르고 유(類)가 달라서 뒤섞어 버릴 수 없다.

텅 빔[虛]의 측면에서는 오로지 똑같기만 하므로, 하나도 선(善)이고 만
(萬)도 하나의 선(善)이며, 모든 사람이 어린아이가 물에 빠지려는 것을 보
자마자 측은지심이 이는 것은[846] 성인이 될 수 있는 공효(功效)다. 같음을
좇아서 같음을 이루니, 보통 사람 이상 무수하게 다른 사람으로부터 성인
에 이르기까지, 서로 말미암아서 날마다 진보할 수가 있다. 이는 마치 텅

---

[846] 이는 『맹자』, 「공손추 상」의 구절(所以謂人皆有不忍人之心者, 今人乍見孺子將入於井, 皆
有怵惕惻隱之心.)을 인용하며 하는 말이다.

빔[虛]을 좇아서 가면 제나라에서 초나라에 가는 데서 아무런 장애가 없는 것과 같다.

실함[實]의 측면에서는 오로지 다르기만 하므로, 사람이 위계에 따라서 차이가 나고, 위계는 시(時)에 따라서 차이가 나며, 같은 일을 하더라도 공(功)을 다르게 세우고, 똑같은 모의를 하더라도 다르게 실패하기도 한다. 다름을 좇아서 다름을 이루니, 여(輿)·대(臺)[847] 등 최하층 계급으로부터 그 이상 다양하게 고르지 않은 사람들로부터 천자에 이르기까지 각기 자신들의 역량대로 넘치지 않게 발휘한다. 이는 마치 씨앗을 뿌려 생겨나는 것들이 벼도 되고 기장도 되어 서로를 바꿀 수 없는 것과 같다.

그러므로 텅 빔[虛]은 부족하면서도 부족하지 않으니, 천명지성(天命之性)이 이에 해당한다. 그러므로 '선악3품(善惡三品)'의 설[848]을 주장하는 이

---

847 고대 중국에서 사람을 10등급으로 나눈 가운데 여(輿)는 여섯째, 대(臺)는 맨 아래인 열째 등급의 사람을 말한다.(『春秋左氏傳』,「考證」: 人有十等. 王·公·大夫·士·皁·輿·隷·僚·僕·臺者也. /『春秋左氏傳』,「隱公」5년 조: 王臣公, 公臣大夫, 大夫臣士, 士臣皁, 皁臣輿, 輿臣隷, 隷臣僚, 僚臣僕, 僕臣臺.) 따라서 왕부지는 여기에서 이들을 사람의 계급 가운데 가장 낮은 계급을 지칭하기 위해 사용한 것으로 보인다.

848 사람을 선악(善惡)에 비추어 보면, 세 품계가 있음을 주장하는 설이다. 사실 이러한 설을 주장할 수 있는 근거를 준 사람은 공자다. 공자는 "중인 이상에게라야 최상의 진리를 말할 수 있고, 중인 이하에게는 최상을 진리를 말할 수 없다.(『論語』,「雍也」: 中人以上, 可以語上也; 中人以下, 不可以語上也.)"라 하고, 또 "오직 위의 지혜로운 사람과 아래의 어리석은 사람은 자신의 됨됨이를 바꾸어서 자신이 속한 등급을 옮기지 못한다.(『論語』,「陽貨」: 惟上智與下愚不移.)"라 함으로써, 사람을 상·중·하 세 등급으로 볼 수 있는 여지를 남겼다. 이후 여러 학자가 사람에게 세 등급이 있음을 주장했는데, 특히 순열(荀悅; 148~209)과 한유(韓愈; 768~824)가 이러한 주장을 했다. 순열은 하늘이 명(命)한 사람의 일에 3품이 있다고 하였고(荀悅, 『申鑒』,「雜言下」: 或問天命人事. 曰, "有三品焉. 上下不移, 其中則人事存焉爾. 命相近也, 事相遠也, 則吉凶殊矣), 한유는 구체적으로 사람의 성(性)에는 상·중·하 3품이 있다고 하였다.(韓愈, 『原性』, 性之品有上中三, 上焉者善焉而已矣, 中焉者可導而上下也, 下焉者惡焉而已矣.) 왕부지는 이들이 말하는 성(性)은 사실은 재(才)지 성(性)이 아니라고 비판하고 있다.(王夫之, 『張子正蒙注』,「誠明」: 昏明·彊柔·敏鈍·靜躁, 因氣之剛柔·緩急而分, 於是而智愚·賢不肖若自性成, 故荀悅·韓愈有三品之說, 其實才也, 非

들은, 사람의 성이 이 천명지성으로 같아서 위로 올라갈 수 있다는 것을
알지 못한다. 이에 비해 실함[實]은 부족하면 그대로 부족한 것이어서 길·
흉의 명(命)이 이에 해당한다. 그러므로 '성인에게는 명이 없다[聖人无命]'는
설을 주장하는 이들은, 성인의 명(命)이라 할지라도 그만의 다른 것이어서
경우에 따라서는 극단적으로 가장 낮은 명(命)에 속하는 것일 수도 있다는
사실을 알지 못한다.[849]

抑太和之流行无息, 時可以生, 器可以生, 而各得其盈縮者以建生
也, 則福德俱而多少差焉. 迨其日生而充其生, 則德可充也, 福不可
充也. 非有侈德而无侈福之謂也, 非堪於德者衆而堪於福者寡也,
非德貴而福賤, 天以珍人而酌其豐儉也. 則奚以知其充不充之殊耶?

역문 거대한 조화[太和]는 널리 행하며 쉼이 없다. 그래서 구체적인 때[時]가
생겨날 수 있고, 기(器)가 생겨날 수 있으며, 각각이 그 많고 적음을 얻어서
제 생명을 세운다. 여기에서 복과 덕이 갖추어지며, 많고 적음의 차이가
나는 것이다. 그런데 이것이 날마다 생겨나며 그 생명을 채우니, 덕은 채
울 수 있음에 비해 복은 채울 수가 없다. 그렇다고 해서 사치스러울 정도
로 넘쳐나는 덕은 있는데 사치스러울 정도로 넘쳐나는 복은 없다는 말이
아니다. 또 자신의 덕에 대해 감당하는 이는 많고 복에 대해 감당하는 이

性也. 性者, 氣順理而生人, 自未有形而有形, 成乎其人, 則固無惡而一於善, 陰陽健順之德本
善也. 才者, 成形於一時升降之氣, 則耳目口體不能如一, 而聰明幹力因之而有通塞·精粗之
別, 乃動靜·闔闢偶然之機所成也. 性借才以成用, 才有不善, 遂累其性, 而不知者遂咎性之
惡, 此古今言性者, 皆不知才性各有從來, 而以才爲性爾.)

849 성인(聖人)이라 할지라도 그에게 온 명(命)은 특수(特殊)로서, 다른 사람들의 명(命)과는
다른 그만의 명(命)으로 결정되어 있는데, 이것이 극단적으로 가장 아래의 나쁜 명(命)일
수도 있다는 의미다.

가 적은 것도 아니며, 덕이 귀하고 복이 천한 것도 아니다. 하늘은 사람을
보배롭게 여김으로써 그 풍성함과 검소함을 헤아려서 준다. 그러니 어떻
게 해서 그 채움과 채우지 않음의 다름을 알겠는가?

德肖於知, 知虛而徵於實; 福有其能, 能實而行於虛. 實可以載虛,
虛不可以載實. 實可載虛: 一坏之土, 上負蒼莽而極於无垠, 剗而下
之, 入於重淵, 隨虛以至而不竭. 虛不載實: 容升之器, 加勺而溢, 擲
一丸之泥於空, 隨手而墜矣. 故思之所極, 夢寐通而鬼神告; 鬼神者,
命之日生者也. 養之所飫, 膏粱過而疢疾生; 疢疾者, 命之不充者也.
戴淵盜也而才, 華督賊也而義, 德之灌注者不中己於小人. 弱者不
可强以廉頗之善飯, 羸者不可望以籛鏗之多男, 福之懸絕者必原本
於始生. 故致而上者實任之, 致而下者虛靡之也.

역문 덕은 지(知)를 닮는데, 지는 텅 빈 것으로서 실함[實]에서 징험된다. 복에
는 그 능함[能]이 있고, 능함은 실하며 텅 빔[虛]에서 행한다. 실함[實]은 텅
빔[虛]을 실을 수가 있고, 텅 빔[虛]은 실함[實]을 실을 수가 없다.

실함[實]이 텅 빔[虛]을 실을 수 있다는 것은 무엇을 말하겠는가. 한 언덕
의 흙이라 할지라도 그 위로 저 푸른 하늘을 짊어지고서 그 극이 무한에
이를 수 있고, 이를 깎아서 내려뜨려 저 깊고도 깊은 중연(重淵)에 들인다
면, 텅 빔[虛]을 따라 이르되 그 끝이 없음이다.[850] 이와 반대로 텅 빔[虛]은
실함[實]을 실을 수 없다는 것은 무엇을 말하겠는가. 한 되들이 그릇이 꽉
차 있으면 한 국자의 물만 부어도 흘러넘치며, 둥글게 뭉친 진흙 한 덩이

---

850 깊고도 깊은 중연(重淵)으로 한 언덕의 흙을 내려뜨리면 텅 빔[虛]을 따라서 끝없이 이어진
다는 의미다.

를 허공에 던지면 손을 떠나자마자 떨어지는 것이 그것이다.[851] 그러므로 생각함이 극에 이르면 꿈속에서도 통하고 귀신도 고해 주는데, 이 귀신이란 명(命)이 날마다 생하는 것이다. 자식들이 해 주는 봉양에 물리면, 산해진미가 지나가기만 해도 병이 생기는데, 이 병은 명(命)이 채우지 않기 때문에 생기는 것이다.

대연(戴淵; 271~322)은 도적이었지만 재질이 있었고,[852] 화독(華督)도 도적이었지만 의리가 있었으니,[853] 덕이 관주(灌注)되는 것을 보면 소인에게는

---

851 한 되들이 그릇의 밖은 텅 빔[虛]인데, 그 그릇에 더 부어서 흘러넘치는 한 국자의 물도 이 그릇 밖의 텅 빔[虛]은 싣지를 못한다는 것이고, 텅 빔[虛]으로서의 허공은 둥글게 뭉친 진흙 한 덩이조차 싣지를 못하기에 손을 떠나자마자 떨어지고 만다는 것이다.

852 대연은 양진(兩晉) 시기에 활약했던 인물이다. 자못 풍채가 있고 성격이 활달했으며, 쩨쩨하게 자질구레한 일에 얽매이지 않았다고 한다. 젊어서는 도둑 떼를 형성하여 양자강과 회수(淮水) 일대에서 배를 타고 장사 다니는 사람들을 습격하였다고 한다. 한 번은 낙양(洛陽)으로 가는 육기(陸機; 261~303)의 배를 공격하였는데, 육기는 그의 인물됨이 비범함을 알고는 회유하여 친교를 맺었다. 나중에 대연이 효렴(孝廉)으로 천거되어 낙양으로 들어오자, 육기는 조왕(趙王) 사마륜(司馬倫; ?~301)에게 대연을 추천하였다. 사마륜은 그를 심수현령(沁水縣令)으로 임명하였다. 그 뒤 대연은 동해왕 사마월(司馬越; ?~311), 낭야왕(琅邪王) 사마예(司馬睿; 276~323), 동진(東晉)의 초대 황제인 원제(元帝; 재위 317~323) 등의 신임과 총애를 받아서 고관대작을 지냈는데, 도적을 토벌한 공로로 말릉후(秣陵侯)에 봉해지기도 했다.
　　대연은 원제(元帝)가 당시 방대한 세력을 형성하고 있던 왕씨의 세력을 꺾는 데 동원되기도 하였다. 그러나 이에 반발하여 반란을 일으킨 왕돈(王敦; 266~324)에게 대연은 주의(周顗; 269~322)와 함께 죽임을 당했다. 왕돈이 이 둘의 명성을 두려워했기 때문이다. 이들이 죽은 뒤 많은 사람이 그 죽음을 애석해했다고 한다. 그 2년 뒤 왕돈의 난이 평정되고 나서 대연은 우광록대부(右光祿大夫)에 추증되었다.

853 화독(華督; ?~B.C.682)은 중국 춘추시대 송(宋)나라의 태재(太宰)였다. 화독은 당시 송나라의 사마(司馬)였던 공가(孔嘉; B.C.765~B.C.710)의 아내의 출중한 미모에 반해 그를 죽이고, 그 아내를 취했다. 이에 당시 송나라 군주였던 상공(殤公; B.C.750~B.C.710)이 크게 화를 내며 그를 징치하려 하자, 화독은 이 상공조차 시해해 버렸다. 이때 그가 내세운 명분은 "상공이 즉위한 지 10년일 따름인데 11번이나 전쟁을 치러서 백성들이 그 고초를 감당할 수 없다. 이 모두는 사마(司馬)인 공가(孔嘉)가 초래한 것이다. 그래서 나는 이들을 살해하고 백성들에게 평안함을 주려 한다."라고 하였다.(『史記』, 「宋微子世家」: 九年, 大司馬孔父嘉妻好, 出, 道遇太宰華督, 督說, 目而觀之. 督利孔父妻, 乃使人宣言國中曰: "殤公即

부합하지 않을 따름이다. 태어나기를 약하게 태어난 이는 염파(廉頗) 장군[854]의 훌륭한 식사로도 어찌할 수 없고, 파리하게 태어난 사람은 팽조(彭祖)의 자식 많음을 바랄 수가 없다. 복이 현격히 다름은 반드시 처음 생겨남에 근본이 있다. 그러므로 명(命)을 이루어서 위로 올라가는 사람은 실함[實]이 맡아서 해낸 것이고, 명을 이루되 아래로 가는 사람은 텅 빔[虛]에 휩쓸린 것이다.

綜此言之, 與俱生者, 足不足, 而上致與下致別矣. 日生者, 充不充, 而上致與下致又別矣. 故君子致德之命, 致而上極於无已, 而窮皎

<hr>

位十年耳, 而十一戰, 民苦不堪, 皆孔父爲之, 我且殺孔父以寧民.)

화독은 정(鄭)나라로 도망가 있던 공자(公子) 풍(馮)을 불러들여 송나라의 임금으로 앉혔다. 그가 송나라의 장공(莊公; B.C.744~B.C.692)이다. 화독은 고(郜)나라의 국보였던 큰 솥[大鼎]을 빼앗아다 장공에게 뇌물로 바치고, 이러한 송나라를 정벌하려고 정(鄭)나라에서 회맹(會盟)을 하던 제(齊)·진(陳)·정(鄭) 제국(諸國)에게도 뇌물을 바쳐 이들 나라를 자기 편으로 끌어들였다. 이렇게 해서 이 일은 무마되었고 화독은 이후 송나라 조정의 실세가 되었다.(『春秋左氏傳』, 「桓公」2년 조: 已殺孔父而弑殤公, 召莊公於鄭而立之, 以親鄭. 以郜大鼎賂公, 齊·陳·鄭皆有賂, 故遂相宋公.)

이러한 상황에서 공가의 아들 자목금보(子木金父)는 두려움을 느껴 노(魯)나라 추읍(鄒邑)으로 도망쳤다. 그 후손에 숙량흘(叔梁紇)이 있고, 이 숙량흘이 공자(孔子)를 낳았다. 공자는 공가(孔嘉)의 6세손이다. 이로부터 22년의 세월이 흐르는 동안, 장공(莊公)이 죽고 그 아들 후민공(後閔公)이 왕위를 이어받아 10년이 되었다. 그해(B.C.682), 송나라의 장군 남궁장만(南宮長萬; ?~B.C.682)이 후민공을 몽택(蒙澤)에서 살해하였다. 이 소식을 들은 화독은 군대를 거느리고 남궁장만 토벌에 나섰으나 중과부적(衆寡不敵)으로 오히려 남궁장만에게 살해되고 말았다.(『春秋左氏傳』, 「莊公」12년 조: 十二年秋, 宋萬弑閔公於蒙澤. 遇仇牧於門, 批而殺之. 遇大宰督於東宮之西, 又殺之.) 왕부지가 화독을 '의롭다'라고 한 것은 바로 이 점을 높이 산 것으로 보인다. 자신이 보좌하던 왕의 피살에 대해 설치(雪恥)를 하고자 한 점이다.

854 염파는 전국시대 조나라의 용장(勇將)이다. 조나라 혜문(惠文)왕 16년(B.C.283), 염파는 제나라를 대파하고 양진(陽晉)을 빼앗음으로써 상경(上卿)이 되었다. 염파는 용기로써 제후들에게 알려졌다고 한다.(『史記列傳』, 「廉頗藺相如列傳」: 廉頗者, 趙之良將也. 趙惠文王十六年, 廉頗爲趙將伐齊, 大破之, 取陽晉, 拜爲上卿. 以勇氣聞於諸侯.)

白以高明, 肖其知也; 致福之命, 致而下極於不堪, 而窮拂亂以死亡,
稱其能也. 故曰, "君子以致命遂志." 命致而後志可遂. 君子之志, 審
其多寡建立充襲之數, 而緼之以不遷, 豈旦夕之偶激於意氣也哉?

역문 이상을 근거로 보건대, 갖추어서 생겨난 것을 충족하느냐 충족하지 못
하느냐에 따라 명(命)을 잘 이룸[上致]과 잘못 이룸[下致]으로 구별된다. 또
한 날마다 생하는 것을 채워 넣느냐 채워 넣지 못하느냐에 따라 잘 이룸과
잘못 이룸으로 구별된다.

그러므로 군자가 덕의 명(命)을 이룸을 보면, 이 이룸이 위로 올라가 끝
이 없음에서 극에 이르러 궁극적으로는 깨끗하고 결백하여 고명해진다.
이는 지(知)를 닮은 것이다. 그리고 군자가 복의 명(命)을 이룸을 보면, 이
이룸이 아래로 내려가 그가 감당할 수 없음에서 극에 이르러 궁극적으로
는 그의 바람을 거슬리며 어지럽혀서 사망하게 한다. 이는 능함[能]과도 같
은 것이다.

그러므로 "군자는 이를 본받아 목숨을 바쳐서까지 뜻함을 완수한다."[855]
라고 한다. 명(命)을 이룬 뒤에야 뜻함을 이룰 수 있다. 군자의 뜻함은, 자
신이 생겨날 적에 건립된 것과 살아가면서 채워 넣고 이어받은 수(數)를
살펴서 잘 간수하며 바꾸지 않는다. 그러니 어찌 아침저녁으로 지향과 기
개를 이기지 못하고 우연히 격해지는 것이리오?

困, 剛之爲柔揜者, 福之致下者也, 不勝於器而儉於時. 二·五皆以

---

855 이는 곤괘(困卦)☷의 『대상전』에 나오는 말이다. 이 『대상전』에서는 "연못에 물이 없음이
곤괘(困卦)니, 군자는 이를 본받아 목숨을 바쳐서까지 뜻함을 완수한다.(澤无水, '困', 君子
以致命遂志.)"라 하고 있다.

剛中者, 德之致上者也, 器勝之, 時侈之. 與生而建, 日生而充, 極盛而不衰, 斯以致於上而无難矣. 致德於高明以自旌, 致福於凶危以自廣, 又奚志之不遂哉! 若曰, "以命授人", 則勇償而爲刺客之雄, 非愛身全道者之所尙, 困而已矣, 非必忠孝之大節, 而又何死焉!

역문 이 곤괘䷮는 전체적으로 군셈[剛]들이 부드러움[柔]들에 의해 가림을 받고 있으니, 복 중에서도 아래 것을 이루게 되어 있다. 그래서 기(器)[856]를 얻음도 보잘것없고 때[時]에서도 검박(儉薄)하다. 다만 구이·구오효는 모두 군셈[剛]이 득중한 것들로서 덕(德)에서 위의 것을 이루게 되어 있다. 그리하여 얻게 되는 기(器)가 대단하고 때[時]도 호화스럽다. 이들은 생겨남과 함께 세워졌고 날마다 채워지니, 극히 성대하여 쇠하지 않는다. 이렇게 하여 위에서 이루며 어려움이란 없다. 덕을 고명하게 이루어서 스스로 환히 드러내고, 복은 흉함에서 이루어서 스스로 넓힌다. 이러하거늘 이들이 또한 어찌 뜻함을 이루지 못하겠는가!

그런데 만약에 "명(命)을 남에게 준다."라고 할 것 같으면, 용맹함이 넘쳐서 자객이 되는 영웅일 테니, 이는 자신을 아끼고 도(道)를 보전하는 이들이 숭상하는 바는 아니다. 그저 곤궁한 것일 따름으로서, 꼭 충효(忠孝)의 대절(大節)만은 아니리니, 또한 이 경우라면 죽어야 할 것이 뭐 있겠는가!

---

856 여기에서 말하는 '기(器)'는 형이하자(形而下者)로서 평생을 통해서 얻게 되는 재물이나 관작 등을 의미하는 것으로 보인다. 이는 『주역』에서 형이상자(形而上者)인 도(道)와 대별되는 것이다.

二

剛以柔揜, 則是柔困剛矣. 乃剛困而柔與俱困, 何也?

역문 이 곤괘䷮에서는 굳셈[剛]들이 부드러움[柔]들에 의해 가려지는데, 이는 부드러움[柔]들이 굳셈[剛]들을 곤궁케 함이다. 그런데 이렇게 하여 굳셈들이 곤궁해지니 부드러움들도 함께 곤궁해짐은 무슨 까닭일까.

剛任求, 柔任與. 柔之欲與, 不緩於剛之欲求, 特剛以性動而情速, 遂先蒙夫求之實. 蒙其實, 不得辭其名. 而柔之一若前, 一若卻, 懸與以召剛之求, 其應剛者以是, 其困剛者亦以是而已矣. 故未得而見可欲, 既得而予以利, 闔戶而致悅, 虛往而實歸, 皆柔才之所優也. 因才爲用, 乃以網羅生死乎剛於膠飴之中. '酒食'也, '金車'也, '朱紱'也, 不待操戈矛‧固塞樹壘以絕陽之去來, 而剛以困矣. 然而揆諸得失名實之間, 而陰已先困.

역문 굳셈[剛]은 구함을 임무로 하고, 부드러움[柔]은 줌을 임무로 한다. 부드러움이 주고자 함은 굳셈이 구하고자 함에 늦추지 않는다. 다만 굳셈의 본성이 움직임이고 그 발현인 정(情)도 신속하여, 마침내 굳셈이 구하는 실질을 먼저 입기는 한다. 그 실질을 입고서는 그 명분을 사양할 수가 없다. 그러나 부드러움은 한편으로는 나아가는 듯하고 또 한편으로는 물러서는 듯하며 굳셈을 부르는 구함과는 멀리 떨어져 있다. 부드러움은 굳셈에 이렇게 응하고, 굳셈을 곤궁하게 하는 것도 이렇게 할 따름이다. 그러므로 부드러움으로서는 욕심낼 만한 것을 드러내지 못하지만, 이미 드러내서는

이로움을 주고, 출입문을 열어서 기쁨을 이루니, 텅 빔[虛]은 가고 실함[實]
으로 귀결한다. 이는 모두 부드러움의 재질이 우수해서 일어나는 일이다.

부드러움[柔]은 재질에 맞게 사용하며, 굳셈이 달콤한 엿에 딱 달라붙어
있음에다가 모두 그 삶과 죽음이 걸린 그물을 씌워 버린다. 그리하여 굳이
무기를 손에 쥐거나 보루를 단단히 쌓음에 기대지 않고서도 양(陽)의 왔다
[來] 갔다[往] 함을 끊어 버려서, '술과 음식'에 의해서든,[857] '금속으로 만든
수레'에서든,[858] '붉은색 무릎 가리개[蔽膝]'에 의해서든,[859] 굳셈은 곤궁해지
는 것이다.[860] 그러나 얻음[得]·잃음[失]과 명분·실질 사이에서 법도에 맞
게 처신함으로써 음(陰)이 벌써 먼저 곤궁해진다.

夫隆人者先自隆也, 污人者先自污也, 逸人者先自逸也, 勞人者先自
勞也. 陰之德專, 其性則靜. 專且靜, 貞隨乾行而順代天工, 則以配
陽而利往. 德之不專, 散處以相感; 性不能靜, 畜機以相制; 乘其上
而縈蔽之, 糾葛頻蹙, 以迷陽於所不及知. 夫然, 則抑勞心污下而无
舒暢之一日矣. 非其金車, 即其酒食, 非其酒食, 即其赤紱, 而趨日
下, 而術日上, 苟以售其冐縛高明之技, 是婦寺之情, 宵人之道也,
而豈不陋與! 幸而陽不之覺也, 借其不然, 豈復有陰之餘地哉!

---

857 이는 이 곤괘䷮의 구이효에 해당한다. 이 구이효사에서는 "술과 먹는 것에 의해 곤궁함이
    다.(困于酒食.)"라 하고 있다.
858 이는 이 곤괘䷮의 구사효에 해당한다. 이 구사효사에서는 '금속으로 만든 수레에 곤궁함이
    생김(困于金車)'을 말하고 있기 때문이다.
859 이는 이 곤괘䷮의 구오효에 해당한다. 이 구오효사에서는 '붉은색 무릎 가리개[蔽膝]를 드
    리운 관복에 의해 곤궁함을 당함(困于朱紱)'을 말하고 있기 때문이다.
860 이 곤괘䷮에서 굳셈[剛]은 이들 세 효에 해당한다. 그리고 모두 이상과 같은 것에 의해 각기
    곤궁함을 당하고 있다.

역문 남을 융성하게 하는 이는 먼저 자신을 융성하게 하고, 남을 더럽게 하는 먼저 자신을 더럽게 한다. 남을 편안하게 하는 이는 먼저 자신을 편안하게 하고, 남을 수고롭게 하는 이는 먼저 자신을 수고롭게 한다. 음(陰)의 특성 [德]은 전일(專一)함이고 그 본성은 고요함이다. 전일하고 고요하기 때문에 음은 올곧게 '건(乾)'의 행함을 따르며 하늘의 일[工]을 대신한다. 그리하여 양에 짝하여 이롭게 간다.

이와는 달리 음이, 그 특성[德]이 전일하지 않으면 곳곳에 흩어져 거주하며 그곳에 있는 것들과 서로 느낌을 주고받을 것이고, 또 본성이 고요할 수가 없다면 기교를 쌓아서 서로를 견제하려 들 것이다. 그런가 하면 음이 양의 위에 올라타서 얽어매고 가리며, 칡넝쿨처럼 옭아매고, 눈살을 찌푸리며 양을 미혹하여 알 수도 없는 곳으로 끌고 갈 것이다.[861]

참으로 이렇게 할 것 같으면, 아마도 음이 온 마음을 다해 아래에 있는 양을 더럽힐 것이니, 양으로서는 하루라도 활짝 펼치는 날이 없을 것이다. 금속으로 만든 수레가 아니라 할지라도 바로 술과 음식으로, 또 이 술과 음식이 아니라 할지라도 바로 그 붉은색 무릎 가리개[蔽膝]에 의해서 양을 곤궁하게 하는 등, 날이 갈수록 아래로 내닫거나, 날이 갈수록 위로 술수를 부리며 올라갈 것이다. 이렇게 고명한 이를 칭칭 동여매는 재주를 파는 것은 아녀자나 내시들의 마음 씀이고 소인들이나 쓰는 방법이다. 그러니 어찌 누추하지 않으리오! 다행히 양(陽)들은 제 일에 골몰하여 이에 대해서는 느끼지조차 못하며 그렇지 않음에 의지할 것이기에, 어찌 다시 음이

---

861 이 곤괘䷆의 상육효에 해당하는 말이다. 이 상육효사에서는 '칡과 등나무 넝쿨에 얽혀 곤궁함을 당하면서 높고 뾰족한 곳에 위태롭게 걸쳐 있음(困于葛藟, 于臲卼)'을 말하고 있다. 또한 왕부지는, 『주역』에서 상육효는 알지 못할 곳으로 사라져 가는 위(位)에 있는 효라 보고 있다.

발호할 여지가 있겠는가!

抑不覺者, 非陽之過也. 須養於小人, 退息於嚮晦, 亦君子道之所應
享. 而當困世而不覺, 則陽或過也. 守其道之所應享, 知而處之以愚,
光大而濟之以誠, 索諸明, 索諸幽, 洋洋乎有對天質祖之誠, 則陽不
覺而非不覺也, 而陰之術亦窮矣.

역문 한편으로 느끼지조차 못함은 결코 양의 과오가 아니다. 모름지기 소인
들로부터 의식주를 제공받고, 어두운 쪽으로 물러나 쉬는 것 또한 군자의
도(道)에서 응당 누려야 할 것이기[862] 때문이다. 그렇다고는 해도, 이 곤괘
☷의 원리가 유행하는 세상을 살아가면서 느끼지조차 못한다면 한편으로
양에게 과오가 될 수도 있다. 그러나 군자의 도(道)에서 응당 누려야 할 것
을 지키고, 알면서도 어리석은 것처럼 처신해야 한다. 또 밝고 크면서 성
실함으로써 구제하고, 밝음에서도 찾고 어둠에서도 찾아야 한다. 나아가
한없이 넓고도 넓게 하늘을 대하고 조상들께 묻는 성실함이 있다고 한다
면, 양이 느끼지 못함은 결코 느끼지 못함이 아니다. 이러함에서는 음의
술수도 궁색해질 것이다.

---

862 이는 맹자로부터 이어지는 유가의 기본 관념이다. 맹자는 사람을 '마음을 수고롭게 하는
사람'과 '몸을 수고롭게 하는 사람' 두 부류로 나눈다. 그리고는 '마음을 수고롭게 하는 사
람'은 사람 세상을 제대로 다스려서 '몸을 수고롭게 하는 사람'들에게 살 수 있는 세상을 마
련해 주고, '몸을 수고롭게 하는 사람'들은 '마음을 수고롭게 하는 사람'들의 이러한 다스림
에 따라야 한다고 하였다. 아울러 '몸을 수고롭게 하는 사람'들은 직접 재화를 생산해서 남
들을 먹여 살리는 일을 맡아야 하고, '마음을 수고롭게 하는 사람'은 직접 재화를 생산하는
일에는 힘쓰지 말고 제대로 된 사람 세상을 만드는 데 온 마음을 기울여야 한다고 하였다.
그는 이것이 이 세상의 보편적 의로움이라 하였다.(『孟子』, 「滕文公 上」: 或勞心, 或勞力.
勞心者治人, 勞力者治於人; 治於人者食人, 治人者食於人, 天下之通義也.)

於是乎陰終失據, 而先喪其貞. 然後反事而謀之心, 反心而謀之道, '動悔有悔'以爲吉, 則何其吉之不夙耶! 而陽祇守其誠而无所待悔. 由是言之, 器覆而无遯鼠, 國亡而无不死之小人. 均喪其實, 獨隕其名, 陽失數寡而陰失數多, 則柔先自困而亦終困, 豈或爽哉!

역문 이렇게 하다 보니 음이 마침내 근거지를 잃는데, 그보다 먼저 그 올곧음을 상실한다. 그러한 뒤에 (음의) '일에 반하여 음모를 꾸미는 마음'과 '마음에 반하여 음모를 꾸미는 도(道)'가 '움직여서는 후회하게 되며, 또한 후회함이 있으니', 그래서 길함이 된다. 이렇게 보건대, 이 길함이 어찌 이다지도 일찍 오지 않는단 말인가! 양들로서는 그저 그 성실함을 지키며 후회함에 기대지를 않는다.

이러한 관점에서 볼 때, 기(器)가 온통 덮고 있으니 도망가는 쥐새끼가 없고, 나라가 망해서 죽지 않는 소인이 없다. 이 곤괘☷☵에서는 음이든 양이든 고루 그 실질을 상실하는데, 유독 음만은 그 명분을 떨어뜨리고 있으니, 양들은 잃어버린 수가 적고 음은 잃어버린 수가 많다. 그래서 부드러움[柔]은 먼저 스스로 곤궁해지고 또 마지막에도 곤궁해진다.[863] 그러니 어찌 또한 하늘의 법칙에 어긋남이 있으리오!

故陽, 困於人者也, 陰, 自困者也. 困於人者生: 越王倚夫椒之功而困於會稽, 平原貪上黨之利而困於長平, 雖中陰之餌, 而貞不亡. 自困者死: 懷險致媚, 不悔而能保其終者, 終古而未之有也. 故君子終

---

863 이 곤괘☷☵는 초효부터 상효까지 여섯 효가 모두 곤궁함을 당하는 것[困于~]으로 되어 있는데, 초효와 상효는 음효다. 그래서 이렇게 말하는 것 같다.

不困人, 而自困亦免焉. 其不得已而困於人也, 積精誠以保其所不

及知, 如二 · 五之享祀以承慶而受福, 又孰得而困之!

역문 그러므로 양은 남들에 의해 곤궁해지는 이요, 음은 스스로 곤궁해지는
이다. 남들에 의해 곤궁해지는 이들은 산다. 예컨대 월왕(越王)이 부초의
싸움[夫椒之戰; B.C.494]에서 공(功)을 세우는 요행을 바라다가 회계(會稽)에
서 곤궁을 당한 것,[864] 평원군(平原君; ?~B.C.251)[865]이 상당군(上黨郡)을 탐내
다 장평(長平)에서 곤궁을 당한 것[866] 등이 이에 해당한다. 그런데 이들은

---

[864] B.C.494, 오나라 왕 부차(夫差)가 아버지[闔閭]의 원수를 갚기 위해 부초산(夫椒山)에서 월
나라와 벌인 싸움을 말한다. 이 싸움에서 월왕 구천(句踐)은 오나라 군대에 궤멸적 패배를
당하고 겨우 군대 5천을 거느리고 회계산(會稽山)에 웅크리고 있다가, 그나마 문종의 실천
과 범려의 지략으로 목숨을 부지한 채 월나라로 끌려갔다. 이 싸움의 결과 월나라는 오나
라의 부속국이 되었으며, 구천은 전쟁 포로로서 오나라에 끌려가 3년 동안 부차를 시봉(侍
奉)하는 수모를 겪었다. 자세한 것은 앞 주726)을 참고하기 바란다.

[865] 평원군은 조나라 무령왕(武靈王)의 아들로서 조나라의 혜문왕(惠文王) · 효성왕(孝成王)
때 재상을 지낸 저명한 정치가다. 특히 그는 지식인을 배양하고 돌보아 주는 것으로 이름
이 나서 제(齊)나라의 맹상군(孟嘗君; 田文) · 위(魏)나라의 신릉군(信陵君; 魏無忌) · 초
(楚)나라의 춘신군(春申君; 黃歇)과 함께 전국시대 '4공자(四公子)'로 불리는 인물이다.

[866] 진(秦) 소양왕(昭襄王; B.C.325~B.C.251, 재위 B.C.306~B.C.251) 45년(B.C.264), 진(秦)
나라의 백기(白起) 장군이 한(韓)나라의 야왕(野王)을 정벌하여 야왕이 진의 수중에 들어
갔고, 상당군(上黨郡)으로 가는 길이 끊겨 버렸다. 이에 상당군수 풍정(馮亭)은 군민들과
모의하여 상당군을 진(秦)에게 넘기느니 조(趙)나라에 넘기자고 하였다. 그러면 한 · 조 두
나라가 합세하여 진나라의 공격을 막아 낼 수 있다는 생각으로. 사람을 시켜 조나라에 이
러한 뜻을 알리자 조나라의 효성왕(孝成王; ?~B.C.265, 재위 B.C.245~B.C.265)은 형제인
평양군(平陽君)과 평원군(平原君)에게 어떻게 할지를 물었다. 평양군은 이 상당군을 받지
않는 편이 더 좋다고 하며, 받으면 득보다 미치는 화(禍)가 더 클 것이라는 이유로 반대하
였다. 그러나 평원군은 조나라로서 아무런 힘도 들이지 않고 이 상당군을 얻을 수 있을 것
이니 받자고 하였다. 효성왕은 평원군의 의견을 받아들여서 이 상당군을 받았다.
이에 대로한 진나라는 그 이듬해부터 공격을 해 왔다. 그래서 '장평(長平) 대전'이 벌어진
것이다. 수적으로 훨씬 우세했던 조나라 군대가 진나라의 군대에 패했다. 그 원인은 조나
라가 진나라의 이간계에 말려든 것이 가장 컸다. 농성전(籠城戰)을 벌이며 잘 버티고 있던
염파(廉頗) 장군을 진나라가 퍼트린 소문에 말려들어 신예 조괄(趙括) 장군으로 바꾸었는
데, 이 조괄이 섣불리 날뛰다가 그만 이 싸움을 그르치고 말았기 때문이다. 진나라 진영에

비록 가운데 음[中陰]이 던지는 미끼를 물었다고 할지라도, 이들은 올곧아
서 망하지 않는 것이다. 이에 비해 스스로 곤궁해진 이들은 죽는다. 예컨
대 험난함을 품고서 아첨을 떨다가, 후회하지 않으면서 그 마지막을 보존
할 수 있는 이는 아득한 예부터 아직 없다.

그러므로 군자는 끝내 남을 곤궁하게 하지 않으며, 이렇게 함으로써 스
스로 곤궁해짐도 면한다. 어쩔 수 없이 남들에 의해 곤궁해지는 경우에도
온 정성을 다해 자신의 앎이 미치지 못하는 상황에서 보전한다. 예컨대 이
곤괘䷮의 구이·구오효가 제사를 지냄으로써 경사를 받고 복을 받는 것과
같은 것이다. 이러할진대 또한 누가 이들을 곤궁케 할 수 있으랴!

서 이 싸움을 진두지휘했던 백기(白起) 장군은 포로로 잡힌 조나라의 군사 40만을 땅 파고
묻어 버렸다고 한다. 이들을 포로로 잡아갈 수도 없고, 그렇다고 조나라로 돌려보낼 수도
없다고 여겼기 때문이다. 이 싸움에서 승리함으로써 당시 힘의 균형추가 급격히 진나라에
기울게 되었다. 그 45년 뒤 진나라는 중원의 통일을 이루었다.(『史記』, 「平原君虞卿列傳」
및 「白起·王翦列傳」 등 참고.)

정괘

䷯井

一

困, 剛揜也, 井亦剛揜也. 二卦之體, 綜之而柔皆覆剛, 困獨蒙其揜, 而井利賴其養者, 何居?

역문 곤괘(困卦)䷜에서는 굳셈[剛]들이 엄폐되어 있는데, 이 정괘(井卦)䷯에서도 굳셈들이 엄폐되어 있다. 이들 두 괘의 괘체는 종(綜)의 관계를 이루고 있는 것인데, 부드러움들이 모두 굳셈들을 덮고 있는 것이다. 그런데 곤괘(困卦)만이 그 엄폐를 당하고 있고, 이 정괘(井卦)는 오히려 이롭게도 부드러움들의 봉양함에 의뢰하고 있는 까닭은 어디에 있을까.

天下之能加於我者, 皆其同類者也; 天下之與我異類者, 皆其不能加我者也. 同類而同情, 則性正而情交; 異類而異情, 則先難而後易; 同類而異情, 則貌德而衷刑. 水之於澤, 陰陽非類而與同類. 類同而情同, 類非而情異. 利其酒食・金絨之可以相養, 而不知支流之沒於大浸, 木有水而澤且无, 柔且以加剛而莫能自出. 若夫水之與風, 凝

散異情, 判然其不謀矣. 巽德雖順, 水終浮溢以 出, 其不能加我者,
猶鍾鼓之不足以宴爰居也. 不足以宴, 不足以餌, 則亦不足以撄. 故
上六雖柔, 其能慕陽而杜其'用汲'之功與?

역문 이 세상에서 나에게 더할 수 있는 것은 모두 유(類)가 같은 것들이며, 이
세상에서 나와 유(類)가 다른 것은 모두 나에게 더할 수 없는 것들이다. 유
(類)가 같고 정(情)이 같으면, 성(性)이 올바르고 정(情)에서 사귄다. 이에
비해 유(類)가 다르고 정(情)이 다르면, 먼저는 어렵다가 나중에는 쉬워진
다. 또 유(類)가 같고 정(情)이 다르면, 겉모습은 덕(德)을 드러내면서도 속
마음으로는 형(刑)을 품고 있다.

물과 연못은 음 · 양으로는 동류(同類)가 아니면서도 동류로서 함께한
다.[867] 유(類)가 같으면 정(情)이 같고, 자기와 같은 유(類)가 아니면 정(情)
도 다르다. 그래서 술 · 음식과 황금빛 무릎 가리개[868]를 이롭게 하는 것들
은 서로 길러 줄 수 있지만, 지류(支流)에 가서는 큰물에 함몰할 수 있음을
알지 못한다.

이 정괘(井卦)䷯는 목(木)에 물이 있으나[869] 연못은 없으니, 부드러움[柔]
도 굳셈[剛]에 더하기는 하지만 스스로는 나올 수가 없다. 물과 바람처럼[870]

---

867 물을 상징하는 감괘☵는 양의 괘이고, 연못을 상징하는 태괘☱는 음의 괘다. 한 괘의 음과
양을 결정하는 것은, 각 괘의 음 · 양효 중 소수인 효인데, 괘☵에서는 양(─)이 태괘☱에서
는 음(--)이 소수이기 때문이다. 그래서 이들 괘는 유(類)가 다르다고 할 수 있다. 다만 물
과 연못은 모두 물로써 연관되어 있다. 그래서 "동류로서 함께한다."라고 하는 것이다.
868 이들은 각각 앞 곤괘䷁의 구이효와 구오효에서 언급되던 것들이다.
869 이는 이 정괘(井卦)䷯를 정괘(貞卦)인 손괘☴와 회괘(悔卦)인 감괘☵로 나누고, 취상설에
입각하되 손괘☴를 바람이 아닌 나무로 풀이하는 것이다.
870 이는 이 정괘(井卦)䷯를 회괘(悔卦)인 감괘☵와 정괘(貞卦)인 손괘☴로 나누고, 취상설에
입각하여 풀이하는 것이다.

응취(凝聚)와 흩트림으로써 정(情)이 다르니, 이들은 판연하게 서로 도모하지 못한다. 손괘≡의 덕이 비록 순종함이기는 하지만 물이 마침내 들떠서 넘쳐 흘러나오니, 그것이 나에게 더할 수 없다는 것은 마치 종(鐘)과 북으로는 연회를 베풀고 거처를 정할 수 없는 것과 같다. 연회를 베풀기에도, 미끼를 던져 꾀기에도 부족하니, 역시 엄폐할 수 없는 것이다. 그러므로 이 정괘(井卦)≣에서 상육효가 비록 부드러움[柔]이기는 해도 구오효의 양(─)에 가림막을 쳐 '길러다 마심'의 공(功)을 막을 수 있겠는가?[871]

若四之於三, 乘剛也, 而不爲乘剛. 三, 巽之成也, 則固非剛也. 疑於剛而乘之, 察其非剛而退自保焉, 自飾之不遑, 而何乘邪? 乘非乘, 揜非揜, 巽開戶以旁行, 道不登於上, 則巽心惻矣. 坎履中以自用, 情不合於下, 則巽心又惻矣. 不能揜之, 將自求之. 是木以載水, 收功於本絶之交, 盡瘁於可以有爲之日, 巽免於惻之爲福, 而豈得與剛爲難哉! 此井之通所以異於困之窮也.

역문 이 정괘(井卦)≣에서 육사효가 구삼효와 갖는 관계를 보면, 부드러움[柔]으로서 굳셈[剛]을 올라타고 있다지만 실제로는 굳셈을 올라탐이 되지 못한다. 이 구삼효는 아래로 손괘≡를 완성하고 있다. 그래서 본디 굳셈이 아니다. 그래도 이 구삼효는 굳셈을 올라타고 있지나 않을까 하고 의심하는데, 자신이 실제로는 굳셈이 아님을 살피고 물러남으로써 스스로 보존하고 있다. 그래서 자신을 꾸미기에도 겨를이 없거늘, 어찌 올라타겠는가?

올라탐이 실제로는 올라탐이 아니고, 엄폐함이 실제로는 엄폐함이 아니

---

871   이 정괘(井卦)≣의 상육효사는 "우물의 도르래 설치용 두 기둥에 가림막을 치지 않음이니, 믿음이 있고 크게 길하다.(井收勿幕, 有孚元吉.)"로 되어 있다.

기에, 손괘☴는 문을 활짝 열어젖힌 채 위에 있는 감괘☵의 곁에서 가는데, 자신이 지닌 원리상 위에 오를 수는 없으니 이 손괘☴의 마음은 슬퍼진다. 게다가 그 위에 있는 감괘☵는 가운데 위(位)를 차지하고서 스스로 쓰고 있어서 그 정(情)이 아래 있는 손괘☴와는 화합하지 않는다. 그래서 손괘☴의 마음은 더욱 슬퍼진다.

손괘☴는 엄폐할 수 없기에 스스로 방법을 모색한다. 이는 나무에 물을 싣고 근본적으로 사귐이 끊어진 데서 공(功)을 거두는 것이다. 그러다 보니 무엇인가를 할 수 있는 날에는 완전히 피곤해지는데, 손괘☴는 측은해함이 복을 이루는 것으로부터도 벗어나 있다. 그러니 어찌 굳셈[剛]에게 어려움을 주겠는가! 이는 정괘(井卦)䷯의 통함이 곤괘(困卦)䷮의 곤궁함과 다른 까닭이다.

故君子之於世也, 不數數然於物之類己, 而虞其有憯心; 其漠不相即者, 則徐收之以爲利用. 是故小名不慕, 小善不散, 甘言不邇, 淡交不絶, 則成功於望外, 而朋聚於不謀.

역문 그러므로 군자는 세상을 살아가면서 남들이 자기와 동류(同類)를 이룸에 급급해하지 않으면서도 남들에게 비통한 마음이 있음을 걱정한다. 아득하여 서로 함께 있지 못할 경우에는 서서히 거두어서 이롭게 쓴다. 이러한 까닭에 작은 명성 따위를 간절히 바라지 아니하고 작은 선(善)도 흩트리지 않으며, 달콤한 말을 하는 사람을 가까이하지 않고 군자끼리의 담박한 사귐을 끊지 않는다. 그리하여 바라는 것 이상으로 성공하고 도모하지 않는데도 벗들은 모인다.

雖然, 其於此也, 則已勞矣. 巽勞, 而坎非不勞者也. 巽勞於人, 坎勞
於出. 故挹江河者施桔槔, 其不窮者則果不窮矣; 抱甕而汲之, 重綆
而升之, 所食者十室之邑, 而養將窮. 不窮其將窮, 恃有勞而已矣.
故井亦憂患之門, 衰世之卦也.

역문 비록 그러하다고는 해도 군자가 이렇게 함에서는 이미 수고를 하는 것
이다. 손괘☴가 수고하는데 감괘☵라 해서 수고하지 않는 것이 아니다. 다
만 손괘☴는 남을 위해 수고하고, 감괘☵는 나오기 위해 수고한다. 그러므
로 강물을 긷는 사람은 길고(桔槔)를 설치하니, 이렇게 곤궁하지 않다면 결
과적으로 곤궁하지 않은 것이다. 독을 껴안고 물을 긷거나 두레박 줄을 튼
튼하게 하여 우물물을 끌어올리면, 이렇게 하여 먹이는 것이 열 집의 읍이
어서 봉양함이 장차 곤궁해질 것이다. 이렇게 장차 곤궁해짐을 곤궁하지
않게 하기 위해서는 수고로움에 의지해야 할 따름이다. 그러므로 정괘(井
卦)☵에도 우환의 문은 있으니, 이는 쇠미해져 가는 세상을 상징하는 괘다.

<h1 style="text-align:center">二</h1>

夫人之有情, 豈相遠哉! 懷乾餱之貽者, 享壺飧而不憖. 『詩』云, "投
我以木瓜, 報之以瓊琚.", 珍有事也. 今以貪儜庸菲廢棄之子, 苟給
利養, 受圈牢之秣飼, 而鄙爲木石, 无使有自致之薄長, 則淪沒漸萎,
卒以抑菀而不永其生.

역문 사람들의 정(情)이 어찌 그리 서로 다르랴! 품속의 마른 식량을 내주는

이는, 병에 넣은 따뜻한 국과 익힌 밥을 보답으로 누려도 부끄러워하지 않는다. 『시경』에서도, "나에게 모과를 던져 주니, 나는 아름다운 옥으로 이에 보답하네."[872]라고 한다. 이는 서로에게 있는 일을 보배롭게 여기는 것이다.

그런데 자질구레한 것이나 탐내는 평범하고 우둔하며 버린 자식 취급당하는 이에게 구차히 짐승 기르는 일을 맡겨서, 우리에 갇힌 짐승들에게 꼴을 먹이는 일을 맡긴다고 해보자. 그리고 그를 목석 취급하며 절대로 제 맘대로 하지 못하고 야박하게만 이 짐승들을 키우도록 한다고 해보자. 그러면 그는 이러한 상황에 함몰하여 시들어 갈 것이며, 마침내 이러함이 누적되어서는 제대로 된 삶을 누리지도 못할 것이다.

故先王之於樂也, 非无都人士女, 敏手躣步, 可以娛神而教肄之, 然而僂者擊磬, 痀者擊鍾, 矇者審音, 瞶者眠度, 合天下尫廢天刑之子, 進之於和豫之地, 則何也?

역문 그러므로 선왕들이 악(樂)을 대하는 것을 보면, 도읍 사녀(士女)들도 얼마든지 민첩하게 손을 놀리고 경쾌하게 발을 내디디며 춤을 출 수 있으므로, 이들에게 신(神)을 즐겁게 하는 일[娛神]을 가르치고 익히게 하여 악(樂)을 맡길 만하지만 그렇지 않았다. 선왕들의 악(樂)에서는 곱사등이[僂者]가

---

872 『시경』, 「국풍・위풍(衛風)」의 '모과(木瓜)'라는 시에 나오는 한 구절이다. 전체를 인용하면, "네가 나에게 모과를 던져 주네, 나는 아름다운 옥으로 보답하리. 그냥 보답하는 것이 아니네, 우리 사이를 영원히 좋게 하자는 것이라! 네가 나에게 복숭아를 던져 주네, 나는 아름다운 옥으로 보답하리. 그냥 보답하는 것이 아니네, 우리 사이를 영원히 좋게 하자는 것이라! 네가 나에게 자두를 던져 주네, 나는 아름다운 옥으로 보답하리. 그냥 보답하는 것이 아니네, 우리 사이를 영원히 좋게 하자는 것이라!(投我以木瓜, 報之以瓊琚. 匪報也, 永以爲好也! 投我以木桃, 報之以瓊瑤. 匪報也, 永以爲好也! 投我以木李, 報之以瓊玖. 匪報也, 永以爲好也!)"로 되어 있다.

편경(編磬)을 연주하고, 또 다른 곱사등이[痀者]가 편종(編鐘)을 연주하며, 청맹과니가 음조를 변별하게 하고, 눈동자가 없는 장님이 12율(律)로 편성함을 맡아서 했다.[873] 이처럼 이 세상에 천형(天刑)을 받은 장애인들에게 어울리며 즐거움을 누리는 장(場)에 나서게 한 것은 무슨 까닭에서일까.

樂者和以養也. 和而及於不和之尤, 使之消散其一日之哀鬱, 而後細類劣生不虛養, 而有生之情效焉, 則亦且榮生而无甘死之心, 所以調陰陽之沴, 而溥生理於无方也. 是故別无收恤拯貧之典, 而一登之有事以榮其養. 故曰, "聖人輔天地之窮."

역문 악(樂)이란 어울림으로써 공동체 구성원들을 의식주로부터 해방하는[養] 것이다. 어울리게 하고 이러함이 어울리지 못하는 문제 현상들에 미쳐서 하루의 슬픔과 울적함을 날려 버린 뒤에야, 천한 부류·남보다 못한 생을 사는 사람들이 공허하게 길러지지 않게 된다. 이렇게 함으로써 생명을 가진 이들의 정(情)에서 효력을 발휘하는 것이다. 그리하여 또한 우리의 삶을 안정되게 누리게 되고, 죽고 싶은 마음도 사라질 것이다. 이렇게 하는 것이 음·양의 운행에서 생기는 부조화를 조절하는 것이며, 우리가 함께 살아가고 있는 세상 어느 곳에든 생하는 이치가 널리 퍼지게 하는 것이다. 이러한 까닭에 따로 가난한 사람을 수용하거나 구제하기 위해 빌려주는 법 따위를 시행하지 않더라도, 할 일이 있는 정해진 직업을 한 번 가지면 평생을 의식주에 구애받지 않고 안정된 삶을 살아갈 수 있는 것이다.[874] 그

---

873 이는 『주례(周禮)』, 「악사(樂師)」 편을 인용하며 하는 말이다.
874 그래서 악(樂)을 담당하고 연주하는 사람들을 도읍 사녀(士女)들이 아닌 장애인들에게 맡긴다는 것이다. 이들도 이렇게 정해진 직업을 가지면 평생 의식주에 구애받음이 없이 살 수 있다는 이유에서라는 것이다. 이것이 어울림[和]을 바탕으로 하는 악(樂)의 정신이고,

러므로 "성인은 하늘·땅의 궁색함을 돕는다."[875]라고 말하는 것이다.

且夫愚柔辱賤之士, 其視儇巧便給者, 所得於天之短長, 吾未得而知
也. 禮失而求之野, 十室而有忠信. 疏逖微末而莫由自拔, 則皆消沮
而忍於長捐. 雖有侗愿一得之長, 迨其湮沒, 且以求慰其生而不遂,
況望其引伸而奮迅邪? 故棄人之世, 世多棄人, 彼誠无以自振也.

역문 어리석고 나약하며 모욕을 당하는 사(士)들에게 머리 좋음과 기교 있음
에 치우치게 갖추어져 있음을 보자. 이들이 어떻게 해서 하늘로부터 받은
부족한 면과 뛰어난 면을 받는지에 대해서는 나로서는 알 수 없는 노릇이
다. 그러나 나라가 예를 잃어버리면 재야에서 구하는 법이고,[876] 열 가구
이상의 읍에는 반드시 충성스럽고 신실한 사람이 있는 법이다.[877] 그런데
정권으로부터 소외되어 별 볼 일 없는 사람들이 스스로 그러함에서 벗어
나려 노력하지 않는다면, 이들은 모두 기가 꺾여서 오래도록 버려짐을 참
아 내야 한다. 비록 아직 그릇이 다 되지 않았음을 자각하고 지향(志向)을
세워 온 정성을 다한 나머지[878] 겨우 한 가지 장점을 얻었다 하더라도, 죽

그 의미를 실현하는 의미라는 말이다. 여기에서 악(樂)에 대한 왕부지의 창조적이고도 참
신한 풀이가 잘 드러나며, 백성을 사랑하는 따뜻한 가슴을 가진 지식인으로서의 그 됨됨이
또한 잘 드러난다.

875 하늘·땅으로부터 사람과 물(物)들이 생겨나는데 거기에 궁색함이 있으므로 이런 천형(天
刑)을 받은 장애인들이 태어나지만, 성인들은 이러한 방법으로 이들을 끌어안음으로써 하
늘·땅의 궁색함을 돕는다는 의미다.

876 『한서(漢書)』, 「예문지(藝文志)」에서 공자의 말로써 인용하는 말이다. 나라의 중앙에서는
예가 변하거나 없어지더라도 민간에서는 한 번 전파된 좋은 예가 그대로 지속되는 경우가
많으니, 나라의 중앙에서 없어진 그 예를 찾으려면 민간에 가서 찾으라는 의미다.

877 『논어』, 「공야장(公冶長)」에 나오는 공자의 말이다. "열 가구 이상의 읍에는 반드시 나와
같은 충성스럽고 신실한 사람이 있지만, 그들도 내가 배우기를 좋아함에는 미치지 못한
다.(子曰, "十室之邑, 必有忠信如丘者焉, 不如丘之好學也.")"로 되어 있다.

음에 이르러서는 평생 아무것도 이룬 것이 없다고 하여 위로를 구하거늘, 하물며 그것을 펼쳐 내며 세찬 기세를 떨치기를 바라겠는가? 그러므로 버려진 사람의 세상에서는 세상에 버려진 사람이 많으니, 그 까닭은 진실로 그들 자신이 떨쳐 일어나지 않았기 때문이다.

井之初曰, "井泥不食, 舊井无禽", 蓋哀之也. 旣已爲之井矣, 食則其榮, 而不食其辱, 猶夫人之情也. 巽而入, 入而下, 亦非有潢潦沸溢·不可嚮邇之汚垢也. 其不幸而泥者, 時爲之, 猶之乎爲井也, 亦各有施焉, 因而浚之, 薄取而小用之, 豈无所望於上哉? 置之不食, 而井舊矣, 井舊而无以自新矣. 長捐於時, 而无汲之, 時灰心於涓滴之再潤者, 亦勢莫如何, 終自廢以无禽矣. 使遇'洞酌'揖注之主, 功施廢疾, 而才登管蒯, 則居然井也, 而豈逮此與?

역문 이 정괘(井卦)䷯의 초구효사에서는 "우물 밑바닥에 쌓인 진흙 앙금이라 먹지 못하며, 오래된 우물이라 마실 물을 얻지 못한다."라고 하는데, 이는 슬퍼해야 할 일이다. 이미 만들어진 우물이기에 사람들이 길어다 마시면 우물로서는 영예로운 것인데, 이를 길어다 마시지 않는다면 그것은 치욕이다. 이는 사람의 정서와도 같다. 이 정괘(井卦)䷯의 괘상을 보면, 공손하게 들어가고, 들어가서도 아래로 가니,[879] 또한 길 위의 웅덩이 물이 끓어

878　이 말은 공자가 어찌할 바를 모르겠다고 탄식한 세 유형 중의 한 가지를 극복한 예다. 공자는 "방자하며 정직하지 않은 사람, 아직 채 그릇이 이루어지지도 않았는데 아무런 지향이 없는 사람, 무능하면서도 남을 믿지 않는 사람, 이들을 나는 어찌해야 할지 모르겠다."라고 탄식하였다.(『論語』, 「泰伯」: 子曰, "狂而不直, 侗而不愿, 悾悾而不信, 吾不知之矣!") 그런데 왕부지는 여기에서 두 번째 유형을 극복하여 한 가지 장점을 얻은 것을 거론하고 있다.

879　이 정괘䷯는 회괘(悔卦)가 감괘☵로서 물을 상징하고, 정괘(貞卦)는 손괘(巽卦)☴로서 공손함·들어감의 의미를 갖고 있는데, 이 손괘가 감괘의 밑에 있기 때문에 밑으로 들어간다

넘침·가까이할 수 없는 더러움이 있는 것은 아니다.

그러나 불행히도 우물 밑바닥에 진흙 앙금이 쌓여 있는 것은 때[時]가 이렇게 한 것이다. 그렇다고 하더라도 이 또한 오히려 우물인지라 각각에 맞는 베풂이 있는 것이니, 이 진흙 앙금을 퍼내고 고인 물을 엷게나마 떠서 조금이라도 사용한다면, 어찌 위로 길어올려질 희망이 없겠는가?

그렇지 않고 그대로 두고 물을 길어 마시지 않으면, 우물이 오래된 것이니, 우물이 오래되어서 스스로는 새로워질 수가 없다. 시간상으로 오래도록 내버려 둔 채 길어다 먹지 않고, 때로는 한 방울 한 방울 떨어지는 것들이 다시 윤택하게 함에 대해서조차 마음이 싹 가시니, 또한 세(勢)를 어찌하지 못하는 것이다. 그리하여 마침내 스스로 폐하여 마실 물을 얻을 수가 없는 것이다.[880] 가령 '형작(泂酌)'이라는 시[881]에 나오는 것처럼, 흐르는 물

고 한 것이다.

880 왕부지는『주역패소』에서 이 정괘䷯ 초구효사에 나오는 '禽(금)'자를 '새[鳥]'로 새길 수 없는 이유에 대해 자세히 논하고 있다. 우선, 우물은 새들이 깃들이고 살 만한 곳이 못 되며 설사 새가 살고 있다 하더라도 이는 황폐한 우물일 뿐이라 한다. 황폐한 우물은 사람의 인적이 끊겨서 새들이 잠시 깃들이고 있을 수 있으나, 날마다 사람들이 물을 길어 먹는 우물에는 결코 새들이 깃들일 수 없다는 것이다. 그리고 이 초육효사에 대해 "물이 흐려서 새도 마시지 않는다!"라고 새기며 여전히 '새'라고 할 반론에 대해서는, 새는 맑은 물만을 가려서 마시지는 않는다고 반박하고 있다. 그래서 그는 이 '禽(금)'자를 '손에 넣다'라는 의미의 '獲(획)'으로 본다. 즉 물을 길러서 얻고 그래서 이로움을 얻는다는 의미라는 것이다.

이 초육효가 상징하는 것은 우물 밑바닥에 쌓인 진흙 앙금이다. 그런데 이것이 쌓여 우물물을 마실 수 없게 되어 버리자 사람들은 다시 이 우물을 정비하지도 않고 방치하니 날로 그것이 더 쌓여 가 마침내 천맥(泉脈)조차 막혀 버렸다는 것이다. 그래서 비록 이 우물에 가서 물을 길으려 한들 물을 얻을 수 없다는 것이다. 그러므로 이 초육효의 의미는, 처음에는 아직 물이 있었음에도 사람이 마실 수 없었지만 그것이 오래되어서는 물을 긷고자 하여도 마침내 물이 없어져 버렸다는 의미라고 한다. 그리고 그는 이러한 관점에서「상전」의 '時舍(시사)'라는 말을 풀이하고 있다. 사람들이 버렸기 때문에 마침내 물을 얻을 수 없게 되어 버렸다는 것이다.

881 이 시는『시경』,「대아(大雅)·생민지십(生民之什)」에 나오는 시다. 그 한 단만 소개하면, "저 멀리 흘러가는 물을 떠서 길어다 이곳에 붓고 진밥·술밥을 짓는다. 화락한 군자여, 백

을 길어 가는 주인을 만나서 폐질(廢疾)에 공(功)을 베풀어서, 골풀과 누런 새끼줄[菅蒯]이라야 할 재주를 가진 사람들도 등용된다면,[882] 이 또한 엄연히 우물이리니, 어찌 이러함에 이르지 못하리오?

甚矣! 五之至淸而无徒也. 三功之成, 進而相比, 潔而自薦, 使非數數於求明以受福, 且終年抱惻而國莫我知. 而況初之疏賤而羸弱者乎! 棄其致養則不足以自潤, 不足以自潤則生理憊而生氣窮. 君子固已哀初之時命, 而不得與於先王之勸相矣. 出險而有德色, 絶物而自著其功, 寒儉自潔以凋和平之氣, 井五之'中正', 衰世之德也. 衰世之德, 慘於盛世之刑. 與其爲水, 不如其爲火, 子產之得爲君子, 有勞相之道也夫!

역문 심하도다, 구오효의 지극히 청아하지만 따르는 무리가 없음이여! 구삼효가 공(功)을 이루고 나아가서 그와 나란히 하기는 한다. 그리고 구삼효는 순결하여서 구오효에게 자신을 천거하며 밝은 세상을 찾아 복을 받는데 너무 급급해하지 않도록 한다. 그래서 이 구오효는 죽을 때까지 가슴에 상처를 안고 가지만, 나라에서 누구 하나 알아주는 사람이 없다. 이러하거늘 하물며 초육효처럼 멀리 떨어져 있고 비천하며 파리하고 허약한 것이야! 구오효는 자신을 길러 주는 이들을 버리고서는 자신을 윤택하게 하지

성의 부모로다! … (洞酌彼行潦, 挹彼注茲, 可以饋饎. 豈弟君子, 民之父母! …)"로 되어 있다.

882 여기에서 언급하는 '골풀과 누런 새끼줄[菅蒯]'은 『춘추좌씨전』, 「성공(成公)」 9년 조에서 인용하는 일시(逸詩)에 나오는 말이다. 그 구절을 소개하면 "비록 비단실·삼실이 있다 하더라도 골풀이나 누런 새끼줄을 버리지 마라. 비록 지체 높은 집의 미희가 있다 하더라도 여위고 파리한 여자를 버리지 마라. 무릇 모든 군자는 인재가 부족할 때 대신하지 못할 이가 없다.(雖有絲麻, 無棄菅蒯; 雖有姬姜, 無棄蕉萃. 凡百君子, 莫不代匱.)"로 되어 있다.

못하는데, 이렇게 윤택하게 하지 못하므로 생하는 리(理)는 고달프고 생하는 기(氣)도 곤궁해진다. 군자는 진실로 초육효의 때[時]와 명(命)을 벌써 슬퍼하기는 하지만, 선왕들의 돕기를 권면함에는 함께할 수가 없다.[883] 험난함에서 벗어나 남들에게 조금 은덕을 베풀고는 이를 자랑질하고, 타자들과의 관계를 끊고서 스스로 그 공(功)을 드러내며, 신분이 한미하고 살림이 넉넉하지 못한 처지에서 스스로만 고결한 채 화평(和平)한 기운을 시들게 한다. 이것이 바로 이 정괘䷯ 구오효의 '중정(中正)'함인데 이는 쇠미해져 가는 시대에 발휘하는 덕이다. 이처럼 쇠미한 시대에 발휘하는 덕은 성대한 시대의 형벌보다 비참하다. 물이 되는 것보다는 불이 되는 것이 나으니, 자산(子産; ?~B.C.522)[884]이 군자가 됨은 수고로움을 돕는 도(道)가 있었기 때문이라 할 것이다![885]

---

883 여기에서 '돕기를 권면함[勸相]'이라 함은 이 정괘의 『대상전』에 나오는 말이다. 『대상전』에서는, "나무 위에 물이 있음이 정괘다. 군자는 이를 본받아 백성들을 위로하고 돕기를 권면한다.(木上有水, '井', 君子以勞民勸相.)"라 하고 있다.

884 자산은 중국 춘추시대 정(鄭)나라의 정치가다. 성은 희(姬), 씨는 국(國), 이름은 교(僑)이며, '자산'은 그의 자(字)다. 그는 정나라의 귀족 출신으로서, 26년간 재상으로 재임하며 뛰어난 안목과 훌륭한 식견으로써 정나라를 안정되게 이끈 인물이다.
    당시 정나라는 북쪽으로는 패자(霸者)인 진(晉)에, 남쪽으로는 역시 패자인 초(楚)나라 사이에 끼어 있었는데, 그는 이들 나라와 선린 외교를 잘 펼쳐 소강상태를 유지하였다. 아울러 그는 당시 정나라 귀족들 사이에 첨예하게 벌어지고 있던 대립을 잘 조정함으로써 나라의 안정을 유지하게 하였다. 또한 그는 토지제도를 개혁하고, 농민들의 경지를 정확하게 획정함과 동시에 세제의 개혁을 단행하여 국세를 정확하게 거둠으로써, 나라를 부강하게 하였다. 무엇보다 자산이 법령의 조문을 새긴 동기(銅器)를 제작하여(B.C.536), 정나라가 법치의 방식으로 운영하도록 한 것은 유명하다.(이상 『春秋左氏傳』, 「襄公」 조의 해당 부분 참고.)

885 이는 공자의 자산에 대한 평가를 전제로 하는 말로 보인다. 공자는 자산에게 4가지 도(道)가 있다고 하며, 자산이 자신의 몸가짐을 공손하게 함, 일을 처리함에서는 공경을 다함, 백성들에게 시혜를 베풀어서 생활의 안정을 가져오게 함, 백성들을 부림에서는 의로움으로써 하였음 등을 들고 있다.(『論語』, 「公冶長」: 子謂子産, "有君子之道四焉: 其行己也恭, 其事上也敬, 其養民也惠, 其使民也義.")

혁괘

䷰革

陽可以久道, 陰不可以厚事, 剛柔之材異也. 火之極, 炎蒸而成潤;
風之末, 吹弱而成堅. 其既, 則潤以息火, 而堅以止風. 蓋陰不厚事,
則其極盛而遷, 每於位亢勢終之餘, 謝故以生新, 非若陽之可久者,
履盛而志不衰也.

역문 양(陽)은 도(道)를 항구히 할 수 있지만, 음(陰)은 일을 두텁게 할 수 없으
니, 이렇게 굳셈[剛]·부드러움[柔]의 재질은 다르다. 불은 극성하면 더운
열기가 증기로 쪄 적서 줌을 이루고, 바람의 끝은 쇠약함을 불어 버리고
견고함을 이룬다. 이미 이렇게 되어서는 적서 줌이 불을 끄고, 견고함이
바람을 멈추게 한다.

생각건대 음이 일을 두터이 하지 못하면 극성하여 옮겨 가는데, 위(位)
가 궁극에 이르고 세(勢)가 종국에 이른 뒤에는 늘 낡은 것이 물러나며 새
로운 것이 생겨난다. 이는 양의 항구히 할 수 있음과 다른데, 양은 성대하
더라도 뜻함이 쇠하지 않는다.

是故離兩作, 而上明爲下明之所迫; 巽重申, 而後風踵前風以相盪.

迫之甚, 則鬱庵銷灼而火道替; 盪之不已, 則消散凋零而風位不安.
故息之者以豫防其替, 止之者以早授其安. 物將替而爲故, 乍得安
而見新. 此離五之陰, 避重明以遷於上, 革之所以虎變也. 巽四之陰,
息緖風以遷於五, 鼎之所以中實也. 其因過盛以遷, 遷而陰先往以
倡之變者, 均也.

역문 그러므로 리괘☲가 둘이 일어나서는[☲] 위의 밝음이 아래의 밝음에 핍
박을 받고, 손괘☴가 중복하여 펼쳐지면[☴] 뒤에 오는 바람이 앞에 가는
바람의 뒤꿈치를 좇아가서 서로 맞부딪히며 흔들어 대게 된다. 핍박함이
심하면, 빽빽한 곳간이 불에 타 없어지고, 화도(火道)가 교체된다. 그리고
서로 맞부딪힘이 끝이 나지 않으면, 모든 것을 흩트려 버리고, 초목을 떨
어뜨려서 바람의 위(位)가 불안해진다. 그러므로 불을 끄는 이는 그 교체
됨을 예방하고, 바람을 멈추게 하는 이는 일찌감치 편안함을 준다.

물(物)들은 교체되어 낡은 것이 되려 하면, 별안간에 자신은 편안함 속
으로 사라지고 새로운 것이 드러나게 한다. 이러하므로 리괘(離卦)☲ 구오
효의 음이 음의 중복을 피하기 위해 상효로 올라가니, 이렇게 해서 혁괘☲
의 호변(虎變)[886]이 일어난다. 손괘☴ 육사효의 음은 나머지 바람을 그치게
하며 5효의 자리로 옮겨 가니, 이렇게 해서 정괘(鼎卦)☴의 중앙은 실하게
된다. 이렇듯 음(--)들이 지나치게 왕성함을 피해 옮겨 가고, 옮겨 가서는
음(--)이 먼저 변함[變]을 끌어냄은 두 괘에서 같다.[887]

---

886 '호변'은 '호랑이의 가죽 무늬처럼 변함'을 뜻하는 것으로서, 이 혁괘☲의 구오효사에 나오
는 말이다. 그 효사에서는 "대인이 호랑이의 가죽 무늬처럼 변함이니, 꼭 점을 치지 않는다
고 할지라도 믿김이 있다.(大人虎變, 未占有孚.)"라 하고 있다.

887 왕부지는 이처럼 이 혁괘☲는 리괘(離卦)☲에서, 이 혁괘와 종(綜)의 관계에 있는 정괘(鼎
卦)☴는 손괘(巽卦)☴에서 온 것으로 보고 있다.

雖然, 其於革也則尤難矣. 過乎時, 而返以乘時, 陽革而來五, 其勢難; 履天位, 而遜乎无位, 陰革而往上, 其情難. 此二者, 皆非鼎之所有也. 勢難者, 時相強以爲主, 二喜於得配而信之, 始於遲回而終於光大. 情難者, 不獲已而遠去, 陽積於其下而迫之, 君子以忍難而昭質, 小人以外悅而中憂. 如是, 而上之變也, 較之五而尤難矣. 而九三不恤其難, 猶恃其赫赫之明, 屢起而趣其行, 不亦甚乎! 故『易』之於上, 獎之无遺詞焉.

역문 비록 그렇기는 하지만, 이러함이 혁괘䷰에서는 더욱 어렵다. 첫째, 때[時]에서 지나자 돌아와서 때를 타고 있는데, 양(—)이 얼굴을 바꾸어 5효의 자리로 와 있다. 그래서 그 세(勢)가 어려운 것이다.[888] 둘째, 상육효는 하늘의 위(位)를 밟고 있지만, 이는 위(位)가 없는 곳에서 겸손해하는 것이며 음(--)이 얼굴을 바꾸어서 위로 올라간 것이다. 그래서 그 정(情)이 어려운 것이다. 이 두 가지가 정괘(鼎卦)䷱에는 모두 없는 것들이다.

세(勢)가 어려운 것은, 한 때[時]에 둘이 서로 강해서 주인이 되기 때문인데, 이 혁괘䷰에서는 육이·구오효 둘이 서로를 제 짝으로 얻을 수 있음에 기뻐하며 서로를 믿는다. 그래서 처음에는 머뭇거리다가 마지막에는 광대(光大)해진다. 정(情)이 어려운 것은, 이 혁괘䷰에서 상육효가 어쩔 수 없어서 멀리 갔고 양(—)이 그 아래 와서 핍박하기 때문인데, 군자는 이러한 상황에서 이 어려움을 참아 내며 자신의 바탕을 밝게 빛내고, 소인은 겉으로는 기뻐하면서도 속으로는 우울해한다.[889]

---

888 이 혁괘䷰의 상육효에 대해서 하는 말이다. 원래는 리괘(離卦)䷝의 5효 자리에 있던 것인데, 때에서 지나자 갔다가 돌아와 상효의 자리를 차지하고 있지만, 그 아래 5효의 자리에 양(—)이 와 있으니 세(勢)에서 어렵다는 것이다.

이처럼 상효가 변한 것[890]은 오효가 변한 것[891]에 비해 더욱 어려운 것이다. 그런데 이 상육효와 응함의 관계에 있는 구삼효는 이에 대해 어떠한 관심도 기울이지 않고 오히려 자신의 혁혁한 밝음만을 믿으며 여러 차례 일어나서 행함을 취하니,[892] 또한 심하지 않은가! 그러므로 『주역』에서는 상효에 대해 어떤 권장하는 말도 남기지 않고 있다.

其爲君子也, 雖'蔚'而予之以'文'. 蔚, 入聲, 不舒也. 文其所固有, 失位而菀, 菀而不失其盛, 而後君子之志光. 其爲小人也, 雖'革面'而許之以'順', 面不可以爲革, 中未順而外說, 說而不問其心, 而後小人之志平. 猶且戒之以勿'征'焉. 使其征也, 陰之凶而陽之幸也. 乃既委以難, 而猶使之消散以失歸, 則抑不足以獎天下之能革者矣.

역문 상육효가 군자 됨은 비록 '쫙 펼쳐지지는 못해도'[893] '무늬'를 주었기 때문이다.[894] 무늬는 그에게 고유한 것이지만, 위(位)를 잃어버려서 지금 그저

889　이 혁괘䷰의 상육효사를 풀이하는 『상전』에서는, "'군자가 표범 무늬 변하듯 하다'라는 그 무늬가 풍성함을 의미하고, '소인이 안면을 바꿈'이란 순종하여 임금을 따름을 의미한다.('君子豹變', 其文蔚也, '小人革面', 順以從君也.)"라고 하여, 이러한 상황에서 군자와 소인이 다르게 대처함을 말하고 있다. 이에 근거하여 왕부지는 여기에서 이렇게 말하는 것으로 보인다.

890　혁괘䷰의 상육효를 의미한다.

891　정괘(鼎卦)䷱의 육오효를 의미한다.

892　이는, 혁괘䷰의 구삼효사에서 '혁명하는 말이 세 번에 걸쳐 성취됨[革言三就]'을 말하고 있고, 또 그 『상전』에서도 특별히 이를 거론하여 "'혁명하는 말이 세 번에 걸쳐 성취된다.'라고 하니, 또 어디를 가리오!('革言三就', 又何之矣?)"라고 함을 근거로 해서 하는 말이다.

893　**저자 자주:** '蔚(울)'은 입성으로 읽어야 하며, '쫙 펼쳐지지 않는다'라는 뜻이다.

894　이 혁괘䷰의 상육효사는 "군자가 표범 무늬 변하듯 하고 소인이 안면을 바꿈이니, 원정하러 가면 흉하고 거처함이 올곧으면 길하다.(君子豹變, 小人革面, 征凶, 居貞吉.)"로 되어 있다. 그리고 이를 풀이하여 『상전』에서는 "군자가 표범 무늬 변하듯 하다'라는 그 무늬가 쫙 펼쳐지지 못함을 의미하고, '소인이 안면을 바꿈'이란 순종하여 임금을 따름을 의미한

쌓여 있기만 하다. 그러나 쌓여 있기만 하더라도 그 성대함을 잃지 않아야 하니, 그러한 뒤에라야 군자의 뜻함이 빛나는 것이다. 그런데 소인들은 이러한 상황에서 비록 '안면을 바꿈'이라고는 하여도 '순종함'으로써 대처하고 있다. 안면은 바꿀 수가 없고 속마음으로는 순종하지 않으면서 겉으로만 기뻐하는 척하는 것이다. 그래서 기뻐하는 척하지만 그 속마음에 대해서까지는 묻지 않으니, 이러한 뒤에라야 소인의 뜻함이 평온해진다.

이는 마치 '원정'을 나가지 말라고 경계하는 것과도 같다. 이 상육효에 해당하는 이에게 원정을 나가게 해서는, 음(--)에게는 흉이고, 양(—)에게는 행운이다. 그러나 이미 어려움이 그에게 맡겨졌는데, 오히려 이를 흩트려 버리고 돌아옴을 잃어버렸으니, 아마도 이 세상을 개혁할 수 있는 이로 권장하기에는 부족한 듯하다.

或曰, "離之從革也, 勢處不厚, 同類相逼, 內爭而息肩於外, 革而未離其類, 革面而未洗其心, 則聖人何獎乎?"

역문 누군가는 말한다. "리괘(離卦)☲가 혁괘☲로 변한 것을 보면, 세(勢)가 처함이 두텁지도 않고, 같은 유(類)끼리 서로 핍박하며, 안에서는 다투면서도 겉으로는 중지한 척한다. 개혁했다고는 해도 아직 그 유(類)를 떠나지 않고 있으며, 안면은 바꾸었을지언정 아직 그 마음까지를 씻어 버리지는 않고 있다. 그런데 성인께서는 어째서 이를 장려하신단 말인가?"라고.

夫離之盛也, 其性則陰也, 其才則明也. 以慧察之姿, 行柔媚之德,

다.('君子豹變', 其文蔚也, '小人革面', 順以從君也.)"라 하고 있다.

相助以熺然. 雖有蒸逼之患, 而非其近憂, 然且引身早去, 召陽來主,
以協於下, 此非所易得於離者也. 而不見'突如其來'而不忌, '出涕沱
若'而不舍, 爲重離之固然者乎! 知難而往, 辭尊而讓, 而邅拒其面,
而邅過求其心! 此聖人所以道大德宏, 而樂與人爲善也.

역문 리괘(離卦)☲가 성대함은, 그 본성이 음(陰)이고, 그 재질은 밝게 빛나는
것이기 때문이다. 또 지혜롭게 살피는 자세로써 부드럽게 어울리는 아름
다움을 행하고, 서로 도와서 밝게 하기 때문이다. 비록 시루 속 증기들처
럼 핍박하는 우환이 있다고 하더라도, 이는 가까이에 있는 근심거리가 아
닐뿐더러, 음(--) 자신은 일찌감치 몸을 빼서 가고 양(一)을 불러다가 주인
으로 삼으며 아래로 협조하고 있다.[895] 이는 리괘(離卦)☲에서는 쉽게 얻을
수 있는 것이 아니다.

그리하여 '돌연히 그것이 오는 듯하는데도',[896] 꺼리지도 않고, '눈물을
줄줄 흘리며'[897] 그치지 않는 등 리괘(離卦)☲의 중첩함[☲] 속에 본래 있는
면을 이 혁괘☲에서는 보이지 않는도다! 여기에서 우리는, 성인들께서는
도(道)가 크고 덕이 넓으므로, 기꺼이 남들과 함께함을 좋게 여긴다는 사
실을 알 수 있다.

---

895 이는 리괘(離卦)☲에서 혁괘☲로 변했음을 전제로 해서 하는 말이다.
896 리괘(離卦)☲ 구사효사에 나오는 말이다.
897 리괘(離卦)☲ 육오효사에 나오는 말이다.

정괘

䷱鼎

鼎柔上而居中, 則風力聚而火道登矣. 天下未定, 先以驅除; 天下已
定, 納以文明. 風以盪之, 日以暄之, 有其盪而日以升, 有其暄而風
不散, 故離位正而巽命凝也.

역문 정괘(鼎卦)䷱는 부드러움[柔]이 위로 올라가서 중앙을 차지하고 있다. 그
래서 바람의 힘이 모여서 불어 대니 불의 도(道)는 올라가는 것이다.[898] 이
세상이 아직 안정되지 않았을 적에는 먼저 안정을 해치는 것들을 몰아내
고 제거해야 하며, 이미 안정되어서는 거기에 문명을 집어넣어야 한다. 그
런데 정괘(鼎卦)䷱의 상(象)은 바람이 불어서 흔들어 대고 태양이 따뜻하게
내리쬠을 이루고 있으니, 바람이 흔들어 댄다고 하더라도 태양이 솟아올
라서 그 따뜻함을 내리쬐자 날씨가 따뜻해지면서 바람이 흩어지는 것이

---

[898] 앞에서도 말했다시피 이 정괘(鼎卦)䷱는 손괘(巽卦)䷸에서 변한 것이다. 즉 손괘의 육사효
(--)가 위로 올라가 5효의 위(位)를 차지하고, 그 5효에 있던 굳셈[剛; ─]은 4효의 위(位)로
내려옴으로써 이 정괘䷱가 되는 것이다. 그리고 취상설에 의하면 이 정괘(鼎卦)䷱의 정괘
(貞卦)인 손괘☴는 바람, 나무 등을 상징하고, 회괘(悔卦)인 리괘☲는 불을 상징한다. 그래
서 이 정괘䷱는 바람이 아래에서 위로 불어 감으로써 위의 불길을 더욱 활활 타오르게 하
는 상(象)이라 할 수 있다.

다. 그러므로 정괘(鼎卦)☲를 이루고 있는 리괘☲는 위(位)를 올바르게 차지하고 있음을 드러내고, 손괘(巽卦)☴는 이 세상을 안정시키라는 명(命)을 견고하게 다짐[凝]을 드러내고 있다.

然五位之正, 以柔正也. 納天下於虛而自安其位, 凝其方散而未離其類, 其於命之至也, 位之康也, 受命以施命於物也, 非能大創而予以維新也. 故"中以爲實", 則所據以爲實者, 位而已矣. 據位以爲實, 夫且有擊固其位之心. 乘驅除之餘, 合萬方之散, 擊固其位以柔之道, 將无思媚愚賤, 抑法而崇惠與!

역문 그러나 이 정괘(鼎卦)☲의 올바름은 부드러움[柔; --]으로서 올바른 것이다. 그래서 이 부드러움은 이 세상을 자신의 텅 빔[虛] 속으로 받아들이고 스스로 그 위(位)에 편안해하며, 그 흩어지는 것들을 엉기게 하여 그 유(類)로부터 떠나지 않게 한다. 이러함은 명(命)을 지극하게 하는 것이고 위(位)를 평안하게 하는 것이다. 그러나 이는 그저 하늘의 명(命)을 받아서 물(物)들에게 베푸는 정도이지, 크게 개창(開倉)하고 오직 새로움[維新]을 부여할 수 있는 것은 결코 아니다. 그러므로 "중앙을 차지하여 실답다."라고 하는 것이니,[899] 근거지를 실함[實]으로 삼는 것은 위(位)일 따름이다.

위(位)에 근거하여 실함으로 삼기에 이 육오효에게는 또한 그 위(位)를 확고히 하려는 마음이 있다. 그래서 아래 손괘☴가 세상의 안정에 장애가 되는 것들을 몰아내고 제거한 이후 이를 올라타고 있으니, 육오효는 만방

---

899 이는 이 정괘☲의 구오효사 가운데 나오는 '솥의 누런색 귀(鼎黃耳)'를 그 『상전』에서 풀이하며 하는 말이다. 『상전』에서는 "'솥의 누런색 귀'는 중앙을 차지하여 실답다는 의미다.('鼎黃耳', 中以爲實也.)"라 하고 있다.

의 흩어짐을 화합하고 부드러움[柔]의 도(道)로써 그 위(位)를 확고히 하며, 어리석고 천한 이들에게 아첨하면서까지 법을 누르고 시혜를 베풀려 하는 것이로다!

夫報虐以威者, 非聖人之弘; 因俗而安者, 非聖人之正. 何也? 皆以其有位之心而據之爲實也. 則上九之以'玉鉉'相節, 擧重器以剛廉之幹, 其可已與?

역문 권위(權威)로써 잔학하게 보복하는 것은 성인의 홍대(弘大)함이 아니고, 세속을 따르며 안주하는 것은 성인의 올바름이 아니다. 어째서일까. 그 까닭은 모두, 그 위(位)를 차지하고 있다는 마음이 있고, 이를 근거로 자신이 실하다고 여기기 때문이다. 그리하여 상구효가 '옥으로 된 솥의 귀'[900]로써 서로 절제하며, 군세고 청렴한 몸으로서 중기(重器)[901]를 들어 올리고 있으니, 육오효는 이러한 마음과 생각을 그만둘 수 있을까?

且夫天位之去來, 率非有心者所得利也. 鼎五之履位以息驅除, 而顧使四'折足'而莫如何者, 豈固有也哉! 以其號召於始者, 長保於終, 則日有姑息乎邱民之事. 詘禮而伸情, 懲強而安弱, 於是天下亦有以窺其擊固之志, 而倒持逆順於鼇首. 即不然, 而長冥愚之非, 漏吞舟之桀, 亦與於'覆餗', 而否之出也无期. 故懸剛於上, 以節而擧之, 道以裁恩, 刑以佐禮, 而後輔五而授以貞. 授五以貞, 則可調氣之偏,

---

900 이 정괘䷱의 상구효사는 "옥으로 된 솥의 귀니, 크게 길하며 이롭지 않음이 없다.(鼎玉鉉, 大吉无不利.)"이다.
901 나라를 상징함.

而計民治於久遠. 數百年之恒, 一日之新也, 而後'吉无不利'矣.

역문 하늘의 위[天位]⁹⁰²에서 왔다[來] 갔다[往] 함에서 일반적으로 무엇인가에 마음을 둔 사람들은 이로움을 얻지 못한다. 정괘(鼎卦)▤의 육오효는 하늘의 위[天位]를 차지하고 있으면서, 이 괘의 정괘(貞卦)인 손괘☴가 세상을 경영하는 데서 장애가 되는 것들을 몰아내며 제거함을 그만두게 하고 있다. 그리고 구사효로 하여금 '다리가 부러지게' 하여⁹⁰³ 어쩌지도 못하게 하고 있다.

그러나 이러함이 어찌 육오효에게 본디 있는 것이겠는가! 시작할 적에 사람들의 마음이나 감정 따위를 불러일으켰다 끝날 때까지 이러함을 오래 유지하다 보면, 날마다 구민(丘民)들이⁹⁰⁴ 하는 일에서 긴장을 풀고 늘어지게 된다. 나아가 예(禮)를 강조함은 누르고 정(情)에 의한 다스림을 펴며, 강한 사람들은 징치하고 약한 사람들을 편안하게 하다 보면, 세상 사람들 또한 그가 굳은 뜻을 품고 나아감에서의 빈틈을 엿보다가, 보검을 거꾸로 쥐고 그 손잡이를 남에게 주니⁹⁰⁵ 논두렁 밭두렁에서 순리를 거스르는 일

---

902 『주역』에서 '하늘의 위[天位]'는 오효와 상효를 말한다.

903 이 정괘(鼎卦)▤의 구사효사는 "솥의 다리가 부러져서 솥이 뒤집히니 솥 속의 내용물이 엎질러짐이다. 그 모양이 젖어서 더럽다. 흉하다.(鼎折足, 覆公餗, 其形渥, 凶.)"로 되어 있다.

904 옛날 주(周)나라의 제도에서 '구(丘)'는 네 읍(邑)을 구성 단위로 하는 행정 조직이었다.(『周禮』, 「地官, 小司徒」: 九夫爲井, 四井爲邑, 四邑爲丘, 四丘爲甸, 四甸爲縣, 四縣爲都. 以任地事而令貢賦. 凡稅斂之事, 乃分地域而辨其守, 施其職而平其政.) 『한어대사전(漢語大詞典)』에서는 공자의 이름을 피휘(避諱)하기 위해 나중에는 이 '구(丘)'를 '구(邱)'로 쓰기로 했다고 한다.(『한어대사전』, '丘'자 조: 『說文·邑部』: "邱, 地名." 段玉裁注: "今制, 諱孔子名之字曰邱." 按孔子名丘, 淸雍正三年上諭, 除四書五經外, 凡遇"丘", 幷加"阝"旁爲"邱". 地名字小土山.)

905 이는 경솔하게 자신의 무기를 남에게 주었다가 도리어 그로부터 해를 당함을 뜻한다. 『전한서(前漢書)』, 「매복(梅福) 전(傳)」에 그 출전이 있다. 여기에서는 작록(爵祿)·속백(束帛)이 나라를 다스리는 초석이라는 전제에서, 이를 잘 관리할 필요가 있다는 의미로써 역

이 발생한다.[906] 혹은 그렇지 않고 무지몽매한 사람의 잘못을 키워 주다 보면, 법 그물이 헐렁헐렁하여 배를 삼키고도 남을 큰 물고기를 잡지 못하여, 걸(桀)과 같은 폭군이 '솥이 뒤집혀 솥 속의 내용물이 엎질러짐'에서 일어나서는[907] 비괘(否卦)▤▤가 상징하는 세상이 출현하여 기약 없이 지속된다.

그러므로 육오효가 상구효의 굳셈[剛]을 위에다 걸어 놓자, 그가 절제로써 들어 올리고, 도(道)에 맞게 은혜를 재단하며 형(刑)으로써 예(禮)를 보

설하고 있다. 공자의 말을 인용하며, 이를 공인(工人)들이 일을 훌륭히 해내기 위해 반드시 먼저 그 연장을 잘 갈고 닦음에 비유하고 있다. 그러나 진(秦)나라는 이와 반대로 비방하는 사람들을 그물질하여 한(漢)나라를 위해 이들을 제거해 주었고, '태아(泰阿)'라는 보검을 거꾸로 쥐고 초(楚)나라에게 그 칼자루를 쥐게 함으로써, 이들 두 나라에 의해 멸망했다는 것이다. 그리고는 그 칼자루를 절대로 잃어버리지 않을 수 있어야만, 이 세상에 비록 불순한 마음을 품은 이가 있다 하더라도 감히 그 예봉을 건드리지 못할 것이라 하고 있다.(『前漢書』, 「梅福傳」: 故爵祿束帛者, 天下之底石, 高祖所以厲世摩鈍也. 孔子曰, "工欲善其事, 必先利其器."至秦則不然, 張誹謗之罔, 以爲漢歐除, 倒持泰阿, 授楚其柄. 故誠能勿失其柄, 天下雖有不順, 莫敢觸其鋒.)

906 이는 남의 집 머슴살이를 하며 농사나 짓던 진승(陳勝, ?~B.C.209)이 반란을 일으킨 사실을 지적하는 것이다. 진승은 진(秦)나라 말기의 농민 반란군의 지도자다. 자는 섭(涉)이었다. 양성(陽城, 지금의 河南省 登封) 출신이다. 그는 어려서부터 늘 남의 집 머슴살이를 했는데, 농사일하다가 쉬는 시간이면 세상을 원망하는 일이 오래되었다. 그러던 어느 날, "진실로 우리가 부귀해지더라도 서로 잊지 말자!"라고 하였다. 함께 일하던 머슴들이 이를 비웃으며 "머슴살이하는 놈이 어떻게 부귀해진단 말이냐?"라고 쏘아붙였다. 이에 진승은 깊은 한숨을 쉬며, "아서라, 제비·참새 따위가 어찌 큰기러기·고니의 뜻을 알리오!"라 하였다고 한다. 그는 거사를 일으키며 "왕후장상에 어찌 종자가 있을쏘냐!"라는 유명한 말을 남기기도 하였다.(『史記』, 「陈涉世家」: 陳涉少時, 嘗與人傭耕, 輟耕之壟上, 悵恨久之. 曰, "苟富貴, 無相忘." 庸者笑而應曰, "爲庸耕, 何富貴也?" 陳涉太息曰, "嗟乎, 燕雀安知鴻鵠之志哉!" … 王侯將相寧有種乎!)

907 공자는 이 구사효가 상징하는 상황에 대해서 "덕은 박한데 지위는 높고, 아는 것은 적은데 꾀하는 것은 크며, 힘은 작은데 임무는 무거우면 앙화가 미치지 않음이 거의 없다. 그래서 『주역』에서는 '솥의 다리가 부러져서 솥이 뒤집히니 솥 속의 내용물이 엎질러짐이다. 그 모양이 젖어서 더럽다. 흉하다.'라고 한다. 이는 그 소임을 이겨 내지 못함을 말한 것이다. (『周易』, 「繫辭下傳」 제5장: 子曰: 德薄而位尊, 知小而謀大, 力小而任重, 鮮不及矣. 『易』曰, "鼎折足, 覆公餗, 其形渥, 凶." 言不勝其任也.)"라고 하였다.

좌한다. 이러한 뒤에라야 상구효는 육오효를 도와서 올곧음을 준다. 육오
효를 올곧음으로써 도와주면 기(氣)의 치우침을 조절할 수 있고 백성들의
안정됨이 오래 지속될 수 있도록 설계할 수 있다. 수백 년 동안 한결같이
유지됨도 하루의 새로움에 있다. 이러한 뒤에라야 '길하며 이롭지 않음이
없다'[908]라고 함이 가능해진다.

漢之新秦也, 非其固有也. 嘉勞父老, 約法三章, 柔效登而位正矣.
蕭·曹定法於上, 畫一而不可干, 而又衆建諸侯以強其輔. 故剛以節
柔, 其後一簒再簒而不可猝亡.

역문 한(漢)나라가 진(秦)나라를 새롭게 한 것은 한나라에 본디 있던 것이 아
니다. 한고조(漢高祖) 유방(劉邦; B.C.256 또는 B.C.247~B.C.195, 재위 B.C.202~
B.C.195)은 맨 먼저 패상(霸上)에 도달하여 부로(父老)[909]들이 진시황 치하에
서 당한 고초를 갸륵하게 여기며 위로하고, 약법삼장(約法三章)을 제정하
여 통치할 것을 약속하는 등, 부드러움[柔]이 효과를 발휘하여 제위에 올랐
고 위(位)가 올발랐기 때문이다.[910] 소하(蕭何; ?~B.C.193)[911]·조참(曹參; ?~

---

908 이 정괘(鼎卦)䷱의 상구효사에 나오는 말이다.
909 옛날 중국의 향촌(鄕村)에서 공공의 업무를 관리하던 사람들인데, 나이가 많고 덕망이 있
     는 사람들이 담당했다.
910 한(漢)나라 원년(B.C.206) 10월, 한고조 유방(劉邦)은 다른 제후들보다 앞서 패상(霸上; 지
     금의 산서성 동쪽에 있는 白鹿源)에 도착하여 여러 현의 부로(父老)와 호걸들을 모아 놓고
     일장 연설을 했다. 여기에서 유방은 그들이 진시황 치하에서 겪은 고초를 갸륵하게 여기며
     위로하고, 진나라 법은 다 폐기하며 약법삼장(約法三章)으로써 관중(關中) 땅을 다스릴 것
     을 약속했다. 약법삼방은 겨우 99개의 글자로 이루어진 것으로서, 살인자는 사형에 처하
     고, 남에게 상해를 입힌 자나 도적질을 한 자는 상응한 처벌을 받는다는 것을 주요한 내용
     으로 하고 있다.(『史記』,「漢高祖本紀」: 漢元年十月, 沛公兵遂先諸侯至霸上召諸縣父老豪
     傑曰, "父老苦秦苛法久矣, 誹謗者族, 偶語者棄市. 吾與諸侯約, 先入關者王之. 吾當王關中.
     與父老約法三章耳: 殺人者死, 傷人及盜抵罪. 余悉除去秦法. 諸吏人皆案堵如故. 凡吾所以

B.C.190)[912]이 위에서 법을 제정하여서는, 한 획(畫)도 간여할 수 없었고 또 제후들을 세워서 그에 대한 도움을 강화했기 때문이다. 그러므로 굳셈[剛]으로써 부드러움[柔]을 절제(節制)하였으니, 그 뒤로 한 번 찬탈이 있고 또 찬탈이 있었으나 졸연(猝然)히 망하지 않을 수 있었던 것이다.

宋之新五代也, 非其固有也. 竊竊然其懷寶, 沾沾然其弄飴. 趙普之徒, 早作夜思以進擊固之術, 解刑網, 釋兵權, 率欲媚天下而弱其骨. 故以柔濟柔而无節, 淪散尫仆, 一奪於女直, 再奪於韃靼, 而亡亦熸矣.

역문 송나라가 오대(五代)를 대체하여 중원을 새롭게 한 것도 그들에게 본디 있던 것이 아니었다. 남모르게 보배를 숨기고서 득의만면하여 먹잇감을

來, 爲父老除害, 非有所侵暴, 無恐! 吾所以還軍霸上, 待諸侯至而定約束耳. 乃使人與秦吏行縣鄕邑, 告諭之. 秦人大喜, 爭持牛羊酒食獻饗軍士. 沛公又讓不受, 曰: "倉粟多, 非乏, 不欲費人." 人又益喜, 唯恐沛公不爲秦王.)

911 소하는 한(漢)나라 초기의 승상, 정치가다. 그는 한신(韓信; ?~B.C.196), 장량(張良; 약 B.C.250~B.C.186)과 함께 '한초삼걸(漢初三傑)'로 불릴 만큼, 유방이 한나라를 건립하고 통치의 기틀을 닦는 데서 결정적인 역할을 하였다. 그 공으로 찬후(酇侯)에 봉해졌다. 시호는 문종(文終)이다.

912 조참은 한나라 초기의 유명한 장군으로서, 소하를 이어 한나라 제2대 상국(相國)을 지냈다. 조참은 유방의 군대가 진(秦)나라를 무너뜨리고 초한(楚漢) 전쟁에서 한나라가 승리하는 데서 혁혁한 공을 세웠다. 그는 몸의 70곳에 부상을 입고서도 두 개의 나라를 공격하여 122개 현을 빼앗은 전공을 올리기도 하였다. 이러한 공으로 조참은 평양후(平陽侯)에 봉해졌다.

  조참의 전공은 비록 이렇게 높았지만, 논공행상할 때는 소하에 미치지 못하는 것으로 평가받았다. 그래서 소하가 먼저 상국에 추천받았고, 그가 물러나자 그의 후임으로서 그를 계승하여 충실하게 임무를 수행해 냈다. 조참은 소하와의 관계가 썩 좋지는 않았다. 그러나 그는 전임자 소하가 제정해 놓은 제도를 그대로 받아들이며, 여전히 황로도가(黃老道家) 사상에 입각한 무위의 통치를 이어 갔다. 그리하여 한나라 초기, 천하는 비로소 안정되었다. 그래서 사람들은 "소하는 규정하고 조참은 따랐다[蕭規曹隨]."라고 한다.

희롱한 것일 뿐이다.[913] 조보(趙普; 922~992)[914]의 무리가 아침 일찍부터 밤

---

913 후주의 세종이 죽고 겨우 7세에 황위를 계승한 공제(恭帝)를 먹잇감 가지고 놀 듯 가지고
     놀다가 결국은 뒤집어엎고 송나라를 세웠다는 것이다.

914 조보는 북송 초기의 재상이다. 그는 진교병변(陳橋兵變; 960)에서 활약하여 조광윤(趙匡
     胤; 927~976, 宋 太祖, 재위 960~976)이 제위에 오르는 데 일조한 송나라의 개국공신이다.
     이 진교병변은 후주(後周)의 금군(禁軍)들이 조광윤을 황제로 옹립한 사건이다. 이로 말미
     암아서 5대 10국의 시대는 마감하고 중원은 송나라의 통일 왕조로 들어갔다. 조보는 이후
     에 금군 장수들의 병권(兵權)을 해체하는 모의에 참여하여, 그들의 병권(兵權)을 박탈하고
     전곡(錢穀)을 제한하며 그들에게 속한 정병(精兵)을 거두어들여야 한다는 안을 제출하여
     시행하게 하였다.
       조보는 송의 2대 황제 태종이 아직 태조의 동생 신분일 적에는 그와 사이가 좋지 않았다.
     이 태종은 궁내 환관들과 작당하여 태조를 암살하고 황위(皇位)에 올랐다는 의심을 받는
     인물이다. 그런데 조보가 태조·태종(939~997, 재위 976~997)의 생모인 두태후(杜太后)
     의 임종(961)에 참여하여 그 유훈을 받아 적어 금궤에 보관하였다는 '금궤지맹(金匱之盟)'
     이 결정적으로 태종 즉위에 합법성과 정당성을 부여하였다. 그 내용은, 자신들이 뒤집어엎
     고 개국한 후주(後周)의 멸망 원인이 부왕이 죽고 태자(恭帝; 아버지 世宗이 죽었을 때 그
     의 나이 7살이었다.]가 너무 어린 데 있다고 보고, 송의 태조가 죽은 뒤에는 두태후 자신의
     후손들 가운데 가장 나이가 많은 사람이 황위(皇位)를 계승하여야만 후주의 전철을 밟지
     않고 송조의 기틀이 탄탄해진다는 점에서, 나이 많은 이에게 황위를 계승하게 할 것을 태
     조에게 맹세케 한 것이다. 그리고 이 유지(遺旨)를 금궤에 보관하였다. 그리하여 실제로
     태조가 죽었을 때 가장 나이 많은 사람은 태종이었으므로, 이 '금궤지맹'이 그 계위(繼位)의
     정당성을 확보해 주었다.
       '금궤지맹'의 진위 여부에 대해서는 오늘날까지도 논란이 분분하다. 태종과 조보가 짜고
     위조했을 개연성이 높다는 것이다. 죽을 당시 겨우 50세이던 태조가 동생인 태종과 단둘이
     술을 마시고 놀다가 급서했다는 사실[이는 '촉영부성(燭影斧聲)'이라는 4자성어로 전해진
     다.]과 연계하면 그 개연성은 더욱 짙어진다.
       태종이 즉위한 뒤, 조보는 그를 도와서 황권을 안정시키는 데 크게 기여하며 두 번이나
     재상 자리에 올랐다. 이처럼 조보는 송나라 개국 초기 왕조의 기틀을 탄탄하게 닦는 데서
     큰 공을 세웠다는 이유로 송나라의 소훈각(昭勳閣) 24공신(功臣) 중에서도 으뜸으로 꼽
     힌다.
       왕부지는 그의 저서 『송론(宋論)』, 「태종(太宗)」 조에서 특별히 '조보의 간악함[趙普之
     姦]'이라는 절을 할애하여 그를 비판하고 있다. 특히 태종이 정권을 장악하고 그 동생들과
     태조의 소생들을 매몰차게 죽음으로 내몬 데는 조보의 간악한 유도가 큰 역할을 했다고 한
     다. 사람을 유도하여 천륜으로 맺어진 사람들을 살해하게 함이 얼마나 악독한 짓인데, 더
     구나 인주(人主; 太宗)로 하여금 이러한 짓을 하게 유도했다는 것은 불인(不仁)의 극치며
     감히 할 수 없고 차마 해서는 안 될 짓을 한 것이라 하고 있다.(試取普之終始而衡之, … 導
     人以戕殺其天倫者爲何等事, 而敢於人主之前, 無憚於心, 無疑於口: 非至不仁者, 誰敢爲之

늦게까지 머리를 굴려 가며 왕조를 공고히 하는 술책을 올리고, 백성들에게 들씌우는 형(刑)의 그물을 해체하며, 장수들의 병권을 해체하였으니, 경솔하게 세상 사람들의 환심을 사려다가 나라의 뼈대를 허약하게 하였다. 그러므로 부드러움[柔]으로써 부드러움을 구제하되 절제함이 없었으니, 산산히 흩어지며 절름발이처럼 납작 업드려, 한 번은 여진족에게 빼앗기고,[915] 또 한 번은 몽골에게 빼앗겼으니, 그 망함도 바람 앞에 촛불이 꺼지듯 허망하기 그지없었다.

嗚呼! 柔之爲道, 止驅除而新命, 得則爲周, 失則爲宋. 剛之爲道, 納之柔世而卒難合也, 而全則爲商, 不節亦不失爲漢. 后之正位而維新者抑務有以擧斯重器, 无利天位之實, 而沾沾然唯擎固之爲圖也哉!

역문 오호라, 부드러움[柔]이 행하는 도(道)를 보면, 몰아내고 제거함을 그치게 하며 천명을 새롭게 하니, 이를 잘 활용하면[得] 주(周)나라가 되고, 잘못 활용하면[失] 송나라가 된다. 이에 비해 군셈[剛]이 행하는 도를 보면, 부드러움[柔]이 지배하는 세상에 들어가서도 끝내 합치하기 어려우니, 이를 잘 절제하면[916] 상(想)나라가 되고, 절제하지는 못하더라도 잘못 활용하지만

而誰忍爲之乎?)

915 1125년에서 1127년까지 여진족의 나라 금(金)에게 송나라의 수도 변량(汴梁; 오늘날의 하남성 開封市)이 함락당하고, 당시 황제 흠종과 태상황 휘종을 포함한 황족들, 후비(后妃)와 관리 및 10만이 넘는 민간인들이 포로로 잡혀간 사건을 말한다. 송나라 입장에서는 치욕이기에 이를 '정강지치(靖康之恥)'라 부른다. 이 사건으로 말미암아 북송은 망하고 이 지역은 금나라의 수중에 들어갔다. 흠종의 동생 고종이 양자강을 건너 도망쳐 새로 나라를 세워 '남송'이라는 이름으로 명맥을 이어 가게 되었다.

916 이곳이 이 판본에는 '全(전; 온전히 함)'으로 되어 있으나, 수유경서옥(守遺經書屋) 본이나 금릉(金陵) 본, 중화서국 본 등에는 모두 '節(절)'자로 되어 있다고 이 판본의 각주에서 교

않으면 한(漢)나라가 된다. 뒤에 위(位)를 올바르게 하며 명(命)을 오직 새롭게 한 이는 있음[有]에 힘쓰면서 이 중기(重器; 나라)를 들고 있으니, 하늘의 위[天位]의 실함에는 이롭지 않다고 하더라도 자득하며 오직 견고하게 끌고 감을 도모함이라 할 것이로다!

감하고 있다. 역자의 입장에서도, 뒤의 '不節亦不失'과 대구가 되려면 '節'로 보는 것이 더 합당하다고 본다.

진괘

☳震

天下亦變矣. 變而非能改其常, 則必有以爲之主. 无主則不足與始,
无主則不足與繼, 豈惟家之有宗廟, 國之有社稷哉! 離乎陰陽未交
之始以爲主, 別建乎杳冥恍惚之影, 物外之散士, 不足以君中國也.
乘乎陰陽微動之際以擇主, 巧迓之輕重靜躁之機, 小宗之支子, 不足
以承宗祧也. 故天下亦變矣, 所以變者亦常矣. 相生相息而皆其常,
相延相代而无有非變. 故純乾純坤, 无時有也. 有純乾之時, 則形何
以復凝? 有純坤之時, 則象何以復昭? 且其時之空洞而晦冥矣, 復何
從而紀之哉? 夏至之純陽非无陰, 冬至之純陰非无陽. 黃壚青天, 用
隱而體不隱. 賈生欲以至前一日當之, 其亦陋矣. 純乾純坤, 終无其
時, 則即有杳冥恍惚之精, 亦因乎至變, 相保以固其貞, 而終不可謂
之'杳冥'恍惚'也. 且輕重·靜躁, 迭相爲君, 亦无不倡而先和, 而終
不可謂'靜爲躁君'也.

역문 이 세상에는 역시 변함[變]이 있다. 변하지만 그 한결같음[常]을 바꿀 수
없으니, 반드시 이를 주재하는 것[主]이 있다. 이 주재하는 것이 없다면 더
불어서 시작할 수가 없고, 또 변함[變]이 이어 갈 수가 없다. 이것이 어찌

오직 가문에 종묘가 있음과 나라에 사직이 있음에만 해당하랴!

음·양이 채 사귀지도 않은 시작에서 벗어나 있는 것을 주재자로 삼고, 묘명(杳冥)[917]·황홀(恍惚)[918]의 그림자에다 주재하는 것을 따로 세우는 물외(物外)의 산사(散士)[919]들로서는 중국의 군주가 될 수 없다. 그런가 하면 음·양이 미묘하게 움직이는 즈음에 올라타서 주재자를 택하고,[920] 경(輕)과 중(重), 정(靜)과 조(躁)로써 돌아가는 세상 변화의 체제[機]를 약삭빠르게 맞이하는 소종(小宗)의 지자(支子)들은 종묘를 받들 수가 없다. 그러므로 우리가 살아가는 세상 또한 변하는데, 이렇게 변하도록 주재하는 이 역시 한결같다[常]. 서로 살리고 서로 죽이며 모두 한결같고[常], 서로 늘여 나아가고 서로 대체하는 것에 변하지 않는 것이란 없다.

그러므로 순수한 건▦·순수한 곤▦에 해당하는 특수한 때[時]는 없다. 그렇지 않고 만약에 순수한 건▦에 해당하는 특수한 때가 있다고 할 것 같으면 형(形)들이 어찌 다시 엉길[凝] 것이며, 순수한 곤▦에 해당하는 특수한 때가 있다고 할 것 같으면 상(象)들이 어찌 다시 밝게 드러나겠는가?[921]

---

917 인간의 감각과 사려에서 벗어난 것이기에 어둠침침하고 아득하다고밖에 말할 수 없음을 의미한다. 『노자』에서 강조하는 말이다.

918 있는 듯 없는 듯 미묘하여 헤아려 알기 어려움을 의미한다. 이 역시 『노자』에서 강조하는 말이다.

919 노자는 유가에서 사람 세상을 잘 이루고 이끌어 가기 위해 요청하는 예(禮)를 반대한다. 그러므로 유가에서 가치 있다고 말하는 것이나, 통치 제도 등은 모두 거부한다. '물외(物外)'라는 말은 물(物)들을 도외시한다는 의미인데, 노자를 신봉하는 도가에서는 자연히 이러한 쪽으로 나아갈 수밖에 없다. 그리고 이들은 사람 세상의 통치 체제에 가담하지 않고 살아가기에 당연히 '산사(散士)'가 될 수밖에 없다.

920 음·양의 변화가 막 갈리는 미묘한 즈음을 잘 살펴서 자기에게 유리한 쪽에 붙어 행동하며 살아간다는 의미다. 여기에는 인의 도덕과 대의명분에 입각하여 살아가지 않고 술수가들에 의존하여 살아감을 비판하는 의미가 담겨 있다.

921 순수한 건▦, 순수한 곤▦이라면 각기 자체만으로 완결되어 있어서 서로 사귀려 들지 않을 것이니, 순수한 건▦에서는 순수한 곤▦의 작용인 형(形)들의 엉김이 나올 수 없고, 순수한

그뿐만 아니라 이들의 때[時]라 하는 것도 알맹이 없이 그저 텅 비어서 어둡기만 할 것이니, 다시 어디로부터 이 세상의 기원을 열 것인가?

하지의 순양(純陽)이라 해서 음이 없는 것이 아니고, 동지의 순음(純陰)이라 해서 양이 없는 것이 아니다. 황로(黃墟)·청천(靑天)에서 현상들[用]은 은밀하여 드러나지 않지만, 그 본체[體; 주재자]는 결코 은밀하지 않다. 가의(賈誼; B.C.200~B.C.168)[922]는 하지·동지의 하루 전날을 이에 배당하려하는데, 내가 보기에 이는 역시 고루(固陋)한 설이다. 순수한 건▤·순수한 곤▤에 해당하는 특수한 때[時]는 결코 없기 때문이다.

묘명(杳冥)·황홀(恍惚)의 정(精)이라 하는 것들도 지극한 변함으로 말미암아 있는 것들이고, 서로 보위(保衛)하여서 각기 그 올곧음을 견고히 하는 것이다. 그래서 끝내 이들을 '묘명(杳冥)'·'황홀(恍惚)'이라 할 수는 없을 것이다. 그뿐만 아니라 경(輕)과 중(重), 정(靜)과 조(躁)는 서로 번갈아 가며 이 세상을 통제하니, 또한 창도(唱導)하지 않는데도 먼저 나서서 화답(和答)함이란 없다. 그러므로 끝내 "고요함은 바스댐[움직임]을 통제하는 존재다."[923]라 할 수 없다.

嘗近取而驗之. 人之有心, 晝夜用而不息. 雖人欲雜動, 而所資以見

곤▤에서는 순수한 건▤의 작용인 상(象)의 밝음이 나올 수 없다는 것이다.

922 악록서사 본에는 이 동중서가 가생(賈生)으로 되어 있다. 그런데 『왕선산『주역외전』전소(王船山『周易外傳』箋疏)』를 쓴 구지밍(谷繼明)은 이에 대한 주소(註疏)에서, 이는 '가생(賈生)'이 아닌 '동생(董生)'이라고 해야 맞는다고 한다. 구지밍이 든 전거는, 첫째 가생의 저술인 『가의집(賈誼集)』에 관련 구절이 없다는 것, 둘째 왕부지가 다른 곳에서는 이를 동중서의 설로 소개하고 있는데, 『주역내전』의 림괘▤ 풀이와 『장자정몽주(張子正蒙注)』의 「대역(大易)」편 풀이가 그것이라는 것이다. 역자는 이 구지밍의 설에 동의한다. 다만 원문을 중시하여 이곳에서는 그대로 '가의'라 번역한다.

923 『노자』제26장에 나오는 말이다.

天理者, 舍此心而奚主! 其不用而靜且輕, 則窹寐之頃是也. 旦晝之
所爲, 其非窹寐之所得主, 明矣. 寐而有夢, 則皆其荒唐辟謬而不可
據. 今有人焉, 據所夢者以爲適從, 則豈不僪乎!

역문 이를 우리의 가까운 데에서 취하여 징험해 보겠다. 사람에게는 마음이
있어서 밤낮으로 작용하면서 쉼이 없다. 비록 여기에 인욕(人欲)이 뒤섞여
서 움직이기는 한다지만, 바탕이 되어 천리(天理)를 드러내는 것은 이 마음
이 아니고서는 어떻게 주재하랴! 이 마음이 작용하지 않고 고요하며 가벼
운 것은, 깊은 잠에 빠졌을 때 그러하다. 그렇지 않고 아침 일찍부터 낮 동
안 하는 일에서는, 깊은 잠에 빠져 작용하지 않던 것이 주인 노릇을 할 수
없다는 것은 명확하다. 잠을 자면서 꾼 꿈에 있었던 일이라면 모두 황당하
여 의거할 수가 없다. 지금 누군가 꿈에 있었던 것에 의거하며 좇아가야
할 것으로 여긴다면, 어찌 뒤집힌 것이 아니라 하랴!

彼徒曰, "言出於不言, 行出於不行", 而以是爲言行之主. 夫不言者
在方言・不行者在方行之際, 則口與足之以意爲主者也. 故"意誠而
后心正", 居動以治靜也. 而苟以不言不行爲所自出也, 則所出者待
之矣. 是人之將言, 必默然良久而後有音; 其將行也, 必嶷立經時而
後能步矣. 此人也, 必斷續安排之久, 如痎瘧之間日而發也, 豈天地
之正, 而人之純粹以精者哉!

역문 저 도가의 무리는 "말은 말하지 않음에서 나오고, 행동은 행동하지 않음
에서 나온다."라고 하면서, 말하지 않음・행동하지 않음이 말과 행동의 주
재자라 여긴다. 그러나 말하지 않음은 말하는 즈음에 있고, 행동하지 않음

은 행동하는 즈음에 있으니, 입과 발은 우리의 의(意)를 주재자로 삼는다. 그러므로 "의(意)가 정성스러운 뒤에 마음이 올발라진다."[924]고 하는 것이니, 움직임[動]에서 고요함[靜]을 다스리는 것이다.

그렇지 않고 진실로 말하지 않음·행동하지 않음이 저절로 나오는 것이라면, 나오는 것들은 이들에 의지할 것이다. 이러하다면, 사람이 말하려할 적에 반드시 침묵하다가 일정 시간이 흐른 뒤에 발음이 나오고, 행동하려 할 때도 반드시 우뚝 서 있다가 어느 정도 시간이 흐른 뒤에 발걸음을 옮길 수 있다는 의미가 된다. 이러한 사람이라면 반드시 끊어졌다 이어졌다 하며 안배함에 일정한 시간을 요하니, 마치 학질이 하루 이틀 사이를 두었다가 발작하는 것과 같을 것이다. 어찌 하늘·땅의 올바름이, 그리고 사람의 순수한 정(精)이 이러하겠는가!

夫理以充氣, 而氣以充理. 理氣交充而互相持, 和而相守以爲之精,
則所以爲主者在焉. 而抑氣之躁, 求理之靜, 如越人薰王子而強之
爲君, 日不言不行, 言行之所出也. 今瘖者非无不言, 而終不能言;
痿者非无不行, 而終不能行; 彼理具而氣不至也. 由是觀之, 動者不
藉於靜, 不亦諗乎!

역문 리(理)는 기(氣)를 채워 주고, 기는 리를 채워 준다. 이처럼 리와 기는 사귀면서 채워 주고 서로 지탱해 줄 뿐만 아니라 화합하면서 서로 지켜 줌으로써 정(精)을 이룬다. 주재함도 바로 이러한 속에 존재한다. 그렇지 않고 기의 바스댐[躁]은 리의 고요함[靜]을 구한다고 할 것 같으면, 이는 마치 월나라 사람들이, 왕자(王子) 수(搜; ?~?)가 임금이 되는 것이 두려워서 동굴로

---

924 『대학』에 나오는 말이다.

숨어 들어가서 나오지를 않자, 쑥을 태워 연기를 내서 어쩔 수 없이 나오는 왕자를 옥여(玉輿)로 태워 모셔가 억지로 임금을 시키면서,[925] "말하지 않음·행동하지 않음에서 말과 행동이 나온다."라고 말하는 것과 같다. 언어장애인에게 말하지 않음이 없는 것은 아니지만 끝내 말을 할 수 없고, 보행장애인에게 가지 못함이 없는 것이 아니지만 끝내 갈 수가 없다. 이들에게도 리는 갖추어져 있지만 기가 이를 따라 주지 않기 때문이다. 이를 근거로 보면, 움직임이 고요함[靜]에 의지하지 않는다는 것을 또한 알려 주고 있지 않은가!

---

925 여기에서 말하는 '왕자 수'는 『장자』와 『여씨춘추』에서 부른 칭호다. 월(越)나라 임금 착지(錯枝)를 가리킨다. 또는 '부착지(孚錯枝)'라고도 부른다. 월나라 왕 예(翳) 때에 이르면 월나라의 국력은 이미 시들고 있었다. 그래서 예왕 33년(B.C.378)에는 제나라·초나라의 압박을 견디지 못해 수도를 낭야(琅邪)에서 오(吳; 지금의 蘇州)로 옮겼다. 월나라 남쪽 지역에 대한 통치나마 제대로 하기 위해서였다. 착지는 이 예왕의 아들이다.

그 3년 뒤(B.C.375) 예왕(翳王)의 동생[豫]이 왕위를 노리고 모반해서 태자 저구(諸咎; ?~B.C.375)의 세 동생을 죽이고, 예왕에게 태자 저구도 죽이라고 핍박하였다. 예왕은 이를 받아들이지 않았다. 이해 7월 저구가 군대를 동원하여 예왕의 동생 예(豫)를 몰아내고, 내친김에 왕궁을 포위하여 아버지 예왕도 살해하고 자신이 왕위에 올랐다. 그리고 3개월 뒤인 이해 10월 월왕 저구는 월나라 사람들에게 피살되었다.

그런데 월나라의 내란으로 말미암아 3명의 왕, 즉 불수(不壽; ?~B.C.448, 재위 B.C.457~B.C.448), 예(翳), 저구(諸咎) 등이 피살되는 것을 본 왕자 수(搜)는 자신도 살해당할까 봐 겁이 나서 단지(丹地)로 도망가 버렸다. 경대부(卿大夫) 사구(寺區)가 내란을 수습하고는 이 왕자 수에게 월나라 임금으로 즉위할 것을 요청하였다. 그러나 트라우마를 극복하지 못한 왕자 수는 동굴 속으로 숨어 들어가서 나오려고 하지 않았다. 그러자 월나라 사람들이 쑥을 태워 연기를 내서 동굴 안으로 들여보냈다. 이에 숨을 쉴 수 없게 된 왕자 수는 할 수 없이 밖으로 나왔고, 사람들은 그를 재빨리 옥여(玉輿)에 태워 대궐로 모시고 왔다. 『장자』에서는 왕자 수가 이렇게 한사코 임금의 자리에 오르는 것을 반대한 이유로서 그 자리가 생명을 해친다[傷生]고 보고 있다.(『莊子』, 「讓王」: 越人三世弑其君, 王子搜患之, 逃乎丹穴. 而越國無君, 求王子搜不得, 從之丹穴. 王子搜不肯出, 越人薰之以艾, 乘以玉輿. 王子搜援綏登車, 仰天而呼曰, "君乎君乎! 獨不可以舍我乎!" 王子搜非惡爲君也, 惡爲君之患也. 若王子搜者, 可謂不以國傷生矣, 此固越人之所欲得爲君也.) 이렇게 해서 겨우 임금의 자리에 오르기는 했지만 견디지 못하는 그를 보고서, 경대부 사구는 이듬해 무여(無餘)를 월나라의 임금으로 옹립하고는 수를 왕위에서 해방해 주었다.

夫才以用而日生, 思以引而不竭. 江河无積水, 而百川相因以注之.
止水之窪, 九夏之方熯而已涸也. 今日其始立也, 則杳冥恍惚以爲
眞也, 其方感也, 則靜且輕者以爲根也, 是禹之抑洪水, 周公之兼夷
驅獸, 孔子之作『春秋』, 日動以負重, 將且紛膠瞽亂, 而言行交詘;
而飽食終日之徒, 使之窮物理, 應事機, 抑將智力沛發而不衰. 是圈
豕賢於人, 而頑石·飛蟲賢於圈豕也, 則可不謂至誣也乎! 故不行者
亦出於行, 不言者亦出於言, 互相爲出, 均不可執之爲主.

역문 사람의 재질은 써도 날로 생기고, 생각은 끌어내도 고갈하지 않는다. 강
하는 물을 쌓아 두지 않는데, 모든 개울은 이리로 물길이 닿아서 물을 흘
려보낸다. 이에 비해 멈춰 있는 물을 담고 있는 웅덩이는 여름철 90일 동
안 뙤약볕이 내리쬐어서는 벌써 말라 버린다.

지금 도가는 말하기를 우리의 세상을 맨 처음 세우는 것이라면 묘명·
황홀이야말로 참된 것이라 여기고, 이것들이 감응함[動且重者]에는 고요하
고 가벼움[靜且輕者]이 그 뿌리가 된다고 한다. 그렇다고 하더라도 우임금
이 홍수를 통제하고, 주공이 다른 민족들을 포용하고 맹수들을 몰아낸 것,
공자가 『춘추』를 지은 것 등은 날마다 움직이면서 막중한 임무를 다한 것
이다. 이렇게 하였더라도, 장차 어그러지고 교착되며 혼란에 빠지면, 우리
는 말과 행동이 엇갈리며 행함에서 꿀리게 될 것이다.

그런가 하면 온종일 배불리 먹기만 하는 무리에게 물(物)들의 이치를 궁
구하게 하고 일들의 되어 나아가는 체제에 맞추어서 해 나아가도록 한다
면, 그들의 지력(智力)도 세차게 솟아나며 감쇠(減衰)하지 않을 것이다. 그
렇다고 해서 우리 속의 돼지가 사람보다 똑똑하다고 하고, 돌멩이·날벌
레 등이 우리 속의 돼지보다 똑똑하다고 한다면, 지극히 속이는 것이라 말

하지 않을 수 있을까! 그러므로 행하지 않음도 행함에서 나오고, 말하지 않음도 말함에서 나온다. 이렇게 서로에게서 나오므로 둘 다 주재하는 것으로서 고집할 수가 없다.

自其爲之主以始者帝也, 其充而相持·和而相守者是也; 非離陰陽, 而異乎夢寐. 自其爲之主以繼者震也, 其氣動以充理而使重者是也; 非以陰爲體以聽陽之乘去, 而異乎瘖痿. 帝者始, 震者繼, 故曰, "帝出乎震" 又曰, "出可以守宗廟社稷, 以爲祭主"

역문 스스로 주재자가 되어서 우리의 세상을 비롯하게 하는 이는 상제(上帝)다. 그는 날마다 채워서 서로 지탱하도록 하고, 화합하여 서로 지켜 주도록 하는 존재다. 이 상제는 음·양으로부터 벗어나 있는 존재가 아니고, 자면서 꾸는 꿈과도 다르다. 그런가 하면, 스스로 주재자가 되어서 상제가 한 일을 이어 가는 이는 진괘☳가 상징하는 존재다. 이 진괘☳가 상징하는 존재는 기(氣)가 움직이면서 리(理)를 채워서 무거운 것[926]이 되도록 하는 존재인데, 음(陰)이 본체로서 양(陽)이 타고 가도록 하는 것도 아니고 언어장애인·보행장애인과도 다르다.

상제는 비롯하게 하고, 진괘☳가 상징하는 존재는 상제가 한 일을 이어 간다. 그러므로 "상제(上帝)가 진괘(震卦)에서 나온다."[927]라 하고, 또 "이러

---

926 여기에서 말하는 '무거운 것[重者]'은, 도가에서 이 세상을 비롯하게 하는 것이 '고요하고 가벼운 것[靜且輕者]'라 했던 것과 대(對)가 되는 말이다. '고요하고 가벼운 것'이 본체라면, '움직이고 무거운 것[動且重者]'은 그 현상이라 할 수 있다.

927 『주역』의 『설괘전』 제6장에 나오는 말이다. 여기에서 '상제(上帝)'라 한 것은 이 세상의 주재자를 의미한다. '하느님'이라고도 번역할 수 있다. 그런데 이 '상제'에 대해 오늘날 학자들 가운데는 대자연의 생명력을 주재하는 원기(元氣)로 해석하기도 한다. 그래서 이 구절을 "대자연의 생명력을 주재하는 원기가 만물을 진괘☳(동쪽과 춘분을 상징함)에서 생겨

한 마음이 나와서는 종묘와 사직을 잘 지켜 임금 노릇을 제대로 할 수 있으니, 쾌주가 된다."[928]라고 한다.

尸長子之責, 承宗社之大, 蓋其體則承帝而不偏承乎陰陽, 其用則承乾而不承坤. 何也? 坤已凝而陽生, 則復是已, 是人事之往來也. 未成乎'坤'而陽先起, 則震是已, 是天機之生息也. 復爲人事之改圖, 故屢進而益長; 震爲天機之先動, 故再'震'而遂泥. 帝不容已於出, 而出卽可以爲帝, 故言不言, 行不行, 動靜互涵, 以爲萬變之宗. 帝不容已於出, 故君在而太子建, 出卽可以爲帝, 故君終而嗣子立. 受命於帝而承祚於乾, 故子繼父而不繼母; 理氣互充於始而氣以輔理於繼, 故動可以爲君而出可以爲守. 借曰'坤'立而陽始生以爲'震', 因推'坤'以先'震', 立靜以君躁, 則果有純'坤'之一時也. 有純'坤'之一時, 抑有純乾之一時, 則將有未有'乾'·未有'坤'之一時, 而異端之說, 由此其昌矣.

역문 맏아들이 책무를 맡음, 종묘·사직의 큼을 받듦에 대해서 보자. 이들에서 본체[體]는 상제를 받들며 음·양의 어느 한쪽으로 치우치지 않게 받듦이고, 그 작용[用]은 건괘☰가 상징하는 것을 받들고 곤괘☷가 상징하는 것을 받들지 않음이다. 왜 그럴까. 곤괘☷는 이미 엉겼음[凝]을 상징하고 양(一)이 생겨남에 대해서는 복괘☲가 상징할 따름이기 때문이다. 이 복괘☲는 사람의 일[人事]이 왔다[來] 갔다[往] 함을 드러내는 괘다. 그리고 아직 곤

나오게 한다.[黃壽祺·張善文 主編, 『周易譯註』, 上海, 上海古籍出版社: 主宰大自然生機的元氣使萬物出生於(象徵東方和春分的)震.]"로 번역한다.

928 『주역』, 진괘(震卦)☳의 『단전』에 나오는 말이다.

괘☷가 이루어지지 않은 상황에서 양(─)이 먼저 일어나면 진괘☳가 이를 상징할 따름이다. 이 진괘☳는 하늘의 운행 체제[天機]가 생겨나고 소생함을 상징한다. 복괘䷗는 사람의 일[人事]이 바뀌는 그림을 보여 주고 있다. 그러므로 자주 나아갈수록 더욱 자라난다. 이에 비해 진괘☳는 하늘의 운행 체제[天機]에서 먼저 움직임을 보여 주고 있다. 그러므로 진괘☳의 진동함을 거듭해서는 마침내 진흙 수렁에 빠진다.[929]

상제는 출현하지 않을 수 없고, 출현해서는 곧 제왕이 될 수 있다. 그러므로 상제는 말함이든 말하지 않음이든, 행함이든 행하지 않음이든, 움직임[動]이든 고요함[靜]이든, 다 함유하며 온갖 변화의 마루[宗]가 된다. 이처럼 상제는 출현하지 않을 수 없으므로 임금이 존재하는 것이고 태자를 세우는 것이다. 또 출현해서는 곧 제왕이 될 수 있으므로, 하나의 임금이 생을 마치면 사자(嗣子)가 대를 잇는다. 상제에게 명(命)을 받고 건괘䷀가 상징함에서 임금의 자리를 계승한다. 그러므로 아들은 아버지를 잇는 것이지 어머니를 잇지는 않는다.

리(理)와 기(氣)는 이 세계와 만물이 비롯함에서 서로 채워 주지만, 이를 계승함에서는 기(氣)가 리(理)를 돕는다. 그러므로 움직여서는 임금이 될 수 있고, 출현하여서는 지킬 수가 있다. 그렇지만 가령 곤괘☷가 상징하는 상황인데 양(─)이 처음으로 생겨서 진괘☳가 상징하는 상황이 된다고 하더라도, 진괘☳의 상황에 앞서서 이 곤괘☷의 상황을 밀어내자고 하면 고요함[靜]을 세워서 바스댐[躁]을 다스려야 한다고 말할 수도 있을 것이다.

---

929 이는 진괘(震卦)䷲의 구사효를 가리키는 것이다. 그 효사는, "진동함이 마침내 진흙 수렁에 빠짐이다.(震遂泥.)"로 되어 있다. 이 진괘(震卦)䷲의 초효든 4효든 모두 양(─)으로서, 곤괘䷁가 상징하는 음(──)들 속에서 먼저 움직임을 상징하고 있다. 다만 이 양(─)의 움직임은 여섯 효에서 누적·점진적으로 이루어지는 것이 아니라 진괘☳의 누적으로 이루어진다. 하늘의 운행 체제[天機]에서 먼저 움직임[先動]을 상징하기 때문이다.

그렇다면 과연 순수한 곤괘☷의 상황이 한때나마 있다고 할 것이다. 그래서 순수한 곤괘☷의 상황이 한때나마 있고, 순수한 건괘☰의 상황이 한때나마 있다고 할 것 같으면, 장차 아직 건괘☰의 상황도 없고 곤괘☷의 상황도 없는 한때가 있을 것이다. 이단의 설이 바로 이를 근거로 해서 퍼지게 된 것이다.

是故以序則'震'爲'乾'之長子, 而不生於陰; 以位則居寅卯之交, 春不繼冬, 木不承土, 陽以建春, 春以肇歲, '震'承'乾'而'乾'生於'震'. '震'之出於帝, 且與'乾'互建其功而无待於'乾', 奚況於'坤'之非統而何所待哉! 是故始之爲體, 則理氣均; 繼之爲用, 則氣倍爲功而出即爲守. 氣倍爲功, 則動貴; 出即爲守, 則靜不足以自堅矣. 建主以應變者, 尚无自喪其匕鬯夫!

역문 그러므로 생겨 나오는 순서로 보면 진괘☳가 건괘☰의 맏아들인데, 음에서 생기지 않는다. 방위로 보면 인(寅)과 묘(卯)가 교접하는 곳에 자리 잡고 있는데,[930] 봄은 겨울을 계승하지 않고, 목(木)은 토(土)를 계승하지 않으며,[931] 양이 봄을 세우고 봄은 한 해를 시작한다. 진괘☳는 건괘☰를 계승

---

930 이에 대해서는 팔괘를 천간(天干) · 지지(地支)에 배당한 다음 그림을 보면 참고가 될 것이다.

931 위 주의 그림을 보면 진괘☳는 인(寅)과 묘(卯)가 교접하는 데 자리 잡고 있다. 이들 인(寅) · 묘(卯)는 목(木)을 상징한다. 그리고 간괘☶는 축(丑)과 인(寅)이 교접하는 데 자리 잡고 있는데, 축(丑)은 토(土)를 상징한다. 그래서 이 그림으로 보면 목(木)이 토(土)를 계

하고, 건괘☰는 진괘☳에서 생긴다.[932]

　진괘☳는 상제에게서 출현하여 건괘☰와 함께 그 공(功)을 발휘하지만 건괘☰에 의지함은 없다. 그런데 하물며 곤괘☷의 통제하지 않음에 어찌 하여 무엇을 의지하리오! 그러므로 우리가 살아가는 세계든 만물이든, 시초에 본체[體]를 세움에서는 리(理)와 기(氣)가 균등하게 함께하지만, 이를 이어서 작용[用]하는 단계에서는 기(氣)가 두 배로 공(功)을 발휘하고, 구체적으로 출현하여서는 바로 리(理)를 지킨다. 기가 두 배로 공을 발휘하니 움직임[動]이 귀한 것이고, 구체적으로 출현하여서는 바로 지키니, 고요함[靜]으로서는 스스로 견고히 할 수가 없다. 주재자를 세워서 변함[變]에 응하는 이는 오히려 태평한 세상을 꾸려 가야 함을 결코 스스로 잊어버리지 않는데야![933]

승하고 있는 것처럼 보인다.
　한편 단지 팔괘만을 그리고 있는 '문왕후천도'를 놓고 보면 수(水)를 상징하는 감괘☵가 북쪽에 있고, 진괘☳가 동쪽에 있으며 이 동쪽은 오행에서 목(木)을 상징하기 때문에 "수(水)가 목(木)을 생한다."라고 말할 수 있다. 그러나 왕부지는 '문왕후천도'가 아니라 앞 주의 그림을 근거로 하므로 목(木)과 수(水) 사이의 연관은 말하지 않는 것이고, 아울러 봄이 겨울을 계승하지 않는다고 보기 때문에, "목(木)은 토(土)를 계승하지 않으며"라고 말하는 것이다.

932　왕부지가 여기에서 인용하고 있는 『설괘전』을 보면 "상제(上帝)가 진괘(震卦)☳에서 나오고, 손괘(巽卦)☴에서는 가지런히 하고, 리괘(離卦)☲에서는 서로 드러나 보이고, 곤괘(坤卦)☷에서는 역할을 이루고, 태괘(兌卦)☱에서는 기뻐하고, 건괘(乾卦)☰에서는 싸움을 벌이고, 감괘(坎卦)☵에서는 노고를 다하고, 간괘(艮卦)☶에서는 완성한다. 만물은 진괘☳에서 나온다.(帝出乎震, 齊乎巽, 相見乎離, 致役乎坤, 說言乎兌, 戰乎乾, 勞乎坎, 成言乎艮. 萬物出乎震.)"라 하고 있다. 『주역』을 연구하는 사람들은 대부분 이 순서를 팔괘의 생성 순서로 보고 있다. 이를 도해한 것이 '문왕후천도'이고, 여기에 천간(天干)·지지(地支)를 배합한 것이 앞 주의 그림이다. 왕부지가 여기에서 "건괘☰는 진괘☳에서 생긴다."라고 하는 말은 바로 『설괘전』의 이 말에 근거한 것으로 보인다.

933　"태평한 세상을 꾸려 가야 함을 잊어버리지 않도록 한다.(不喪匕鬯.)"는 이 진괘☳ 괘사의 일부다.

간괘

☶艮

一

因性而授之以處之謂位, 得處而即於安之謂所. 有定性, 无定位; 有
定位, 无定所. 定所也者, 先立一道以便性而不遷也. 處高拒卑, 制
物以己, 而制遇以心也; 或物起相干, 而絶憂患以自鎭也; 抑物至利
交, 而杜情好於往來也; 如是而後得以有其定所. 故有定所則己成,
己成則物亦莫亂之, 而物成. 各擅其成, 己與物有不相保, 皆所不謀,
而惟終恃其成, 而後其爲定所也, 長建而不易. 於其定所見其定位,
於其定位行其定性, 此絶憂患, 杜情好, 不介通, 不立功, 而自成乎
己者也, 則'艮'是己.

역문 성(性), 즉 됨됨이대로 주어서 거처하게 하는 것을 '위(位)'라 하고, 거처
할 곳을 얻어 거기에서 편안해하는 것을 '소(所)'라 한다. 정해진 성(性), 즉
됨됨이는 있더라도 정해진 위(位)는 없으며, 정해진 위(位)가 있더라도 정
해진 소(所)는 없다. 정해진 소(所)는 먼저 한 번 차지하면 성(性)을 편안하
게 하여 옮기지 않는다.

높은 데 거처하면서 낮은 곳에 있는 것들을 막아 내는 것은,[934] 외물을 자기로써 통제하는 것이며, 당하는 경우를 마음으로써 통제함을 상징한다. 혹은 외물들이 일어나서 서로 침범하기도 하지만 자기를 진정함으로써 우환을 끊어 버리기도 하며, 아니면 외물들이 이르러서 이로움으로써 교접하여도 이들과의 왕래에서 정서적으로 끌림을 막아 버린다. 이렇게 한 뒤에라야 그 정해진 소(所)를 유지할 수가 있다.

그러므로 정해진 소(所)가 있다는 것은 곧 자기가 이루어졌음을 의미하고, 자기가 이루어졌으면 외물들도 그를 교란하지 못하며, 외물들도 나름대로 이룬다. 그리하여 자기와 외물이 각기 그 이룸에 몰두하며 자기와 외물들은 서로 보우하지 않고, 모든 소(所)를 차지하려고 도모하지 않으며, 오직 그 이룬 것에만 의지하게 된다. 이러한 뒤에라야 정해진 소(所)가 오래도록 유지되며 바뀌지 않는다. 그 정해진 소(所)에서 정해진 위(位)를 보고, 정해진 위(位)에서 정해진 됨됨이[性]를 행하는 것, 이것이 우환을 끊어 버리고 정서적으로 끌림을 막는 것이며, 사이에 끼어들어서 통하게 하지 않음이고, 공(功)을 세우지 않는 것이며, 자기에게서 스스로 이루는 것이다. 이 간괘☶가 상징하는 덕은 겨우 이 정도일 따름이다.[935]

夫无定所以爲定位, 則出入皆非其疾, 位以安安而能遷, 曰素位. 无定位以爲定性, 則尊卑皆非可踰, 性以下濟而光明, 曰盡性. 素者, 位之博也; 盡者, 性之充也. 遷以安者, 有事以爲功於位也; 下濟而

---

934 이는, 이 간괘☶가 정괘(貞卦)도 간괘☶, 회괘(悔卦)도 간괘☶로 이루어진 괘로서, 구삼·상구효의 양(—)이 아래로 두 음(--)들을 막고 있음을 의미하는 것이다.

935 여기에서 이렇게 '소(所)'를 논의의 주제로 삼는 까닭은, 이 간괘☶의 『단전』에서 "그 가만히 있음을 확실하게 저지하고 있음은 그 거소에서 가만히 있음이다.(艮其止, 止其所也.)"라 하고 있기 때문이다.

光者, 情交以盡性而至於命也. 功立則去危即安, 身有可序之績; 情交則先疑後信, 人有相見之榮. 績著於身, 而非以私己, 不得訾之以爲功名之侈; 榮被於人, 而非以徇世, 不得薄之以爲情欲之遷. 是身非不可獲, 而人非不可見也.

역문 정해진 소(所)가 없음을 정해진 위(位)로 여긴다면, 드나듦이 모두 문제거리가 되지 않으리니, 어떤 위(位)에든 편안해하고, 편안해하며 어디로든 옮겨 갈 수가 있다. 그래서 이를 '소위(素位)'[936]라 한다. 그리고 정해진 위(位)가 없음을 정해진 성(性)으로 여긴다면, 존귀함과 비천함 모두를 뛰어넘을 수 없으리니, 성(性), 즉 됨됨이를 아래로 베풀어 만물을 길러 내고 빛이 온누리를 비친다.[937] 그래서 이를 '진성(盡性)'[938]이라 한다.

---

936 '소위(素位)'는 『중용』 제14장에 나오는 말이다. 주희(朱熹)는 이를 '현재 거처하고 있는 위(見在所居之位)'라 풀이하고 있다. 이 주희의 풀이에 따라서 『중용』의 이 구절을 번역하면, "군자는 지금의 위(位)대로 행하지, 결코 그 밖의 것을 원치 않는다. 현재 부귀하면 부귀함대로 행하고, 현재 빈천하면 빈천함대로 행하며, 문화 수준이 낮은 변방 민족[夷狄]의 땅에 살면 그러한 곳에 사는 것에 맞추어 살고, 환난의 상황 속에 있으면 환난 그대로에 맞추어서 행한다. 이렇듯 군자는 어디에 가서든 득의하며 마음 편히 살아간다.(君子素其位而行, 不願乎其外. 素富貴行乎富貴. 素貧賤行乎貧賤. 素夷狄行乎夷狄. 素患難行乎患難. 君子無入而不自得焉.)"라 할 수 있다.

937 이는 겸괘 『단전』 말 가운데 일부를 인용하는 것이다. 그 『단전』에서는 "겸괘가 형통함은, 하늘의 도가 이로움과 복택을 아래로 베풀어 만물을 길러 내고 빛이 온누리를 비치며, 땅의 도가 낮추면서도 위로 행하기 때문이다.(謙亨. 天道下濟而光明, 地道卑而上行.)"라 하고 있다.

938 '진성(盡性)'은 『주역』, 『설괘전』에 출전이 있는 말이다. 거기에서는 "(『주역』은) 이치를 궁구하고 성(性), 즉 됨됨이를 다함으로써 명(命)에 이르게 한다.(窮理盡性以至於命.)"라 하고 있다. 이는 『주역』을 만든 성인(聖人)의 덕과 『주역』을 칭송하는 말이다. 『중용』에서도 '그 성을 다할 수 있음(能盡其性)'이라는 말로써 이를 강조하고 있다. 『중용』에서는 하늘과 땅에 삼재(三才)의 한 재(才)로서 참여할 수 있는 성인(聖人)의 덕으로서 이 '진성(盡性)'을 말하는데, 성인은 이 세상에서 가장 성실한 사람이기에 그 성(性), 즉 됨됨이를 다 실현할 수 있으며, 그 결과 하늘과 땅이 만물을 만들어 내고 길러 내는 것을 도와서 참여할 수 있다고 한다.(『중용』 제22장: 惟天下至誠, 爲能盡其性, 能盡其性則能盡人之性, 能

‘소(素)’는 위(位)가 광박(廣博)하여 어디에든 있음을 의미하고, ‘진(盡)’은 성(性)의 확충을 의미한다. 옮겨 가서 편안해함은, 어떤 위(位)에서든 일을 하여 공(功)을 세운다는 것이다. 또 아래로 베풀어 만물을 길러 내고 빛이 온누리를 비친다는 것은, 외물들과 정서적으로 교제하며 자신의 됨됨이를 다하는 채 소명(召命) 의식으로 살아간다는 것이다. 공을 세우게 되면, 위태로움이 제거됨과 함께 편안해지고, 자신에게 순서를 매길 수 있는 공적(功績)이 있게 된다. 또 정서적으로 교제하면 먼저는 의심하던 이들도 나중에는 믿게 되니, 타인에게 서로 바라볼 수 있는 영화가 있게 된다. 공적이 자신에게서 드러나더라도 자기의 사사로움으로 하지 않으니, 공명(功名)의 호사를 부린다는 것으로서 비난할 수가 없다. 또 타인을 영화롭게 해 준다고 하더라도 세속을 그저 따르는 것이 아니므로, 정서와 욕구의 옮김이라 하여 박하게 할 수가 없다. 이러하기에 이 간괘䷳의 괘사에서 말하는 것과는 달리, 자신을 얻을 수 없는 것도 아니고, 사람을 볼 수 없는 것도 아니다.

夫功名之與情欲, 毋亦去其不正者而止, 豈必夐然高蹈, 竝其得正者而拒之哉! 拒其正者, 則位不博而性不充. 不博, 則逼側而位無餘; 不充, 則孤畸而性有缺. 於以謝事絕交, 恃物之自成, 而小成於己, 而毀居成後者, 以非其時而不謀, 斯豈非與咎同道者哉? 然且‘艮’終不以咎爲恤.

역문 공명(功名)과 정서·욕구에서는 역시 그 부정함을 제거함에 그치는 것이 아니지만, 그렇다고 하여 어찌 꼭 사람 세상에서는 아득하게 자취를 감추

盡人之性則能盡物之性, 能盡物之性則可以贊天地之化育, 可以贊天地之化育則可以與天地參矣.)

며 올바름을 얻은 이도 아울러서 제거하는 것이리오! 올바른 이를 거절한 다면, 위(位)는 넓어지지 않고 성(性)도 확충되지 않는다. 위(位)가 넓지 않으면 측근을 핍박하여 위(位)에 여유가 없고, 성(性)을 확충하지 않으면 자기에만 고립되어 성(性)에도 결함이 있게 된다. 세속의 일은 거절하고 사람들과의 사귐을 끊음에 이르러서는, 물(物)들이 저절로 이루어짐에 내맡긴 채 자기만을 작게 이루며 거처를 허물어 버리고서 나중에 이루기는 하지만, 제때가 아니라는 이유로 서로 도모하지 않는다.[939] 이렇게 하니 어찌 같은 길을 가는 이들에게 허물을 입힘이 아니겠는가? 그런데도 간괘䷳에서는 끝내 허물이 됨을 괘념치 않는다.[940]

高在上者, 陽之位也; 亢不與者, 陽之情也. 保其位, 任其情, 二·五 得位, 而曰, "我終處其上"; 四陰同體, 而曰, "不可與爲緣". 尊位在 彼, 則處其上者直寓也, 位寓則身廢; 同體不容相舍, 則靳其交者已 隘也, 性隘則庭虛. 乃'艮'終不以此爲恤者, 彼誠有所大恤, 而視天下 皆咎塗也; 謂承'乾'三索之餘, 而處陰方長之世也.

역문 이 간괘䷳에서 높이 위에 있는 것들은 양(—)들의 위(位)이고,[941] 너무 높다고 젠체하며 함께하지 못하겠다고 하는 것은 이 양(—)들의 정서다. 그리하여 그 위(位)를 보전하고 그 정서대로 하니, 육이·육오효가 각각 가

---

939 이는 이 간괘䷳의 괘사 "그 등에서 굳고 확실하게 저지하고 있으니 그 몸을 얻지 못하며, 그 조정에서 행세하고 있으나 그 사람을 보지 못함이다.(艮其背, 不獲其身, 行其庭不見其 人.)"를 두고 하는 말이다. 왕부지는 이 간괘에 이러한 의미가 담겨 있다고 보고 이렇게 풀이하는 것이다.

940 이는 이 간괘䷳의 괘사에서 "허물이 없다.(无咎.)"라고 함을 두고 하는 말이다.

941 구삼효는 정괘(貞卦)인 간괘☶의 맨 위에 있는 효이고, 상구효는 회괘(悔卦)인 간괘☶의 맨 위에 있는 효이다.

운데 좋은 위(位)를 차지하고 있어도 이 양(—)들은 "내가 결국 그들의 위에 있다."라고 말하며, 네 음(--)들과 한 몸을 이루고 있는데도[942] "이들과는 인연을 맺을 수 없다."라고 말한다. 존엄한 위(位)는 저 음(--)들에게 있는 상황이므로, 이들 위에 있다는 것은 그저 그 위에 깃들이고 있다는 의미일 뿐이며, 위(位)가 깃들이는 정도라면 몸은 폐기된 것이다.

그리고 한 몸을 이루고 있으면서도 음(--)들과 서로 함께 살아감을 허용하지 않으면, 사귐에 인색함이 벌써 협애한 것이다. 이렇게 됨됨이[性]가 협애하니, 그의 조정이 텅 빈 것이다.[943] 그러나 이 간괘☶는 이러함을 끝내 괘념치 않는데, 저들은 이를 크게 걱정하여 세상이 온통 허물을 낳는 길이라고 본다. 그리하여 "시초들을 세 번째 헤아려서 건괘(乾卦)의 덕을 계승한 나머지[944] 음(--)들이 한창 자라나는 세상에 처해 있다."라고 말한다.

氣處餘者才弱, 憂患不在世而在己. 欲忘憂患, 則先忘其召憂召患之功名. 敵方長者意濫, 情好雖以正而或淫於邪. 欲正情好, 則先正其无情无好之崖宇. 且功不可強立, 情不可偶合. 歸於无歸而情不固, 徒然侈其性・離其位以自喪, '艮'亦惟此咎之爲恤, 而違有其身以與人相見乎?

역문 기(氣)가 나머지에 처한 이는 재능이 약하다. 그래서 이러한 사람에게는 우환이 세상에 있는 것이 아니라, 자기에게 있다. 이러한 상황에서 우환을

---

942 구삼효는 초육・육이효와, 상구효는 육사・육오효와 한 몸을 이루고 있다는 의미다.

943 이는 이 간괘☶의 괘사에서 "그 몸을 얻지 못하며, 그 조정에서 행세하고 있으나 그의 사람을 보지 못함이다.(不獲其身, 行其庭不見其人.)"를 풀이하는 말이라 할 수 있다.

944 『주역』 점을 치는 도구인 시초(蓍草)를 헤아려 첫 번째로 건괘☰의 덕을 얻은 괘는 진괘☳, 두 번째로 얻은 괘는 감괘☵, 세 번째로 얻은 괘는 이 간괘☶다.

잊어버리고자 하면, 먼저 우환을 불러오는 공명(功名)을 잊어야 한다. 한창 자라나는 이를 대적하는 이는 의욕이 넘쳐나서, 비록 올바른 것에 마음이 끌리게 한다고 하더라도, 경우에 따라서는 사악함에 빠져들기도 한다. 마음의 끌림을 올바르게 하고자 한다면, 먼저 마음도 끌림도 없는 벼랑 끝 집[945]을 올바르게 해야 한다.

공은 억지로 세울 수가 없고 정서는 우연히 합치하게 할 수 없다. 공(功) 없음으로 돌아가고 정서가 견고하지 않아서, 한갓 그 됨됨이[性]를 분수에 넘치게 굴려 대고 제 위(位)를 벗어나 자신을 상실하는 것, 이 간괘☶는 역시 오직 이렇게 함에서 오는 허물만을 걱정하는데, 황망(遑忙)히 자신을 내세워 남들과 서로 바라보겠는가?

故其成也, 无得於身, 而身亦不失; 无緣於人, 而人終不得而干之. 陰且憚以思止, 陽因止而猶存. 立綱正極, 保其性, 固其位. 是天下之恃有'艮'者, 功无可建, 即无功以止憂患; 情有不施, 即无情以記嗜欲. 拯衰者德宏而道大, 砥俗者嚴氣而危行. 量其世, 量其才, 君子長保'艮'以自守, 而不敢浮慕於聖人, 斯其所以无咎也與!

역문 그러므로 그 이룸이라는 것이 자신에게 득이 됨도 없지만, 또한 자신을 잃어버리지도 않는다. 그리고 남들과 인연을 맺음이 없으니, 남들은 끝내 간여할 수가 없다. 음(陰)들도 꺼려서 멈추고자 생각하니, 양(陽)들은 이들의 멈춤으로 말미암아서 오히려 존립한다.

양들은 기강을 세우고 표준[極]을 올바르게 확립하여, 그 성(性)을 보존

---

945 '벼랑 끝 집'은 이 간괘☶의 구삼·상구효의 양(一)들을 상징하는 말로 보인다.

하고 그 위(位)를 견고히 한다. 이것이 바로 세상 사람들이 이 간괘☶의 덕에 의지함인데, 공은 세울 수가 없지만, 바로 이렇게 공이 없으므로 우환을 멈추게 한다. 아울러 정을 남에게 베풀지 않으니, 이 무정함 때문에 기욕(嗜欲)을 다 채우게 된다.

쇠미해져 감을 구제하는 이는 덕이 굉장하고 도는 크며, 세속을 평정하는 이는 기(氣)를 엄격하게 하고 조심스레 행동한다. 세상의 상황을 잘 살피고 자신의 재능을 돌아보는 등, 군자는 이 간괘☶의 덕을 오래도록 보존하며 자신을 지킬 뿐 감히 허황되게 성인(聖人)의 경지를 바라지 않는다. 이러하기에 그에게 허물이 없는 것이로다!

二

夫乘消長之會, 保亢極之剛, 止功不試, 止情不交, 以專己之成者, 奚可不擇地以自處哉!

역문 저 하늘·땅이 사라졌다(消) 자라났다(長) 하는 순환 속에서 너무 높이 극한까지 올라간 굳셈[剛]을 보존하며, 자신의 공(功)을 멈춘 채 시험하지 않고 정서를 멈추어 남들과 사귀지 않음으로써 온통 자신에게만 마음 쏟음을 이루어 내는 이, 그가 어찌 살 곳을 잘 골라서 자신의 거처로 삼지 않을 수 있으리오!

夫地有遠邇, 有險夷, 有同別, 有彼己. 危哉! 九三之處地, 參於四陰之中, 密邇而蹈險, 同異類而失己援, 猶且以爲所而止焉. 越人之觀

章甫也則怪之, 群鷃之睨一鵬也則笑之. 匪直怪之, 將起而敵之; 匪
直笑之, 念有以汚之. 橫絕其類而使不得合, 則戈矛起於夙夜; 巀立
其側而形其所短, 則簧鼓徹於聽聞. 四陰之限, 豈陽所宜寢處而无
嫌者乎?

역문 땅에는 멀고 가까움의 다름이 있고, 험난하고 평탄함의 다름이 있다. 또
같음과 구별됨의 다름이 있고, 저것과 자기 것의 다름이 있다. 위태롭도
다! 이 간괘☶ 구삼효가 땅에 처한 것을 보면, 네 음(--)들 속에 끼어 있고,
가까운 것들과 친밀하되 험난함을 밟고 있으며,[946] 자기와 다른 부류들과
함께 있으면서 자기의 원군을 잃어버리고 있다. 그런데도 이 구삼효는 지
금 있는 곳을 자기 머물 곳으로 여기며 멈추어 있다.

월나라 사람들은 장보관(章甫冠)을 보자 괴이하게 여겼고,[947] 메추라기들
은 붕새가 구만리 상공을 날아 북해(北海)에서 남명(南冥)으로 가는 것을
비웃는다.[948] 단지 괴이하게 여기는 정도에만 그치는 것이 아니라 적대시

---

946 이 간괘☶의 육이·구삼·육사효는 호체(互體)로서 감괘☵를 이루고 있다. 이 감괘☵는 취
    의(取義)하면 '험난함'을 의미한다.
947 『장자』,「소요유(逍遙遊)」편에 나오는 말을 원용(援用)하는 것이다. 송나라 사람이 장보
    관(章甫冠)을 가지고 월나라에 팔러 갔지만 월나라는 더운 지방이라서 사람들이 머리를 짧
    게 자르고 문신을 하고 지내기 때문에 필요로 여기지 않더라고는 것이다.(宋人資章甫而適
    諸越, 越人斷髮文身, 无所用之.) 장보관은 당시 유생(儒生)들이 쓰는 관으로서, 우아하고
    멋이 있어서 사람들이 탐내는 관이다. 장자는, 천하의 제왕이 되어서 다스리는 것이 특히
    유가에서 최고로 치는 것이지만, 도가에서 최고로 치는 진인(眞人)·신인(神人)·선인(仙
    人) 등에게는 마치 월나라 사람들에게 장보관처럼 의미가 없어서 추구의 대상이 아니라는
    것을 이런 묘사를 통해 일깨우고 있다.
948 역시 『장자』,「소요유」편에 나오는 말이다. 태산처럼 큰 붕새가 회오리바람을 일으키며
    구만리 상공으로 날아올라 6개월에 걸쳐 남명(南冥)으로 날아가는 것을 보고서, 메추라기
    들이 뭘 저렇게 높이 또 멀리 날아갈 필요가 있느냐, 자신들은 몇 길 안 되는 높이를 오르
    내리고 쑥 덤불 속을 날아다니는 정도로써 살아가도 충분한데 하며, 붕새의 저 비상은 쓸
    데없는 고생이라 여겨 비웃는다는 것이다. 그런데 장자는 이것이 작은 것과 큰 것의 구별

하기도 하며, 단지 비웃는 정도에만 그치는 것이 아니라 그들의 생각에서
는 구삼효를 더럽히고자 함이 있다. 그래서 이 부류들과 절연한 채 자기에
게 다가서지 못하도록 하면 이들은 밤낮으로 무기를 들고 괴롭힌다.

또 그들 곁에 산처럼 우뚝 서서 그들이 왜소하여 볼품없음을 드러나게
하니, 이들은 귀가 따갑게 악기를 불고 두드리며 부추겨서 그에게 시행하
기 어려운 인의 도덕을 받들게 한다.[949] 그러니 이 네 음(--)들을 갈라서 한
계를 지워 주는 곳에 자리 잡음이, 어찌 양(陽)에게 터 잡고 살아가기에 마
땅하여 꺼려야 할 점이 없는 곳이겠는가?

> 我不敢知戈矛之不傷我躬也, 則亦不敢知簧鼓之不移我志也. 不幸
> 而躬傷, 君子猶可安於義命; 尤不幸而志移, 貞士將盡喪其生平. 是
> 故火之熏也, 日蒸月化, 而物且變瑩白爲黧矣. 其受變而改其素, 人
> 惜遯之未遠. 其不受變而蒙其難, 亦何必以察察際汶汶, 而竟大輅
> 柴車之餘勇乎!

됨이라 하고 있다. 작은 것으로서는 큰 것을 알 수가 없을 뿐만 아니라 심지어는 짐작조차
할 수 없다는 것이다.(有鳥焉, 其名爲鵬, 背若太山, 翼若垂天之雲, 搏扶搖羊角而上者九萬
里, 絶雲氣, 負靑天, 然後圖南, 且適南冥也. 斥鴳笑之曰, "彼且奚適也? 我騰躍而上, 不過數
仞而下, 翶翔蓬蒿之間, 此亦飛之至也. 而彼且奚適也?" 此小大之辯也.)

　　여기에서 왕부지가 예로 든 월나라 사람들과 메추라기들은 구삼효를 둘러싸고 있는 음
(--)들을 가리킨다. 이처럼 구삼효는 자기 주변의 존재들로부터 비웃음이나 살 뿐, 인정받
지 못하고 어울릴 수 없으니, 자기 사는 곳에서의 삶이 그만큼 팍팍하다는 것이다.

949　『장자』, 「병무(騈拇)」 편에 나오는 말을 원용하는 것이다. 「병무」 편에서는 "인의 도덕에
서 쓸데없이 더 나간 이들은 덕(德)을 띄우고 사람의 본성을 틀어막음으로써 명성을 얻어,
세상 사람들에게 악기를 불고 두드리게 하여 사람으로서는 해내지도 못할 법을 받들게 몰
아가니, 잘못된 것이 아니랴! 증삼(曾參)과 사추(史鰌)가 이에 해당할 따름이다.(枝于仁者,
擢德塞性以收名声, 使天下簧鼓以奉不及之法, 非乎! 而曾·史是己.)"라 하고 있다. 증삼은
공자의 제자였고, 사추 또한 공자가 나라에 도가 있고 없음에 따라 화살처럼 곧게 거취를
결정하였다는 것으로써 칭송한 인물이다.(『論語』, 「衛靈公」: 直哉史魚! 邦有道如矢, 邦無
道如矢.)

내가 감히 적들의 무기가 내 몸을 상하게 하지 않으리라는 것을 알지 못한다면, 또한 그들이 악기를 연주해 대며 부추긴다고 하여 나의 뜻을 바꾸게 하지 못하리라는 것도 감히 알지 못할 것이다. 불행히 몸이 상한다고 하더라도, 군자는 오히려 본분을 지켰다고 하는 의로움에 편안할 수 있다. 그런데 더욱 불행하게도 뜻을 바꾼다면, 지절(志節)을 굳게 지키며 올곧게 살아온 선비는 평생 쌓아 올린 그 의의를 다 잃어버리게 될 것이다. 그러므로 불이 연기를 내는 데서 날마다 그을리고 달마다 변화하게 되면, 물(物)들은 맑고 하얗던 것이 검게 변하고 만다. 이렇게 변함을 받아들여서 그 본바탕을 바꾸는 것을 두고 사람들은 멀리까지 은둔하지 않았다고 하여 애석해할 것이다. 그렇다고 그 변함을 받아들이지 않고서 환난을 입는다면, 사람들은 또 이렇게 비판할 것이다. 즉 어찌 꼭 자신이 더러워질까를 염려하여 살피고 살피며 남들은 더럽다고 하여 담을 쌓는가, 또 큰 마차가 달려가는데 땔나무 실은 수레를 타고서도 쫓아갈 수 있다며 쓸데없는 용기를 냈을까 하고!

抑投躬於非類之炎灼, 而僅保自免之危情, 則不變者十三, 而變者十七, 亦人情難易之大都矣. 笑子之於紂, 孔子之於季斯, 操其屈伸, 用其權度, 義重而道弘, 則同污而自靖. 且彼之功侔天地, 而情貞日月者, 志不存於'艮'也.

아마도 몸이 자기와 다른 부류의 타오르는 불가에 내던져져서 겨우 자신만을 보전할 수 있는 위태로운 상황 속에 있다고 할 적에, 변하지 않을 사람은 열에 셋일 것이고, 변할 사람은 열에 일곱일 것이다. 이는 역시 사람이 어려움과 쉬움의 갈림길에서 마음을 쓰는 대체적인 경향이다. 기자(箕

子)는 주왕(紂王)에게, 공자는 계사(季斯; ?~B.C.492)[950]에게, 굴신(屈伸)의 원
칙을 지키면서 저울과 자를 사용하는 것처럼 상황에 적절하게 행동하였
다. 그리고 의로움이 중요했고 도는 넓었기 때문에, 그 오욕(汚辱)에 함께
하면서도 스스로 할 도리를 다하였다. 이분들이 세운 공(功)은 하늘 · 땅에
짝할 만하고 마음 씀은 해와 달처럼 올곧았으니, 그 뜻함이 이 간괘☶의
원리를 사용함에는 있지 않다.

若夫抱獨立之素者, 則无悶以自安. 必將遠而不與之遍, 別而不與
之同, 離乎險以全乎己, 而後悶不足以加之. 悶不足以加, 則離人珍
獨, 亦足以伸正氣而爲流俗之砥柱. 若其情固違之, 身且卽之, 溫嶠
之幸成, 撩病虎而盜睡驪, 蓋亦危矣. 賈捐之介恭 · 顯以行其志, 身
死而名辱, 蓋自貽也, 將誰咎之可哉! 謝朓扁舟造都, 熏以得染, 不
足道已. 孔北海之于曹操, 嵇中散之於司馬, 施止於屬目, 其尚遜管
寧而媿孫登與!

역문 만약에 혼자서만 살아가는 마음을 품었다면, 아무런 번민 없이 스스로
편안할 것이다. 그는 반드시 멀리 떨어져서 살아가며 가까운 이들과 어울

---

950 계환자(季桓子)는 노(魯)나라의 삼환(三桓)인 계손씨(季孫氏)의 종주(宗主)이며, 노나라의
실권을 장악하여 집정했던 인물이다. B.C.505, 아버지 계손의여(季孫意如)가 병으로 죽자
그 가신이었던 양호(陽虎)가 계환자가 나이 어린 틈을 타 계환자를 가두고, 그를 대신하여
3년 동안 노나라의 정권을 주물렀다. 이 양호의 난을 평정한 뒤, 계환자는 공자를 사구(司
寇)로 임용하여 자기 가신들의 발호를 잠재우게 하려 하였다. B.C. 498, 공자는 노나라 정
공(定公)에게 건의하여 후(郈) · 비(費) · 성(郕) 등의 세 읍(邑)을 철회하게 하였다. 삼환의
가신들이 이 세 읍을 근거로 발호하며 나라를 어지럽게 하고 있었기 때문이다. 그러나 이
때 공자의 속셈은 이를 기회로 해서 삼환의 근거지를 분쇄하려는 것이었다. 이를 알아차린
계환자는 공자를 쫓아냈고, 이에 공자는 제자들을 데리고 여러 나라를 주유(周遊)하게 되었
다. 그 6년 뒤에 이 계환자도 병으로 죽고, 그 아들인 계강자(季康子)가 계위(繼位)하였다.

리려 들지 않을 것이고, 자신을 남들과 구별한 채 함께하려 하지 않을 것이며, 험난함으로부터는 벗어나서 자기를 온전히 하려 할 것이다. 이렇게 한 뒤에라야 번민이 그에게 생겨날 수 없을 것이다. 번민이 생겨날 수 없으면, 사람들로부터 떠나고 홀로 살아감을 보배롭게 여길 것이니, 또한 족히 올바른 기(氣)를 펼쳐서 보통 사람들에게는 지주(砥柱; 귀감)가 될 것이다.

만약에 그 정서가 진실로 자신과 어긋날 것 같으면 몸도 곧바로 이를 따라서 행동에 옮긴다. 그런데 온교(溫嶠; 288~329)[951]가 다행히 성공한 것은, 병든 호랑이[952]를 어지럽히고, 잠든 검은 용의 천금(千金)에 값하는 진주(眞珠)를 훔친 격[953]이니, 생각건대 역시 위험한 일이었다. 가연지(賈捐之; ?~

---

[951] 온교는 동진(東晉)의 정치가 겸 무인이었다. 17세에 출사(出仕)하여, 유곤(劉琨)의 눈에 들어서 평북참군(平北參軍)이 되었고, 거기에서 공을 쌓아 우사마(右司馬)에 올랐다. 건무(建武) 원년(317)에는 유곤의 명을 받들어서 사마예(司馬睿; 276~323)에게 황위(皇位)에 오를 것을 권했는데, 사마예는 이를 받아들여 제위에 올랐다. 이 사람이 바로 동진의 초대 황제 원제(元帝; 재위 317~323)다. 원제가 즉위한 뒤 온교는 장사(長史)·태자중서자(太子中庶子) 등에 임명되었다. 그 아들 명제(明帝; 299~325, 재위 323~325)가 계위(繼位)한 뒤에는 중서령(中書令)에 임명되어, 나라의 기밀을 요하는 일에 참여할 정도로 황제의 신임을 받았다.

그는 장차 왕돈이 반란을 일으킬 것을 알아차리고, 왕돈의 진영에 들어가 이른바 '온교취태(溫嶠醉態)'를 통해 왕돈의 신임을 얻은 뒤, 그 사정을 속속들이 파악하여 이를 명제에게 고변하였다. 그리고는 유량(庾亮; 289~340) 등과 함께 왕돈을 토벌할 계획을 세웠다. 믿었던 온교에게 배신을 당했음을 알아차린 왕돈은 온교 등 간신을 주살한다는 명분으로 반란을 일으켰다. 그리고 이 온교를 제1의 적으로 지목하며, 자신이 직접 온교의 혓바닥을 뽑아 버리겠다고 공언하였다. 그러나 왕돈은 반란 중에 병을 얻어서 제대로 활약하지 못한 채 병사함으로써, 3년(322~324)에 걸쳐 진행된 이 반란은 평정되었다. 왕부지가 이곳에서 거론하고 있는 것은 바로 이러한 맥락이다.

왕돈의 난이 평정된 뒤 온교는 영현(甯縣)의 개국공(開國公)에 봉해졌다. 성제(成帝; 321~342, 재위 325~342)가 즉위한 뒤에는 또한 소준(蘇峻)의 난을 평정하여 표기장군(驃騎將軍)에 임명되고, 산기상시(散騎常侍) 등의 벼슬을 받았으며, 시안군공(始安郡公)에 봉해졌다. 죽은 뒤에는 시중(侍中)·대장군 등에 추증되었고, '충무(忠武)'라는 시호를 받았다.(『晉書』,「溫嶠·郗鑒傳」참고.)

[952] 왕돈(王敦; 266~324)을 가리킨다.

[953] 이는 『장자』,「열어구(列禦寇)」편에 나오는 고사를 인용하는 말이다. 황하 가에서 갈대와

B.C.43)는 홍공(弘恭; ?~B.C.47)[954] · 석현(石顯; ?~B.C.33)[955]이 환관으로서 조
정을 농락하는 것에 끼어들어서 이들을 제지하려는 뜻을 펼쳐 보려 했으
나, 몸은 죽임을 당하고 명예도 치욕을 당했다.[956] 생각건대 이는 스스로가

___

쑥으로 베를 짜 호구하던 집이 있었다. 그 아들이 연못에 들어갔다가 천금에 값하는 진주
를 얻었다. 그러나 그 아버지는 "돌을 가져다 부숴 버려라. 이 천금의 진주는 틀림없이 구
중(九重) 연못 속에 있는 검은 용[驪龍]의 턱 밑에 있는 것이었을 텐데, 네가 이 진주를 얻
을 수 있었던 것은 틀림없이 그가 졸고 있었기 때문일 것이다. 이 검은 용이 깨어나게 된다
면 너는 아마도 갈기갈기 찢겨 죽을 것이다."라고 하였다. 이는 어떤 사람이 송나라 임금에
게 마차 10대를 얻고서 장자에게 거만스레 자랑하자 장자가 그에게 한 말이다. 장자는 그
러면서 지금의 송나라는 구중의 연못보다 더하니, 그대가 지금 마차를 얻은 사실을 자랑하
지만, 이 송왕(宋王)이 깨어나게 되면 그대 역시 발기발기 찢어지고 말 것이라며, 이 사람
이 받은 마차를 자랑할 것이 못 된다고 하고 있다.(人有見宋王者, 錫車十乘, 以其十乘驕稚
莊子. 莊子曰, "河上有家貧恃緯蕭而食者, 其子沒於淵, 得千金之珠. 其父謂其子曰, '取石來
鍛之! 夫千金之珠, 必在九重之淵而驪龍頷下, 子能得珠者, 必遭其睡也. 使驪龍而寤, 子尚奚
微之有哉!'今宋國之深, 非直九重之淵也; 宋王之猛, 非直驪龍也; 子能得車者, 必遭其睡也.
使宋王而寤, 子爲齏粉矣!")

954 홍공은 서한 시기의 인물인데, 어릴 때 죄에 연좌되어 궁형(宮刑)을 당하고 환관이 되었다.
     궁궐에 들어가서 그는 탁월한 능력을 발휘하여 중상서(中尙書)에 올랐고, 선제(先帝) 때는
     중서령(中書令)에 발탁되기도 하였다. 홍공은 법령과 고사(故事)에 밝았으며, 선제의 비위
     를 잘 맞춰 그의 총애를 받았다. 선제가 죽자 원제(元帝)를 옹립하였고, 석현(石顯)과 함께
     그의 신임을 얻어 정권을 농락하였다. 홍공과 석현은 연합하여 뜻있는 유학자들을 조정에
     서 죄다 몰아내고 그들의 패거리들로 채워 넣었다. 특히 유명한 장군 소망지(蕭望之) 등을
     모함해 자살하도록 유도한 것은, 이들의 악행 중에서도 더욱 나쁜 것이다. 조선 시대에는
     나쁜 환관의 대표적 사례로 이 홍공을 꼽으며 경계하였다.(『前漢書』권9,「元帝紀」및「佞
     幸傳」참고.)

955 석현은 서한 시기의 환관이다. 서한 원제(元帝) 때 원제의 눈을 가리고 조정을 장악해서 정
     권을 농락한 인물이다. 자신의 당파를 결성해서 자기와 다른 색깔을 가진 사람들을 죄다
     숙청함으로써, 감히 자신에게 반기를 드는 사람이 없도록 조정의 분위기를 몰아갔다. 특히
     원제를 속여서 소망지(蕭望之) · 주감(周堪) · 유갱생(劉更生)과 같은 명망가들을 감옥에
     가두고 관직을 박탈했는데, 이러한 사실이 원제에게 들통나자 다시 일을 꾸며 소망지를
     자살하게 유도하였다. 성제(成帝)가 계위(繼位)한 뒤에야 석현은 세를 잃고 탄핵을 당하였
     으며, 관직을 박탈당한 채 고향으로 가는 도중에 객사하였다.(『前漢書』권9,「元帝紀」
     및「佞幸傳」참고.)

956 가연지는 자(字)가 군방(君房)이며 낙양 출신이다. 가의(賈誼)의 증손자다. 가연지는 글재
     주가 매우 뛰어나서 그의 절친이었던 장안령(長安令) 양흥(楊興)이 이를 높이 평가하였다.
     그래서 가연지는 그를 꼬드겨 만약에 자기가 상서령(尙書令)을 할 것 같으면 오록충종(五

초래한 결과러니 그 누구를 탓할 수 있으리오! 사굴(謝朏; 441~506)은 쪽배를 타고 양무제가 있는 도성에 이르렀고, 양무제의 대접에 점점 그을리며 더러워졌으니, 이에 대해서는 차마 입에 담을 가치조차 없을 따름이다.[957]

鹿充宗)보다 훨씬 더 잘할 것이라는 말을 퍼뜨리게 하였다. 가연지는 당시 황제의 총애를 받던 석현(石顯)에 의해 자신이 황제에게 알려지는 것이 막힌다고 보고, 석현을 늘 비판했다. 이것이 석현에게는 원한으로 쌓여 갔다. 그러다 석현은 기회를 타서 경방(京房)과 가연지를 모함하여 투옥시켰다. 가연지는 이렇게 하여 죽임을 당하고 기시(棄市)되었다. (『前漢書』권64하, '賈捐之' 조 참고.)

957 사굴은 자가 경충(敬沖)으로서 남조(南朝) 시기 유송(劉宋)에서 남량(南梁) 시기에 걸쳐서 살았던 인물이다. 유송의 세족 출신으로서 10살 때 벌써 글을 지을 정도로 어려서부터 총명함이 드러나, 그의 아버지 사장(謝莊; 421~466)이 "참으로 우리 집안의 보배로다!(眞吾家千金!)"라고 자랑스러워하며 늘 애지중지했다고 한다. 유송(劉宋)에서 일찍이 벼슬길에 올라서 태자사인(太子舍人)에 이르렀는데, 아버지가 죽자 직을 그만두었다. 다시 기용되어 사인(舍人)이 되었고, 중서랑(中書郎)을 거쳐 위장군(衛將軍) 원찬(袁粲; 420~477)의 장사(長史)가 되었다. 원찬이 소도성(蕭道成; 427~482)의 전횡에 반기를 들고 기병하였다가 실패하여 살해된 뒤, 소도성은 사굴의 재주를 높이 사서 자신의 표기부(驃騎府) 장사로 사굴을 기용하였다.

실권을 쥐고 유송 조정을 농락하던 소도성은 유송 황제 순제(順帝; 467~479)가 자신에게 황위(皇位)를 선양하는 형식을 취하기를 원했고, 사굴에게 이를 도와줄 것을 넌지시 암시했으나 사굴은 조조(曹操; 155~220)의 예를 들며 이를 거절하였다. 조조는 신하들이 황위(皇位)에 오를 것을 권했으나 자신은 주문왕(周文王)의 처지에 만족하며 이를 거절했던 것이다. 이에 불만을 느낀 소도성은 사굴의 직위를 박탈하고 왕검(王儉)을 그 자리에 기용하였다.

소도성이 순제를 핍박하여 황위를 계승하던 날, 사굴은 옥쇄와 문서를 관리하는 시중(侍中)으로서 순제의 옥쇄를 소도성에게 건네주는 것을 거절하고 궁궐을 나가 버렸다. 소도성은 어쩔 수 없이 왕검을 시중으로 임명하여 옥쇄를 건네받아서 황위에 올랐다. 그리고 국호를 '제(齊)'라 하였다. '남제(南齊)', 또는 '소제(蕭齊)'라 불리는 나라를 창업한 것이다. 소도성의 아들 소색(蕭賾; 440~493, 나중에 남제의 제2대 황제가 됨)이 아버지에게 사굴을 죽일 것을 건의했으나, 소도성은 그를 지금 죽여 보았자 그에게 '충의(忠義)'의 명성만 이루게 해 줄 뿐이니 가장 좋은 방법은 자비를 베풀어서 그를 포용하는 것이라 하며 듣지 않았다.

소색이 황위에 오른 뒤 사굴은 다시 벼슬길에 올라 시중(侍中)과 국자박사(國子博士) 등을 지냈다. 이 소색이 죽고 소도성의 조카 소란(蕭鸞; 452~498, 나중에 남제의 제5대 황제가 됨. 재위 494~498)이 실권을 쥐고 조정을 흔들며 소도성의 손주들을 황위에 올렸다 갈아치웠다 하다가, 자신이 스스로 황제가 될 계획을 꾸몄다. 이에 연루되기 싫었던 사굴은 틈을 엿보다가 오흥(吳興) 태수로 나갔다. 소란이 찬위(篡位)를 한 4년 뒤인 497년, 사굴을 시중(侍中) 겸 중서령(中書令)으로 불렀으나 사굴은 즉시 사표를 내고 나아가지 않았다.

공융(孔融; 153~208)은 조조(曹操)에게서,⁹⁵⁸ 혜강(嵇康; 223~263)은 사마씨(司

그 뒤로도 소란은 여러 차례 사굴을 중앙의 관직에 중용하며 불렀으나 사굴은 다 거절하였다.

그 5년 뒤엔 502년 소연(蕭衍; 464~549. 재위 502~549)이 남제의 마지막 황제인 화제(和帝; 488~502. 재위 501~502)를 겁박하여 황위(皇位)를 선양 받고서 새로운 나라를 세웠다. 남량(南梁)의 양무제(梁武帝)가 바로 그다. 양무제는 즉위한 뒤 바로 사굴을 시중(侍中)·광록대부(光祿大夫)에 제수하고 불렀으나, 사굴은 응하지 않았다.

그 이듬해인 503년, 사굴은 자신의 뜻을 밝히기 위해 쪽배를 타고 갔는데, 궁궐에 거의 이르렀을 즈음 양무제는 그에게 시중(侍中)·사도(司徒)·상서령(尙書令) 등을 제수하였다. 그러나 사굴은 각질(脚疾)을 핑계로 이를 받아들이지 않고, 은사(隱士)들이 쓰는 각건(角巾)을 쓴 채 가마를 타고 가서 양무제를 만났다. 다음 날 아침 양무제는 사굴이 묵는 숙소로 직접 찾아와서 연회를 베풀고 환담을 하였다. 사굴은 이 자리에서 벼슬을 거절하는 자신의 뜻을 피력했으나 양무제에게 받아들여지지는 않았다. 이에 사굴은 자신의 어머니를 뵈러 가기를 청하여 이를 허락받았는데, 떠나기 직전 양무제는 또 친히 왕림하여 시를 지어 주며 전별(餞別)하였다. 이 밖에도 양무제는 사굴에게 집을 새로 지어 주고 친히 왕림하기도 하는 등 사굴에게 융숭한 대접을 하였다. 즉위 5년에 다시 중서감(中書監)·사도·위장군(衛將軍) 등의 벼슬을 내렸으나 사굴은 여전히 사양하고 받지 않았다. 이해 겨울에 사굴이 죽자 양무제는 친히 왕림하여 곡을 하였고, 그 상사(喪事)에 막대한 제물과 예를 갖추어서 부의(賻儀)하였다. 그리고 사굴에게 시중(侍中)·사도(司徒) 등을 추증하였으며 '정효(靖孝)'라는 시호를 내렸다.(이상, 『梁書』권15, 「謝朏傳」참고.)

왕부지는 여기에서 사굴이 양무제로부터 이렇게 융숭한 대접을 받게 된 것이, 그가 양무제를 만나려 쪽배를 타고 나선 것에서부터 비롯되었다고 보고 이렇게 혹평하는 것이다. 이에 대해 혹자는, 사굴이 그대로 있으면 양무제가 계속 벼슬을 내릴 것으로 예측하여 자신은 절대로 이를 받아들이지 않겠다는 뜻을 전하기 위해 행차한 것이라고 유추할 수도 있다. 그러나 왕부지는 이로 말미암아서 양무제와 사굴 사이에는 관계 개선이 이루어졌고, 양무제가 사굴의 남은 인생과 죽음 이후에까지 사굴에게 넘치는 대접을 한 것으로 보는 것이다. 이로 말미암아 전조(前朝)인 남제(南齊)의 유신으로서의 정절(貞節)을 사굴은 온전히 지켜 낼 수 없었다는 것이다.

958 공융은 동한 말의 문인이다. 노(魯)나라의 곡부(曲阜) 출신으로서 공자의 20세손이다. 낙양에서 호분중랑장(虎賁中郎將)으로 재직할 때, 그는 동탁(董卓)이 한나라의 소제(少帝)를 폐하고 헌제(獻帝)를 옹립한 것에 대해 반대하며 입바른 소리를 한 나머지 동탁의 미움을 사게 되었다. 그래서 동탁은 당시 황건적이 가장 많이 창궐하던 북해의 상(相)으로 공융을 파견해 버렸다. 그러나 공융은 북해의 상(相)으로 재직하는 동안 황건적을 물리치는 등 치세에서 훌륭한 업적을 이루었다. 그래서 '북해(北海)'라 불린다.

조조(曹操) 스스로 자신을 사공(司空)으로 임명하여 한나라 헌제(獻帝)를 끼고서 허창(許昌)으로 천도하자, 공융도 함께 갔다. 공융은 장작대장(將作大匠)에 임명되었다가 소부(少府)에 임명되었다. 그리고 태중대부(太中大夫)에 봉해졌다. 그런데 공융의 됨됨이는 자

馬氏)에게서[959] 주목받던 것을 그치게 하였으니, 관영(管寧; 158~241)[960]에게

질구레한 규범에 구애받지 않고 굳세고 올바른 성품이어서 다른 사람들과 마찰을 자주 빚었다. 또한 남에게 전혀 아첨할 줄을 몰랐다. 동탁에게 그랬던 것처럼 허창에서도 공융은 사사건건 조조(曹操)에 반대하며 그와 부딪혔다. 예컨대 조조가 육형(肉刑)을 되살리는 것, 조조의 아들 조비(曹丕)가 원술의 며느리를 아내로 맞이하는 것, 금주령을 내린 것 등에 반대하였다. 그리고 오환(烏桓)을 정벌하는 것에 대해서는 조롱하기까지 하였다.

무엇보다 공융은 한나라 황실에 대해 충성을 다 바쳤다. 그래서 한나라 황실의 세력 증강을 꾀하는 상소를 올렸는데, 이것이 결정적으로 조조의 격노를 샀다. 조조 자신의 통치 원칙에 입각한 정책 시행을 불가능하게 하였기 때문이다. 그래서 조조는 공융에게 조정을 비방한다는 등의 죄목을 씌워 죽여 버리고 말았다. 그 일가족도 함께 몰살하였다. 그러나 조조의 아들인 조비(曹丕)가 대권을 잡아 본격적으로 위(魏)나라를 출범한 뒤에 공융의 문학적 성취와 그 취향을 높이 사서 공융을 '건안칠자(建安七子)'의 으뜸으로 분류하였다.

왕부지는 공융이 이렇게 비극적인 죽음을 자초한 것은 조조에게 간 것으로부터 비롯되었다고 보는 것이다. 이 간괘䷛의 구삼효처럼, 살 곳을 잘 골라서 자신의 거처로 삼지 않았다는 것이다.

959 혜강은 중산대부(中散大夫)를 지냈기 때문에 그를 '중산(中散)'이라고 부른다. 그는 조위(曹魏) 종실의 사위로서 당시 조위 조정의 실세인 사마씨에게 협조하지 않는 태도를 취했다. 그는 비록 노장(老莊)을 숭상하고 양생(養生)과 복식(服食) 등을 주장했지만, 정의감과 반항심도 강해서, 허위(虛僞)의 예법과 세력 있는 자들에게 들러붙는 이들을 단호히 배격하였다. 그러다가 마침내 사마소(司馬昭; 211~265)에게 살해되었다. 사마소는 혜강의 영향력이 사마씨 정권에 위협이 된다고 보아서 그를 죽인 것이다.

혜강의 주장과 학설은 그의 죽음 뒤에 동진(東晉) 및 남조(南朝)에서 매우 존숭되었으며, 위진 현학의 중요한 이론이 되었다. 그는 죽림칠현의 한 사람으로 꼽히며, 완적(阮籍; 210~263)과 나란히 이름을 날려 '혜완(嵇阮)'으로 병칭되기도 한다. 그는 나중에 발흥한 도교 속에서 신선으로 여겨지는데, 정사(正史)인 『진서(晉書)』에서도 그를 상당히 신비한 인물로 묘사하고 있다. 혜강은 개인을 속박하는 예교(禮敎)를 뛰어넘어 자연과 하나가 될 것을 주장하고, 세속적인 명리를 추구하지 않았으며, 정의를 주장하다 희생되는 것조차 마다하지 않은 인품을 보여 주어서, 후세에 그는 문인의 청렴·정직과 강권(强權)을 두려워하지 않는 정신을 대표하는 인물로 꼽힌다.

960 관영은 한말(漢末)의 고사(高士)였다. 춘추시대 제나라의 유명한 재상 관중(管仲)의 후손이다. 어려서부터 공부를 많이 하여 학식이 대단히 풍부하였는데, 황건적과 고을 수령 등이 횡행하자 요동으로 피난을 가서, 그 태수 공손탁(公孫度; 150~204)에게 의탁했다. 다만 관영은 공손탁과의 일면식이 끝난 뒤 산골짜기에 손수 초막을 짓고 거주하였다. 여기에 거주하는 동안 관영은 경전(經典)만을 입에 담을 뿐, 세상일에는 일절 관심을 두지 않았다. 그리고는 자신과 함께 피난 와 있던 많은 사람을 대상으로 『시경』, 『서경』 등을 강해하였고, 중국 고래의 예(禮)·의(儀) 등을 가르쳐 주었다. 사람들은 관영의 이러한 가르침을 기꺼이 받아들였고, 관영은 이들로부터 존경을 받았다.

는 더 겸손해하면서도 손등(孫登; 209~241)**961**은 부끄럽게 여긴 탓이로다!

"厲熏心"矣, 而不繫之以凶悔者, 何也? 身傷則凶, 而僅免於咎; 志移
則悔, 而苟免於凶. 不能保二者之何居, 所以危三者愈甚矣. 名可聞,
身不可得而見, 所謂'不獲其身'·'不見其人'者, 用此道以自存也.

역문 그 효사에서 "마음을 위태롭게 하고 연기와 먼지를 뒤집어쓴다."라고 하
면서도 흉함과 후회함을 연계하지 않은 까닭은 무엇일까. 몸이 상하면 흉
한 것이지만 간신히 허물로부터는 면하고, 자신의 뜻함을 옮기게 되면 후

공손강(公孫康)이 그를 자신의 관리로 쓰며 도움을 받고자 했으나 차마 말을 꺼내지 못
할 정도로 그를 어려워하고 존경하였다. 또 헌제(獻帝)를 끼고서 사공(司空)을 자임하던
조조가 그를 불러서 임명하려고 하였으나 이 공손강의 방해로 통지조차 할 수 없었다.

나중에 중원이 안정되자 관영은 가족을 거느리고 고향으로 돌아왔는데, 이때 관영은 공
손씨들로부터 받은 선물들을 모두 반송할 정도로 인품이 고결하였다. 이후 조위(曹魏) 조
정에서 태중대부(太中大夫), 광록훈(光祿勳) 등의 벼슬을 주어 불렀으나 일절 응하지 않았
다. 이토록 그의 인품과 지식을 높이 사는 통치자들이 관직을 주며 불렀으나 그는 일절 고
사하고, 80여 평생 빈한한 삶을 감내하며 고아한 품격을 지키다 갔다. 저서에『씨성론(氏姓
論)』이 있다.(이상,『三國志』,「魏書·管寧傳」과『世說新語』등 참고)

961 손등은 삼국시대에 동오(東吳)의 황태자였다. 33살의 젊은 나이에 세상을 떠났기에 황위
에 오르지는 못하고, '선태자(宣太子)'라는 시호를 받았다. 그의 아버지 손권(孫權;
182~252)은 그를 태자로 삼은 뒤 훌륭한 인물들을 골라서 사부로 임명하고, 또 우수한 사
인(士人)들을 그의 벗으로 삼게 했다. 아울러 손등이『한서(漢書)』를 읽고서 가까운 조대
의 일들을 알도록 하고자 하여 훌륭한 스승을 알선, 그가 이를 공부하게 하였다. 이를 통해
손등은 훌륭한 인품을 닦을 수 있었다.

손등은 부친에 대한 효성이 지극했고, 자신의 부하라고 할 이들을 대할 적에 대체로 평
민의 방식을 사용할 정도로 겸손했다. 예컨대 벗들을 자신의 마차에 나란히 앉게 했고, 함
께 잠을 자기도 하는 것 등이 그러했다. 나중에 이를 안 손권은 이들에게 상하(上下)의 예
절을 차려야 한다고 하면서 함부로 대해서는 안 된다는 명을 내리기도 했다.

한편 손등은 손권의 명(命)을 받은 일을 말끔하게 처리하기도 할 정도로 유능한 업무 처
리능력을 보여 주기도 했다. 또한 33살 젊은 나이에 요절하면서도 그의 부친 손권에게 국
가의 안정과 부강을 위한 몇 가지 건의 사항을 올렸는데, 손권은 아들이 죽은 뒤에야 이 글
을 받아 보고서 더욱 슬퍼했다고 한다.(이상,『三國志』,「孫登傳」참고.)

회가 일지만 구차하게 흉함으로부터는 면한다. 그런데 이 두 가지, 즉 흉함과 후회함 여부를 보증할 수 없으므로 이 구삼효를 위태롭게 함이 더욱 심한 것이다. 명성은 사람들에게 들려질 수 있으나 몸은 보여질 수가 없으니, '그 몸을 얻지 못함'·'그의 사람을 보지 못함'이라 하는 것이라, 이 원리로써 자신을 보존할지어다.

三

或曰, "萬物之化, 始於陽, 卒於陰." 此據相檀之迹, 而非其甚深之藏也. 盈萬物而皆卒乎陰, 則其末且虔劉隕折, 而莫與之爲繼. 然則始以爲生, 終以爲成, 皆陽與爲功矣. 何以知之? 以'敦艮'之'厚終'者知之.

역문 혹자는 말한다, "만물의 되어 나옴은 양에서 시작하여 음에서 끝난다." 라고. 그러나 이 말은 음·양이 서로 물려주면서 변화하는 겉모습에 근거한 것이지, 매우 심오한 곳에서 일어나는 오묘함을 알고서 하는 말이 아니다. 만약에 이들의 논리대로 만물을 가득 채우고 있는 것들이 모두 음에서 끝난다면, 그 끝은 살육이 만연하여 스러지고 결딴나리니 더불어서 이어가지 못할 것이다. 그렇다면 시작함에서는 생기게 하고 끝남에서는 이루어지게 함에 모두 양이 더불어서 공(功)을 이루고 있음을 어떻게 알까? '돈독하게 확실히 저지하고 있음'[962]이 '끝마침을 두터이 함'[963]을 통해서 안다.

---

962 이 간괘☶의 상육효사에 나오는 말이다.
963 이 간괘☶의 상육효사를 풀이하는 그 『상전(象傳)』에 나오는 말이다.

夫萬物'成言乎艮'而以厚終, 則豈有不厚終者哉? 益以知亥·子之
間, 非果有混沌而未開闢之日. 天地之始, 天地之終, 一而已矣. 特
其陰中陽外, 无初終乘權之盛, 而陽之凝止於亢極以保萬物之命者,
正深藏以需後此之起. 故曰, "天地之大德曰生." 天地生於道, 物必
肖其所生. 是道无有不生之德, 亦无有卒於陰之理矣.

역문 만물은 '간괘(艮卦)에서는 완성하여'⁹⁶⁴ 끝마침을 두터이 한다는데, 어찌
끝마침을 두터이 하지 못함이 있을까. 더욱이 해(亥)·자(子)의 사이⁹⁶⁵에
는 과연 혼돈하여 열리지 않은 날이 있지 않음을 안다. 하늘·땅의 시작과
하늘·땅의 끝마침은 유기적으로 연관된 하나일 따름이다. 특히 음은 가
운데·양은 밖에 있고, 처음과 마지막에는 권세를 타고서 이용하는 융성
함이 없다.⁹⁶⁶ 또한 양의 엉김은 극단에서 멈추어 만물의 명(命)⁹⁶⁷을 보존
하고, 매우 심오함 속에서 저장하여, 나중에 이것이 일어남을 기다린다.
그러므로 "하늘·땅의 위대한 덕을 '생'이라 한다."⁹⁶⁸라고 한다. 하늘·땅
은 도(道)에서 생하고, 이렇게 해서 생겨난 물(物)들은 반드시 자기를 낳아

---

964 『설괘전』 제6장에 나오는 말이다. 거기에서는 "상제(上帝)가 진괘☳에서 나오고, 손괘☴에
서는 가지런히 하고, 리괘☲에서는 서로 드러나 보이고, 곤괘☷에서는 역할을 이루고, 태
괘☱에서는 기뻐하고, 건괘☰에서는 싸움을 벌이고, 감괘☵에서는 노고를 다하고, 간괘☶
에서는 완성한다.(帝出乎震, 齊乎巽, 相見乎離, 致役乎坤, 說言乎兌, 戰乎乾, 勞乎坎, 成言
乎艮.)"라고 함으로써, 우주의 순환을 팔괘에 배당하여 설명하고 있다. 그런데 그 끝에 이
간괘☶를 배당하고 있다. 이 순서에 맞추어 그린 것이 「문왕후천도」다.
965 해(亥)는 지지(地支)의 맨 마지막이고 자(子)는 맨 처음이다. 하루의 마지막 시간을 '해시
(亥時)'라 하고 새날이 시작하는 시간을 '자시(子時)'라 한다. 따라서 '해(亥)·자(子)의 사
이'라 한 것은 끝맺고 새로 시작하는 사이를 의미한다고 할 수 있다.
966 초효와 상효를 가리켜서 하는 말이다.
967 만물을 존재하게 하는 명(命)을 의미한다. 만물은 모두 이 명(命)을 받아야 존재할 수 있다
고 보기 때문이다.
968 『주역』, 「계사하전」 제1장에 나오는 말이다.

준 존재를 닮는다. 이러하므로 도(道)에는 '생겨나게 하지 아니함[不生]'의 덕이 없고, 음에서 끝나는 이치도 없는 것이다.

夫'艮'則有'否'之象焉. 上九陽寄无位, 升而不可復, 止而不足以行. 陰之浸盛, 則汰於'否'之相敵. 以貌取者, 鮮不疑陽之薄瀶无基, 而滅替以爲之終. 乃陽之堅植於外者, 不驚其逼, 不決於去, 泰然安居, 處濩落而自息其生理, 以養天地之化, 而報道之生, 則可不謂極厚者與! 萬物方以此終, 卽以此始. 終於厚者始於厚. 厚者, 義之至, 仁之盡也. 故曰, '始終於艮'. '艮'可以終而可以始, 化萬物者, 无不厚之日. 舊穀之登, 新穀之母也. 而何疑其有卒乎陰之一日哉!

역문 이 간괘䷳에는 비괘(否卦)䷋의 상(象)이 있다. 상구효가 아무런 지위도 없는 곳에 깃들이고 있고, 올라가서는 돌아올 수가 없으며, 멈추어 있어서 행동할 수도 없기 때문이다. 이러한 상황에서 음(--)들이 점점 왕성해지면, 비괘(否卦)䷋와 서로 맞먹음이 씻겨 버린다. 그래서 겉모습만 보고서 의미를 취한 이들 중에, 이 간괘䷳에서는 양(—)이 터전이 없는 것[--]들을 야박하게 흔들어 대고 대체하는 것조차 소멸시켜 종말을 이룬다는 점에 대해 거의 모두 의문을 갖는다.

그러나 양(—)이 밖에서 견고하게 뿌리내리고 있는 것은, 그 핍박에 절대 놀라지 않고, 못 이겨서 떠나 버리겠다고 결단하지도 않으며, 거기에서 태연하고도 편안하게 살아간다. 이뿐만 아니라 이 황량한 곳에 깃들이고 살면서도 그 생하는 이치를 조절함으로써, 하늘·땅이 지어냄을 함양하여 도(道)의 생함을 알린다. 그러니 어찌 '극히 두텁다'고 하지 않을쏜가!

만물은 바야흐로 이것으로써 끝나기도 하지만 바로 이것으로써 시작된다. 두터움에서 끝난 것은 두터움에서 시작한다. 두터움이란 의로움[義]이 지극한 것이요, 어짊[仁]이 극진한 것이다. 그러므로 "간괘에서 시작하고 끝난다."라고 말한다. 이 간괘☶가 상징하는 원리에서는 끝날 수도 있고 시작할 수도 있으니, 만물을 지어냄이 두텁지 않은 날이 없다. 구곡(舊穀)은 여물어서 신곡(新穀)의 어미가 된다. 그러니 어찌 음(--)들에게 죽어 버리고 마는 날이 하루라도 있으리라고 의심하리오!

故'剝'消而'復'長, 人事之休咎也; '艮'止而'震'起, 天理之存存也. 商·周盡人以合天: 繼'剝'而觀息於靜, 其『歸藏』首'坤'; 由'復'而備致其盛, 故『周易』首'乾'. 夏后本天以治人, 先'震'以立始於終, 故『連山』首'艮'. 首'艮'者, 首其厚終以成始也.

역문 그러므로 박괘☷에서 스러지고 복괘☳에서 자라남은 사람 일의 좋고 나쁨이다. 이에 비해 간괘☶에서 멎고 진괘☳에서 일어남은 천리(天理)가 보존하고 보존함이다. 상나라·주나라에서는 사람의 일을 극진히 하여 하늘에 합치하였다. 그래서 박괘☷를 이어받아 고요함 속에서 살피며 숨을 골랐다. 이를 반영하여 『귀장(歸藏)』에서는 곤괘☷를 머리로 하고 있다. 또 복괘☳로 말미암아서 대비했다가 그 융성함을 이루어 내므로 『주역』에서는 건괘☰를 머리로 하고 있다. 그런가 하면, 하나라 제후들은 하늘에 근본을 두고서 사람 세상을 경영하였다. 그래서 진괘☳보다 앞에 끝마침에서 시작함을 세웠다. 그러므로 『연산(連山)』에서는 간괘☷를 머리로 삼고 있다. 즉 그 끝마침을 두터이 하여서 시작됨을 이루어 냄을 머리로 삼은 것이다.

人事之利害百變乎後, 而天道立於其上, 恒止而不遷. 陰衆而陽不
傷, 亂極而治有主, 皆天所治人之事, 而不屑屑然從既生既盛以致
功, 乃可以歷百變而不拔.

역문 사람 일의 이로움·해로움은 뒤에 가서 백 가지로 변하지만, 하늘의 도
는 그 위에 딱 확립되어 늘 멈추어서 옮겨 가지 않는다. 음이 중다(衆多)하
다고 하더라도 양은 상처를 입지 않고, 혼란이 극에 달하더라도 이를 다스
림에는 주재자가 있다. 이 모두는 하늘이 다스리는 사람의 일이기는 하지
만, 하늘은 피곤하고 황급하게시리 이미 생기고 이미 융성한 것들을 좇아
가며 공(功)을 이루지 않는다. 하늘은 온갖 변화를 겪으면서도 아주 든든
하여 뽑히지 않는다.

禹之治水也, 以爲治其流不如治其源, 故先條山而後析水, 則夏道固
詳於山矣. 其建治教之宗, 則存乎『洪範』.『洪範』之疇, 建用皇極.
極, 在上者也; 建者, 則其止也.『洛書』之數, 戴九履一. 一爲皇極,
則'艮'之一陽是已. 於以成終, 故極建在上; 於以成始, 故一履於下.
乃其數則盡乎九而不及十. 天德之存存, 以陽始, 以陽終, 不使陰得
爲之卒焉.

역문 우임금이 물길을 다스림에서는 중하류를 다스리는 것보다는 그 원류를
다스리는 것이 더 낫다고 여겼다. 그러므로 먼저 그 산줄기에 맞추어 물길
을 내고, 나중에는 물의 흐름을 갈라치기 했다. 이렇게 보면, 하나라의 치
세 원리는 본디 산에 대해 상세하였음을 알 수 있다.

　그 다스림과 가르침의 마루를 세운 것이『홍범』에 보존되어 있다.『홍

범』의 구주(九疇)에서는 황극(皇極)을 세우고 있다. '극'은 위에 있는 것이
고, '세움'이란 딱 멈추어 있게 함을 의미한다. 『낙서』의 수(數)를 보면 머
리에 9, 꼬리에 1이 있다.[969] 1은 황극을 상징하는데, 간괘☶의 한 양(─)은
바로 이것일 따름이다. 거기에서 끝마침을 이루기 때문에 황극을 위에다
세우고, 거기에서 시작함을 이루기 때문에 1은 아래 꼬리에 있다. 그런데
이 수(數)들은 9에서 다하고, 10에는 이르지 못한다. 이는, 하늘의 덕이 만
물을 존재하게 하고 존재하게 함은 양으로써 시작하고 양으로써 끝마치
지, 음으로 하여금 여기에 끼어들어서 끝마치게 하지 않음을 드러내는 것
이다.

其制治之道則尚忠. 忠者, 心之自盡. 自盡而不恤物交之利害, 存誠
以治情欲之遷流. 聖人而修下士之祗敬, 天子而躬匹夫之勞苦. 功
配天地而不矜, 名滿萬世而不爭. 蓋處於盛而以治衰之道居之, 則
極乎衰, 而盛者非不可復用也.

역문 다스리는 방법은 충(忠)을 숭상함이다. 충이란 마음을 스스로 다하는 것
이다. 스스로 다하면서 외물과의 교접에서 오는 이로움·해로움 따위는
괘념치 않는 것이며, 성실함을 보존하여 정(情)과 욕(欲)이 외물에게로 옮
겨 가고 흘러가지 않도록 다스리는 것이다. 성인(聖人)이면서도 아래 사
(士)들의 공경함을 닦으며, 천자이면서도 몸소 필부들의 노고를 다한다.

---

[969] 『낙서』는 우임금 치세 당시에 낙수(洛水)에서 신령스러운 거북이가 나왔는데, 그 머리와
네 다리, 양 옆구리, 등 중앙, 꼬리 등에 각각 1부터 9에 이르는 문양들이 있어서 이를 근거
로 그린 것이라 한다. 이 『낙서』의 이루어짐과 그 의미에 대해서는 다양한 설들이 있다.
다만 역자가 여기에서 소개한 것은, 전통 『주역』학자들이 대체로 받아들이는 설이다. 왕
부지도 지금 이 설을 받아들이는 견해에서 이렇게 서술하는 것으로 보인다.

그 공(功)이 하늘·땅에 짝하지만 자랑하지 않고, 명성이 만세 충만하여도 다투며 드러내지 않는다. 생각건대 성세(盛世)에 살면서도 쇠세(衰世)를 다스리는 도(道)로써 살아간다면, 쇠미함이 극에 이르렀더라도 융성함을 회복하여 쓰기가 불가능한 것만은 아니다.

是故繼揖讓之終而持其流, 創世及之統而貞其始. 自敦其厚, 化不得而薄之. 其興也, 有沴行之天, 有圮族之父. 其衰也, 有洛汭之奔, 有有窮之簒; 而興无所待, 衰不淪亡. 非猶夫商·周之興, 世德開先以用其盛, 而迨其陵夷, 一解而不可復張也. 何也? 非以終道治始, 則變故猝起於不謀, 懷來固薄, 必无以裕之於終矣. '敦艮'之'吉', 非大禹其孰能當之! 有王者起, 建永終之圖, 其尚審於擇師哉!

역문 그러므로 읍양으로 나라를 선양하던 풍조[970]가 끝난 것을 이어받아서 그 흐름을 유지하고, 세세 대대로 이어지는 계통을 창시하여서는 그 시작을 올곧게 한 것이다. 스스로 그 두터움을 돈독히 하였고, 교화가 엷어질 수 없었다. 우임금이 세운 나라가 흥할 적에는 천기(天氣)의 부조화로 수재(水災)가 심하였고, 자신의 종족을 해치는 아버지가 있었다.[971] 또 쇠퇴할 적

970 　요임금이 순임금에게, 순임금이 우임금에게 나라를 선양(禪讓)하던 것을 가리킨다.

971 　온 천지에 홍수가 범람하여 백성들이 살 수가 없어 탄식하자, 하느님[帝]이 사악(四岳)에게 이를 다스릴 만한 인물이 있는지를 물었다. 이들이 곤(鯀)을 추천하였는데, 처음에 하느님은 이 곤이 종족을 해칠 인물이라 하여 저어하였으나, 이들이 이구동성으로 한 번 써 보라 하여 이 곤에게 이 물길 다스리는 일을 맡겼다. 그러나 9년이 되도록 곤은 효과를 내지 못했다고 한다.(『書經』, 「虞書」, 堯典: 帝曰, 吁, 靜言庸違, 象恭滔天. 帝曰, 咨四岳, 湯湯洪水方割, 蕩蕩懷山襄陵, 浩浩滔天, 下民其咨, 有能俾乂. 僉曰, 於, 鯀哉. 帝曰, 吁, 咈哉, 方命圮族. 岳曰, 异哉, 試可乃已. 帝曰, 往欽哉. 九載績用弗成.) 『서경』의 또 다른 곳에서는 우임금의 아버지 곤(鯀)이 물길을 잘못 다스려 수재가 더욱 심해지고 오행을 어지럽히자, 하느님이 진노하여 그에게 홍범 구주를 내려 주지 않아 그가 이끄는 공동체가 잘 돌아가지 않

에는 낙예(洛汭)로 내달리는 이도 있었고, 유궁씨(有窮氏)의 찬탈도 있었다.[972] 흥할 적에도 의지하는 바가 없었고, 쇠퇴할 적에도 완전히 망하지는 않았다. 오히려 상(商)·주(周)의 흥기와는 달리 세덕(世德)을 앞서서 열어 그 융성함에 운용하였다. 그런데도 그 융성함이 쇠퇴하고 나서는 한 번 풀어져서 다시는 회복할 수 없었던 까닭은 무엇일까. 끝마침의 원리로써 시작함을 다스리지 아니하면, 변고가 예상치 못한 데서 돌연히 일어나고 앞날에 관한 생각도 진실로 엷어서, 반드시 끝마침에서 여유가 있지 못할 것이다. 이렇게 보면, '돈독하게 확실히 저지하고 있음'의 '길함'이 위대한 우임금이 아니고서는 뉘라서 해당할 수 있으리오! 앞으로 왕도를 이룰 사람이 일어나서 국가의 영원함을 도모하고자 할 때, 훌륭한 스승을 선택함에서 우임금의 이러한 덕을 더욱 살펴야 할 것이로다!

게 되었다고 한다. 그러자 하느님은 그를 죽였다고 한다. 그리고는 그의 아들 우(禹)가 일어나서 성공적으로 물길을 다스리자 하느님은 그에게 홍범 구주를 내려 주어서 우가 이끄는 공동체가 원활하게 운영되도록 하였다고 한다.(『書經』,「周書, 洪範」: 箕子乃言曰, 我聞, 在昔, 鯀陻洪水, 汩陳其五行, 帝乃震怒, 不畀洪範九疇, 彝倫攸斁. 鯀則殛死, 禹乃嗣興, 天乃錫禹洪範九疇, 彝倫攸敍. 初一曰五行, 次二曰敬用五事, 次三曰農用八政, 次四曰協用五紀, 次五曰建用皇極, 次六曰乂用三德, 次七曰明用稽疑, 次八曰念用庶徵, 次九曰嚮用五福威用六極.)

972 우임금의 손주인 태강(太康)이 왕위를 이어받아 우나라의 제3대 임금이 되어 다스리면서는 노는 데 빠져 임금으로서 발휘해야 할 덕을 잃어버렸다. 그래서 살기가 힘들어진 백성들이 그에 대해 반심을 품었다. 그런데도 태강은 거리낌이 없이 놀러 다녔는데, 어느 날은 낙수(洛水)의 남쪽으로 사냥을 나가서 100일이 되도록 돌아오지 않았다. 유궁씨(有窮氏)의 후예(后羿)가 백성들이 참지 못함을 반영하여 강가에서 그가 돌아오는 것을 막아 버렸다고 한다. 그러자 그의 동생들 다섯은 그의 어머니를 모시고 낙예(洛汭)에서 그를 기다리며 그들의 할아버지인 우임금의 경계함을 서술하는 노래를 지어 불렀다고 한다.(『書經』,「夏書, 五子之歌」: 太康尸位以逸豫, 滅厥德. 黎民咸貳, 乃盤遊無度, 畋于有洛之表, 十旬弗反. 有窮后羿, 因民弗忍, 距于河. 厥弟五人, 御其母以從, 俟于洛之汭, 五子咸怨, 述大禹之戒以作歌.)

저자 소개

왕부지王夫之

왕부지는 1619년 중국 호남성(湖南省) 형양(衡陽)에서 태어나 가학(家學)으로 공부하였으며, 20살에 잠시 장사(長沙)의 악록서원(嶽麓書院)에서 공부하였다. 그의 나이 20대 중반에 명나라가 멸망함으로써 선비로서 의로움[義]을 피워 낼 국가가 없어져 버려, 평생을 명나라의 유로(遺老)로 살면서 학문에 매진한 결과 주희와 함께 중국 전통 철학을 대표하는 최고의 경지에 올랐다는 평가를 받는다. 문·사·철에 두루 달통하였던 그는 『주역내전』·『주역외전』을 비롯한 『주역』 관련 5부작 외에도, 『시광전(詩廣傳)』, 『상서인의(尙書引義)』, 『속춘추좌씨전박의(續春秋左氏傳博議)』, 『사서훈의(四書訓義)』, 『독사서대전설(讀四書大全說)』, 『독통감론(讀通鑑論)』, 『영력실록(永曆實錄)』, 『장자정몽주(張子正蒙注)』, 『노자연(老子衍)』, 『장자해(莊子解)』, 『상종락색(相宗絡索)』, 『초사통석(楚辭通釋)』, 『강재문집(薑齋文集)』, 『강재시고(薑齋詩稿)』, 『고시평선(古詩評選)』, 『당시평선(唐詩評選)』, 『명시평선(明詩評選)』 등 불후의 거작들을 남겼다. 1692년 74세를 일기로 서거함으로써 가난과 굴곡으로 점철한 평생을 마감하였다.

1619년 9월(음): 중국 호남성(湖南省) 형주부(衡州府; 오늘날의 衡陽市) 왕아평(王衙坪)의 몰락해 가는 선비 집안에서 아버지 왕조빙(王朝聘; 1568~1647)과 어머니 담씨(譚氏) 부인 사이에 3남으로 태어났다. 어려서의 자(字)는 '삼삼(三三)'이었고, 성장한 뒤의 자(字)는 '이농(而農)'이었다. '부지(夫之)'는 그 이름이다. 왕부지의 호는 대단히 많다. 대표적인 것만을 소개하면, 강재(薑齋), 매강옹(賣薑翁), 쌍길외사(雙吉外史), 도올외사(檮杌外史), 호자(壺子), 일호도인(一瓠道人), 선산노인(船山老人), 선산병수(船山病叟), 석당선생(夕堂先生), 대명전객(大明典客), 관아생(觀我生) 등이다. 호는 20개가 넘는데, 스스로는 '선산유로(船山遺老)'라 불렀다. 왕부지와 함께 명조(明朝)의 세 유로(遺老)로 불리는 황종희(黃宗羲; 1610~1695)보다는 9살 아래고, 고염무(顧炎武; 1613~1682)보다는 6살 아래다. 동시대에 활약한 대학자 방이지(方以智; 1611~1671)보다는 8살 아래다.

1622년(4세): 자신보다 14살 연상의 큰형 왕개지(王介之; 1605~1687)에게서 글을 배우기 시작하다. 왕개지는 그의 자(字)를 좇아 '석애(石崖)선생'으로 불렸는데, 경학에 조예가 깊은 학자로서『주역본의질(周易本義質)』과『춘추사전질(春秋四傳質)』등의 저술을 남겼다. 왕부지는 9살 때까지 이 왕개지로부터 배우면서 많은 영향을 받았다. 그런데 왕부지는 7살에 13경을 다 읽을 정도여서 '신동(神童)'으로 불렸다.

1628년(10세): 아버지에게서 경전을 배우기 시작하다.

1637년(19세): 형양(衡陽)의 재야 지주인 도씨(陶氏)의 딸에게 장가를 들다. 이해부터 숙부 왕정빙(王廷聘)에게서 중국의 역사를 배우기 시작하였다.

1638년(20세): 장사(長沙)의 악록서원(嶽麓書院)에 입학하다. 동학인 광붕승(鄺鵬升) 등과 함께 '행사(行社)'라는 독서 동아리를 만들어 경전의 의미와 시사(時事)에 대해 토론하였다.

1639년(21세): 관사구(管嗣裘)·곽봉선(郭鳳躚)·문지용(文之勇) 등 뜻이 맞는 벗들과 함께 '광사(匡社)'라는 동아리를 꾸려 정권의 잘잘못과 예측 불가능할 정도로 급변해 가는 시사를 주제로 토론하며 대안을 세웠다.

1644년(26세): 청나라 세조(世祖)가 북경에 천도하여 황제로 즉위하고 청나라 왕조를 세웠다. 왕부지는 명나라 멸망에 비분강개하며『비분시(悲憤詩)』100운(韻)을 짓고 통곡하였다. 그리고 형산(衡山)의 쌍길봉(雙吉峰)에 있는 흑사담(黑沙潭) 가에 초가집을 짓고 거처하며 '속몽암(續夢庵)'이라 불렀다.

1646년(28세): 비로소『주역』을 공부할 뜻을 세우고『주역패소(周易稗疏)』4권을 지었다. 아버지로부터『춘추』를 연구하여 저술을 내라는 명을 받았다. 도씨(陶氏) 부인과 사별하였다.

1647년(29세): 청나라 군대가 형주(衡州)를 함락시키자 왕부지 일가는 흩어져 피난길에 올랐다. 이 도피 생활 중 그의 아버지가 서거하였다.

1648년(30세): 왕부지는 형산(衡山) 연화봉(蓮花峰)에 몸을 숨긴 채『주역』공부에 더욱 매진하였다. 그러다가 기회를 타서 벗 관사구(管嗣裘)·하여필(夏汝弼)·성한

(性翰; 승려) 등과 함께 형산 방광사(方廣寺)에서 거병하였다. 그러나 이 의병활동
이 실패로 돌아가자, 밤낮으로 험한 산길을 걸어가 당시 조경(肇京)에 자리 잡고
있던 남명정부 영력(永曆) 정권에 몸을 맡겼다. 병부상서 도윤석(堵允錫)의 추천
으로 한림원 서길사(庶吉士)에 제수되었으나 부친상이 끝나지 않은 이유로 사양
하였다.

1649년(31세): 왕부지는 조경(肇京)을 떠나 구식사(瞿式耜)가 방어하고 있던 계림(桂
林)으로 갔다. 그리고는 다시 계림을 떠나 청나라 군대의 수중에 있던 형양(衡陽)
으로 돌아와 어머니를 모시고 살게 되었다.

1650년(32세): 부친상을 마친 왕부지는 당시 오주(梧州)에 자리 잡고 있던 남명 정부
를 다시 찾아가 행인사행인(行人司行人)의 직책을 맡게 되었다. 그런데 조정의 실
세인 왕화징(王化澄)의 비행을 탄핵하다 그의 역공을 받아 투옥되었다. 농민군 수
령 고일공(高一功; 일명 必正)의 도움으로 간신히 죽음을 면한 왕부지는 계림으로
가서 구식사(瞿式耜)의 진영에 합류하게 되었다. 그러나 청나라 군대가 계림을 핍
박하는 바람에 다시 피난길에 올라 두메산골에서 나흘을 굶는 등 갖은 고초를 겪
었다. 이해에 정씨(鄭氏)부인과 재혼하였다.

1654년(36세): 상녕(常寧)의 오지 서장원(西莊源)에서 이름을 바꾸고 복식을 바꾼 채
요족(瑤族)에 뒤섞여 살았다. 이때의 경험으로 왕부지는 중국 소수민족들의 생활
상을 알게 되었고, 이들에 대한 인식을 바꾸게 되었다. 그리고 명나라 멸망으로부
터 얻은 교훈을 정리하는 저술활동에 몰두할 결심을 굳힌다.

1655년(37세): 진녕(晉寧)의 산사(山寺)에서 『주역외전』을 저술하였고, 『노자연(老子
衍)』 초고를 완성하였다.

1657년(39세): 4년 가까이 지속된 도피 생활을 마치고 서장원에서 돌아와 형산 쌍길봉
(雙吉峰)의 옛 거처 속몽암(續夢庵)에서 기거하게 되었다. 그리고 유근로(劉近魯)
의 집을 방문하여 6천 권이 넘는 장서를 발견하고는 그 독파에 시간 가는 줄을 몰
랐다.

1660년(42세): 속몽암으로부터 형양(衡陽)의 금란향(金蘭鄉; 지금의 曲蘭鄉) 고절리

(高節里)로 거처를 옮겼다. 수유당(茉萸塘) 가에 초가집을 짓고 '패엽려(敗葉廬)'라 부르며 기거하였다.

1661년(43세): 정씨부인과 사별하였다. 정씨부인의 이해 나이는 겨우 29세였다. 아내의 죽음에 깊은 상처를 받은 왕부지는 그 쓰라린 감정을 애도(哀悼) 시로 남긴다.

1662년(44세): 남명(南明)의 영력제(永曆帝)가 곤명(崑明)에서 오삼계(吳三桂)에게 살해당했다는 소식을 듣고 『삼속비분시(三續悲憤詩)』100운(韻)을 지었다.

1665년(47세): 여전히 패엽려에 기거하며 『독사서대전설(讀四書大全說)』전 10권을 중정(重訂)하였다.

1669년(51세): 장씨(張氏) 부인을 세 번째 부인으로 맞이하였다. 이해에 30세부터 써 오던 근고체 시집 『오십자정고(五十自定稿)』를 펴냈다. 그리고 『속춘추좌씨전박의(續春秋左氏傳博議)』상·하권을 지어서 부친의 유명(遺命)에 부응하였다. 수유당(茉萸塘) 가에 새로이 초가집 '관생거(觀生居)'를 짓고 겨울에 이사하였다. 그 남쪽 창가에 유명한 "六經責我開生面(육경책아개생면), 七尺從天乞活埋(칠척종천걸활매)"라는 대련(對聯)을 붙였다. 풀이하면, "육경이 나를 다그치며 새로운 면모를 열라 하니, 이 한 몸 하늘에 산 채로 묻어 달라 애걸하네!"라는 것이다. 육경의 정확한 풀이가 자신에게 임무로 맡겨졌으니, 필생의 정력을 다해 이 임무를 완수할 동안만 내 생명을 허락해 달라고 하늘에 빈다는 것이다. 여기에서 '산 채로 묻어 달라고 하늘에 애걸한다[乞活埋]'라고 하는 구절이 필자에게는 처연한 충격으로 다가온다. 자신의 남은 생을 산 채로 묻힌 것처럼 살며 오로지 육경 의미를 밝히는 데 온통 바치겠다는 통절한 다짐으로 보이기 때문이다. 이렇게 사는 것이 스스로 자부하는 문화민족으로서 한족(漢族) 지식인에게 허락된 길이라는 깨달음을 반영한 것으로 보인다.

1672년(54세): 『노자연(老子衍)』을 중정(重訂)하였다. 그러나 불행히도 그의 제자 당단홀(唐端笏)이 이것을 빌려 갔다가 그 집이 불타는 바람에 그만 소실(燒失)되고 말았다. 지금 전해지는 것은 그가 37세 때 지은 초고본이다.

1676년(58세): 상서초당(湘西草堂)에 거처하기 시작하다. 『주역대상해(周易大象解)』

를 지었다.

1679년(61세): 『장자통(莊子通)』을 짓다.

1681년(63세): 『상종락색(相宗絡索)』을 지었다. 그리고 제자들의 요청으로 『장자(莊子)』 강의용 『장자해(莊子解)』를 지었다.

1685년(67세): 병중임에도 제자들의 『주역』 공부를 독려하기 위해 『주역내전』 12권과 『주역내전발례』를 지었다.

1686년(68세): 『주역내전』과 『주역내전발례』를 중정(重訂)하였고, 『사문록(思問錄)』 내·외편을 완성하였다.

1687년(69세): 『독통감론(讀通鑑論)』을 짓기 시작하다. 9월에 병든 몸을 이끌고 나가 큰형 왕개지(王介之)를 안장(安葬)한 뒤로 다시는 바깥출입을 하지 않았다.

1689년(71세): 병중에도 『상서인의(尚書引義)』를 중정(重訂)하였다. 이해 가을에 「자제묘석(自題墓石)」을 지어 큰아들 반(攽)에게 주었다. 여기에서 그는, "유월석(劉越石)의[1] 고독한 울분을 품었지만 좇아 이룰 '명'(命)조차 없었고,[2] 장횡거(張橫渠)의 정학(正學)을 희구했지만 능력이 부족하였다. 다행히 이곳에 온전히 묻히나[3] 가슴 가득 근심을 안고 세상을 하직하노라!"[4]라고 술회하고 있다.

---

1   유곤(劉琨; 271~318)을 가리킨다. '월석(越石)'은 그의 자(字)다. 유곤은 서진(西晉) 시기에 활약했던 인물이다. 그는 건무(建武) 원년(304년) 단필제(段匹磾)와 함께 석륵(石勒)을 토 벌하게 되었는데, 단필제에 농간에 의해 투옥되었다가 죽임을 당하였다. 나중에 신원되어 '민(愍)'이라는 시호를 추서 받았다. 이처럼 자기도 모르는 사이에 진행된 일 때문에 정작 이적(夷狄)을 토벌하려던 입지(立志)는 펴 보지도 못하고 비명에 간 유곤의 고분(孤憤)을 왕부지는 자신의 일생에 빗대고 있다.

2   이해는 명나라가 청나라에 망한 지 벌써 48년의 세월이 흐른 뒤이다. 왕부지는 명조(明朝)의 멸망을 통탄해 마지않았고, 끝까지 명조에 대한 대의명분을 지키며 살았다. 이처럼 한 평생을 유로(遺老)로 살았던 비탄(悲嘆)이 이 말 속에 담겨 있다.

3   이 말은 그와 더불어 청조(淸朝)에 저항하였던 황종희(黃宗羲), 고염무(顧炎武), 부산(傅山), 이옹(李顒) 등이 비록 끝까지 벼슬을 하지 않으면서도 치발령(薙髮令)에는 굴복하여 변발을 하였음에 비해, 왕부지 자신만은 이에 굴하지 않고 죽을 때까지 머리털을 온존하며 복색(服色)을 바꾸지 않았음을 술회하는 것처럼 보인다.

4   王之春, 『船山公年譜』(光緒19年板), 「後篇」, 湖南省 衡陽市 博物館, 1974: 抱劉越石之孤憤,

1690년(72세):『장자정몽주(張子正蒙注)』를 중정(重訂)하였다.

1691년(73세):『독통감론(讀通鑑論)』30권과『송론(宋論)』15권을 완성하였다.

1692년(74세): 정월 초이튿날(음) 지병인 천식으로 극심한 고통 속에 서거하다.

저서: 왕부지는 중국철학사에서 가장 방대한 양의 저술을 남긴 인물 중의 한 사람으로 꼽힌다. 대표적인 것만 꼽아도 다음과 같다.

『주역내전(周易內傳)』,『주역외전(周易外傳)』,『주역대상해(周易大象解)』,『주역고이(周易考異)』,『주역패소(周易稗疏)』,『상서인의(尚書引義)』,『서경패소(書經稗疏)』,『시경패소(詩經稗疏)』,『시광전(詩廣傳)』,『예기장구(禮記章句)』,『춘추가설(春秋家說)』,『춘추세론(春秋世論)』,『춘추패소(春秋稗疏)』,『속춘추좌씨전박의(續春秋左氏傳博議)』,『사서훈의(四書訓義)』,『독사서대전설(讀四書大全說)』,『설문광의(說文廣義)』,『독통감론(讀通鑑論)』,『송론(宋論)』,『영력실록(永曆實錄)』,『장자정몽주(張子正蒙注)』,『사문록(思問錄)』,『사해(俟解)』,『악몽(噩夢)』,『황서(黃書)』,『노자연(老子衍)』,『장자해(莊子解)』,『장자통(莊子通)』,『상종락색(相宗絡索)』,『초사통석(楚辭通釋)』,『강재문집(薑齋文集)』,『강재시고(薑齋詩稿)』,『곡고(曲稿)』,『석당영일서론(夕堂永日緒論)』,『고시평선(古詩評選)』,『당시평선(唐詩評選)』,『명시평선(明詩評選)』

而命無從致; 希張橫渠之正學, 而力不能企. 幸全歸于玆邱, 固銜恤以永世.”

역주자 소개

김진근

연세대학교 철학과에서 학부, 대학원을 마침(문학사, 문학석사, 철학박사. 지도교수: 裵宗鎬·
李康洙)
북경대학교 고급진수반(高級進修班) 과정 수료(지도교수: 朱伯崑)

연세대학교, 덕성여대 등에서 강의
한국교원대학교 교수(전)
국제역학연구원(國際易學研究院) 상임이사
한국동양철학회(韓國東洋哲學會) 감사(전)
한국교원대학교 도서관장(전)

대표 논문
· 「왕부지 『周易外傳』의 无妄卦 풀이와 道·佛 兩家 비판에 대한 고찰」
· 「'太極'論의 패러다임 轉換에서 드러나는 문제점과 그 해소」
· 「대통령의 탄핵을 계기로 본 유가의 군주론」
· 「왕부지의 『장자』 풀이에 드러난 '무대' 개념 고찰」
· 「왕부지의 겸괘 「대상전」 풀이에 담긴 의미 고찰」
· 「'互藏其宅'의 논리와 그 철학적 의의」
· 「船山哲學的世界完整性研究(中文)」 외 40여 편

저서
『왕부지의 주역철학』, 『주역의 근본 원리』(공저)

역서
『주역내전』, 『완역 역학계몽』, 『역학철학사』(전8권, 공역)